정치가 우선한다

정치가 우선한다 사회민주주의와 20세기 유럽의 형성

1판1쇄 | 2010년 12월 1일
1판4쇄 | 2013년 3월 5일

지은이 | 셰리 버먼
옮긴이 | 김유진

펴낸이 | 박상훈
주간 | 정민용
편집장 | 안중철
편집 | 윤상훈, 이진실, 최미정
제작·영업 | 김재선

펴낸 곳 | 후마니타스(주)
등록 | 2002년 2월 19일 제300-2003-108호
주소 | 서울시 마포구 합정동 413-7번지 1층 (121-883)
전화 | 편집_02-739-9929/9930 제작·영업_02-722-9960 팩스_02-733-9910
홈페이지 | www.humanitasbook.co.kr

인쇄 | 천일_031-955-8083
제본 | 일진_031-908-1407

값 17,000원

ISBN 978-89-6437-126-8 03300

이 도서의 국립중앙도서관 출판시도서목록(CIP)은 e-CIP 홈페이지(http://www.nl.go.kr/ecip)에서
이용하실 수 있습니다.(CIP제어번호: CIP2010004264)

사회민주주의와 20세기 유럽의 형성

정치가 우선한다

셰리 버먼 지음 | 김유진 옮김

THE PRIMACY OF POLITICS

후마니타스

감사의 말   9

· 제1장 · 서론 · II

　자본주의   13
　이데올로기   21
　사회민주주의 이야기   25
　이 책의 계획   36

· 제2장 · 배경과 기반 · · · · · · · · · · · · · · · 40

　정통 마르크스주의의 융성과 쇠퇴   41
　프랑스 : 실천으로서 민주적 수정주의의 시작   50
　독일: 민주적 수정주의 이론의 기원   61

· 제3장 · 성숙해진 민주적 수정주의 · · · · · · · · · 77

　파리 대회와 그 이후   79
　암스테르담을 향해, 그리고 그것을 넘어서   88
　오스트리아인들이 알고 있었던 것   96

· 제4장 · 혁명적 수정주의, 그리고 민족주의와 사회주의의 결합 · · 105

　소렐과 혁명적 수정주의   108
　이탈리아   116
　프랑스   126
　독일   133

· 제5장 · 수정주의에서 사회민주주의로 · · · · · · · · · 147

　참여할 것인가, 참여하지 않을 것인가   149
　이탈리아 이야기   156
　병상에 누운 자본주의 앞에 서다   167
　드 망의 계획   175

• 제6장 • **권좌에 오른 파시즘과 민족사회주의** · · · · · · · · · 189

이탈리아에서의 파시즘   191

독일의 민족사회주의   205

에필로그   222

• 제7장 • **스웨덴에서만 가능했던 이유** · · · · · · · · · · · · 227

스웨덴의 민주적 수정주의   228

전간기의 도전들   238

사회민주주의로의 이행   242

'제3의 길'   249

에필로그   261

• 제8장 • **전후 시대** · · · · · · · · · · · · · · 263

전후 체제   266

전후의 사회민주주의   279

• 제9장 • **결론** · · · · · · · · · · · · · · · · 297

이데올로기 시장에 대한 이해: 구조와 행위자   300

20세기를 이해하기   305

과거와 미래의 이데올로기   309

앞으로의 길   315

옮긴이 후기   326

미주   335

찾아보기   400

일러두기

1. 본서는 다음 저서의 한국어 완역본이다. Sheri Berman, *The Primacy of Politics* (Cambridge University Press, 2006)
2. 원저의 주석은 미주로, 옮긴이의 주석은 각주로 처리했다. 단, 독자의 이해를 돕기 위해 옮긴이가 본문에 첨언할 때는 [ ]로 표시했다. 인용문에 옮긴이가 첨언할 때는 [―옮긴이]로 표시했다.

문제를 이해하고,
그에 대한 해답을 내놓았던 이들에게
이 책을 바친다.

| 감사의 말 |

이 책이 나오기까지는 오랜 시간이 걸렸다. 이 시련을 좀 더 쉽게 이겨낼 수 있도록 도와준 많은 이들에게 나는 큰 빚을 지고 있다. 우선 책 원고의 전체나 일부분에 대해 논평해 주었던 이들, 혹은 다른 방식으로 도움을 준 이들에게 감사를 전하고 싶다. 마크 블리스Mark Blyth, 콘수엘로 크루즈Consuelo Cruz, 피터 홀Peter Hall, 헤럴드 제임스Harold James, 케이트 맥나마라Kate McNamara, 보 로스타인Bo Rothstein, 안나 셀레니Anna Seleny, 캐스린 스토너-바이스Kathryn Stoner-Weiss, 마이클 왈저Michael Walzer, 『디센트』Dissent의 편집자들, 『소셜 필로소피 앤드 폴리시』Social Philosophy & Policy의 편집자들, 그리고 캠브리지 대학 출판부에 속한 익명의 논평자들이 바로 그들이다. 이 책의 주장 가운데 일부는 조지타운 대학, 하버드 대학, 맥길 대학, 프린스턴 대학, 뉴욕 대학의 레마르크 연구소와 유럽학 연구소, 시카고 대학, 그리고 토론토 대학의 청중들을 대상으로 발표된 바 있다. 토론 과정에서 강력하고 통찰력 있는 질문을 던져 준 모든 이들에게 감사를 전하고 싶다. 그들은 내가 이 책을 통해 정확히 무엇을 말하고자 하는지에 대해 좀 더 분명하게 생각할 수 있도록 긴장감을 주었다. 두 번째로는 출판 과정에서 도움을 준 이들에게 감사를 전하고 싶다. 캠브리지 대학 출판부의 류 베이트먼Lew Bateman과 앤디 스태프Andy Staff, 그리고 나아가 요하네스 베버Johannes Beber, 베른트 힐마르Bernd Hilmar, 댄 쿠르츠-펠란Dan Kurtz-Phelan, 아리사 시도티Arissa Sidoti가 그들이다. 그리고 특히 기드온 로즈Gideon Rose 또한 빼놓을 수 없는데, 그의 편집은 경이로울 정도였다. 세 번째로는 이 책을 가능하게 한 연구 자금을 비롯한 지원을 아끼지 않은 괴테보르그 대학, 고등연구소the Institute for Advanced Study, 프린스턴 대학교, 그리고 뉴욕 대학교의 레마르크 연구소와 유럽학 연구소 등의 기관들에 감사를 전하고 싶다. 그리고 비학문적 영역에서는 나의 고집과 끝없는 말다툼을 견디어 준 나의 가족, 기드온Gideon과 아이작Isaac, 루시Lucy, 그리고 고양이들에 감사를 전하고 싶다. 끝으로, 실제 그에게 감사를 전할 수는 없지만, 칼 폴라니Karl Polanyi에게도 고마움을 표하고 싶다. 여러 해 전, 이 책에서 다루고 있는 문제들을 생각해 보도록 만들어 준 것은 그의 책 『거대한 전환』The Great Transformation이었다.

서 론

20세기 전반기의 유럽은 전쟁과 경제 위기, 그리고 정치·사회적 갈등으로 격동하던 지구상에서 가장 소란스러운 지역이었다. 하지만 20세기 후반기의 유럽은 세계에서 가장 평온한 지역 중 하나이자 화합과 번영의 모범 사례가 되었다. 그 사이 무슨 변화가 있었던 걸까?

이 질문에 대한 답은 보통 두 가지 형태의 담론으로 나타난다. 첫 번째 것은 민주주의와 대안들 사이의 투쟁에 초점을 맞추면서, 자유주의를 파시즘과 나치즘, 마르크스-레닌주의에 대비시킨다. 두 번째 것은 자본주의와 대안들 간의 경쟁에 초점을 맞추면서, 자유주의자들을 사회주의자들, 공산주의자들과 대비시킨다. [이렇게 보면] 자유주의는 두 경우 모두에서 승리한 것이 된다. 민주적 자본주의는 사회를 조직하는 최상의 방식(아니, '자연적' 방식)이라는 사실이 증명되었고, 일단 서유럽이 이를 완전히 수용하고 나자 모든 문제가 해결된 것 같았다.

이런 설명은 분명 어느 정도 진실을 담고 있다. 20세기에 우리는 민주주의와 그 적들 간의 투쟁, 시장과 그 대안들 간의 투쟁을 정말로 목격했다. 하지만 그것은 부분적인 진실일 뿐인데, 왜냐하면 결정적으로 중요한 문제 하나를 간과하고 있기 때문이다. 즉, 민주주의와 자본주의가 역사적으로 불화를 겪어 왔다는 사실 말이다. 실제로 이 부분에 대해서는 고전적 자유주의자들과 전통적 마르크스주의자들도 의견이 일치한다. 존 스튜어트 밀J. S. Mill에서 알렉시스 드 토크빌Alexis de Tocqueville과 프리드리히 폰 하이에크Friedrich von Hayek에 이르기까지 자유주의자들은 늘 '대중사회와 민주정치의 평등주의적 위협'이 가하는 공포에 시달리며 살아왔다. 그들의 견해에 따르면 민주주의는 필연적으로 무식하고 가난한 대중에 의한 전제정치와 '계급 입법'으로 귀결될 것이었다. 한편, 마르크스는 부르주아들이 민주주의가 실제로 작동하게 (그리고 노동자들이 권력을 잡도록) 놔두리라고 믿지 않았다. 하지만 만약 그렇게 된다면 민주주의는 자본주의의 종언을 불러올 것이라 생각했다. 물론 그는 자유주의자들과 달리 이런 가능성을 환영했지만 말이다.[1) 따라서 20세기의 후반부와 전반부가 그토록 다른 모습을 띤 이유에 대한 이야기의 상당 부분은 서로 적대적이었던 자본주의와 민주주의가 어떻게 공존할 수 있게 되었는지에 관한 것이다. 더군다나 이 과정이 너무도 확고하게 진행되어 이제 우리는 자본주의와 민주주의를 서로 떼려야 뗄 수 없는 관계로, 그리고 사회적 안정과 진보를 위해 당연히 필요한 공통의 전제 조건으로 바라보게 된 것이다.

20세기 초반을 거치면서 실제 현실 속에서 민주주의와 자본주의의 결합은 기존의 시장과 국가, 사회의 관계를 극적으로 바꾸어 놓았다. 그것은 정치적 권력에 의해 조절되고 제한되며 사회적 필요에 종속되는 자본주의가 창조되었음을 의미했다. 이는 자유주의자들이 오랫동안 옹호해 온 것(시장과 개인의 최대한의 자유)과도, 마르크스주의자들과 공산주의자들이 실현되길 바랐던 것(자본주의 철폐)과도 거리가 먼 것이었다. '역사의 종언론'이 주장하는 것과는 달리, 20세기의 승리자는 자유주의가 아니었다. 그것은 사회민주주의였다. 이 책은 그 이야기를 들려줄 것이다.

자본주의

이 이야기를 깊이 파고들기 전에 자본주의가 태동한 이후 국가-시장-사회의 관계가 얼마나 갈등적이었는지에 대해 생각해 볼 필요가 있다. 오늘날 대부분의 사람들은 자본주의를 지극히 당연한 것으로 여기기 때문에 그것이 얼마나 최근의 현상이고 또 혁명적인 현상인지를 인식하지 못한다. 비록 무역과 상업은 언제나 인간 사회의 특징이었지만, 시장이 상품 생산과 분배의 주된 동력으로 자리 잡은 경제는 18세기 들어서야 나타나기 시작했다. 이런 시장이 퍼져 나가면서 그것은 경제적 관계들뿐만 아니라 정치적·사회적 관계들 또한 변화시켰다.

전자본주의사회들에서는 시장이 좀 더 넓은 사회적 관계 속에 뿌리 내리고 있었으며 정치에 종속되어 있었다. 따라서 전통적 공동체들의 제도·규범·선호가 시장의 범위와 작동을 통제했다. 가장 전통적인 사회들에서부터 유럽의 중상주의 시대까지, 상품의 생산과 분배에 대한 결정은 시장이 아닌 정치적·사회적 권력자들에 의해 내려졌다. 비록 시장이 존재하기는 했으나, 그것은 엄격히 제한되고 규제되었던 것이다.

근대 자본주의 시대 이전의 시장은 경제생활의 액세서리 이상이었던 적이 결코 없었다. 경제체제는 일반적으로 사회체제 속에 흡수되어 있었으며 …… 중상주의 체제와 같이 시장이 가장 고도로 발전되어 있던 곳에서도 그것은 중앙집권화된 정부의 통제 아래 번성했다. 그런 정부들은 개별 농가들과 전국적인 경제 운용에서 모두 자급자족을 촉진했다. 규제와 시장은 사실상 함께 자라난 것이다. 자기 조절적(self-regulating) 시장이라는 것은 존재하지 않았다. 자기 조절이라는 개념의 탄생은 오히려 자연스러운 흐름에 완전히 역행하는 것이 었다. 시장경제 배후에 존재하는 여러 별난 가정(假定)들은 이런 사실들에 비추어 볼 때에만 완전히 이해될 수 있을 것이다.2)

달리 말하면, 자본주의가 도래하면서 시장의 요구 사항들이 공동체의 삶과 정치권력의 한계를 결정하게 되면서 국가-시장-사회 간의 전통적 관계가 뒤집힌 것이다. 사실상 자본주의 아래에서 "사회는 한갓 시장의 부속물로 전락한 것이다."3) 물론 이런 변화를 만들어 낸 힘은 오늘날 세계화의 관찰자들에게는 낯익은 것이겠지만, 실은 하나의 극적인 역사적 이탈을 나타내는 것이었다. 사람들의 삶에 영향을 미칠 수많은 중요한 결정들이, 비인격적인 경제적 힘들의 자비(혹은 무자비)에 맡겨진 것은 18세기 후반과 19세기 들어 유럽에서 자본주의가 승리하기 시작한 이후였다.

자본주의는 개인들에게 자신의 지위와 생활이 주로 특정 집단 혹은 공동체에 의해 규정되던 세상의 종말을 의미했고, 개개인의 정체성과 생계를 시장에서의 지위에 의존하는 체제로 이행하게 되었음을 뜻했다.4) 물론 전통 사회에서 근대사회로의 전환은 개인들에게 엄청난 해방의 잠재력을 부여했다. 그것은 삶의 기회가 공동체적 정체성이나 가족적 배경에 의해 엄격히 제한되지 않는 세상이 가능하다는 것을 의미했다. 하지만 그것은 동시에 개인을 그들의 동료와 사회에 좀 더 폭넓게 묶어 주던 연고와 책임감의 그물망이 산산 조각이 남을 의미했다.5) 이러한 전통적 관계들이 박살나면서 초래한 중요한 결과의 하나는, 전자본주의사회에서는 개인의 기본적 생계가 "인간 공동체에 소속되어 있다는 것 자체의 도덕적 권리"6)에 의해 보장될 수 있었던 반면, 자본주의 아래에서는 아사餓死의 위협('굶주림이라는 경제적 채찍')이 사회적 제도들의 필요물이자, 심지어 바람직한 일부분으로 자리 잡았고 게임의 법칙이 이끄는 궁극적 유인incentive이 되었다는 점이다.

공동체 생활 또한 흔들렸다. 사회란 공공선에 대한 비전을 공유할 때에만 유지될 수 있다는 믿음은 서양사 전반을 통해 널리 퍼져 있었다. 서양의 사상가들이 물질적 이득의 추구가 미치는 해로운 영향에 대해 지속적으로 우려를 표명해 온 이유가 바로 이것 때문이었다. 플라톤은 『국가』 The Republic에서 소크라테스를 통해 "사람들은 돈을 중시할수록 미덕을 경시한다"고 말하고 있으며, 사도 바울은 "돈에 대한 사랑은 모든 악의 근원이다"[7]라고 주장하고 있다. 이들에 따르면 자본주의는 이런 경향을 더욱 악화시켰는데, 그 이유는 시장에 기반을 둔 사회는 탐욕과 부도덕을 부추길 뿐만 아니라 삶의 헌신이 필요한 공적 목표와 고귀한 이상으로부터 사람들을 떼어놓기 때문이다. 자본주의로 이행하면서 사적 이익이 공적 이익보다 우선시되었고, 시민들 간의 유대 관계는 일시적이고 변하기 쉬운 교환 관계로 대체되었다. 오늘날을 살면서 이런 변화가 얼마나 혁명적인 것이었는지를 알 수는 없을 것이다.

사회는 지금이나 예전이나 개인들의 총합 이상의 그 무엇도 아니며 공동의 목적은 개인들의 이익을 최대화해 성취할 수 있다는 주장, 그리고 경제는 경제적 욕구를 만족시키고자 하는 경제적 동기에 의해 지배되는 메커니즘이고 종교적 (그리고 도덕적) 기준들은 기껏해야 경제적 사업과는 관계가 없거나 최악의 경우 그것에 해를 끼친다는 주장이 있는데, 이런 주장들은 근대 특유의 사고방식이며, 대부분의 인류 역사 속에서 사람들이 갖고 있던 믿음과는 명백히 배치되는 것이다.[8]

이런 변화에 관한 가장 영향력 있는 논의는 페르디난트 퇴니스Ferdinand Tönnies의 선구적인 저서 『공동사회와 이익사회』Gemeinschaft und Gesellschaft에서 찾아볼 수 있다.9) 이 책에서 퇴니스는 사회적 삶에는 두 가지 기본 형태가 있다고 주장했다. 그것은 자본주의 이전에 존재했던 것과 그 이후에 존재한 것이다. 전자본주의 세계에서는 공동체가 최고의 권위를 지녔다. 공공선에 대한 헌신은 최상의 가치였고, 공동의 관점 그리고 본능적이면서도 당연하게 여겨졌던 사회적 연대의 감정이 시민들을 하나로 묶어 주었다.10) 또한 또 다른 관찰자가 지적했듯이 "전통 사회에서 사회적 응집성의 원리는 사회구조 그 자체의 일부분이었다. 위계와 (신분적) 구별은 사람들을 유기적으로 결합시켜 주었다. 사회적 유대는 자연스러운 것이었다."11) 그러나 시장이 확산되면서 공동의 삶을 유지시켜 주던 전통적 요소들이 파괴되었고, 공동의 이익보다는 사적 이익이 우선시되는 사회조직의 형태가 만들어졌다. 퇴니스는 다음과 같은 유명한 주장을 남겼다. "공동사회의 사람들은 모든 분열적 요인에도 불구하고 본질적으로 통합되어 있는 반면, 이익사회의 사람들은 여러 통합적 요인에도 불구하고 본질적으로 분열되어 있다."12)

따라서 근대화가 파괴한 사회적 통합을 정치적 수단들을 통해 재창조해 내는 것은 근대사회가 직면한 주요 도전 과제들 가운데 하나가 되었다.13)

요컨대 자본주의로의 이행은 비극적 아이러니를 만들어 냈다. "18세기 산업혁명의 핵심에는 생산도구들의 기적적인 발달이 있었다. 그런데 그것은 보통 사람들의 삶과 인간 공동체 조직의 파국적 뿌리 뽑힘dislocation을 동반"14)했던 것이다. 이러한 뿌리 뽑힘은 너무나 급진적이고 불안정한 것이라서 이내 즉각적인 반동을 촉발했다. 즉 시장의 영역을 제한하고 사회를 시장의 불안정한 결과들로부터 보호하려는 노력 말이다. 따라서 칼 폴라니가 '이중 운동'double movement이라고 불렀던, 앞으로 근대적 삶을 형성하게 될 대립적 원칙들의 싸움이 시작된 것이다.

> 그중 하나는 경제적 자유주의의 원칙인데, 이는 자기 조절적 시장의 확립을 목표로 하며 교역 계급(trading class)의 지원에 의존하고 대개 자유방임과 자유무역을 그 수단으로 사용한다. 다른 하나는 사회적 보호의 원칙인데, 생산적 조직뿐만 아니라 인간과 자연의 보존을 목표로 하고 있으며 시장의 해로운 행위에 가장 직접적으로 영향을 받는 이들의 다양한 지원에 의존하고 있고 …… 보호 법률, 규제 단체, 그리고 다른 개입 도구들을 그 수단으로 사용한다.15)

이런 대립은 1920년대와 1930년대 들어 절정에 다다랐다. 유럽 지역의 대부분을 위협한 경제적 붕괴와 사회적 대혼란을 겪으면서 대중은 근대 자본주의사회가 제공할 수 없는 것처럼 보였던 안정과 공동체, 그리고 사회적 보호를 다시 요구하기 시작했다. 이 지점에서 파시즘과 민족사회주의가 무대 위로 등장했는데, 그들은 점점 깊어지는 나락에서 빠져나올 수 있는 하나의 출구를 제공했다. 그것은 국가를 통해 시장을 제자리에 복귀시키고 자유주의와 자본주의 그리고 근대성이 만들어 낸 원자화, 뿌리 뽑힘, 사회적 불화와 싸워 나가겠다는 새로운 사회의 비전이었다. 따라서 많은 사람들에게 파시즘과 민족사회주의는 시장 사회의 모순과 문제점에 대한 '실질적인, 그러나 야만적인 해결책'을 의미했다.16) 물론 파시즘적·민족사회주의적 치료법은 (그들이 치료하겠다고 나선) 원래의 병보다 더 나쁜 것이었다. 따라서 전간기와 제2차 세계대전의 비극을 겪고 난 이후의 유럽인들은 시장의 영향력과 지나침을 통제할 수 있고 사회적 연대에 대한 사람들의 열망이 충족될 수 있는 세상을 창조해야 했다. 파시즘과 나치즘이라는 해결책이 동반했던 민주주의의 희생과 자유의 유린 없이 말이다.

전후 시기 동안 등장했던 것이 바로 그런 체제다. 비록 오늘날 그것이 자유주의가 수정된, 혹은 [자유주의가 사회적으로 뿌리내린] '내장된'embedded 형태로 이해되고 있지만, 이는 근원과 특성 모두를 매우 잘못 이해하고 있는 것이다. 전후 들불처럼 퍼져 나갔던 체제는 사실 자유주의의 업데이트 판이 아니라, 무언가 분명 다른 것이었다. 그것은 사회민주주의였다. 제2차 세계대전이 끝날 무렵, 사회민주주의는 이미 그 이전의 10년 동안 유럽의 북쪽 주변부에서 자신들의 첫 번째 정치적 승리를 쟁취하고 있었다. 자유주의와 정통 마르크스주의의 경제 중심주의economism와 수동성을 거부하면서, 그리고 파시즘과 민족사회주의의 폭력성을 회피하면서, 사회민주주의는 정치의 우선성과 공동체주의에 대한 믿음(경제적 힘이 아닌 정치적 힘이 역사의 동력이 될 수 있으며 또 그렇게 되어야 한다는 확신, 그리고 사회의 '욕구'와 '행복'은 보호되고 배양되어야 한다는 확신) 위에 세워졌으며, 사회주의의 비마르크스주의적 비전을 나타냈다. 그것은 20세기의 가장 성공적인 이데올로기이자 운동이었다. 즉 사회민주주의의 원리와 정책은 이제까지 공존할 수 없을 것처럼 보였던 것들(잘 작동하는 자본주의 체제와 민주주의, 그리고 사회적 안정)을 융화시킴으로써, 유럽 역사상 가장 번성하고 조화로웠던 시기를 뒷받침한 것이다.

이와 같은 주장이 놀랍거나 과장된 것으로 들린다면, 그것은 앞에서 지적한 대로 전후 체제의 성과물이 얼마나 전례 없는 것인지를 우리가 잊고 있기 때문이다. 많은 사람들, 특히 미국 사람들은 자본주의, 민주주의, 사회적 안정의 공존을 자연스러운 것으로 받아들이고 있지만, 역사적으로 볼 때 이는 사실이 아니다. 이런 근시안적 시각은 사회과학 연구에서도 드러난다. 전후 유럽 정치경제의 구성 요소들에 대한 훌륭한 분석들은 많이 있다. 예를 들어 우리는 유럽과 그 밖의 지역에서 민주주의가 어떻게, 왜 발달했는지에 대해 많은 것을 알고 있다.17) 또한 복지국가의 성격과 발전에 대해서도,[18] 케인스주의의 진화·논리·결과에 대해서도, 그리고 경제계획과 다른 경제관리 기법들에 대해서도 많은 것을 알고 있다.[19] 하지만 우리는 전후 체제의 총체적인 역사적 역할과 철학적 의미에 대해서는 별로 생각해 보지 않았다.[20] 따라서 이 책은 유럽의 20세기 정치경제에 대한 기존 문헌들을 토대로 하겠지만, 그 이상으로 나아갈 것이다. 전후 체제의 '뒷이야기'에 대한 연대기를 작성하는 것에 더해, 나는 이 체제가 자본주의와 근대성에 의해 촉발된 문제들에 대한 해법으로서 이해되어야 한다고 주장할 것이다. 19세기와 20세기 초반에 걸쳐 이런 문제들에 대한 자유주의적·마르크스주의적, 그리고 파시즘적·민족사회주의적 해법들이 시도되었으나 모두 무언가 부족한 것으로 드러났다. 제2차 세계대전의 파국이 일단 종료되자, 그동안 자유주의자, 마르크스주의자, 그리고 파시스트·민족사회주의자들이 가지고 있었던 것과는 근본적으로 다른 국가-시장-사회 간의 관계에 대한 이해 방식에 바탕을 둔 새로운 체제가 출현하기 시작했다. 정치적 힘이 경제적 힘을 통제해야 한다는 믿음에 토대를 두고 "근대화가 파괴했던 사회적 통합을 정치적 수단을 통해 재창조"[21]해 내는 것을 목표로 했던 이 체제는, 앞으로 보겠지만, 근본적으로 사회민주주의적인 것이었다.

20세기 역사에서 사회민주주의가 담당했던 핵심적인 역할이 잘 알려져 있지 않은 이유는, 전후 체제에 대해 우리가 전체적이고 역사적인 관점에서 생각해 보지 않았기 때문이기도 하고, 다른 한편으로는 사회민주주의를 그 역할에 걸맞게 존중하거나 이데올로기 분석을 면밀하게 진행한 학자 혹은 논평자들이 거의 없었기 때문이다. 그 결과, 과거에 유럽 정치의 운명을 바꾸었으며 미래에 또다시 그럴 가능성이 있는 하나의 힘이 이상하게도 모호한 채로 남아 있다.

사회민주주의가 관심을 받지 못했던 한 가지 이유는 용어상의 혼란 때문이기도 하다. 19세기 후반과 20세기 초반에 많은 사회주의자들이 '사회민주주의자'라는 용어를 사용했는데, 이는 민주주의를 받아들이지 않았던 다른 사회주의자들로부터 자신들을 구분 짓기 위한 것이었다. 하지만 이들은 권력을 쟁취하기 위해 반란과 폭동의 길을 택하지 않았다는 점을 제외하고는 의견이 일치하는 바가 거의 없었기 때문에, 이들을 한 그룹으로 묶는 것은 분석적으로 적절하지 못하다. 예를 들어 독일의 칼 카우츠키Karl Kautsky와 에두아르트 베른슈타인Eduard Bernstein은 둘 다 자신들을 사회민주주의자라고 칭했는데, 그들이 각자 추구했던 사회주의의 내용은 극적으로 다른 것이었다. 오늘날에도 상황은 비슷하다. 막연한 좌파적 정서와 공산주의자로 보이지 않기를 원하는 열렬한 바람을 제외하고는 거의 공통점이 없는 다양한 개인들과 매우 다른 정당들이 자신들을 사회민주주의자라고 부르고 있는 것이다.

그동안 학자들은 많은 경우 사회민주주의만의 이데올로기적 특수성을 제대로 인식하지 못했다. 최근 수십 년 동안 이 주제에 대한 대부분의 연구는 두 가지 관점 중 하나를 택하고 있다. 첫 번째 관점은 대개 비판자들이 채택하는 것인데, 사회민주주의를 마르크스주의와 자유주의의 어중간한 중도, 즉 양립할 수 없는 전통들로부터 이것저것 꿰워 맞춘 것으로 보는 것이다. 이런 관점에서 볼 때 사회민주주의자들은 혁명적 신념과 용기가 없는 사회주의자이거나 총 대신 투표용지를 집어든 사회주의자인 것이다.[22] 두 번째 관점은 종종 지지자들이 택하는 것으로서 사회민주주의를 특정한 정책을 도입하거나 어떤 가치들을 유지하려는 시도로 보는 것이다. 이런 관점에서 볼 때 사회민주주의자들은 기본적으로 복지국가, '평등' 또는 '연대'의 옹호자들이다.

이런 관점들 각각은 어느 정도의 진실을 담고 있지만 양쪽 모두 좀 더 큰 그림을 보지 못하고 있다. 이 책은 사회민주주의가 특정한 정치적 강령을 훨씬 넘어서는 것이라고 주장할 것이다. 그것은 마르크스주의와 자유주의 사이의 타협 또한 아니다. 그리고 그것은 막연한 좌파적 정서와 공산주의를 혐오하는 어떤 개인이나 정당에 적용될 수 있는 것도 아니다. 사회민주주의는, 적어도 출발 자체가, 그 핵심에 정치의 우선성과 공동체주의에 대한 특유의 믿음을 가진, 마르크스주의와 자유주의 둘 모두에 대한 뚜렷한 대안인 것이다. 사회민주주의의 진정한 성격을 이해하기 위한 실마리는 그것이 탄생한 배경에서 찾을 수 있다. 하지만 그 이야기를 하기 전에, 정치 이데올로기에 관한 연구를 좀 더 일반적인 시각에서 살펴보자.

이데올로기

대부분의 현대 정치학자들은 이데올로기에 관한 연구를 피하는 경향이 있다. 왜냐하면 엄격한 분석을 하기에는 이데올로기 개념이 너무 모호하고 형태가 없다고 생각하기 때문이다. 정치학자들은 쉽게 관찰 가능하고 정량화할 수 있는 것들을 연구 대상으로 삼는 쪽을 선호하는데, 이데올로기는 그 기준에 적합하지 않은 것이다. 하지만 회의주의자라 할지라도 이데올로기라는 것이 존재하고 정치에 깊은 영향을 끼친다는 사실을 끝까지 부인하기는 어려울 것이다. '파시스트', '공산주의자', '자유주의자' 같은 용어를 사용하지 않고 20세기의 역사를 논하는 것은 불가능하며, 만약 그런 시도를 한다면 비웃음만 당할 것이다. 그 결과 학문적 이론과 정치적 실제 사이의 단절이 발생했는데, 이는 마치 열쇠를 잃어버린 취객이 가로등 주변이 밝다는 이유로 그곳에서만 열쇠를 찾고 있는 상황을 떠올리게 한다. 별 성과는 없지만 연구하기 쉬운 영역은 많은 관심을 받는 반면,

중요한 주제들은 몇 발짝 떨어진 어두운 곳에 방치되어 있는 것이다.[23]

어떤 사회과학자들은, 이데올로기가 단순한 부수 현상일 뿐이라는 이유로, 즉 어떤 중요한 독립적 영향력을 갖지 않고 근원적인 경제적 이해관계나 물질적 조건의 변화에 따라 흥망이 좌우된다는 이유로 이데올로기에 대한 관심의 부족을 정당화한다. 예를 들어 많은 마르크스주의자들, 합리적 선택 이론가들, 현실주의자들은 이데올로기란 기껏해야 수단 또는 '포장'에 불과한 것으로 이해한다. 다양한 이유로 정치적 행위자들이 채택하고 사용하기는 하지만, 그것 스스로 결과를 만들어 내지는 못한다는 말이다. 이런 주장이 때로는 사실이지만, 이데올로기를 그렇게 통째로 거부하는 것은 분명한 오류다. 역사를 대강 훑어보기만 해도, 실제와는 다르게 진행될 수도 있었던 사건들의 전개 방향을 결정하는 데 이데올로기가 중요한 역할을 했음을 알 수 있다. 이데올로기는 그것이 아니었더라면 연결되지 않았을 법한 사람들을 연결시켜 주며, 추구하지 않았을지도 모를 정치적 목표들을 추구하도록 그들에게 동기를 제공한다.

또 다른 문제점은 사실상 이데올로기를 연구한다고 볼 수 있는 많은 학자들이 초점을 너무 좁게 맞추는 바람에 이데올로기가 다른 요인들에 의해 어떻게 영향을 받는지에 대해서는 별다른 주의를 기울이지 않는다는 점이다. 예를 들어 지성사 학자들은 이데올로기의 내용과 그 옹호자들에 관해서는 풍부하고 매력적인 서술들을 생산해 왔다. 하지만 이데올로기가 어디로부터 왔으며 좀 더 넓은 사회적·정치적·경제적 맥락이 그것을 어떻게 형성시켰는지에 대한 이야기는 드물다. 또 하나의 문제점이 있는데, 그것은 많은 이데올로기 연구자들이 일종의 현상유지status quo적 편견을 가진 채, 이데올로기를 어떤 상황 속에 이미 존재하고 있는 일부로 취급하면서 그것들이 그 이후 행위자들의 행동에 어떤 영향을 미치는가에 대해 초점을 맞춘다는 것이다. 예를 들어 문화 연구자들과 일부 제도주의자들은 사상과 규범이 어떻게 의사 결정과 행동을 형성시키는지에 대해서는 할 이야기가 많지만, 변화의 시기, 즉 기존의 신념 체계와 이데올로기들이 공격당하고 새로운 것들이 출현하기 시작하는 시기에 대한 분석에는 특이할 정도로 약점을 보여 왔다.24)

좀 더 성공적인 연구를 위해서는, 이데올로기들이 이론과 실천의 연결 지점에 존재한다는 것, 즉 한 발은 추상적인 사상의 영역에, 또 다른 한 발은 일상적인 정치적 현실에 디디고 있음을 인식해야 한다. 이데올로기는 자신의 옹호자들에게 현실에 대한 만족스러운 설명과 그에 따른 실천 방안에 대한 안내자 역할이라는 두 가지를 모두 제공하면서 이론과 현실 각각의 영역을 부드럽게 연결시켜 줄 수 있을 때 가장 큰 영향력을 갖는다.

하나의 이데올로기와 그 환경적 조건이 완벽하게 들어맞는다 할지라도 그 이데올로기가 오랫동안 지속되는 일은 드물다. 정치적·사회적, 또는 경제적 배경이 변화하면서 그 이데올로기는 점점 유용성이 떨어진다. 때로는 새로운 상황에 맞춰 부분적으로 땜질을 하거나 업데이트할 수도 있다. 혹은 자신이 쇠퇴해 새로운 경쟁자가 명성과 권력을 얻을 수 있도록 길을 열어 주기도 한다. 따라서 이데올로기적 헤게모니의 각 시기에 대한 이야기는 앞선 이데올로기의 쇠퇴와 더불어 진정으로 시작되는 것이다.

달리 말하자면 이데올로기는 두 단계의 과정을 거쳐 흥망을 겪는다. 첫째 단계에서는 기존의 이데올로기가 의문시되고 변색되면서, 경쟁자들이 치고 들어가고자 하는 정치적 공간을 열어 준다.25) 즉, 지배적인 지적 패러다임(들)의 오류와 부적절함이 알려지면서 새로운 이데올로기들에 대한 수요가 창출되는 단계다. 일단 정치적 공간이 열리게 되면 일부 정치 행위자들이 대안적 관점을 개발하고 받아들이기 시작하면서 이 과정의 둘째 단계의 막이 오른다. 즉 이 단계에서는 새로운 이데올로기들의 공급과 함께 그것을 통해 사람들의 마음을 사로잡고 정치적 권력을 차지하기 위한 경쟁이 시작되는 것이다.

이 책은 시간의 흐름에 따라 그런 패턴들을 추적하면서 20세기 이데올로기들의 운명을 하나의 확장된 사례연구로 다룰 것이다. 19세기 후반에서 20세기 초반에 이르는 동안 서유럽 국가들은 거대한 변화를 경험했다. 새로운 사회집단의 규모와 힘은 증가했으며, 지난날의 정치적 패턴들과 사회적 조직 형태들은 무너지기 시작했다. 경제도 일변했다. 이런 상황 전개로 인해 유럽 대륙의 많은 이들은 기존의 정치 이데올로기에 대해 의문을 갖게 되었으며, 급격히 변화하는 주변 세상을 이해하고 대응하기 위한 새로운 방법을 찾아 나섰다. 1910년대에서 1940년대에 걸쳐 유럽 대륙을 강타한 위기들은 이처럼 문제를 새롭게 고찰하려는 노력의 과정을 가속시켰다. 두 차례의 세계대전과 대규모의 불황은 오랫동안 유럽의 정치를 지배해 온 많은 제도들, 조직들, 사고방식들에 대한 신뢰를 앗아 갔고, 이미 진행 중이었던 이데올로기적 재검토와 재구성을 다시금 자극했다.

그런 거대한 변화와 외부적 충격에 대한 반응으로서, 모든 유럽 사회의 정치적 행위자들은 기존의 이데올로기들에 대해 의문을 제기했을 뿐만 아니라 다양하고 강력한 대안들을 개발하기 시작했다. 이런 과정이 서유럽 전역에서 비슷한 시기에 비슷한 방식으로 나타났다는 사실은, 개별 나라의 국경을 가로질러 무언가가 작동하고 있었음을 보여 준다. 하지만 정치적 쟁투들의 구체적인 성격과 그 결과가 나라마다 크게 달랐다는 사실은, 이를 좀 더 완벽하게 이해하기 위해서는 구조적 변화 내지 국경을 가로지르는 외부적 충격들을 넘어서 지역의 정치적 맥락과 정치 행위자들에 대해 살펴볼 필요가 있음을 보여 준다. 이 책에서는 특히 이데올로기가 발전하고 쇠퇴하는 데 정당들이 담당했던 결정적인 역할을 강조할 것이다. 최근 정치학계에서 정당에 대한 연구와 이론화가 푸대접을 받고 있지만, 앞으로 우리가 살펴보게 될 것처럼, 정당에 초점을 맞추지 않고서는 20세기 정치 발전을 이해할 수 없다.[26] 특히 우리는 사상 관련 문헌들 속에서 정당이 이른바 '매개체'carrier의 기능을 담당했음을 보게 될 것이다.[27] 이데올로기는 정치적 영광의 자리에 스스로 올라가지 못한다. 이데올로기는 반드시 다른 이들에게 생각하고 행동하는 방식을 재고해 보도록 설득할 수 있는 '매개체'들에 의해 옹호되어야 한다. 앞으로 살펴보겠지만, 이는 20세기의 많은 정당들이 수행했던 결정적 역할 가운데 하나였다. 정당은 대중에게 이데올로기를 홍보하고 전파했으며, 진정한 신봉자들이 특정 정치적 과제를 수행하기 위해 분투하는 데 사용할 정치적 수단을 제공했다.

정당에 주목하지 않고서는 이데올로기의 운명을 이해할 수 없다면, 정당의 발전 또한 이데올로기에 초점을 맞추지 않고는 이해될 수 없다. 특히 특정 정당을 규정하는 조직, 정치 전략, 선거 연합 모두가 그들이 신봉하는 이데올로기적 기획에 의해 결정적으로 형성된다는 사실을 우리는 앞으로 살펴보게 될 것이다. 예를 들어 사회민주주의자, 파시스트, 민족사회주의자들 각각의 이데올로기를 살펴보지 않고는 그들을 특징짓는 '계급 교차적 연합'cross-class coalitions, '국민정당'people's party 전략, '원칙에 입각한 실용주의'를 이해할 수 없다.[28] 이런 과정과 역학이 펼쳐지는 정확한 방식, 이것이 바로 앞으로 이 책에서 다루게 될 주제다. 그보다 먼저 이 책의 기본적인 주장을 간단히 요약해 보도록 하겠다.

사회민주주의 이야기

산업혁명의 시작과 더불어 자유주의는 첫 번째 근대적인 정치·경제 이데올로기로서 무대의 중심을 차지했다. 자본주의가 유럽 전역으로 퍼져 나가면서 자유주의는 이 새로운 체제가 몰고 온 변화에 대한 설명과 정당화 둘 다를 제공했다. 자유주의자들은 진보에 대한 신념을 퍼뜨렸다. 즉 시장이 최대 다수에게 최대 이익을 선사한다는 신념과, 정부는 역사의 전진 과정에 가능한 한 최소로 개입해야 한다는 확신 말이다. 정말로 19세기는 그 시대와 이데올로기 간의 궁합이 딱 맞아 떨어져서 종종 '자유주의의 시대'라고 불리곤 한다.[29]

하지만 세기말이 다가올 무렵, 만발했던 장미는 이미 시들어 가고 있었다. 초기 자본주의가 가져온 실제 결과(특히 심각한 불평등, 사회적 뿌리 뽑힘, 그리고 그 결과 초래된 원자화)는 자유주의에 대한 반발과 새로운 대안에 대한 모색을 자극했다.[30] 좌파에서 제기된 가장 중요하고 강력한 도전은 마르크스주의에서 비롯된 것이었다. 19세기 후반 무렵 (대부분 프리드리히 엥겔스Friedrich Engels에 의해 성문화되고 칼 카우츠키에 의해 대중화된) 과학적·결정론적 버전의 마르크스주의는 대다수 국제 사회주의 운동의 공식 이데올로기로서 확고한 지위를 차지했다.

이 독트린의 가장 큰 특색은 역사 유물론과 계급투쟁인데 이 둘이 합쳐져서, 역사는 인간의 의식이나 행동의 변화가 아닌 경제적 발전과 그 결과 발생한 사회적 관계들의 변화에 의해 앞으로 나아간다는 주장이 나오게 되었다. 엥겔스는 다음과 같이 말했다.

> 역사의 유물론적 개념은 모든 사회 변화와 정치 혁명의 최종 원인을 인간의 두뇌 속에서가 아니라, 또한 영원한 진리와 정의에 대한 인간의 좀 더 뛰어난 통찰력 속에서가 아니라, 생산과 교환 양식의 변화 속에서 찾아야 한다는 명제로부터 출발한다. 우리는 그것들을 각 특정 시대의 철학이 아닌 경제학으로부터 찾아야만 하는 것이다.[31]

어떤 논평자의 지적대로 역사 유물론이 제공한 것은 역사에 대한 '산부인 과적' 관점이었다. 즉 자본주의는 그 안에 미래 사회주의 사회의 씨앗을 담고 있으므로 사회주의자들은, 경제 발전이 체제의 내적 모순을 밀어붙여, 새로운 체제가 등장하는 데 약간의 '산파술' 정도만이 필요한 시점이 되기를 기다리기만 하면 된다는 것이다.[32] 그리고 이 드라마에서 산파의 역할은 계급투쟁, 특히 프롤레타리아계급이 맡게 된다. 카우츠키의 표현 대로 "경제적 진화는, 착취 받는 계급으로 하여금 이 사적 소유의 체제에 맞서 일어날 수밖에 없는 조건들을 필연적으로 만들어 낸다."[33] 하루하루 시간이 흘러갈수록 "기존 체제를 더는 견딜 수 없게 될 무산 노동자들, 즉 체제가 몰락해도 잃을 것은 아무 것도 없지만 모든 것을 얻게 될 자들"의 집단이 점점 더 커지게 될 것이었다.[34]

하지만 시간이 흐르면서 정통 마르크스주의는 곤란을 겪기 시작했다. 우선 마르크스의 수많은 예언들이 실현되지 않았다. 19세기 말이 되자 기 나긴 불황 이후 유럽 자본주의는 새로운 활기를 얻었고, 부르주아국가들은 중요한 정치·경제·사회적 개혁에 착수하기 시작했다. 더군다나 역사에 대한 안내자로서 마르크스주의의 실패가 분명해져 가던 바로 그때, 건설적인 정치 행동에 대한 안내자로서 마르크스주의가 부적절하다는 비판이 국제 사회주의 운동 내부에서 일어났다. 19세기 후반 무렵, 마르크스의 이름을 내걸고 활동하던 정당들은 유럽의 여러 나라에서 중요한 정치 행위자가 되어 있었지만, 정치적 목표를 성취하기 위해 권력을 어떻게 사용해야 하는가에 대해 정통 마르크스주의가 제공해 줄 수 있는 전략은 그 어떤 것도 없었다. 일반적으로 정통 마르크스주의는 정치 조직의 역할에 대해서는 별반 언급하지 않았는데, 왜냐하면 정치적 행동보다는 경제적 힘들이 역사의 주된 원동력이라고 여겼기 때문이다.

따라서 20세기로 들어설 무렵, 많은 좌파들은 난처한 딜레마에 직면했

다. 즉 마르크스주의적 기획을 탄생시킨 가장 큰 동기였던 경제적 부정의
와 사회적 분열은 그대로였지만 자본주의는 여전히 번성했다. 정통 마르
크스주의는 소극적인 조언을 제공할 뿐이었다. 즉 자본주의 내부의 모순
이 체제를 붕괴시키기만을 기다리라는 것이었다. 하지만 이제 이 시나리
오는 일어날 가능성이 없어 보였으며, 점점 매력을 잃어 가고 있었다.

또한 정통 마르크스주의의 수동적 경제주의는 경제적·사회적으로 고
통을 겪고 있던 대중이 표출했던 정치심리학적 욕구를 충족시키는 일과
관련해서도 거의 아무 것도 한 일이 없었다. 시장의 전진은 유럽 사회에
엄청난 불안감을 만들어 냈다. 비판자들은 자본주의가 일깨운 다음과 같
은 현상들, 즉 이기심에 대한 찬양과 개인주의의 만연, 전통적 가치와 공
동체의 소멸, 그리고 사회적 뿌리 뽑힘, 원자화, 분열의 증가를 한탄했다.
그 결과 세기말에 우리는 분열되고 방향을 상실한 유럽의 사회들이 그토
록 절실히 필요로 하는 연대감과 소속감, 그리고 집단적 의지를 제공할
수 있는 방법은 오직 민족 공동체의 부활뿐이라고 주장하는 공동체주의
사상과 민족주의 운동들의 거대한 파도를 목격했다. 그런데 이 민족주의
자들 가운데 많은 이들이 사회주의를 자신들의 좀 더 큰 정치적 프로그램
에 필요한 하나의 구성 요소로 보았다. 그러나 이 사회주의는 마르크스주
의와 결별한 사회주의였다. 즉 자본주의에 대한 깊은 불신과 자본주의의
가장 큰 피해자들을 위해 무언가 조치가 필요하다는 확고한 신념을 기반
으로 하면서도, (마르크스주의의) 역사 유물론과 계급투쟁을 격렬히 거부하
는 사회주의였다. 사회민주주의 운동의 출현은 이런 배경 속에서, 그리고
이런 좌절감에 대응해 이루어진 것이다.

19세기의 막바지에 이르러 몇몇 사회주의자들은, 만약 자신들이 바라
던 정치적 결과가 단지 그것이 필연적이라는 이유만으로 실현될 수 있는
것(마르크스가 지녔던, 그리고 엥겔스와 그들의 영향력 있는 추종자들이 그보다 한

층 강하게 지녔던 믿음)이 아니라면, 결국 그것은 인간 행위의 귀결로서 이루어져야 한다는 것을 깨달았다. 그런 이단아들 가운데 레닌 같은 이들은 그것이 위로부터 부과될 수 있다고 생각했고, 혁명 전위대의 정치·군사적 노력을 통해 역사에 박차를 가하기 시작했다. 또 다른 이들은 사회주의적 목표를 바람직한 것으로 받아들이게 만들 수 있으며, 따라서 좀 더 고결한 선good에 대한 믿음이 인간들의 집단적 노력을 촉발해 그 목표를 이룰 수 있으리라 생각했다.

후자와 같은 '수정주의' 진영에서는 두 가지 눈에 띄는 사상의 갈래가 나타났다. 첫 번째는 조르주 소렐Georges Sorel의 작업으로 대표되는 혁명적인 것(혁명적 수정주의)이었다.[35] 소렐은 현존하는 질서를 급진적이고 폭력적으로 전복하는 것이야 말로 좀 더 나은 미래로 가는 확실한 길이라 믿었다. 이런 관점에서 볼 때 사회주의는 "기존 사물의 상태를 파괴하는 활기찬 전투"로부터 출현할 것이었다.[36] 수정주의의 두 번째 갈래는 에두아르트 베른슈타인의 작업으로 대표되는 민주주의적인 것(민주적 수정주의)이었다. 소렐처럼 베른슈타인 또한 사회주의는 좀 더 나은 세상을 위한 활기찬 투쟁을 통해 출현할 것이라고 믿었다. 하지만 소렐과 달리 그는 이 투쟁이 민주적이면서 점진적인 형태로 이루어질 수 있으며 또 그렇게 되어야 한다고 생각했다. 소렐의 작업이 파시즘의 기반을 다지는 데 일조할 바로 그 지점에서, 베른슈타인의 작업은 사회민주주의의 기반을 다지는 데 일조하게 될 것이었다.

베른슈타인은 정통 마르크스주의의 두 기둥, 즉 역사 유물론과 계급투쟁을 공격했다. 그리고 정치의 우선성과 계급 교차적 협력에 기반을 둔 대안을 주장했다. 그가 관찰한 바에 따르면 자본주의에서는 부의 집중과 사회적 궁핍화가 점점 더 심화되는 것이 아니라, 점차 복잡해지고 적응력도 커지고 있었다. 따라서 그는 자본주의가 붕괴되어 사회주의가 출현하기를 기다리기보다는, 현존하는 체제를 개혁하기 위해 적극적으로 노력하는 쪽을 선호했다. 그가 보기에 사회주의의 앞날은 "부의 감소가 아닌 증가"에 달려 있으며, 또한 "개혁을 위한 긍정적 제안" ― 근본적인 변화를 자극할 수 있는 ― 을 내놓을 사회주의자들의 능력에 달려 있는 것이었다.[37]

사회주의가 필연적으로 도래할 것이라는 믿음을 상실한 베른슈타인은 인간의 의지와 정치적 행위가 지닌 잠재력의 중요성을 인식하게 된다. 역사 유물론에 대한 정통 마르크스주의자들의 믿음이 위험한 정치적 수동성을 낳았으며, 그로 인해 대중의 열정을 얻지 못하게 될 것이라고 생각했다. 베른슈타인은 계급투쟁의 필연성이라는 교리 또한 유사한 치명적 결점을 공유한다고 보았다. 즉 그것은 역사적으로 부정확할 뿐만 아니라 자신들을 정치적으로 쇠약하게 만든다는 것이다. 그는 자본주의 체제의 부정의로 인해 고통 받는 사회의 광범위한 다수와 노동자들 간에는 이해관계를 공유하는 자연적 공동체가 실제로 존재하며, 사회주의자들은 이런 불만에 찬 중간계급과 농민들을 잠재적 동맹자로 여겨야 한다고 주장했다.

베른슈타인의 주장은 유럽 전역에서 아직 그 수는 적지만 점차 성장하고 있던 이단적 사회주의자들을 통해 울려 퍼지게 되었다. 이들은 사회주의의 필연성보다는 그것을 향한 정치적 경로를, 그리고 계급투쟁보다는 계급 교차적 협력을 강조한다는 공통점을 갖고 있었다. 19세기 후반과 20세기 초반 동안 수정주의는 정통 마르크스주의자들과 반이론적 실용주의자들(체제를 위협하지 않으면서 개혁을 추구하고자 했던 자들) 모두로부터의 지속적인 반대와 우여곡절을 겪으면서도 여러 나라들에서 전진해 나갔다. 비록 베른슈타인과 그의 동료 수정주의자들은 자신들이 단지 마르크스주의를 '수정'하거나 '업데이트'하고 있을 뿐이라고 주장했지만, 그들의 가장 사나운 비판자들(정통파 수호자들)은 수정주의자들이 스스로 인정하기 꺼려 했던 점을 명확하게 파악하고 있었다. 즉 그들이 마르크스주의를 완전히 다른 무언가로 대체할 것을 주장하고 있었다는 점 말이다. 그들은 역사 유물론과 계급투쟁을 포기함으로써 사실상 마르크스주의를 철저하게 거부하고 있었던 것이다. 마치 마르크스가 반세기 전 자유주의를 거부했던 것처럼 말이다. 하지만 수정주의자들은 아직 자신들의 주장이 가진 의미를 완전히 받아들이지 못했고 정통파와 깨끗이 결별할 준비가 되어 있지 않았다. 그 결과는 긴장과 혼란이 점점 증가하는 것으로 나타났다. 이는 사회주의 정당들과 국제 사회주의 운동을 분열된 하나의 집으로 묶어 놓았다. 그리고 제1차 세계대전과 그 여파는 결국 그 집을 무너뜨리고 말았다.

세계대전이 촉발한 광범위한 변화로, 수많은 서유럽 좌파들은 정통 마르크스주의의 두 기둥(계급투쟁과 역사 유물론)을 분명히 거부하고, 그 반대 테제들(공동체주의와 정치의 우선성)을 공개적으로 받아들였다. 혁명적 수정주의자들은 노동자들만으로는 효과적인 혁명적 전위를 구성할 수 없다는 점과, 민족주의가 엄청난 동원력을 지니고 있다는 점을 깨닫게 되면서, 마침내 계급투쟁을 거부했다. 민주적 수정주의자들도 비슷한 결론에 도달했는데, 이는 노동자들만으로는 결코 선거에서 다수파가 될 수 없다는 점과, 정치적 권력을 얻기 위해서는 비프롤레타리아 집단들과 협력할 필요가 있음을 인식했기 때문이었다. 그들은 또한 민족주의의 힘을 인식했으며, 정통 마르크스주의가 강조하는 계급투쟁과 프롤레타리아의 배타성에 계속 매달린다면 보통 시민들의 욕구에 반응하기 어려워질 것임을 우려했다. 한편 두 진영 모두, 자본주의의 붕괴를 선동하는 것보다는 국가를 통해 시장의 파괴적이고 무정부적인 잠재력을 규제하면서 그것의 전례 없는 물질적 생산 능력을 끌어내는 것이 이치에 맞는다고 결론을 내렸으며, 그 결과 역사 유물론과도 멀어졌다. 그럼으로써 그들은 자유방임적 자유주의와 소련식 공산주의 사이에서 진정한 '제3의 길'을 옹호했는데, 이는 정치적 힘이 경제적 힘을 압도해야 한다는 믿음에 기반을 두었다.

한편 반대편 진영(우파 진영)에서는 민족주의자들과 우익들이 근대 자유주의적·자본주의적 세계의 원자화와 비도덕성, 그리고 물질주의에 대해 수십 년간 벌여 온 투쟁이 전간기 동안 대중적 기반을 얻고 있었다. 그리고 이 운동에 참여하고 있던 많은 이들은, 좌익들 가운데 일부가 자신들과 관심사를 공유하고 있음을 인식하기 시작했다. 혁명적 수정주의자들과 불만에 찬 우파들은 '국민'과 민족의 강조, 자유주의와 민주주의의 거부, 그리고 비마르크스주의적 사회주의의 추구 등을 공통적으로 강조했으며, 그 결과 이들이 함께 뭉쳐 유럽 일부 지역에서 파시즘을 만들어 낼 수 있었던 것이다.38) 실제로 유럽 전역의 민족주의자들은 자신들을 공공연히 '민족적' 사회주의자라고 부르기 시작했다. 이는 자본주의가 불러온 위험과 부정의, 불안정을 종식시키기 위해 그들이 헌신하고 있음을 분명히 하면서도, 자신들을 다른 좌파 경쟁자들과 확실히 구분하기 위한 것이었다.

민주적 수정주의자들은 공산주의적 좌파뿐만 아니라 파시즘적·민족 사회주의적 우파에 대한 두려움을 표하면서, 정통 마르크스주의에 매달린다면 주류 좌파들은 정치적 망각의 운명에 처하고 말 것이라고 주장했다. 그들에게 필요한 것은 혼란에 빠지고 불만에 찬 유럽 대중의 욕구와 주장에 부응하는 민주주의적 좌파의 프로그램이었다. 그런 프로그램을 개발하기 위해 그들은 한 세대 전에 베른슈타인과 그 밖의 다른 이들이 제시한 주제들과 비판으로 돌아갔다. 즉 정치의 우선성과 계급 교차적 협력의 필요성이었다.

1920년대 후반이 되자, 서유럽 대부분의 지역에서 19세기의 두 거대한 정치적 운동이자 이데올로기였던 자유주의와 마르크스주의는 아이디어가 고갈되었으며, 당대의 문제들을 다루는 데 부적절한 것이 되고 말았다.39) 반면에 파시스트들과 민족사회주의자들, 사회민주주의자들은 적극적이고 공격적이었으며 열정적이었다. 이데올로기의 무대는 새로운 전환을 준비하고 있었다.

비록 파시즘과 민족사회주의, 사회민주주의 간에는 분명 결정적 차이가 있지만, 다른 한편으로는 (충분히 평가되지 않았던) 중요한 유사점이 있다. 이들 모두는 정치의 우선성을 받아들였으며, 정치권력을 사용해 사회와 경제를 재구성하고자 하는 열망을 강하게 드러냈다. 또한 공동체적 연대와 집단적 선에 호소했으며, 현대적 대중 정치조직을 만들었고, 자신들을 '국민정당'으로 내세웠다. 그리고 이들은 모두 자본주의와 관련해 중도적 입장을 택했다. 즉 마르크스주의자들처럼 자본주의의 종말을 기원하지도 않았고, 많은 자유주의자들처럼 무비판적으로 자본주의를 숭배하지도 않았다. 그 대신 그들은 국가가 시장을 파괴하지 않으면서 그것을 통제할 수 있으며 또 그래야만 한다는 믿음을 바탕으로 '제3의 길'을 추구했다. 이 책 [영문판] 표지에 실렸던 포스터들을 보면 이런 유사점을 발견할 수 있다. 두 장의 포스터 모두 1930년대 초반의 선거운동 당시 사용된 것인데, 다음과 같은 비슷한 메시지를 담고 있다. "우리에게 표를 달라. 그러면 우리는 국가가 계급적 배경과는 상관없이 모든 시민에게 일자리를 보장하는 새로운 사회경제적 체제를 제공할 것이다"(위쪽의 포스터는 스웨덴 사민당의 것이고 아래쪽에 있는 것은 독일 나치의 것이다).

이런 유사점들, 그리고 이 운동들이 마르크스주의와 자유주의 모두에 대한 거부를 의미하게 된 과정을 알게 되면, 왜 그들이 전간기 동안 유럽 민중에게 그토록 큰 영향력을 행사할 수 있었는지를 이해할 수 있다. 그뿐 아니라 어떻게 그리 많은 저명한 지식인들이 당시 겉보기에 비이성적

"우리에게 표를 달라.
그러면 우리는 국가가 계급적 배경과는 상관없이
모든 시민에게 일자리를 보장하는
새로운 사회경제적 체제를 제공할 것이다"

인 결정, 즉 (수정주의적) 좌파로부터 (파시즘적 또는 민족사회주의적) 우파로 전향할 수 있었는지에 대해서도 쉽게 납득할 수 있을 것이다.

물론 파시즘과 민족사회주의는 제2차 세계대전 기간 동안 화염 속에서 몰락했다. 반면 사회민주주의는 바로 그 이후부터 가장 큰 성공 시대를 구가하기 시작했다. 많은 이들은 전후의 안정the postwar settlement을 자유주의의 승리로 해석해 왔다. 비록 그것이 다소 순화된 형태의 자유주의일지라도 말이다. 그러나 1945년 이후 유럽이 작동할 수 있었던 것은 사회민주주의와 훨씬 관련이 깊다. 전후의 합의는 국가-시장-사회 간 관계의 극적인 변화를 기반으로 한다. 규제되지 않는 시장은 이제 위험한 것으로 간주되었다. 사회적 이익은 이제 사적私的 특권보다 당연히 우선시되었다. 그리고 국가는 '공동의' 또는 '공공의' 이익을 보호하기 위해 경제와 사회에 간섭할 권력(아니, 의무)을 지닌 것으로 이해되었다. 달리 말해 1945년 이후 사람들은 국가를 사회의 보호자로 인식하기 시작했으며, 경제적 우선순위는 종종 사회적 우선순위보다 뒷자리로 밀려났다. 그 결과 오랫동안 공존할 수 없을 것으로 보였던 것들, 즉 잘 작동하는 자본주의 체제와 민주주의, 그리고 사회적 안정성 사이에 조화가 이루어졌다. 이 새로운 체제의 기초가 전통적 자유주의나 마르크스주의 교리에서 비롯되었다고 볼 만한 근거는 거의 없었다. 새로운 체제가 정말로 닮았던 것은 1920년대부터 1940년대에 걸쳐 사회민주주의자들이 옹호했던, 그리고 (그보다는 덜하지만) 파시스트들과 민족사회주의자들이 옹호했던 원칙과 정책이었다.

전후의 안정을 가능하게 한 비결이 바로 자본주의와 민주주의, 그리고 사회적 안정을 조화시킬 수 있었던 전후 체제의 능력이라는 생각은 새로운 것이 아니다. 하지만 한때는 당연하게 여겨졌던 것이 시장과 대중의 전투가 역사 속으로 사라져 가면서 이제는 잊혀 버렸다. 따라서 앞서 말했듯이 이 책의 목표 가운데 하나는 젊은 세대들에게 바로 그 전후의 안정이 무엇으로 구성되어 있었는지, 왜 그것이 필요했는지, 그리고 어떻게 그것이 실행되었는지를 상기시켜 주려는 것이다. 두 번째 목표는 누구보다도 그 공로를 평가받아 마땅하지만, 상대적으로 덜 알려진 유럽 대륙 사회민주주의의 선구자들에게 제 몫의 명예를 돌려주는 것이다. 이 책에서 앞으로 보게 되겠지만, 사회민주주의는 정치의 우선성과 공동체주의 위에 세워졌으며, 비마르크스주의적 사회주의를 대표하는 고유한 이데올로기와 운동으로서 이해되어야 한다. 또한 그것은 20세기의 가장 성공적이었던 이데올로기와 운동으로서 인식되어야 한다. 그것의 원칙과 정책들은 유럽 역사상 가장 번성하고 조화로웠던 시기를 지탱했던 것이다. 그리고 마지막으로, 이 책은 사회민주주의의 역사를 올바로 이해하는 것이 현재의 정치적 과제들을 해결하는 데 어떻게 안내자 역할을 할 수 있는지를 보여 줄 것이다. 현재의 과제들은 우리가 일반적으로 생각하는 것보다 많은 점에서 한 세기 전의 문제들과 공통점을 갖고 있기 때문이다.

이 책의 계획

앞으로 이런 이야기들이 좀 더 상세히 그려질 것이다. 이 책은 이차 문헌과 일차 문헌을 모두 이용하고 있지만, 무엇보다도 통합적 작업, 비교 정치학적 작업으로서 구상된 것으로, 정통 역사 연구로 보기는 어렵다. 나는 여기서 [역사적 서사를 합리적 선택 이론과 같은 분석적 언어로 기술하는 사회과학 방법론인] 질적·분석적 역사 서술qualitative analytical narrative[40])이라고 부를 만한 것을 선보일 텐데, 이것은 이데올로기에 대한 수요와 공급 간의 상호작용을 보여 주기 위해 정치사와 지성사 둘 모두로부터 이야기를 끌어 내는 것이다. 나는 전체 좌파를 포괄적으로 다루는 것이 아니라, 민주적 수정주의와 사회민주주의의 출현 그리고 진화에 기여한 행위자와 요인들에 초점을 맞추고 있다. 나는 또한 전체 노동운동을 다루는 것이 아니라, 정당들에 주목하고 있다. 왜냐하면 정당들은 정치권력을 위한 투쟁에 가장 직접적으로 연관되어 있을 뿐만 아니라, 이데올로기의 핵심 매개체들이기 때문이다. 이 책은 서유럽 전체가 아닌 독일·오스트리아·프랑스·이탈리아·스웨덴에 초점을 맞추고 있는데, 그 이유는 다음과 같다. 첫째, 사회민주주의는 정통 마르크스주의를 수정하면서 출현한 것이기 때문에, 마르크스주의가 다른 종류의 사회주의(노동조합주의와 아나키즘 같은) 사상에 의해 중심 무대에서 밀려나 있던 영국과 스페인을 제외했다. 둘째, 이 다섯 나라들에는 각기 제2인터내셔널 내에서 가장 중요하면서 가장 혁신적이었던 사회주의 정당들이 있었는데, 이들을 하나의 그룹으로 분석할 때 19세기 후반과 20세기 동안 국제 사회주의 운동의 발전을 틀 지웠던 일반적 흐름과 개별 국가 수준의 특정한 경향 모두를 잘 살펴볼 수 있다. 셋째, 사회민주주의와 파시즘·민족사회주의를 명확하게 비교하기 위해 후자의 사상과 운동의 탄생지로 알려진 나라, 즉, 독일·이탈리아·프랑스를 포함했다. 따라서 이 다섯 나라들은 19세기와 20세기 유럽의 이데올로기 전쟁터의 다양하면서도 일관된 그림을 제시해 주고 있으며, 폭넓은 역사와 지리적 범위를 포괄하는 주장을 정립할 수 있는 경험적 토대를 제공해 준다.

제2장에서는 사회민주주의 운동의 배경과 기반을 탐구한다. 19세기가 종언을 향해 갈 무렵, 정통 마르크스주의에 대한 불만의 증가, 그로 인해 열린 정치 공간, 그리고 그것을 채우기 위해 일어난 수정주의 운동의 움직임들을 상세히 살펴볼 것이다.

제3장에서는 어떻게, 왜 민주적 수정주의가 제1차 세계대전 이전 시기

서유럽에서 퍼져 나갔는지, 그리고 그것이 어떻게 개별 사회주의 정당들과 국제 사회주의 운동, 더 넓게는 유럽 정치 전반을 재구성하기 시작했는지에 초점을 맞출 것이다.

제4장에서는 정치적 담장의 반대편에서 무슨 일이 일어나고 있었는지에 대해 설명할 것인데, 혁명적 수정주의의 출현에 초점을 맞출 것이다. 또한 어떻게 그리고 왜 유럽의 우익 인사들이 비마르크스주의적·'민족적' 사회주의를 선동하기 시작했는지를 추적해 볼 것이다.

제5장에서는 제1차 세계대전과 그 결과에 대해 논한다. 1920년대와 1930년대의 새로운 정치 지형이 어떻게 민주적 수정주의자들을 원숙한 사회민주주의자로 변화시키는 데 이바지했는지를 보여 줄 것이다. 이어서 제6장에서는 비슷한 요인들이 어떻게 혁명적 수정주의자들을 파시스트로, 그리고 '사회적으로' 의식 있는 민족주의자들을 민족사회주의자로 변화시키는 데 일조했는지 살펴볼 것이다.

제7장은 모범 사례로 스웨덴을 심층적으로 들여다볼 것이다. 이를 통해 스웨덴에서 사회민주주의적 헤게모니가 힘을 발휘할 수 있었던 이유는 그곳의 사회주의 정당(스웨덴 사민당)이 사회민주주의적 원리들로 일찍이 전향했다는 점, 그리고 그에 상응해 민족주의적 우파의 의제와 표현들을 선별해 자신의 것으로 만들어 낼 줄 아는 능력을 지녔다는 점에 있음을 보여 줄 것이다.

제8장에서는 20세기 후반으로 넘어가 전후 유럽의 안정이 갖는 의미와 본질을 재평가할 것이며, 사회민주주의가 어떻게 그리고 왜 지난 4반세기 동안 자신의 길을 잃어버리기 시작했는지를 살펴볼 것이다.

마지막으로, 제9장에서는 다양한 학술 문헌들과 현재의 정치 현실에 대해 이 책의 중심 주장이 지니고 있는 함의를 강조할 것이다. 또한 사회민주주의 이야기는 단순히 옛 이야기를 흥미 차원에서 풀어내는 것과는 거리가 멀며, 그것을 제대로 이야기하는 것이야말로 오늘날 산업화된 민주주의 국가뿐 아니라 발전의 도상에 있는 세계 여러 나라들 모두의 정치를 이해하는 데 없어서는 안 될 전제 조건임을 주장할 것이다.

배경과 기반

19 세기 동안 유럽은 경제적·정치적·사회적 전환을 경험했다. 자본주의가 전파되면서 유럽 대륙의 부와 역동성이 증가했으며, 그 결과 유럽의 문화와 문명이 전 세계로 퍼져 나갔다. 하지만 유럽을 권력의 정점으로 끌어올렸던 힘들은 사회적·정치적 혼란 또한 초래하고 있었다. 19세기에 걸쳐 자유주의적 지배 질서에 대한 불만은 점점 커져 갔다. 굴레에서 벗어난 자본주의의 현실적 결과들(심각한 불평등, 사회적 뿌리 뽑힘, 원자화 등)은 결국 자유주의에 대한 반발과 이데올로기적 대안의 탐색으로 이어졌다. 자유주의에 관한 당대의 위대한 논평자 가운데 한 사람이었던 홉하우스. T. Hobhouse가 지적한 대로 "19세기는 자유주의의 시대라고 불릴 수 있을지 모른다. …… 하지만 우리는 19세기의 종언과 함께 그 위대한 운동의 운명이 밑바닥에 다다랐음을 보게 된"[1] 것이다.

자유주의에 대한 좌파로부터의 가장 중요한 도전은 마르크스주의였는데, 그것은 19세기 후반 독자적인 정치 운동을 형성하기에 충분한 추종자들을 불러 모을 수 있었다. 제2인터내셔널의 시기(1889~1914년)를 거치면서 정통 마르크스주의는 대부분의 사회주의 정당에서 지배적인 교리로 자리 잡았다.[2] 정통 마르크스주의의 가장 눈에 띄는 특징은 역사 유물론과 계급투쟁이었는데, 이 둘의 결합은 역사가 경제 발전에 의해, 그리고 그것이 계급투쟁을 전례 없이 격화시킴으로써 앞으로 진보해 간다는 관점을 만들어 냈다. 하지만 19세기가 끝나 갈 무렵, 이번에는 정통 마르크스주의가 위기에 처했다. 유럽 전역에서 점점 더 많은 사회주의자들에 의해 실천적 수준과 이론적 수준 모두에서 도전받게 된 것이다. 정통파는 프랑스에서 그 최초이자 가장 강력한 실천적 도전을 맞이하는데, 그곳에서는 민주주의의 존재와 계급 교차적 협력, 부르주아 정부에 대한 참여의 유혹으로 말미암아 많은 사회주의자들이 정통파 교리에 의문을 갖게 되었던 것이다. 20세기가 가까워지면서 프랑스의 실천적 도전은 독일의 격렬한 이론적 도전과 융합되었다. 이 이론적 도전은 정통파의 핵심 교리를 정면으로 공격했던 에두아르트 베른슈타인에 의해 주도된 것이었다. 그 결과 20세기가 시작될 무렵에는 완전히 새롭고 비마르크스주의적인 형태의 사회주의를 위한 기반이 마련되었다.

정통 마르크스주의의 융성과 쇠퇴

마르크스의 저술에 뿌리를 두고 있는 정통 마르크스주의가 정작 실제로 출현한 것은 1883년 마르크스가 사망한 뒤의 일이었다. 유럽에서 대부분의 사회주의자들에게 마르크스주의로 알려졌고 나중에 수정주의자들로부터 저항을 받게 되는 정통 마르크스주의는, 마르크스의 작업이라기보다는 그의 주요 계승자들에 의해 특정 형태로 재해석되고 전파된 것이었다. 즉 그의 동료였던 프리드리히 엥겔스, 그리고 사회주의의 '교황'이라고 불렸던 칼 카우츠키에 의해서 말이다. 사회주의 운동을 위해 마르크스의 사상을 단순화하고 대중화하는 과정에서 엥겔스와 카우츠키는 그의 사상 가운데 결정론적이고 과학적인 부분을 강조(혹은 과장)했으며, 역사에서 경제적 힘의 우선성, 그리고 계급투쟁의 불가피성에 기반하고 있는 하나의 교리를 창조해 냈다. 경제적 힘의 우선성과 계급투쟁의 불가피성은 실제로 19세기 후반까지 사회주의 정당들을 지배했던 정통 교리의 두 기둥과도 같은 이론이었다.

마르크스 사상의 가장 특징적인 요소(그리고 정통 마르크스주의의 핵심에 놓여 있던 것)는 역사 유물론이었다. 마르크스는 경제 발전과 그것이 초래한 계급 갈등에 의해 역사가 앞으로 나아간다고 주장했다. 따라서 그는 자신의 평생 작업이 지향하는 궁극적 목표가 "근대사회를 움직이는 경제적 법칙을 그대로 드러내는 것"[3]이라고 표명하면서, 경제적 힘들이 어떻게 역사적 진화의 논리와 방향을 결정하는지를 보여 주고자 했다.[4] 그는 언젠가 "그것은 피할 수 없는 결과들을 향해 강철 같은 필연성으로 작동하는 법칙과 경향들의 문제"[5]라고 쓴 적이 있다. 이런 관점에서 볼 때 사회주의적 목표들을 성취하는 데 필요한 것은 오직 "역사적 불가피성을 차분하게 인식하는 것"[6]뿐이었기 때문에, 마르크스의 견해는 사회주의자들에게 상당한 위안을 주었다. 마르크스가 자본주의에서 사회주의로의 실제적 이행이라는 문제,[7] 그리고 사회주의정당들이 어떻게 그것을 고무하거나 이루어 낼 수 있을 것인가에 관한 문제[8]에 대해 별로 걱정하지 않았던 것 역시 이 때문이다. 마르크스의 역사관 속에서 혁명가들은 "정당한 사회를 어떻게 조직할 것인가에 대해 미리 계획을 세우거나 생각할 필요가 없었다. …… 왜냐하면 그들은 해결책이 그 문제 속에 이미 포함되어 있으며, 불가피한 변증법적 전환 과정에서 적당한 시기에 나타날 것임을 이미 알고 있기 때문이다. 산파는 자기가 끄집어낼 아기를 직접 설계할 필요가 없는 것이다."9) 달리 말하자면, 이런 사회주의의 비전 속에서 정치란 기껏해야 부차적인 활동에 불과했다.

마르크스가 정치를 무시했던 것은 역사 유물론 때문만은 아니었다. 그는 자본주의가 붕괴되기 전까지는 정치가 협소한 경제적 이해와 지배하고자 하는 욕구에 의해 움직일 것이라고 믿었다. 그는 국가가 지배(부르주아)계급에 봉사하는 도구라고 믿었기 때문에, 국가의 기능이나 논리를 분석하는 것은 그에게 별로 의미가 없었다.10) 그리고 사회는 두 개의 독립된 반대 진영으로 분명하게 나뉘기 때문에 다른 사회적·정치적 집단과의 협력은 노동자들에게 장기적으로 별 의미가 없는 것이었다. 더군다나 사회주의로의 이행과 함께 정치 자체가 사라질 것이었다. 계급과 경제적 빈곤이 소멸하면 갈등을 억압하고 중재하는 정치적 제도를 필요로 하지 않는 조화롭고 번영하는 공동체가 창조될 것이기 때문이었다.

요컨대 마르크스는 정치에 대해 '부정적인' 관점을 갖고 있었다. 그는 경제가 풍요로워지면 정치는 필요하지 않게 되리라 믿었다. 이런 확신은 그의 적대자인 자유주의자들과 공통적이었다. 마이클 왈저는 다음과 같이 썼다.

…… 일단 안전과 복지가 보장되면, 또 일단 정치의 공리주의적 목적이 달성되면, 인간은 공적 영역으로부터 사적 삶과 개인적인 일과 가족, 또는 종교와 자기 수양으로 자신의 관심을 돌릴 것이라는 가정은 홉스와 로크 이래 자유주의 이론가들의 일관된 생각이었다. 이는 정당한 무관심이라고 칭할 만한데, 왜냐하면 그것은 모든 필요와 욕구의 충족에서 비롯되는 것이기 때문이다. 실제로 이런 관심의 전환이야말로 자유주의가 성취해 낸 것들의 안정성을 확실하게 보장해 주는 것이었다. 갈등은 사라질 것이다. 국가는 안전과 복지를 담

당하는 중립적 행위자가 될 것이다. 이것은 마르크스주의자들보다 앞서 이미 자유주의자들이 제시한 비전이었다.[11]

마르크스의 역사 유물론은 또한 인류의 역사에서 도덕과 이상주의가 갖는 중요성을 간과하도록 만들었다. 즉 그에 따르면 자본주의는 그것이 부당하기 때문이 아니라, 내부적 모순이 그것을 지속 불가능하게 만들기 때문에 무너질 것이었다. 그는 "공산주의란 우리가 조성해 나가야 할 하나의 상황이거나, 그것에 맞추어 현실을 바꿔 나가야 하는 하나의 이상이 아니다"라고 썼다. 공산주의는 역사적 진행 과정 속에 이미 내재되어 있는 것이었다.[12]

사회주의의 바람직함이 아닌 필연성에 대한 강조는 당시 마르크스와 다른 사회주의 이론가들 사이에 발생했던 갈등의 원천이었다.[13] 예를 들어『자본』Das Kapital에서 마르크스는 정의justice에 대한 프루동Pierre-Joseph Proudhon의 호소를 비웃으며, "물질 구성의 분자적 변화에 대한 실제 법칙을 연구하고 그것을 기초로 문제를 명확히 해결하는 것이 아니라, '영원한 사상'으로 물질의 합성과 분해를 조절해야 한다고 주장하는 화학자에 대해 우리는 어떻게 생각해야 하는가?"[14]라고 묻고 있다. 마르크스는 도덕성이나 이상주의에 대한 호소는 사람들을 호도한다고 생각했다. 왜냐하면 도덕성이나 이상주의는 독립적인 실체도 아니고 또 독립적인 유효성을 갖고 있는 것도 아니며, "변화하는 물질적 상황에 의존적이며 그런 상황에 따라 변화"[15]되기 때문이라는 것이다. 일단 우리가 경제적 힘들과 구조의 우선성을 깨닫게 되면 "도덕, 종교, 형이상학, 그리고 나머지 모든 이데올로기"의 종속적이거나 부수적인 속성은 명백해질 것이고, "의식consciousness에 관한 공허한 이야기들은 사라질 것이며, 진정한 지식이 그 자리를 차지할 것이다."[16] 따라서 자본주의의 부도덕성, 부정의, 부패를 이유로 사회주의를 옹호하는 사람들은 역사의 인과적 연쇄 과정을 뒤로 돌리려 하는 것이다. 그런 개념들은 근본적인 사회 변화의 원인이라기보다는 그 결과물이었다. 마르크스는 다음과 같이 썼다. "사회를 혁명적으로 변화시키는 생각들에 대해 사람들이 이야기할 때, 이들은 구사회 내에서 새로운 사회의 요소들이 창조되며, 구사상들의 붕괴는 기존의 존재 조건의 해체와 더불어 일어난다는 사실을 표현하고 있을 뿐이다. …… 삶은 의식에 의해 결정되지 않는다. 의식이 삶에 의해 결정되는 것이다."17)

마르크스의 동료이자 계승자였던 엥겔스는 역사 속에서의 경제적 힘들의 우선성과 계급투쟁의 불가피성에 확고히 기초하고 있는 마르크스주의의 과학적·결정론적 버전을 퍼뜨리는 데 특히 중요한 역할을 했다. 그가 비록 마르크스 사후 마르크스주의가 통속화되는 것을 종종 탄식하고, 마르크스를 지나치게 교조적으로 해석하는 자들에게 (사적으로) 불쾌감을 표했다고는 하지만,18) 마르크스주의가 "역사적 진화는 일반적 (또는 자연적) 진화의 한 부분이며, 기본적으로 그것과 같은 '법칙들'에 종속되어 있다는 유물론적 진화론을 의미한다는 것"19)은 엥겔스의 저술들을 통해서였다. 엥겔스는 마르크스의 장례식에서 자신의 친구를 가리켜 사회주의의 다윈('인류 역사의 발전 법칙을 발견한' 사람)이라고 칭함으로써 마르크스의 진정한 유산이 무엇인지를 드러냈다.20) 경제결정론으로 엥겔스는 (아마도 마르크스보다도 더) 정치적 행위에 대해 기껏해야 이차적이거나 보조적인 속성을 강조했을 뿐이다. 그의 잘 알려진 표현에 따르면, 혁명은 "의도적이거나 예측할 수 없게 만들어지는 것이 아니라, 보편적으로 그것은 개별 정당들이나 전체 계급들의 의지와 리더십과는 완전히 독립적인 조건들이 가져온 필연적 결과였다."21) 그리고 일단 혁명이 일어나면 모든 정치는 사라져 버릴 것이다.

종속 상태에 떨어질 어떤 사회 계급도 존재하지 않게 되는 순간, 억압되어야
만 하는 것은 모두 사라지고 특별한 억압 기구, 즉 국가는 이제 필요 없어진다.
국가가 전체 사회의 진정한 대의 기구로서 존재하도록 만들어 주는 최초의 행
위는, 국가로서 최후의 독립적 행위가 될 것이다. 사회주의 아래서 사회적 관
계에 대한 국가의 간섭은 불필요해질 것이며, 인간의 정부는 사물에 대한 행
정적 관리 체제로 대체될 것이다. 국가는 '폐지'되지 않는다. 그것은 소멸되는
것이다.22)

엥겔스는 1895년 사망할 때까지, 공격적일 정도로 과학적이고 결정론적
이며, 경제적 힘들의 우선성과 그에 수반되는 계급투쟁의 필연성에 확고
히 기초하고 있는 이 교리를 정통 마르크스주의로 확립하는 데 성공했다.

엥겔스가 이 마르크스주의 정통 교리를 성문화하는 책임을 졌다고 한
다면, 카우츠키는 그것을 대중화하는 데 크게 기여했다(실제로 어떤 이들은
'마르크스주의자'와 '마르크스주의'라는 용어의 기원을 카우츠키로부터 찾고 있
다23)). 엥겔스의 사후 카우츠키는 제2인터내셔널의 유력 지식인이 되었
고, 그의 저술들은 독일과 그 밖의 지역에서 한 세대 전체의 사회주의자
들에게 마르크스에 대한 최초의 혹은 유일한 해석으로 받아들여졌다.24)
비록 카우츠키의 관점은 시간이 흐르면서 변화했지만, "과학적 사회주의
로 알려진 정형화된 이론, 즉 진화론적·결정론적·과학적 형태의 마르크
스주의가 널리 수용될 수 있었던 것은 그의 해석 작업 덕분이었다."25)

마르크스주의자가 되기 전에 카우츠키는 다윈주의자였으며, 이는 그
의 해석에 큰 영향을 주었다. 그는 마르크스의 부고 기사에서 다음과 같
이 썼다. "마르크스의 이론이 다윈의 이론만큼이나 과학에 중요성을 부여
했다는 것, 그리고 후자가 자연과학을 지배했듯이 전자가 사회과학, 경제
과학을 지배했다는 것은 누구도 반박할 수 없으며, 감히 그렇게 하지도

않을 것이다."26) 또한 카우츠키는 마르크스의 유물론적 역사 개념의 의미를 설명하면서 "『자본』은 이론적 사회주의를 근대사회의 진화 법칙에 관한 연구라고 정의할 수 있는 하나의 뚜렷한 과학으로 변화시켰다"27)고 지적했다. 카우츠키는 마르크스주의의 '과학적' 본질을 지속적으로 강조했는데, 이는 그것을 유토피아적 사회주의나 다른 '이상주의적' 이데올로기들과 구별하기 위해서였을 뿐만 아니라, 마르크스와 엥겔스처럼 그 또한 근본적 진리로 향해 가는 과학의 끝없는 능력을 믿었기 때문이다.

1873~95년의 대불황의 경험에 영향을 받은 카우츠키의 저작들은 자본주의 체제의 특징을, 점증하는 계급 갈등과 만성적 불황, 반복되는 위기, 그리고 붕괴를 향해 스스로 질주하는 것으로 묘사하고 있다. "저항할 수 없는 경제적 힘들은 운명의 확실성 속에서 자본주의적 생산의 파국을 향해 나아가고 있다"28)라고 카우츠키는 썼다. 따라서 사회주의 정당의 역할은 사회주의로의 이행을 도모하는 것이 아니라, 노동자들이 자본주의사회의 본성을 이해하고 그것의 추락을 가져올 불가피한 계급투쟁을 준비하도록 돕는 것이었다. 독일사민당SPD에 대한 카우츠키의 다음과 같은 유명한 묘사는 이런 맥락에서 비롯된 것이었다.

…… 그것은 혁명적인 정당이지만, 혁명을 만들어 내는 정당은 아니다. 우리는 우리의 목표가 오직 혁명을 통해서만 성취될 수 있다는 것을 알고 있으며, 이 혁명을 만들어 낼 수 있는 우리의 힘이, 혁명을 방해하기 위해 우리의 적들이 쓸 수 있는 힘과 마찬가지로 얼마나 미약한지도 알고 있다. 혁명은 우리 마음대로 만들어 낼 수 있는 것이 아니며, 우리에게는 그것이 언제, 어떤 조건 아래서, 어떤 형태로 나타날 것인지에 대해 말할 수 있는 능력조차 없다.29)

오늘을 사는 우리가 이해하기는 어려울지 모르지만, 1870년대와 1880년대 사회주의 운동의 안팎 상황들을 되돌아보면 당시 정통 마르크스주의가 왜 그토록 큰 호소력을 지닐 수 있었는지를 좀 더 쉽게 알 수 있다. 아나키스트들, 라살주의자들, 프루동주의자들, 생시몽주의자들, 그리고 그 밖의 다른 이들의 '미성숙한' 철학이 사회주의 운동에 지속적으로 끼치고 있는 영향력을 제거하기 위해, 마르크스와 그의 계승자들은 전 세계적으로 지지자들을 모을 수 있는 단순하고 강력하면서 긍정적인 전망을 제시할 필요가 있었다. 따라서 정통 마르크스주의의 두 기둥인 역사 유물론과 계급투쟁은 사회주의의 승리를 향해 필연적으로 진행되고 있는 중인 역사의 명확하고 극적인 전망을 제공했다.[30] 더욱이 이 시기에 오랫동안 지속된 불황으로 유럽 사회는 막대한 대가를 치르고 있었으며, 이는 자본주의의 비참함과 비효율, 임박한 붕괴를 강조해 온 정통 마르크스주의를 쉽게 받아들일 수 있게 했다. 또한 사회주의 정당들에 대한 억압은, 계급 갈등이란 불가피하며 부르주아국가는 별 가치가 없다는 견해에 설득력을 부여했다. 요컨대 정통 마르크스주의는 노동자들에게 역사가 그들의 편이라는 확신과, 역사를 전진시켜야 한다는 과제를 부여받은 집단이라는 정체성을 제공해, 많은 사회주의자들이 어둡고 우울한 시기를 헤쳐 나가는 데 도움을 주었으며, 이후 투쟁을 위해 신생 사회주의 운동이 단합되고 강화될 수 있도록 해주었던 것이다. 당시 한 논평자가 지적했듯이, "사회주의는 마치 막을 수 없는 자연 현상과도 같이 도래할 것이라는 이론, 그리고 그 가르침을 퍼뜨리는 것은 '진리'를 퍼뜨리는 것이라는 이론은 그 밖의 다른 방식으로는 얻을 수 없었을 추진력을 사회주의 운동에 제공했다."[31]

하지만 20세기가 가까워지면서 유럽 전역의 사회주의자들이 직면한 상황은 달라지기 시작했고, 이로 말미암아 많은 이들은 정통파의 견해가 여전히 적절한 것인지 의문을 갖게 되었다. 그런 불만의 원천 가운데 하나는 정통 마르크스주의의 많은 예측들이 전혀 실현되지 않았다는 사실이다. 1870년대와 1880년대의 불황 이후 1890년대의 자본주의는 새로운 활기를 얻기 시작했다. 운송과 통신 분야의 혁명에 힘입어 일종의 세계화가 세상을 휩쓸었고, 무역과 자본의 흐름은 그 이후 20세기 후반까지도 도달하지 못했을 수준으로까지 팽창했다. 유럽의 기업들은 점점 더 성장해 활동 영역을 전 세계로 넓혀 나갔다. 그러는 동안 노동운동 역시 정치·경제적 변화를 위해 압력을 넣을 수 있을 만한 힘을 얻게 되었다. 이런 흐름은 경제의 총체적 붕괴라는 예언을 점점 더 믿을 수 없게 만들었다. 자본주의의 발전과 관련된 정통 마르크스주의의 다른 예측들(즉 노동자들의 빈곤화, 소농과 중소 자영업자의 소멸, 중산계급의 위축과 궁극적 몰락) 역시 그 시대의 경제적 현실에 의해 반박되었다.

정통 마르크스주의는 또한 건설적인 정치 행위를 이끌어 내는 데도 현실적으로 실패했다. 19세기 후반 사회주의 정당들은 유럽의 몇몇 나라들에서 강력한 행위자가 되었지만, 정통 마르크스주의는 권력을 통해 자신들의 궁극적 목표를 달성할 수 있는 전략을 이들에게 제공하지 못했다. 좀 더 나은 세계를 형성하는 역할을 하고자 염원했던 사회주의 지식인들과 활동가들에게 오직 수동적 대응만을 주문할 뿐이었다. 즉 자본주의 내부의 모순이 겉으로 드러나 체제를 끌어내리기만을 기다리라는 것이었는데, 이런 조언은 갈수록 설득력이 떨어졌으며 매력도 잃어 갔다.

마지막 문제는 정통 마르크스주의의 자유방임적 경제 중심주의와, 경제적·사회적으로 고통을 겪고 있던 대중의 정치 심리적 욕구 사이에 간극이 점점 커지고 있었다는 점에서 비롯되었다. 19세기 후반에서 20세기 초반 동안의 경제적 발전과 세계화는 엄청난 규모의 사회적 뿌리 뽑힘과 파편화, 원자화를 초래했는데, 그런 사회적 격변의 결과 공동체주의적 사상과 민족주의 운동들이 부흥했다. 왜냐하면 유럽인들은 사회를 재통합시키고, 그들이 현재 살고 있는 '탈주술화된' 세계에 목적의식을 다시 부여할 수 있는 방법을 찾고자 했기 때문이다.[32] 한편 이런 상황에서도 정통 마르크스주의는 사회를 바꾸기 위해서는 자본주의의 발전이 필수적이라는 확신을 갖고 있었으므로, 역사의 패배자들(예를 들어 농민들과 '구'중간계급들)에 대한 관심이 부족했다. 또한 사회적 갈등을 강조하고 심지어는 환영하기까지 했으며, 민족주의를 매우 부정적으로 평가했다. 따라서 정통 마르크스주의는 당대의 가장 강력한 지적·문화적 흐름으로부터 점점 멀어졌다.

사회주의적 수정주의는 이런 좌절감에 대한 반응으로 출현했다. 그것은 크게 두 갈래로 나뉘어 제시되었는데, 그 각각은 모두 정통 마르크스주의를 '교정'하려 시도했고 당대의 도전 과제들에 대응할 수 있는 능력을 지닌 새로운 운동 기반을 형성하고자 했다. 조르주 소렐에 의해 대표되며 파시즘의 발전에 핵심적 역할을 한 혁명적 수정주의는 제4장에서 살펴볼 것이다. 다음에 이어질 부분에서는 또 다른 한 갈래인 민주적 수정주의의 실천적·이론적 기원에 대해 살펴볼 것이다.

프랑스 : 실천으로서 민주적 수정주의의 시작

프랑스의 첫 번째 진정한 마르크스주의 정당인 프랑스노동자당POF은 1879년 프랑스의 가장 유명한 두 명의 마르크스주의자 쥘 게드Jules Guesde 와 폴 라파르그Paul Lafargue의 지도 아래 탄생했다.[33] 게드와 라파르그는 역사 속에서 경제적 힘의 우선성과 계급투쟁의 불가피성을 전면에 내세우는 매우 조잡한 버전의 정통 마르크스주의를 옹호했다.[34] 두 사람 모두

"자본주의적 생산 양식은 그것의 부당함 때문이 아니라 자기 파괴적인 내부 논리 때문에 사회주의에 길을 내줄 것"[35]이라고 단언했으며, "인간이 도덕적 설교에 의해 변화될 수 있을 것"[36]이라고 믿었던 초기 사회주의자들은 역사적 발전의 법칙을 이해하지 못하고 있다고 주장했다. 한 논평자가 말했듯이, "프랑스 마르크스주의자들은 스스로를, 경제적 현상의 압력 아래 희생당하고 있는 대중이 끓는점에 도달했는지 여부를 가리키는 단순한 온도계 정도로 생각"[37]했던 것이다. 당연한 일이지만 이런 생각 때문에 이들은 정치적 행위의 중요성을 깎아 내리고 현존 정치제도(프랑스 공화국의 민주주의)는 별 가치가 없다고 주장했다. 라파르그가 언젠가 그 특유의 무뚝뚝한 말투로 말했듯이 말이다. "부르주아 공화국의 질서는 존재할 수 있는 체제 가운데 가장 부패하고 부정직한 것이다."[38] 따라서 공화국이 노동자들의 삶을 근본적으로 향상하는 데 이용될 수 있다고 믿는 것은 환상이었다. 또는 게드가 말했듯이 "개혁을 배가하려는 노력은 오직 협잡만을 배가할 뿐"[39]이다.

프랑스 노동자당의 강경한 정통 마르크스주의는, 그리고 특히 민주주의와 개혁 작업에 대한 비난은, 19세기 후반에서 20세기 초반 동안 프랑스 사회주의를 오염시킬 '질병'이 활발히 활동할 수 있는 배경이 되었다. 즉 정통 마르크스주의의 실현 가능성과 민주주의의 가치에 대한 견해 차이로 발생한 당의 분열(그리고 그에 따른 힘의 약화)이라는 질병 말이다. 1882년에 이미 브누아 말롱Benoît Malon과 폴 브루스Paul Brousse가 이끄는 한 사회주의자 그룹이 떨어져 나와 프랑스 사회주의 노동자연맹Fédération des travailleurs socialistes de France이라는 새로운 정당을 세웠다. 이들은 프랑스노동자당이 경제적 힘의 우선성과 계급 갈등의 불가피성을 강조해, 프랑스 사회주의자들로 하여금 공화국이 제공하는 개혁과 근본적인 변화의 진정한 가능성을 무시하도록 만들고 있다고 믿었다. 게드는 공화국을 통해 변화가 가능하다고 믿는 말롱과 브루스, 그리고 그 추종자들을 조롱하면서 '가능주의자들'Possibilists이라고 불렀는데, 이들은 그 이름을 기꺼이 받아들였다.

가능주의자들과 프랑스노동자당의 차이는 1889년의 불랑제 사태the Boulanger crisis에서 현저히 드러났다.[40] 조르주 불랑제Georges Boulanger 장군이 일으킨 사실상의 쿠데타 시도에 대응해 가능주의자들은 불랑제에게 공세를 취하고 선거에서 그가 내세운 후보자들을 반대하면서 제3공화국을 맹렬히 방어했다. 또한 그들은 결과적으로 다른 당을 돕게 되는 한이 있더라도 당선 가능성이 높은 친공화국적 후보라면 누구나 헌신적으로 지원에 나섰다. 반면 이와는 대조적으로 프랑스노동자당은 불랑제를 패배시키기 위해 정치적 자본을 소비하는 것을 거부했다. 불랑제가 독재를 통해 실현하려는 목표와 '부르주아' 민주주의가 크게 다르지 않다는 것이었다. 예를 들어 게드는 "불랑제 같은 군인이나 아무개 회사 사장님이나, 둘 다 모두 프랑스 프롤레타리아를 지난 1백 년 동안 굶주림과 예속의 체제 안에 가두어 온, 똑같은 적대 계급에 속한 사람들"[41]이라고 주장했다. 그리고 라파르그는 불랑제 같은 반동주의자들은 "늑대의 탈을 쓴 늑대"인 반면, 공화주의자들은 단지 "양의 탈을 쓴 늑대로서 착취의 메커니즘을 보편적 자유와 평등이라는 거짓 약속으로 위장하고 있을 뿐"[42]이라고 주장했다. 실제로 프랑스노동자당은 그들의 분노의 에너지 대부분을 정통파로부터 이탈한 자들에게 쏟아 냈으며, 한 논평자의 지적대로 "다른 모든 프랑스 정치 세력들을 공격하는 데 들인 시간을 합친 것보다"[43]보다 더 많은 시간을 가능주의자들에 대한 공격에 소비했다.

가능주의자들은 비록 1880년대 동안 프랑스에서 성공적인 정치 세력이었음에도, 그 이후 상처를 입고 쇠퇴했다.[44] 반면 프랑스노동자당은 살아남았다. 하지만 프랑스 정치 세계의 현실 앞에서 그들은 그동안 가능주의자들이 내세웠던 주장들 가운데 많은 것들을 받아들일 수밖에 없었다. 특히 살아남는 데는 성공했지만 선거에서는 혹독한 경험을 해야 했던 프랑스노동자당은 앞으로 자신들의 정치적 생존을 보장하기 위해서는 실제 정치, 특히 지역 수준에서의 정치에 더 많은 시간을 투자해야 한다는 것을 깨달았다. 이런 방향 전환은 성공적이었고 프랑스노동자당은 1890년대 동안 점점 더 많은 지방정부에서 권력을 획득했다. 그 과정에서 그들은 지역 복지 정책과 제도들을 발전시키고 관리하는 일에 점점 더 관심을 갖게 되었는데, 이는 불과 몇 년 전만 하더라도 자신의 지도자들이 소리 높여 공격했던 것들이었다. 실제로 프랑스노동자당은 그들이 통치했던 지자체에서 도서관과 무료 식당, 학교 급식, 노령 연금과 의료 연금 등 복지국가와 관련된 전 범위의 정책과 서비스를 제공하는 데 전심을 다해 헌신했던 것이다.45)

또한 프랑스 정치의 현실은 프랑스노동자당을 사회의 발전과 계급 관계에 대한 정통파적 견해로부터 벗어나도록 이끌었다. 특히 농민 문제와 관련해 그러했다. 마르크스의 예측과는 달리, 1890년대 초반까지 프랑스에서 농민들은 쇠퇴하지 않았고, 따라서 선거에서 상당한 수준의 잠재력을 지닌 집단이라는 점이 갈수록 분명해졌다. 결국 프랑스노동자당은 1892년 마르세유에서 열린 당대회를 통해 소농들에게 다른 무엇보다도 그들의 땅이 국유화되지 않을 것이라고 약속하는 농업 개혁 강령을 제시했다. 1894년 낭트에서 개최된 대회에서는 한 걸음 더 나아가 농민들을 대표하기 위해 한층 더 노력할 것이라고 선언하기까지 했다.46) 라파르그는 농업 문제들에 관해 기조연설을 하면서 다음과 같이 주장했다. "대패가 목수의 도구이고 수술용 칼이 외과 의사의 도구이듯이, 소농지는 농부들의 도구입니다. 농민, 목수, 외과 의사는 그들의 노동 기구를 가지고 누구도 착취하지 않습니다. 따라서 그들은 사회주의자들이 그들의 도구를

빼앗아 가리라고 두려워할 필요가 없는 것입니다."⁴⁷⁾

라파르그와 게드는 이 새로운 농업 강령이 정통 마르크스주의의 교리로부터 근본적으로 벗어난 것은 아니라고 주장했지만, 그런 주장에 납득할 사람은 거의 없었으며, 따라서 제2인터내셔널의 지도자급 정통파 인사들은 프랑스노동자당을 비판했다.⁴⁸⁾ 엥겔스는 프랑스노동자당의 강령을 "일관성 없고 무익하며 기회주의적"이라고 비난했다. 그는 다음과 같이 주장했다. "단도직입적으로 말하자면, 소농들의 경제적 지위를 고려할 때, 우리는 그들에게 우리가 지킬 수 없는 약속을 해야만 현재 혹은 미래에 그들의 지지를 확보할 수 있다. …… 하지만 농부들의 지지를 얻어 낸 이후 우리가 약속을 지키지 못했을 때 그들이 이탈한다면 우리에게 득이 되지 않는다. 우리가 그들의 보잘것없는 재산을 영원히 지켜 주리라고 기대하는 농부들을 우리 당의 구성원으로 받아들일 수는 없다."⁴⁹⁾ 하지만 당의 강령이 정통 교리와의 극적인 단절을 의미한다는 그런 (정확한) 비판에도 불구하고 프랑스노동자당은 자신들의 방침을 바꾸지 않았으며, 오히려 많은 이들은 정통파의 옹호자들이 당의 실제적 필요와 요구로부터 벗어나 있다고 비판하게 되었다. 한 당원은 게드에게 엥겔스와 카우츠키의 공격에 관한 글을 써보냈다. "이것은 우리의 강령을 반대하는 자들이 항상 일으키는 문제입니다. 그들은 긍정적 제안은 결코 하지 않습니다. 그 근본주의자들은 어떤 사상도, 계획도 생산해 내지 못했으며, 그들의 대안이 무엇인지에 대해서도 우리에게 말한 적이 없습니다."⁵⁰⁾

하지만 선거 정치의 현실과 프랑스 사회의 특성 때문에 프랑스노동자당이 일부 강경한 입장을 포기해야 했다면, 드레퓌스 사건은 정통파 교리의 많은 핵심 요소들에 대해 좀 더 폭넓고 공공연한 의문을 제기하게 만들었다. 1894년 프랑스군의 유대인 출신 대위였던 알프레드 드레퓌스 Alfred Dreyfus는 비공개 군사 법정에서 반역 혐의로 유죄판결을 받아 디아블

섬île du Diable으로 추방되어 종신형에 처해졌다.51) 만약 새로 취임한 군대 첩보 기관의 수장이 벌인 수사를 통해, 드레퓌스가 받은 혐의가 사실은 페르디낭 에스테라지Ferdinand W. Esterhazy라는 한 소령에 의해 자행된 것이라는 강력한 증거가 발견되지 않았더라면, 아마도 그는 그곳에서 생을 마감했을 것이다. 하지만 군은 문제의 진실을 알아내는 것보다 군의 이미지를 보호하는 일에 더 관심이 많았기 때문에, 새로운 증거에도 불구하고 에스테라지를 무죄로 석방했다. 그 이야기는 거기서 끝났을지도 모른다. 그러나 1898년 1월 에밀 졸라Émile Zola는 군의 행위에 대한 자신의 유명한 비난 성명("나는 고발한다!")을 발표했고 이는 엄청난 정치적 폭풍을 촉발했다. 우파는 드레퓌스에 관한 이 논쟁을, 유대인들과 프리메이슨, 그리고 그 밖의 다른 프랑스의 '적'들이 군대를 비롯한 프랑스의 전통적 구조와 제도들의 명예를 훼손하기 위해 벌인 음모라는 시각으로 바라보았다. 한편 좌파는 우파들의 이런 반응을 제3공화국의 기반을 위협할 수 있는 치명적인 공격이라고 여겼다. 논쟁이 최고조에 달했을 무렵 프랑스 사회의 전선 (왕당파 대 공화파, 교회 대 세속주의자들, 반유대주의자들 대 휴머니스트들)은 그 어느 때보다도 날카롭게 그어져 있었다. 그러므로 드레퓌스 사건에서 이슈가 되었던 것은 한 특정 개인의 유무죄 여부라기보다, 공화국에 대한 찬반과 그것의 미래였던 것이다.

따라서 이 논쟁은 사회주의자들에게 민주주의에 관한 견해를 명확히 할 것을 강요했다. 민주주의는 사회주의를 달성하는 데 결정적으로 중요한 것이므로 공화국을 수호할 것인가? 아니면 부르주아국가의 운명은 자신들 내지 사회주의의 궁극적 승리와는 전혀 관련이 없으므로 옆으로 물러나 구경만 할 것인가? 그 대답의 한쪽 편에는 게드와 라파르그가 서 있었다. 그들은 부르주아 공화국을 수호할 의지가 전혀 없었다. 또 이 과정에서 사회주의에 대한 자신들의 생각을 공개적으로 수정해야 한다는 사실 또한 받아들일 수 없었다. "이 전투(드레퓌스 사건)는 프롤레타리아와는 아무 상관도 없으며 그들이 나설 필요가 없는 일"이라고 그들은 주장했다.52) 그들의 반대편에는 공화국의 제도와 이상이 사회주의적 비전의 결정적인 구성 요소라고 생각했던 이들이 있었다. 이 진영의 지도자는 두말할 나위 없이 장 조레스Jean Jaurés였는데, 그는 다음과 같이 주장했다.

> 민주공화국이라는 것은 우리의 자칭 마르크스주의 이론가들이 말버릇처럼 주장하는 것과는 달리 순전히 부르주아적인 것만은 아니다. 민주공화국은 사회주의의 도래를 예고하고, 사회주의를 준비하며, 그 속에 어느 정도의 사회주의를 내밀히 포함하고 있는 것이다. 왜냐하면 오직 공화주의만이 연속성을 깨뜨리지 않고 합법적 진화를 통해 사회주의로 나아갈 수 있기 때문이다.53)

드레퓌스 사건이 전개되는 과정에서 조레스가 공화국을 변호하자 정치적 스포트라이트가 그에게 쏟아졌다. 실제로 그때부터 1914년 그가 암살당할 때까지 그는 프랑스와 국제 사회주의 운동 내에서 가장 중요하고 사랑받는 인물 가운데 한 명이 되었다. 그리고 그 자신은 종종 부인하곤 했지만, 정통 마르크스주의와 근본적으로 결별한 사회주의적 비전에 대한 옹호자가 되었다.

조레스는 사회주의라는 것을 필연적인 경제 발전과 계급 갈등의 결과가 아닌, 사회주의자들 스스로의 활동으로 성취될 수 있는 결과로 보아야 한다고 주장했다. 그리고 더욱 높은 선善에 대한 믿음이라는 동기를 가진 이 사회주의자들은 지지자를 얻고 사회를 내부로부터 바꿔 나가기 위해 민주적 체제를 이용할 것이었다. 실제로 조레스는 사회주의를 프랑스혁명의 원칙들이 자연스럽게 확대된 것으로 보았다. 그는 사회주의가 부르주아적 이상들을 "좀 더 높은 사회적·경제적 정의"54)로 전환해, "인간의 권리선언the declaration of the Rights of Man 속에 담긴 완전한 의미를 실현할 것"55)이라고 주장했다. 조레스는 "사회주의 사상이 인간적 신념과 열망의 도움 없이 필연적으로 퍼져 나갈 수 있다고 가정하는 것은 상식에 어긋나는 것"이라고 믿었다. 그리고 "사회주의는 자본주의가 작동시킨 힘들 없이는 존재하지 않을 것이지만, 그것은 또한 인류의 의식적인 노력과 자유, 정의에 대한 갈망이 없다면, 또한 자본주의가 제공한 기회를 현실로 전환하려는 에너지를 통해 고무되지 않는다면 존재하지 않을 것"56)이라고 생각했다.

조레스는 사회주의를 위한 투쟁 속에서 민주주의는 가장 귀중한 '진보의 도구'라고 주장했다. 왜냐하면 그것은 "평화적 사회 변화를 위해 고안된 최고의 수단"57)이기 때문이었다. 사회주의자들은 현존 질서로부터 평화적이고 점진적인 변화를 만들어 내기 위해 민주주의 체제를 이용할 수 있다. 조레스는 이 과정을 '혁명적 진화'58)라고 불렀다. 이 과정을 작동시키기 위해 사회주의자들은 다수의 프랑스 시민 대중의 지원을 얻어 내는 데 주의를 집중할 필요가 있었다. 조레스는 다음과 같이 지적했다. "혁명이라 불리는 위대한 사회적 변화들은 소수에 의해 성취될 수 있는 것이 아니다. 혁명적 소수는, 그들이 얼마나 똑똑하고 에너지가 넘치는가에 상관없이, 근대사회에서 혁명을 일으키는 데 충분하지 않다. 그것을 위해서는 다수, 엄청난 다수의 협력과 충실한 지지가 필요한 것이다."59)

사회주의는 광범위한 호소력을 지닐 수 있고, 또 그래야만 한다는 조레스의 확신은 사회주의가 그 핵심에 '열정적인 도덕적 호소'를 내포하고 있다는 믿음에 토대를 두고 있었다. 즉 사회주의는 "정의·단결·우애에 대한 인간의 영원한 갈망을 새롭고 좀 더 완벽하게 표현하고 있다"는 것이었다.60) 이런 이유 등으로 조레스는 계급투쟁의 정통파적 비전을 거부했다. "인류 역사가 시작된 이래 처음으로 하나의 거대한 사회적 격변이, 한

계급을 또 다른 계급으로 대체하는 것을 목표로 하지 않고, 계급의 철폐와 보편적 인간성의 출현을 지향하게 될 것"[61]이라고 그는 썼다. 바르게 이해되기만 한다면 사회주의는 그 사회의 "협소한 일부 분파들에게만이 아니라" 인류 전체에 호소할 수 있게 될 것이며, 그것의 성취는 "소수집단의 폭력적이고 배타적인 선동의 결과가 아닌 전 민족적 운동"의 결과로 얻을 수 있을 것이었다.[62] 따라서 조레스는 사회주의자들을 향해 노동자들에게뿐만 아니라 (영세 자영업자와 농민들 같은) 자본주의의 부정의로 인해 가장 직접적으로 고통 받고 있는 무수한 집단들에게도 주의를 기울이라고 촉구했다. 그리고 그는 (그가 종종 진보를 위한 세력이었다고 주장했던 부르주아들을 포함해) 긍정적 변화에 진정으로 헌신하고 있는 그 어떤 집단과도 사회주의자들이 함께 일할 수 있어야 한다고 믿었다.

비록 조레스는 사회주의에 대한 자신의 비전이 정통파 교리와 모순되지 않는다고 주장했지만, 정통파의 변호자들은 그렇게 생각하지 않았으며 그에게 냉소만 보일 뿐이었다. 이 주제에 관한 유명한 토론에서 라파르그는 사회주의에 대한 조레스의 시각과 정통파의 시각 사이에 근본적인 차이점이 있음을 지적하면서 다음과 같이 말했다.

> 역사의 경로와 진보의 노선은 그 최초의 출발점으로부터 사회주의의 그날이 오기 직전까지 오직 물질적 진화에 의해서만 결정된다. 경제적 변화와 그에 따른 사회적 투쟁에 의해서만 말이다. 공산주의를 향해 가고자 하는 노력 속에서, 대중은 모호한 정의의 이상이 아닌 냉혹한 경제적 현실에 대해서만 반응할 뿐이다. 그리고 그들의 성공은 도덕적 주장에 의해서가 아닌 가차 없는 역사의 변증법에 의해서만 보장된다.[63]

하지만 공화국이 갖는 명백한 매력은 궁극적으로 승리했고, 조레스는 대다수의 프랑스 사회주의자들에게 그들의 최우선적 목표는 공화국을 반드레퓌스 세력들로부터 보호하는 것이라고 설득할 수 있었다. 사회주의자들의 지원에 힘입어 1899년 피에르 발덱 루소Pierre Waldeck-Rousseau가 이끄는 새로운 친공화국 정부가 선출되었는데, 그는 이들의 호의에 보답하고자 알렉상드르 밀랑Alexandre Millerand이라는 이름의 사회주의자를 자신의 내각에 참여시키고자 했다. 하지만 그의 이런 요청은 사회주의 운동 내부에 큰 위기를 불러왔다. 계급 교차적 협력과, 결과적으로 부르주아국가를 수용하게 되는 것은 정통파 교리에 정면으로 도전하는 것이었기 때문이다.

밀랑은 조레스의 피후견인(정치적 뿌리는 말롱의 가능주의에 두고 있었다)이었으며, 사회주의를 대폭 수정할 필요가 있다고 오랫동안 주장해 온 사람이었다. 그는 경제 발전과 계급투쟁에 관한 정통 마르크스주의의 강조를 거부했으며, 그 대신 사회주의를 성취하기 위해서는 "보통선거를 통해 정부를 손에 넣으려 노력하는 사회주의 정당이 필요하다"고 주장했다. 그는 '부르주아'국가의 제도들에 깊이 참여하는 데 반감을 갖는 사람들은 사회주의를 무의미한 존재로 만들어 버릴 위험을 무릅쓰고 있다고 믿었다. "갑작스러운 기적이 세상을 바꿔 놓을 신비의 날이 오기만을 기다릴 것인가, 혹은 매일매일 개혁에 개혁을 거듭하며 끈기 있고 완고한 노력으로 한 걸음씩 진보를 이루어 낼 것인가, 이 두 가지 방법 중 우리는 하나를 택해야만"64) 하는 것이었다. 비사회주의 정부에 참여하는 것은 그런 시각에서 볼 때 자연스러운 결과였다. 그래서 그는 발덱 루소의 제안을 받아들였고, 부르주아 정부에 참여한 최초의 유럽 사회주의자가 되었다.65) 이런 움직임에 게드와 라파르그, 그리고 다른 많은 사람들은 분노했다. 정부 참여주의ministerialism는 사회주의로의 이행이 정치적 경로를 통해 이루어질 수도 있다는 것과, 비프롤레타리아 집단들과의 동맹이 필연적이라고까지는 못해도 바람직하다는 것을 의미했기 때문에 "계급투쟁의 근본적 교리를 심각하게 위반"하는 것이었다. 또한 그것은 사회주의가 오직 불가항력적인 경제적 힘들이 작용한 결과로만 도래할 수 있다는 주장을 암묵적으로 거부하는 것이었다.[66]

밀랑의 움직임이 만들어 낸 상황의 심각성은, 1882년 프랑스노동자당과 가능주의자들이 분열된 이후 한 번도 열린 적이 없었던 전 사회주의자 대회가 1899년에 소집되었다는 사실에서 엿볼 수 있다. 그리 놀랍지 않은 일이지만, 대회에서 조레스는 밀랑과 그의 전략에 대한 가장 강력한 옹호자로 떠올랐다. 그는 청중에게 예전에 게드가 정통파 교리의 올바름과 자본주의 몰락의 불가피성에 대해 너무도 확신에 찼던 나머지 1900년 무렵이면 이미 사회주의가 도래할 것이라고 예측했었다는 사실을 상기시켰다. 조레스는 "만약 자본주의가 언제 그리고 어떻게 붕괴할지 정확히 예측할 수 없다면, 우리는 사회주의를 향한 길을 닦아 놓을 개혁을 위해 노력할 필요가 있다"고 주장했다.[67] 따라서 게드를 비롯한 밀랑 비판자들은 시대의 변화를 고려해 견해를 수정할 필요가 있다는 것이다. 조레스는 다음과 같이 말했다. "언젠가 우리는 임금의 철칙*이라는 잘못된 가르침을 내버렸던 적이 있다. 만약 그 이론이 계속 남아 있었더라면 그것은 노동자들을 낙담시켜 그들이 자신들의 상황을 개선하기 위한 투쟁에 나서지 못하도록 만들었을 것이다. 지금 우리는 그와 똑같이 잘못된 개념인 국가의 철칙(국가는 필연적으로 지배계급의 도구가 될 수밖에 없다는 주장)을

• 임금의 철칙(the iron law of wages) : 임금이 상승하면 노동의 공급이 늘어나 노동자의 가치가 하락하고, 반대로 임금이 하락하면 노동자의 가치가 상승하므로, 노동자의 임금은 노동자의 재생산, 즉 노동자와 그 가족의 생존을 가능하게 하는 최저 생계비 수준에서 정확히 결정된다는 주장.

버려야만 한다. 우리는 멀리 떨어진 곳에서 부질없이 싸울 것이 아니라, 바로 그 요새의 심장부로 들어가 싸워야 한다."[68]

대회의 성과는 모호했다. 두 개의 결의문이 채택되었는데, 첫 번째 것은 부르주아 정부에 대한 사회주의자들의 참여가 계급투쟁의 원칙과 양립할 수 없음을 선언하고 있었다. 두 번째 것은 '예외적 상황' 아래에서라면 그런 전략이 허용될 수도 있다고 말하고 있었다. 따라서 논쟁은 계속해서 끓어올랐고, 프랑스로부터 유럽 전역을 가로지르며 퍼져 나갔다. 왜냐하면 그것은 베른슈타인이 독일에서 동시에 제기하고 있던 정통 마르크스주의에 대한 이론적 도전을, 실천적인 면에서 구체적으로 보여 주고 있었기 때문이다.

독일 : 민주적 수정주의 이론의 기원

프랑스의 경우와 마찬가지로 19세기 후반 독일에서도 사회주의 운동의 이론과 실천 사이에 큰 격차가 생겨났다. 그 격차는 독일사민당의 초기 역사, 특히 [사회주의적 경향을 갖는 모든 결사·집회·출판을 금지했던] 사회주의자 진압법의 시기(1878~90년)에 역사적 기원을 두고 있다. 당시 정부의 탄압은 부르주아국가를 사회주의와 화해할 수 없는 적으로 보았던 견해를 강화시켰고, 장기간 지속된 불황은 많은 사람들에게 자본주의의 붕괴가 바로 코앞에 있다는 확신을 주었다. 하지만 그와 동시에 독일사민당은 선거에서 눈에 띄게 약진하기 시작했고, 일상적인 정치 활동에 대한 당 활동가들의 참여 또한 증가했다. 이런 견해와 상황의 다소 정신분열증적인 조합[즉, 국가를 적으로 여기면서도 동시에 국가 참여가 증가한 현상]은 1891년 에어푸르트Erfurt 당대회에서 채택된 당의 강령에 반영되었다.

에어푸르트 강령의 가장 두드러진 특징은 이원성dualism이었다.69) 강령의 첫 번째 부분은 이론적인 것이었는데, 주로 카우츠키가 작성했으며 그가 옹호한 정통 마르크스주의에 매우 충실한 것이었다.70) 그것은 주로 경제 발전이 프롤레타리아에게 미치는 해로운 결과에 대한 분석이었으며, 자본주의의 미래를 암울하게 그려내고 있었다. 강령의 두 번째 부분은 주로 베른슈타인이 작성했는데, 당의 실천적 요구에 초점을 맞추고 있었다. 그것은 본질적으로 개혁에 관한 상세한 목록이라고 할 만했다. 모든 선거에 적용되는 성인 남성의 보통선거권, 선출된 공직자에 대한 보수 지급, 노동법의 규제 완화, 종교는 개인이 결정할 문제라는 선언, 학교의 탈종교화, 재산과 소득에 대한 누진세 적용 등이 담긴 이 목록의 항목들 가운데 대부분은 진보적 자유주의자들의 지원을 얻어 낼 수 있는 것들이었다. 강령의 두 부분을 하나로 묶어 내려는 실제적인 시도는 이루어지지 않았다. 그래서 당이 신봉했던 정통 마르크스주의와, 당이 유권자들을 대표해 만들어 낸 실천적 요구들 사이의 관계는 불명확한 상태로 남아 있었다. 파울 캄프마이어Paul Kampffmeyer는 당의 이론과 실천 사이의 이런 분열에 대해 논평하면서 다음과 같이 지적했다. "사민당은 한편으로 부르주아 사회에 대해 저주를 퍼붓고 있다. 그리고 다른 한편으로는 부르주아 사회를 수리하고 개선하기 위해 열정적으로 일하고 있다."71)

사회주의자 진압법의 그림자 아래서 사민당이 독일의 정치 무대에 별다른 영향을 끼치지 못하고 있을 때만 해도, 이런 모순은 상대적으로 큰 문제가 되지 않았다. 하지만 당 활동에 대한 규제가 사라지고 독일의 경제도 살아나기 시작할 뿐더러 선거에서 사민당의 상승세가 지속되자, 점점 더 많은 수의 사회주의자들이 정치적 활동과 관련해서 정통 마르크스주의가 갖고 있는 한계에 대해 불평하기 시작했다. 사민당은 반체제 활동을 확고히 거부하긴 했지만, 의회를 통한 활동을 그다지 소중하게 여긴 것도 아니었다. 예를 들어 카우츠키는 "모든 공적 제도의 민주화를 요구하고 기존 국가와 사회질서 속에서 노동자들의 사회적 조건을 개선하는 것은, 우리 운동 초창기의 모든 특징을 포기하는 것일 뿐만 아니라 전혀 이치에 맞지도 않는 일"72)이라고 주장했다. 그리고 당의 지도자였던 아우구스트 베벨August Bebel은 "우리가 오늘날의 의회·헌법적 수단들을 통해 사회주의의 최종 목표에 도달할 수 있다고 믿는 사람들은, 그게 누구든 간에 (자본주의 체제에 대해) 무지한 사람이거나 사기꾼일 것"73)이라고 단언했다. 한발 더 나아가 그는 "우리가 의회에 참여하는 목적은 대중에게 부르주아가 대중의 가장 기본적인 욕구조차 만족시켜 주지 못한다는 사실을 보여 주기 위한 것일 뿐"74)이라고 주장했다.

시간이 지나자 당 지도자들은 선거와 의회에 참여했을 때 얻게 되는 이점들을 긍정적으로 평가하기 시작했고, 그에 따라 자신들의 견해를 완화하기 시작했다. 하지만 이런 '모호한 의회주의'75)로의 전환에도 불구하고, 사민당은 정치적 활동이 사회주의적 변화의 주된 동력이 될 수도 있다는 생각을 계속 거부했다. 이와 유사한 틈새는 계급투쟁에 대한 당의 공식적 견해와 세기말 독일의 정치 현실 사이에서도 점점 벌어져 갔다. 예를 들어 바바리아 지역의 사민당 지도자 게오르크 폰 폴마르Georg von Vollmar는 당시 프랑스에서 힘을 얻어 가고 있던 주장과 유사한 논리를 펴면서, 당이 그들의 호소 대상을 확대하고 농민들에게로 관심을 돌릴 필요가 있다고 줄기차게 주장했다.76) 1892년 그는 그가 이끌던 지역 당이 독자적인 농업 정책 강령을 채택하도록 만들었다. 이 강령은 농민들과 노동자들을 동등한 지위로 올려놓았으며, 사민당이 노동하는 모두의 정당임을 선언했다.77) 1894년에는 사민당 중앙당 차원에서 농업 문제를 연구하기 위한 위원회가 설치되었는데, 1895년 브레슬라우Breslau 당대회에서 그 위원회가 제시한 추천안들이 토론에 부쳐지자 한바탕 소동이 일어나고 말았다. 당의 지도자들 가운데, 베벨과 칼 리프크네히트Karl Liebknecht는 어느 정도 변화를 받아들일 준비가 되어 있었다. 하지만 카우츠키와 엥겔스는 실제적 문제들에 대해서는 그다지 관심이 없었으며, 농민들과 협력하려는 유럽 다른 곳에서의 유사한 흐름도 별로 걱정하지 않았다. 그들은 기존의 노선을 고집했고, 농업 강령 수정에 관한 토론을 정통 마르크스주의에 관한 토론으로 바꾸어 놓았다.

그들은 만약 사민당이 '궁극적으로 신뢰할 수 없는'78) 농민들로 더럽혀질 경우 발생하게 될 심각한 결과에 대해 경고했다. 카우츠키는 그의 동료들에게 "에어푸르트 강령은 바로 그 첫 문장에서 경제가 발전하면 소기업은 필연적으로 쇠퇴한다고 주장하고 있다"는 것을 상기시켰다.79) 그는 새로운 농업 강령이 사민당의 본질 그 자체를 바꾸어 놓을 것이라고 말했다. 왜냐하면 "그것은 우리를 민주주의자들과 사회 개혁가들로부터 구별시켜 주는 특성이 아닌, 우리가 그들과 공유하고 있는 특성을 강조하고 있고, 따라서 사회민주주의가 단순히 개혁을 추구하는 민주 정파의 한 종류라는 인상을 주기 때문이다."80) 이와 비슷하게 엥겔스는 다음과 같이 주장했다.

> 농민들에게 그들의 지위는 자본주의가 유지되는 한 절대적으로 무기력한 것이며, 따라서 그들의 재산을 보존하는 것은 절대적으로 불가능하다는 것, 그리고 자본주의의 대규모 생산 방식은 마치 열차가 손수레를 깔아뭉개듯이 무력하고 시대에 뒤처진 소규모 생산 방식 시스템을 짓밟아 버릴 것이 절대적으로 확실하다는 것을 명확하게 반복해서 설명해 주는 것이 우리 당의 임무다.81)

결국 그런 주장이 승리를 거두었다. 브레슬라우 당대회는 수정안을 부결시켰고, 앞으로 부르주아 단체들에 대한 그 어떤 접근 시도도 거부하기로 한 것이다.

비록 이런 공식적 도전들은 실패했지만, 19세기 말까지도 당 내부에서 불만은 멈추지 않고 자라났다. 사민당은 점점 더 정치적 활동 속으로 끌려들어 갔으며, 비프롤레타리아 집단과의 협력에 대한 필요가 점점 증가하면서 당의 원칙과 실천 사이의 긴장은 더욱 확대되었다. 베른슈타인이 정통파의 입장에 대해 이제껏 제기된 것 중 가장 포괄적이고 위협적인 이론적 비판을 감행한 것은, 이렇듯 당의 공식적 이데올로기와 당이 맞닥뜨린 현실 사이의 틈이 점점 벌어져 가고 있었기 때문이다.82)

베른슈타인은 평범한 사회주의자가 아니었다. 그는 사민당의 가장 중요한 지도자들과 지식인들 가운데 한 명이었으며, 마르크스와 엥겔스의 믿을 수 있는 오랜 동료였고, 카우츠키의 절친한 친구였다. 따라서 그의 견해는 진지하게 받아들여질 수밖에 없었다. 한 논평자가 지적한 대로 "베른슈타인이 마르크스주의적 예언의 정확성에 이의를 제기한 것은 마치 교황이 예수의 재림은 실현되지 않을 것이라고 선언한 것과 같았다."83) 그의 개인적 배경에 더해 그의 활동 기반이 유럽 대륙에서 가장 강력한 사회주의 정당이라는 사실, 그리고 그 당이 자신을 정통 마르크스주의와 한몸처럼 여기고 있다는 사실은, 그의 이론적 비판에 더 큰 무게감을 실어 주었다.

베른슈타인의 이탈은 이제 역사 유물론이 자본주의의 작동 방식이나 사회주의로의 이행을 설명할 수 없다는 확신에서 비롯된 것이었다.

마르크스주의의 기초 가운데 가장 중요한 부분, 즉 이른바 기본 법칙이라는 것이, 역사의 유물론적 개념으로 알려진 특정한 역사 이론이라는 사실은 누구도 부인하지 못할 것이다. 원칙적으로 마르크스주의는 이 이론과 함께 성립하거나 몰락하게 되어 있다. 그리고 그것이 수정의 고통을 겪게 된다면, 마르크스주의의 다른 부분들과도 그만큼 영향을 받게 될 것이다. 따라서 마르크스주의의 정확성에 대한 모든 검토는, 역사 유물론이 과연 타당한지 또는 얼마나 타당한지에 관한 질문으로부터 시작되어야 한다.[84]

베른슈타인에 따르면 역사 유물론에 대한 그의 의문은 1897년 1월 페이비언협회를 대상으로 한 강연에서 시작되었다. 청중들과 대화 중이던 어느 순간, 그는 자신이 마르크스의 주장이나 예측 가운데 많은 부분의 진실성을 믿지 않고 있다는 사실을 깨달았다. 그는 후일 "나는 이런 상황이 더는 지속될 수 없겠다고 생각했다"며 당시를 회상했다.

화해할 수 없는 것들을 화해시키려고 시도하는 것은 시간 낭비다. 그보다도 지금 반드시 필요한 것은 마르크스가 여전히 옳은 부분은 어디며, 그렇지 않은 부분은 어디인지를 명확히 가려내는 것이다. 만약 후자를 찾아내 폐기한다면 우리는 그를 더욱 훌륭히 추모할 수 있을 것이다. (내가 예전에 그랬고 많은 이들이 지금도 그러고 있듯이) 그의 이론을 무조건 고집해 어떤 것에든 적용하려 하다가는 그것을 통해 오히려 아무 것도 밝혀내지 못하게 됨으로써 그의 이름을 더럽힐 것이기 때문이다.[85]

하지만 베른슈타인이 사망할 무렵에는 (그의 노력으로) 이제 역사에 대한 유물론적 개념의 요소들 가운데 멀쩡히 남아 있는 것이 거의 없게 될 것이었다.

베른슈타인은 당시 정통파들이 가정했던 자본주의와 경제적 발전에 관한 거의 모든 예측에 의문을 던졌다. 그는 자본주의가 프롤레타리아들과 사회의 대다수 사람들을 궁핍화시킬 것이라는 견해에 동의하지 않았다. 그는 "실제 궁핍화에 대한 증거는 아직까지 제시된 적이 없으며, 앞으로도 결코 없을 것"이라고 말했다. 그 대신 지난 몇 년간 "사회의 부는 엄청나게 증가했으며, 그 부의 광범위한 분배로 말미암아 우리는 경제 침체의 위험에 더욱 효율적으로 맞서 싸울 수 있게 되었다. 시장이 엄청나게 확대되면서 갈등하는 세력들 간의 균형이 나타날 수 있는, 이전 같으면 상상도 할 수 없던 가능성이 만들어졌다." 그 결과 "사회주의로의 길은 프롤레타리아의 궁핍화가 아닌 상향 이동을 통해 도달될 수 있다는 사회민주주의자들의 주장이 모든 곳에서 더 큰 인정을 받고 있다."86) 베른슈타인은 자본주의가 항상 부와 재산을 집중시킨다는 주장 또한 거부했다.

> 재산 소유자들의 숫자가 줄어들기보다는 증가하고 있다는 것은 조화를 강조하는 부르주아 경제학자들이 지어낸 것이 아니라 더는 반박할 수 없는 사실이다. 하지만 이 사실이 사회주의의 승리에 어떤 의미를 갖는가? 왜 그런 사실을 부인하는 데 의존해서 사회주의적 성취를 추구하려 하는가? 아마도 사회적 잉여생산을 점유하는 사람들의 수가 점점 더 줄어드는 것이 아니라 점점 더 늘어나고 있다는 사실을 인정하면 자신들의 이론적 비상계단에서 층계 한 짝이 떨어져 나갈 것을 두려워하는 이들이 존재하기 때문일 것이다.87)

그리고 베른슈타인은 자본주의를 위기에 빠지기 쉬우며 붕괴될 운명에 놓여 있다고 묘사하는 것에도 의심의 눈길을 던졌다. 그는 이런 견해가 자본주의의 초기 국면에는 그럴듯했을지 모르지만, 현재 사회주의자들이 대면하고 있는 자본주의 체제는 새롭고 더욱 강건해진 국면에 들어서고 있다고 지적했다.

> 우리는 기계 시대의 태동기나 수공업 시대에서 비롯된 특성이라고 볼 수도 있는 경직성과 편협함을 (자본주의적) 기업 경영 탓으로 돌리곤 한다. 하지만 이런 특성은 근대 산업 세계의 특징들과 완전히 배치되는 것들이다. 사실 우리가 근래 목격한 것은 다양한 종류의 기업이 성장하고 있다는 것과, 현대의 기

업 세계 속에 적응력과 유연성이 자라나고 있다는 것이다.[88]

자본주의의 모습에 대한 정통파의 예측에는 오류가 있었기 때문에, 사회주의는 자본주의가 붕괴된 후에야 그것을 뒤따라오리라는 그들의 주장 또한 잘못된 것일 수밖에 없었다. 베른슈타인은 사회주의자들이 "그들의 전략을 앞으로 다가올 대파국의 전망에 의해 결정하거나 그것에 의존하는 것으로 만들면 안 된다"[89]고 주장했다. 왜냐하면 그럴 경우 그들은 결코 일어나지 않을 사건을 기다리고 있어야 하는 처지가 될 것이기 때문이다. 그 대신 사회주의자들은 "사회주의의 승리가 순전히 유물론적인 기반 위에서 이루어진다는 것은 가능하지도 않고 필연적이지도 않다"[90]는 현실을 정면으로 마주해야 했다.

자본주의와 경제 발전에 대한 베른슈타인의 관찰은 그가 정통 마르크스주의의 핵심 기둥 하나(역사 유물론)를 포기하도록 만들었고, 그 대신 사회주의를 향한 행동주의적·정치적 노선을 주장하게 했다. 그는 만약 사회주의가 필연적으로 존재할 수밖에 없는 것이 아니라면, 그것은 "그것이 존재하도록 우리가 만들어야만 하는 것"[91]이라고 결론을 내렸다. 그는 정통 마르크스주의자들을 "신을 믿지 않는 칼뱅주의자들"[92]이라고 불렀으며, 사회주의의 필연성에 대한 그들의 신앙이 대중의 열망을 상실하도록 만드는 위험한 정치적 수동주의를 낳았다고 주장했다. 장기적으로 볼 때 개인들은, 자신들의 이상과 좀 더 나은 세계에 대한 비전에서 동기를 부여받는다고 생각했다. 그들을 단순히 역사적으로 불가피한 경제법칙의 결과를 위해 투쟁에 나서라고 확신시키는 것은 불가능하다. 베른슈타인은 "대중을 사회주의로 이끄는 것은 실현 가능하면서도 좀 더 공정한 사회체제를 향한 열망"[93]이라고 주장했다.

새로운 체제를 향한 이런 운동은 경제 발전의 피할 수 없는 결과가 아닐 것이며, 사회주의자들이 당면한 과제는 "근본적 변화에 박차를 가할 수 있는 개혁을 위해 긍정적인 제안들"을 내놓는 것이었다.[94] 그리고 이런 개혁은 "사회적 부를 감소시키는 것이 아니라 증가시키는 것", 즉 이 사회의 수많은 대중의 생활 조건을 개선시키는 것을 목표로 해야만 하는 것이었다. 따라서 "개혁과 관련해 우리가 던지고 있는 질문은, 그것이 (자본주의의) 파국을 재촉할 수 있는지의 여부가 아닌, 그것이 노동계급을 더욱 발전시킬 수 있는지, 또한 그것이 총체적 진보에 기여할 수 있는지의 여부에 관한 것이다."[95] 이런 진보는 "사회적 의무 영역(사회에 대한 개인의 의무, 이에 상응하는 그의 권리, 그리고 개인에 대한 사회의 의무)의 꾸준한 확대, 국가나 민족적 수준에서 경제적 삶을 규제할 수 있는 사회의 권리 확대, 각 지방에서의 민주적 자치 정부의 성장과 책임 확대 등으로 구성될 것이다. 나에게 이 모든 것은 사회주의를 향한 발전을 뜻한다. 또는 사회주의의 점차적 실현이라 말해도 좋을 것이다."[96] 따라서 베른슈타인은 "정치적 영역에 적용된 수정주의는 당연히 개혁주의를 의미한다"[97]고 믿었다.

그는 사회주의로의 이행에 대한 수정주의자들의 견해가 비록 정통 마르크스주의자들이 전파했던 혁명적 몰락과 재건이라는 비전보다는 덜 극적이지만, 실질적 성과를 더욱 잘 성취해 낼 수 있을 것이라고 주장했다.

수정주의가 성취하고자 분투하는 그토록 광범위한 의미를 지닌 급진적 변화는 역사 속에서 아직 단 한 번도 존재한 적이 없다. 그런 변화는 장기간에 걸친 철저한 노력을 필요로 한다. 그리고 매일매일의 노력이 작은 일들과 관련된 것이라고 해서 거대한 규모의 캠페인보다 가치가 작다고 생각하지 말자. 종종 가장 큰 의미를 지닌 것은 바로 그런 작은 것들이다. 근대 노동계급 운동에서 중요한 것은 세상을 놀라게 하는 전투가 아니라, 고되고 끈기 있는 투쟁을 통해 조금씩 얻어 낸 확고한 영토인 것이다.[98]

이런 믿음에서 베른슈타인은 "대개 사회주의의 최종 목표라고 불리는 것은 나에게는 아무 것도 아니며, 운동만이 전부"[99]라는 유명한 (또는 악명 높은) 말을 남겼다. 이를 통해 그는 단지 추상적인 미래의 결과에 대해서 끊임없이 이야기하는 것은 상대적으로 별 가치가 없다는 의미를 말하고자 했다. 대신 사회주의자들은 좀 더 나은 세상을 만들기 위한 장기적 투쟁의 버팀목이 될 '정치적·경제적 선동과 조직'에 그들의 주의를 집중할 필요가 있었다.[100]

사회주의를 향해 가는 점진적이고 정치적인 경로에 대한 이런 믿음으로 베른슈타인은 민주주의를 '수단인 동시에 목적'으로 바라보았다. "그것은 사회주의를 위한 투쟁의 무기이자 이후 사회주의가 실현될 형태"[101]라는 것이었다. 민주주의는 사회주의자들에게, "심층적이면서 단계적인 개혁을 피 흘리지 않고 실시하는 가장 효과적인 도구를 제공한다. 보통선거권과 의회 활동은 계급투쟁의 정점이자 가장 포괄적인 형태로서 이해되어야 한다. 그것은 합법적 영역 안에서 치러지는 영구적이고 유기적인 혁명이며, 근대 문명에 상응하는 문화적 발전 수준을 반영하는 것이다."[102] 하지만 민주주의는 단순히 사회주의가 그 목표를 달성하는 데 필요로 하는 최상의 도구에 그치는 것이 아니었다. 그것은 또한 계급 차별의 부재, 평등, 자유와 같은 사회주의의 가장 중요한 이상들을 구현하고 있는 것이었다.

역사 유물론에 대한 거부와 더불어, 베른슈타인은 정통 마르크스주의의 두 번째 기둥인 계급투쟁 또한 공격했다. 그가 보기에 불가피한 계급투쟁이라는 교리는 경제결정론에 대한 믿음과 똑같은 치명적 결점을 공유하고 있었다. 즉 역사적으로 부정확할뿐더러 정치적으로 유해하다는 것이다. 19세기의 끝 무렵, 베른슈타인은 계급 구조가 정통 마르크스주의의 예측대로 전개되고 있지 않다는 것을 확신했다. 특히 그는 사회적 관계들이 더욱 분화되고 있으며 복잡해지고 있다고 믿었다. 예를 들어 프롤레타리아화의 추세가 강화될 것이라는 정통 마르크스주의적 예측과는 반대로, 베른슈타인은 노동자들이 사회의 절대 다수가 되어 가고 있지 않다는 점을 인식했다. 또한 그는 자본주의의 논리가 궁극적으로 소농과 소기업들의 붕괴를 이끌고 그것들을 좀 더 크고 효율적인 산업 단위들로 대체하게 되리라는 정통 마르크스주의적 예측에도 시비를 걸었다. 그리고 그는 중간계급이 사라지기는커녕 오히려 성장하고 있으며 점점 더 복잡해지고 분화되고 있다는 사실을 깨달았다. 이런 경향들로부터 그는, 사회적 양극화와 계급 갈등이 점점 심화될 것이라는 정통 마르크스주의의 예측은 결코 실현되지 않을 것이며, 따라서 사회주의자들은 계급 관계와 사회적 역학에 대한 새로운 관점을 개발할 필요가 있다고 결론을 내렸다.

> 만약 사회가 사회주의 이론이 이제껏 가정해 온 방식으로 이루어져 있고 지금껏 그렇게 되어 왔다면, 경제적 붕괴가 일어나는 것은 정말 시간문제에 불과할 것이다. 하지만 정확히 말해, 사정은 그렇지 않다. 진정으로 우리 사회주의자들은 마르크스와 엥겔스가 예측했던 사회적 관계들의 양극화가 사실상 일어나지 않았다는 것을 반드시 인식해야만 한다. 이 사실을 우리 자신에게 숨기는 것은 쓸모없을뿐더러 지극히 바보 같은 짓이다. 재산 소유자들의 숫자는 증가했지, 줄어들지 않았다. 사회적 부의 엄청난 증대는 자본가들이 줄어들면서 일어난 것이 아니라, 증가하면서 일어났다. 중간계급은 그 성격이 바뀌고 있지만, 사라지고 있는 것은 아니다. …… [요컨대] 좀 더 선진화된 모든 나라에서 우리는 계급투쟁이 더욱 완화된 형태를 띠고 있음을 볼 수 있으며, 만약 그것이 사실이 아니라면 우리의 미래에 대한 전망은 그다지 희망적이지 않을 것이다.[103]

역사를 사회적 양극화와 계급 갈등의 심화를 향한 무자비한 운동으로 보는 대신, 베른슈타인은 자본주의가 초래한 부정의와 뿌리 뽑힘으로 고통 받고 있는 이들과 노동자들이 이해를 공유하는 관계가 만들어지고 있다고 생각했다. 그는 노동계급 바깥의 많은 사람들이 경제적으로 위협받으며 사회적으로 표류하고 있다고 스스로 느끼고 있음을 알았으며, 그런 사람들을 잠재적 동맹자 내지 새로운 구성원으로 이해해야 한다고 주장했다. 따라서 베른슈타인은 사회주의자들에게 그들이 펼치는 주장의 기반을 프롤레타리아의 독자성과 계급투쟁의 불가피성에만 두지 말고, 오히려 "공통적 인간성과 사회적 상호 의존의 인식"104)에 두라고 촉구했다. 베른슈타인은 당시의 사회 갈등 밑에는, 사회주의자들이 인식해야 하고 또 보호하겠다고 약속해야 하는 근본적인 공통 이익과 선이 존재한다고 확신했던 것이다. 따라서 그는 사회주의를 대다수 시민들에게 좀 더 나은 삶에 대한 비전을 제공할 수 있고 또 그렇게 해야만 하는, 근본적으로 협력적이며 공동체적인 노력의 일환으로서 제시했다.105)

요컨대 19세기 후반과 20세기 초반 동안 베른슈타인은 정통 마르크스주의의 주요 교의를 폭넓게 비판했다. 그의 주장의 핵심은 역사 유물론과 계급투쟁을 정치의 우선성과 계급 교차적 협력에 대한 신념으로 대체해야 한다는 것이었다. 그 신념이란 자신들의 이상과 좀 더 나은 세상에 대한 비전으로 고무된 개인들이 함께 단결할 수 있으며, 자기 주변 세계의 모습을 점차적으로 바꿔 나가기 위해 민주국가의 권력을 이용할 수 있다는 것이었다.

사회주의로의 이행에 대한 이 새로운 비전은 착취에 대항해 투쟁하는 노동계급의 일상적 삶 속에서 발생한다. 그것은 프롤레타리아들의 수가 증가하고 사회적 힘이 증대하고 있음을 보여 준다. 그들은 단지 앞으로만 나아가는 것이 아니라 위로도 올라가는데, 그렇게 그들의 경제적·윤리적·정치적 기준을 고

양시키고 국가와 경제를 다스릴 능력을 키워 가는 것이다. 이런 비전은 보통 '수정주의자들'이라고 불리는 사람들 속에서 생생히 잘 나타나고 있다.106)

베른슈타인이 마르크스주의에 대해 공개적으로 처음 의문을 제기하기 시작했을 때, 당의 지도자들은 논쟁을 회피하고자 했다. 하지만 시간이 흐를수록 베른슈타인은 더욱 강한 압력을 가하면서 비판의 대상을 확대해 갔고, 논쟁은 점점 더 피하기 어려워졌다. 그러자 많은 이들이 그를 사회주의 운동의 전통과 응집력, 그리고 앞날을 위협할 의도를 뒤에 감추고 있는 위장 공격자로 보게 되었고, 당 지도자들은 이 위협에 직접적으로 맞서야만 한다고 결론을 내렸다.

1898년 베른슈타인이 사민당의 슈투트가르트Stuttgart 당대회에 자신의 견해를 밝히는 편지를 보냈을 때 그 기회가 찾아왔다. 약간의 유화적인 제스처를 보였다고는 하나 그는 또다시 마르크스주의의 주요 교의에 대해 정면 공격을 가했다. 경제 발전은 계획한 대로 되어 가고 있지 않으며, 사회주의를 자본주의의 필연적인 몰락과 첨예해져만 가는 계급투쟁의 결과라고 주장하는 것은 중대한 실수라는 것이었다. 그 대신 이제 사회주의자들이 그들의 주의와 관심을 정치적 영역으로 전환해야 할 때가 되었는데, 정치 영역이야말로 사회주의적 전환을 위해 앞으로 전투가 치러져야 할 장소라는 것이었다. 하지만 그의 주장은 많은 이들의 인내심의 한계를 넘어서는 것이었다. 예를 들어 카우츠키는 여태껏 베른슈타인을 공개적으로 비판하는 일을 망설여 왔다. 비록 개인적인 서신에서는 자신의 오랜 친구가, 두 사람이 함께해 온 운동으로부터 일탈했으며 심지어는 그것을 배신했다고 생각하고 있음을 명백히 밝혔지만 말이다. 그는 베른슈타인에게 다음과 같이 써보냈다. "자네는 가치 이론, 변증법, 역사 유물론, 계급투쟁, 그리고 우리 운동의 프롤레타리아적 성격을 잘못된 것이라고 선포하고 있네. 글쎄, 그럼 마르크스주의에서 무엇이 남아 있는가? 자네가 시도하고 있는 일들에 대해 마르크스주의를 '넘어서려'하고 있다고 말하는 것은 너무 약한 표현일세. 그것의 진정한 의미는 마르크스주의의 붕괴인 것이지."107) 다른 이들과의 편지 속에서도 카우츠키는 베른슈타인의 작업이 마르크스주의의 '파괴'를 향해 가는 일이라고 느끼고 있음을 명확히 했다.108) 그는 "이 사실을 감추거나 그것으로부터 비롯될 필연적 결과들을 무시하는 것은 아무 의미가 없다"109)고 결론을 내렸다.

슈투트가르트 대회 이후 베른슈타인을 공개적으로 규탄해야 한다는 압력이 가해지기 시작했다. 베벨은 그의 오랜 친구[베른슈타인]가 이에 대비할 수 있도록, 당 지도부가 내릴 수밖에 없었던 결론을 설명하는 편지를 써보냈다. "우리는 전술적 문제에 대한 심각한 차이뿐만 아니라 근본적인 개념적 차이 때문에 분열된 상태라네. 만약 부르주아 사회와 그 발전에 대해 자네가 성명서에서 반복하고 있는 견해가 옳다면 우리는 더 이상 사회주의자가 아니라고 말한 칼(카우츠키)이 옳았네."110) 베른슈타인은 베벨에게 그의 진실함에 대해, 특히 "많은 말을 하면서도 직접 그렇게 얘기하진 않았지만, 내가 지금 이대로의 생각을 가지고는 당원으로서 남아 있을 수 없다는 사실이 당신의 정직한 의견임을 알 수 있도록" 분명히 해준 데 감사를 표했다.111) 그럼에도 그는 당에 남았고, 이로 인해 논쟁은 활발히 유지되었다. 하지만 이 시기 베른슈타인에 대한 가장 공개적이고 강력했던 비판은 그의 오랜 친구들로부터가 아닌, 사회주의 운동의 떠오르는 젊은 별, 로자 룩셈부르크Rosa Luxemburg로부터 제기되었다.112)

1899년 룩셈부르크는 베른슈타인의 책 『점진적 사회주의』Evolutionary Socialism에 답하기 위해 『개혁이냐 혁명이냐』Reform or Revolution?라는 책을 출판했다. 룩셈부르크는 사회주의자들에게 만약 베른슈타인이 옳다면 정통 마르크스주의의 구조물 전체가 휩쓸려 가버릴 것이라는 사실을 인식하라고 촉구했다. 그녀는 "지금까지 사회주의 이론은 총체적이고 파국적인 위기가 사회주의로의 전환을 위한 출발점이 되리라고 선포해 왔다"고 주장했다. 그리고 "[베른슈타인은] 단순히 하나의 특정 형태의 붕괴만을 거부하는 것이 아니다. 그는 붕괴의 가능성 그 자체를 거부하고 있다. 하지만 그러면 다음 질문이 제기될 수밖에 없다. 왜 그리고 어떻게 우리는 최후의 목표를 성취할 수 있을까?"[113]라고 질문했다. 물론 베른슈타인의 대답은 최종 목표가 정치적으로, 대중의 활발한 노력을 통해 성취될 수 있다는 것이었다. 룩셈부르크가 옳게 지적했듯이, 이는 마르크스주의, 그리고 당의 오랜 전략과 근본적으로 단절함을 의미했다.

> 현재의 정당 개념[즉 정통파들이 정당을 이해하는 방식—옮긴이]에 따르면, 노동조합과 의회 활동은 중요하다. …… 그런 활동이 프롤레타리아를 준비시키기 때문이다. 다시 말해, 사회주의의 실현이라는 임무를 위해 사회주의적 전환의 주체적 요소를 만들어 내기 때문이다. 하지만 베른슈타인에 따르면 노동조합과 의회 활동은 자본주의적 착취 그 자체를 점점 감소시킨다. 그것들은 자본주의사회로부터 그 자본주의적 특성을 제거한다. 그것들은 바람직한 사회 변화를 객관적으로 실현시킨다.[114]

룩셈부르크는 사회주의자들에게 베른슈타인의 수정주의가 사회주의 운동에 오직 하나의 질문을 제시했음을 인식하라고 촉구했다. 즉 "지금까지와 같이 사회주의적 전환이 자본주의 질서의 객관적 모순의 결과이며 일정 단계에서 어떤 형태로든 붕괴가 일어날 것"이라고 볼 것인가, 혹은 자본주의가 정말로 변해서 적응력이 높아졌으며 고무된 대중의 활발한 노력을 통해 근본적으로 변화할 수 있는 능력을 갖게 되었다고 볼 것인가? 만약 후자의 시각이 옳다면 "사회주의의 객관적 필연성, 사회의 물질적 발전의 결과로서의 사회주의라는 설명은 모두 바닥으로 추락하게 될 것이다."115) 물론 정통 마르크스주의와 함께 말이다.

베른슈타인의 이탈이 얼마나 근본적인 것인지에 대해 인식하고, 그의 견해가 점차 지지를 획득해 가고 있다는 사실을 깨닫게 된 사민당의 지도자들은 마침내 반격에 나서기로 결정했다. 예를 들어 1899년에 하노버 Hannover에서 열린 당대회에서 베벨은 베른슈타인을 공격하며 "그가 마르크스주의의 모든 기본적 입장을 공격"해 당의 적대자들을 강화하고 있다고 주장했다.116) 당대회는 마침내 "항상 그래 왔듯이 지금도" 사민당은 계급투쟁에 기반을 두고 있으며 "노동계급의 해방은 오직 노동계급 자신에 의해서만 이루어질 수 있다"고 믿는다는 주장을 담은 결의문을 채택했다. 그에 덧붙여 결의문은 "부르주아 사회의 발전은 …… 당의 원칙들과 …… 기본 요구들, 당의 전략 내지 이름을 바꾸거나 포기할 그 어떤 이유도 제공하지 않는다"117)라고 주장했다. 많은 이들은 이데올로기적 전통주의에 대한 당의 이런 단호한 지지 표명이 수정주의를 상대로 한 고통스럽고 분열적인 전투에서의 최후 결론이 될 것임에 틀림없다고 생각했다. 하지만 그들은 하노버 대회가 수정주의 논쟁의 종결을 뜻하지도, 심지어 그 종결의 서막이 되지도 못하리라는 것을 알지 못했다. 그것은 단지 그 논쟁의 서막이 종결되었음을 뜻할 뿐이었다.

| 3 |

성숙해진
민주적 수정주의

앞 장에서, 19세기 후반 동안 당대의 필요와 요구를 설명하고 이에 대응하는 데 정통 마르크스주의가 보여 준 무능력에 좌절하면서 어떻게 민주적 수정주의가 출현했는지 살펴보았다. 특히 프랑스의 사회주의자들은 농민들에 대한 관심, 민주주의의 수호, 정부 참여의 필요성을 더는 거부하기 어렵다는 사실을 깨닫게 되었는데, 이 모든 것은 지배적 정통 교리에 대한 도전 행위였다. 독일에서도 사민당의 이론과 실천 사이에 틈이 벌어졌는데, 여기서는 정통 교리가 베른슈타인의 민주적 수정주의의 이론적 공격을 직접적으로 받았다. 세기말 사회주의에 관한 당대 가장 예리했던 논평자 중 한 사람이 지적한 대로, 수정주의는 "베른슈타인에 의해 제시되고 프랑스인들에 의해 증명"되었던 것이다.

베른슈타인의 이론적 비판과 정치적 열망을 여전히 알아보지 못하고 있던 일부 사람들을 위해, 프랑스인들은 매우 주목할 만한 방식으로 그 '새로운 방법'

을 증명하는 수고를 짊어졌다. …… 프랑스 사회주의자들은 이론이 아닌 행동을 선택했다. 프랑스의 좀 더 민주화된 정치적 상황에서 그들은 곧바로 '베른슈타인주의를 실행'할 수 있었고, 그것에 수반된 모든 결과들 또한 뒤따랐다.[1]

요컨대 19세기가 끝날 무렵 정통 교리는 점점 성장해 오는 실천적·이론적 도전들과 마주하게 된 것이다.

유럽의 경제적·정치적 현실로 말미암아 더욱더 많은 사회주의자들이 정통 마르크스주의에 대한 의문을 품게 되면서, 20세기 초반 이 도전은 계속 퍼져 갔다. 특히 사회주의 정당들과 사회주의 인터내셔널은 부르주아 정당들 내지 비프롤레타리아 사회집단과의 협력, 개혁 작업의 역할, 민주주의의 가치, 그리고 민족주의의 상승 조류에 어떻게 대응할 것인가와 같은 이슈들에 대한 토론으로 밤을 지새워야 했다. 이런 토론들을 그토록 뜨겁고 분열적으로 만든 것은 그 논쟁의 핵심부에 놓여 있는 하나의 단순한 질문이었다. 사회주의는 경제 발전과 계급투쟁의 불가피한 결과인가, 아니면 민주적 정치 활동과 계급 교차적 협력의 귀결인가? 후자를 옹호한 수정주의자들은 정통 마르크스주의를 단지 약화시킨 정도가 아니라 그것의 핵심 원칙들을 포기할 것을 호소하고 있었다. 즉 마르크스주의로부터 단절된 사회주의를 주장한 것이다. 마르크스주의 정통파에 대한 수정주의자들의 거부는 마르크스가 반세기 전 자유주의를 거부했을 때만큼이나 철저했다. 수정주의자들은 당시 이를 인정하기 꺼려 했지만, 그들의 반대자들은 이 점을 명확히 인식하고 있었다. 그 결과 1914년에 이르러 수정주의자들과 반대자들 사이에 커다란 장벽이 생겨났고, 국제 사회주의 운동은 그것을 구성하고 있는 많은 정당들이 그랬던 것처럼, 한 지붕 아래서 분열된 상태로 남게 되었다.

파리 대회와 그 이후

20세기 들어 열린 최초의 사회주의 인터내셔널 대회는 1900년 파리에서 개최되었다. 주요 의제는 수정주의자들과 반대자들 간의 논쟁의 핵심, 즉 "국가 권력의 획득과 부르주아 정당과의 동맹"[2]이라는 문제였다. 대회 참가자들은 서로 관련된 두 개의 질문에 대해 토론해야 했다. 선거 과정에서 부르주아 정당들과의 동맹을 허용할 것인가? 그리고 부르주아 정부에 사회주의자들이 참여하는 것을 허용할 것인가? 그동안 거의 모든 유럽 사회주의 정당들은 비사회주의 그룹들과 가끔씩 전략적 동맹을 맺을 정도로 이미 선거에 깊이 참여해 왔기 때문에, 첫 번째 질문에 대한 토론은 오래 걸리지 않았다. 게드가 제출한 결의안은 협조적 분위기 속에서 순조롭게 통과되었다. "부르주아 정당들과의 선거 동맹은 계급투쟁이라는 당의 기본 원칙을 어기는 것이기 때문에, 오직 예외적 상황에서 한정된 기간 동안만 허용된다"[3]라는 단서가 붙긴 했지만 말이다.

두 번째 질문은 더 많은 논란이 되었고, 두 개의 경합하는 결의안이 동시에 제출되었다. 첫 번째 것은 카우츠키가 작성한 것으로 정통파 입장의 본질을 유지하면서, 변화하고 있는 현실에 대해 한발 양보한 것이었다. 그 결의문에는 정치권력의 획득이 '점진적으로 이루어'질 수 있는 것이 아니며, 따라서 비사회주의 정부에 참여하는 것이 '정치권력 획득을 위한 정상적인 출발점'으로 여겨져서는 안 된다는 선언이 담겼다. 하지만 그러면서도 부르주아 정부에 대한 참여가 '예외적으로 긴박한 상황'에서는 정당화될 수 있다는 입장을 받아들였다. 그런 경우 참여는 원칙이 아닌 전략의 문제로서 받아들여질 수 있다는 것이었다. 결의문은 밀랑 사건 때 발생했던 문제들을 피하기 위해, 그런 '위험한 실험'은 당이 공식적으로 승인하고 그 내각 참여자가 공직에 있는 동안 당의 노선을 엄격히 따르기로 서약할 경우에만 허용될 수 있다고 덧붙였다.4) 두 번째 결의문은 게드와 이탈리아 사회당PSI의 '혁명적' 분파의 대표로 참가한 엔리코 페리Enrico Ferri가 공동으로 작성한 것이었다. 그것은 부르주아 정부에 대한 그 어떤 참여도 반대함으로써, 수정주의에 대한 모든 양보를 무조건 거부했다. 마침내 대회는 카우츠키의 그나마 덜 완고한 결의문 쪽의 손을 들어 주었다. 하지만 그런 결정에도 불구하고 해결된 문제는 거의 없었다.

예를 들어 프랑스에서는 게드와 조레스가 정부 참여주의의 위험과 함의에 대해 예전 그대로의 지점에서 다시 논쟁을 시작했다. 1902년 10월에 있었던 한 공개 토론회에서, 게드는 비사회주의 정당과의 동맹을 받아들이거나 사회주의자들이 부르주아 정부에 들어가도록 허용하는 것은 사회주의의 영혼을 포기하는 것이나 다름없다고 또다시 주장했다. "우리가 계급적 근거지의 일부라도 포기할 경우, 또 그 어떤 부르주아 일파하고든 동맹을 맺기로 결론 내릴 경우, 당은 파멸을 향한 미끄러운 내리막길로 굴러 떨어지기 시작할 것이다." 반면 조레스는 민주주의를 보호하는 것이 프롤레타리아적 순수성을 유지하는 것보다 더욱 중요하다는 입장을 반복했다.

> 공화국의 자유가 위태로워질 때, 지적 자유가 위험에 빠질 때, 양심의 자유가 위협당할 때, 그리고 인종적 적대감을 부추기는 오랜 편견과 수백 년 동안 사라졌던 잔혹한 종교적 반목이 다시 불러들여지기 시작할 때, 사회주의 노동계급의 임무는 뒤로 물러서지 않겠다고 결심한 중간계급 분파들과 함께 앞으로 나아가는 것이다. 나는 모든 사회주의자들의 유산이자 안내자여야 할 그런 기초적인 진리가 다시 상기되어야만 한다는 사실이 진실로 놀랍다.5)

마침내 입장 차이가 매우 큰 것으로 드러났고, 프랑스 사회주의 운동은 분열되었다. 게드, 프랑스 노동자당, 그리고 다른 반정부참여주의자들은 프랑스사회주의자당Parti Socialiste De France*을 결성해 함께 힘을 모았다. 조레스와 다른 정부 참여주의 지지자들은 프랑스인사회당Parti Socialiste Français을 만들어 결합했다. 이후 몇 년간, 프랑스인사회당은 선거 기간에 부르주아 그룹들과 협조했고, 좌파대표단Délégation des gauches(좌파 정당들이 활동을 공조하기 위해 만든 일종의 운영위원회)에 참여했으며, 정부를 지지했다. 반면 프랑스사회주의자당은 이런 움직임을 비난했으며 자신의 교조적 순수성을 과시했다. 두 정당 사이의 균열은 너무도 깊어져 프랑스사회주의자당이 1902년 조레스의 선거구에 독자 후보를 낼 정도가 되었다.

프랑스인사회당 또한 정부 참여주의 일반에 대해, 특히 밀랑과 그의 부르주아 동료들 간의 관계가 점점 친밀해지는 것에 대해, 다소 혼란스러워했다. 조레스는 늘 그래 왔듯이 민주주의의 한계에 대한 인식뿐만 아니라 그 중요성을 강조하는 타협적 입장을 견지하고자 했다. 그가 표현했듯이 "독재적 체제든 보통선거권 체제든 국가는 모두 똑같다고 말하는 것, 즉 뻔뻔한 부르주아들의 폐쇄적이고 완고하며 경직된 국가라고 말하는 것은 모든 자연적 법칙들에 위배되는 것이다." 그러나 사회적 적대 상황을 해결하기 위해 "일종의 반사적 대응으로서 민주주의의 원칙들을 늘어놓는 것만으로는 충분치 않다"는 것 또한 인식해야 했다. 부르주아들은 그들의 경제적 권력 덕분에 사회에서 여전히 구조적 이점을 가지고 있으

● 이 책에는 우리말로 옮길 경우 모두 '프랑스사회당'이라고 불러야 하는 정당이 총 4개 등장한다. 따라서 호칭상의 혼란을 피하기 위해 옮긴이는 오늘날까지 이어지고 있는 프랑스사회당(Parti Socialiste)을 제외한 나머지 세 정당의 명칭을 임의적으로 변형해 사용했음을 밝힌다.
① 쥘 게드를 중심으로 한 Parti Socialiste De France는 프랑스사회주의자당
② 장 조레스를 중심으로 한 Parti Socialiste Français는 프랑스인사회당
③ 마르셀 데아를 중심으로 한 Parti Socialiste De France는 프랑스사회주의당

므로 현재의 국가가 중립적이라고 말할 수는 없었다. 그래서 사회주의자들은 여전히 비사회주의 세력들과의 협력, 그리고 부르주아 정부에 참여하는 것에 대해 경계심을 가져야만 한다는 것이었다.6)

프랑스인사회당의 1903년 당대회에서는 밀랑 논쟁을 다루는 두 개의 결의안이 검토되었다. 하나는 당에서 그를 축출해야 한다는 주장을 담고 있었고, (조레스가 제출한) 다른 하나는 그의 행위 중 일부에 대해서는 견책하되 그가 당에 남도록 허용해야 한다고 주장했다. 밀랑은 동료들에게 자신에 대한 그들의 판단이 사실상 당의 정체성과 미래를 결정할 것이라는 사실을 인식해야 한다고 촉구했다.

> [어떤 사회주의 정당이] 유권자들을 대표하겠다고 약속하고서는 정부에 당이 참여하는 것을 금하고, 확고한 책임감 아래 가장 확실한 권력을 취하기를 거부하는 것은 무슨 모순이란 말인가? 그런 비논리적 방침은, 만약 그것이 지속될 수 있다면, 이미 나약해지고 스스로 확신을 상실한 당의 신용과 영향력을 머지않아 파괴하게 될 것이다. 갑작스러운 기적이 세상을 바꿔 놓을 신비의 날이 오기만을 기다릴 것인가, 혹은 매일매일 개혁에 개혁을 거듭하며 끈기 있고 완고한 노력으로 한 걸음씩 진보를 이루어 낼 것인가, 이 두 가지 방법 중 우리는 하나를 택해야만 한다.7)

마침내 조레스의 결의안이 승리를 거두어, 정부 참여주의를 계속 유지하기로 결정했다.8) 하지만 반밀랑 세력들은 누그러들지 않았으며, 다음해에는 그를 축출하는 데 성공했다. 조레스는 다시 한 번 중재에 나섰지만 이번만큼은 성공하지 못했다.

프랑스 사회주의 운동이 민주주의, 계급 교차적 동맹, 그리고 정부 참여주의에 대해 논쟁하며 분열되는 동안, 이탈리아 사회주의 운동 또한 이와 유사한 파멸적 전쟁으로 향하고 있었다. 프랑스에서와 마찬가지로 이탈리아의 정통파 수호자들은 특히나 조야한 패거리들이었다. 페리와 아킬레 로리아Achille Loria 같은 인물들은 마르크스주의의 지극히 단순하고 과학적이며 결정론적인 버전을 옹호했는데, 이것은 사실 마르크스와 엥겔스의 저작들에 충실히 바탕을 두고 있는 것이 아니었다. 이 교리의 조잡성 때문에 일찍부터 반발이 있어 왔다. 예를 들어 많은 이들이 '이탈리아 마르크스주의의 최고 이론가이자 유럽 마르크스주의의 가장 위대한 스승들 가운데 한 명'[9]이라고 지칭했던 안토니오 라브리올라Antonio Labriola는 페리와 그 밖에 다른 이들이 견지했던 극단적 결정론과 과학주의에 반대했고, 그 자리를 누군가가 '열린 정통주의'[10]라고 부른 것으로 대체하고자 했다. 라브리올라는 역사가 미리 예정되고 도식적인 방식으로 전개되리라는 생각, 경제적 힘이 전능하다는 생각, 그리고 사회주의가 오직 현존 질서의 폭력적 전복으로만 실현될 수 있다는 생각을 비웃었다. 그런 식으로 그는 이후 한 세대 전체의 마르크스주의 비평가들에게 큰 영향을 미쳤다. 이 시기 이탈리아의 가장 탁월한 지식인이었던 베네데토 크로체Benedetto Croce 역시 원래는 라브리올라의 저술을 통해 마르크스주의에 이끌린 사람이었다. 하지만 초기의 심취 단계에서 벗어난 이후 그는 마르크스주의를 구출하려는 라브리올라의 시도가 실패할 수밖에 없는 운명이라는 결론을 내렸다. 크로체는 역사란 결코 과학이 될 수 없으며, 사회적 발전은 미리 예견될 수 없는 것이라고 주장했다. 그러면서 경제의 우선성에 대한 마르크스주의의 강조 또한 거부했고, 그 대신 역사와 사회주의 속에서 이상주의의 역할을 부각시켰다. 그는 다음과 같이 썼다. "이상주의 또는 절대적 도덕이 사회주의를 위한 필수 조건이라는 것은 명백하다. 이런 도덕적 기반에 대한 이해 없이 마르크스의 정치적 활동과 과격한 분노의 목소리, 그리고 『자본』의 모든 페이지에 나타나 있는 통렬한 풍자를 어떻게 설명할 수 있겠는가?"[11]

크로체와 다른 이들의 비판이 전개되는 동안, 프란체스코 메를리노 Francesco Merlino는 이탈리아에서 '베른슈타인적' 수정주의의 주요 주창자가 되어 있었다. 원래 아나키스트였던 메를리노는 영국으로 망명한 뒤, 베른 슈타인처럼 그곳 생활에서 굉장한 영향을 받았다. 1897년 그는 『사회주의에 대한 옹호와 논박』*Pro e contro il socialismo*이라는 책을 출간했는데, 이 책에서 역사 유물론과 계급투쟁 모두를 공격했다. 메를리노는 사회주의의 핵심이 물질적인 것이라기보다 도덕적인 것이며, 그것의 실현은 자본주의의 완전한 붕괴가 아니라 현 체제의 점진적이고 개혁적인 변화에 달려 있다고 주장했다.12) 마르크스가 묘사했던 계급투쟁은 나타나지 않았으며 사회주의자들은 다양한 사회집단들에게 다가가야 하고 또 그들과 함께 일해야 할 필요가 있다고 주장하면서, 메를리노는 프롤레타리아가 아닌 '국민'people에 초점을 맞추었다. 왜냐하면 "사회주의는 한 계급에 대한 다른 계급의 승리가 아닌, 특수 이익에 대한 일반 이익의 승리를 나타내야 한다"13)고 확신했기 때문이다.

정통파에 대한 수많은 지식인들의 도전과 실천적 고민 또한 이탈리아 사회주의자들 사이에서 운동의 본성과 전략에 대한 열띤 토론을 가져왔다.14) 예를 들어 이탈리아 사회당은 일찍부터 비사회주의 정당들과의 어떤 종류의 동맹에도 거부감을 표해 왔지만, 1894년 무렵에는 이 정책에 대한 회의가 커졌다. 이탈리아의 새 총리 프란체스코 크리스피Francesco Crispi에 의해 사회주의자 진압법들이 잇따라 입안된 덕분이었다. 이 억압을 종식하기 위해 사회당은 선거에서 부르주아 자유주의자들과 민주주의자들을 지원하기로 결정했다.15) 이런 협력의 성공과 이탈리아 정치체제를 권위주의의 도전으로부터 보호할 필요성에 대한 인식이 좀 더 확대되면서, 이 협력 정책을 지속하고 심지어 확대하기를 원했던 이들은 더욱 과감해졌다. 당내 온건파의 떠오르는 지도자였던 필리포 투라티Filippo Turati는

1896년의 당대회에서 바로 그런 정책적 방향 전환을 제안했다. 하지만 이 제안은 철저히 거부당했고, 이 상황을 보며 그는 사회주의자들이 "마치 시간이 멈춰 있기라도 한 것처럼 행동한다"[16]고 논평했다.

1890년대 후반 사회당은 선거에서 성공을 거듭했고, 당의 여러 지역 지부들은 부르주아 자유주의자들 내지 민주주의자들과의 동맹을 포기하기를 꺼려했기 때문에, 논쟁은 계속 뜨겁게 이어졌다. 투라티와 그의 동료들은 계급 교차적 동맹의 확대를 계속 추진했지만 페리와 다른 이들은 이에 반대했다. 1899년 이탈리아의 보수주의자들은 반동적 헌법 개정을 연달아 시도하려 했는데, 이는 다시 한 번 많은 사회주의자들이 다른 잠재적 우호 정당들과의 동맹이 필요하다고 인식하게 되는 계기가 되었다. 이런 [부르주아 정당들과의] 계약 결혼은 1900년 총선에서 상당한 보상을 제공했다. 사회주의자들의 의석수는 두 배로 늘어났고, 전체적인 좌파 블록의 점유율도 두드러지게 증가했으며, 현직 총리는 사임을 강요받았다. 이런 결과는 투라티 주변의 온건파들과 페리 주변의 강경파들 모두를 자극했다. 투라티파는 민주주의의 진전에 기반을 둔 계급 교차적 협력과 선거를 통한 호소의 바람직함 및 실행 가능성을 확인했다고 보았던 반면, 페리파는 똑같은 이유로 그것을 두려워했다.

분열은 1900년 당대회에서 분명히 나타났다. 투라티와, 그의 연인이자 동지인 안나 쿨리쇼프Anna Kuliscoff는 동료들에게 변화하는 상황을 따라가려면 당의 견해와 정책들을 반드시 수정해야만 한다는 사실을 인식하라고 촉구했다. 그들은 오직 민주주의만이 사회주의로의 길을 준비할 수 있으며, 민주주의는 당이 다른 집단들과 함께 일하는 데 완전히 헌신해야 성취될 수 있다고 주장했다. 페리는 이들의 주장이 지닌 부정적 측면을 부각했지만, 선거에서 거둔 최근의 성공으로 당의 여론은 그에게서 돌아섰다. 따라서 당대회는 민주적 지향의 비사회주의 정당들과의 동맹을 허용하기로, 또 사회주의자들에게 지역 행정부와 정치기구로 들어가 장악력을 얻기 위해 노력할 것을 장려하기로 결정했다. 하지만 투라티와 그의 온건파들이 당대회에서 깔끔하게 승리를 거두지는 못했기에, 당대회는 대표단의 분열을 염려해 최소 강령과 최대 강령을 동시에 채택했다. 전자는 사회주의로의 길을 준비하기 위한 개혁들을 포함하고 있었고, 후자는 이전의 완고하고 혁명적인 요구들을 계속 반복하는 것이었다.17)

이런 주제들에 대한 토론은 1901년에 자유주의자들의 카리스마적 지도자이며 20세기 초 이탈리아 정치 무대를 지배하게 될 조반니 지올리티 Giovanni Giolitti가 연설을 통해 다음과 같이 주장하면서 더욱 불타올랐다.

> 우리는 역사의 새로운 출발점 앞에 서있습니다. 눈이 멀지 않은 사람이라면 누구나 이것을 볼 수 있습니다. 새로운 대중적 물결이 우리의 정치적 삶 속으로 흘러들어 오고 있습니다. 하층계급들의 운동은 날이 갈수록 속도를 내고 있습니다. 그것은 패배를 모르는 운동입니다. 왜냐하면 그것은 모든 문명화된 나라들에서 공통된 것이며, 모든 인간의 평등이라는 원칙에 기반을 두고 있기 때문입니다. 누구도 하층계급들이 그들 몫의 경제적·정치적 영향력을 획득하는 것을 막을 수 있다는 생각으로 자기 자신을 속여서는 안 됩니다. 현 체제의 친구들은 무엇보다도 하나의 의무를 갖고 있습니다. 그것은 사실을 통해 이 하층계급들을 설득하는 것입니다. 즉 그들이 미래에 대한 그 어떤 사회주의적 꿈보다, 현존하고 있는 제도를 통해 더욱 큰 희망을 가질 수 있다고 말입니다.18)

곧이어 지올리티는 한 동료와 함께 새로운 내각을 조직하라는 요청을 받게 되었다. 자유주의자들만으로는 의회에서 다수를 점하지 못했기 때문에, 지올리티는 이탈리아 정치체제를 한층 더 자유화하는 것을 지지하고 있던 다른 그룹들에게 도움을 요청했다. 여기에는 사회주의자들도 포함되어 있었다.

많은 내부 토론을 거친 후에, 그리고 이데올로기적 강경파들의 맹렬한 반대를 물리치고, 사회주의자 의회 대표들은 새 정부를 지지하는 데 동의했다. 그리고 이 정부는 시민적 권리에 대한 존중, 사법·행정·재정 시스템의 개혁, 노령·의료·재해 보험과 출산 수당의 도입, 노동계급의 상황을 분석하고 그것을 향상시킬 법안을 제안하는 위원회의 창설, 그리고 정부의 파업 파괴 관행 종식 등을 포함하는 프로그램의 입안에 착수했다. 어느 학자가 언급했듯이 "지올리티 이전과 이후 이탈리아 사회 입법의 상황을 비교해 볼 때, 그가 혁명과도 같은 영향을 끼쳤다고 말해도 과장이 아니다."[19]

1903년 10월 지올리티는 [공동 정부가 아닌] 그 자신만의 새로운 정부를 조직해 달라는 요청을 받게 되었다. 그는 즉시 좌파 정당들에게 지원을 요청했고, 사회주의자들에게 그가 투라티의 입각을 원한다는 소식을 전했다. 그는 투라티가 "이제 옆으로 비켜서서 환호를 보내거나 냉소를 퍼붓는 것만으로는 충분하지 않다는 것을 깨달을 정도로 진지"[20]하다고 믿었다. 투라티 개인만을 놓고 보면 이는 사실이었을지 모르지만, 투라티는 자신의 당이 그런 대담한 움직임에 준비되어 있지 않다는 점을 두려워했고, 결국 지올리티의 제안을 거절했다. 하지만 지올리티를 우파의 품으로 내몬 이런 조치조차 당내 반협력주의자들을 누그러뜨리는 데는 충분치 못했다. 그들은 1904년 당대회에서 투라티와 그의 정책들을 또다시 공격하기 시작했다.

당대회에 모인 분파들을 살펴보면, 우선 투라티의 '우파'가 있었다. 그리고 '중도 우파'가 있었는데 이들은 이탈리아 정치의 '현 단계'에서는 부르주아 정부에 대한 지지를 거부했지만, 사회주의자들이 특정 법안을 통과시키는 데 도움을 주는 것은 찬성했다. 그다음 '중도 좌파' 그룹에는 페리가 포함되어 있었다. 그들은 부르주아 정부를 지지하는 것 자체를 엄격히 금하고자 했다. 하지만 현존 체제 안에서 벌이는 개혁 활동의 가치는 그래도 인정하고 있었다. 마지막으로 생디칼리스트들이 있었다. 이들은 계급투쟁은 모든 형태의 협조를 배제한다고 선언했으며, 변화를 위해서는 폭력이 필요할 수도 있다는 입장을 공개적으로 밝히고자 했다.[21]

어떤 분파도 다수파를 형성하지 못했기 때문에 당대회는 결론을 내지 못하고 끝이 났다. 의회 내의 사회주의자 대표들은 계속해서 그들 마음대로 활동했고, 각 분파들은 당을 장악하기 위해 싸움을 계속했다. 이로 인해 이탈리아의 사회주의 운동은 프랑스에서와 마찬가지 상황에 처했다. 즉 사회주의자들이 '다른 사회주의자들을 자신들의 가장 큰 적'으로 여기게 된 것이다. 이런 상황은 사회주의 운동의 정치적 효력을 심각히 제한하는 것이었다.[22]

암스테르담을 향해, 그리고 그것을 넘어서

20세기 초에 접어들면서 프랑스와 이탈리아의 사회주의 운동은 심각하게 분열되었다. 비프롤레타리아 집단들과의 협력, 민주주의의 가치, 그리고 정부 참여주의에 관한 토론들은 특히나 분열을 심화시키는 것으로 드러났다. 이와 유사한 분열들이 인터내셔널의 가장 강력한 정당인 독일 사민당 또한 휘젓고 있었다. 1904년의 사회주의 인터내셔널 암스테르담 대회에서는 수정주의를 둘러싸고 전전戰前 기간 전체를 통틀어 가장 중요한 충돌이 벌어졌는데, 그 무대를 예비한 것은 바로 독일사민당 내부에서 벌어졌던 토론들이었다. 다른 집단들과 협력해 독일 정치체제의 실제적 변화를 추구하라는 정치적 압력의 증가뿐만 아니라 베른슈타인의 수정주의로 인해 사민당에 쌓여만 가던 긴장들이 이 대회에서 폭발한 것이다.

20세기 초반 동안 독일사민당은 선거를 통해 계속 성장했는데, 특히 1903년 6월 총선에서 놀라운 성공(3백만 표와 81개 의석)을 거두면서 당내외의 많은 이들은 현존 정치체제 내에서 그들이 어떤 역할을 해야 할지 질문을 던질 수밖에 없었다. 베른슈타인은 당이 정치권력을 사용해 실제 변화를 만들어 내야 한다고 주장하는 운동을 계속해 나갔다. 그러면서 그는 당이 1903년의 승리를 지렛대로 삼아 제국의회의 부의장 직위를 얻어 낼 것을 제안했는데, 이는 한편으로는 사민당이 가진 힘의 상징이 되기도 하겠지만, 다른 한편으로는 당을 현존 체제에 더욱 밀착시키고 카이저에게 경의를 표하는 것을 포함한 다수의 불쾌한 의례들을 존중하도록 강요하게 될 것이었다.

이 이슈들은 드레스덴에서 열린 1903년의 당대회를 사로잡았다. 베벨은 당의 권력이 커지면서 당의 행동에 분명한 변화가 필요해지고 있음을 많은 이들이 느끼고 있다고 지적하면서 대회의 시작을 알렸다.[23] 그는 "이대로 계속 갈 수는 없소. 이제 우리는 우리 당의 의원들이 의회에서 무엇을 해야 하는지뿐만 아니라, 더욱 근본적으로는 당이 여러 가지 본질적인 문제들에 대해 어떤 입장을 가지고 있는지, 그리고 만약 그럴 필요가 있다면 수정주의가 그 안에서 어떤 역할을 하게 될 것인지 반드시 명확히 해야만 합니다"[24]라고 주장했다. 그는 수정주의자들이 안으로는 당을 분열시키고 밖으로는 그 힘을 낭비하게 함으로써 이미 당에 많은 해를 끼쳤다고 믿었기에, 당의 노선 전환에 대한 반대를 분명히 했다.[25] 카우츠키는 베벨의 주장을 되풀이하면서 지금 문제가 되고 있는 것은 당의 이론적 기초에 관한 질문임을 강조했다. 그는 동료들에게 노선 전환은 "당이 기반으로 삼고 있는 원칙들을 수정해야만 가능"해질 수 있다는 사실을 인식하라고 촉구했다. 그는 만약 베른슈타인의 '새로운 전술'이 옳다면 "마르

크스주의 이론은 틀린 것"일 수밖에 없다는 사실을 지적했다.[26]

베른슈타인은 그의 상대편들에게 하나의 사고실험을 해보라고 권했다. 우선 의회 부의장직이 현실에서 갖고 있는 실제적 가치는 생각지 말고, 그것이 모두가 동의하는 정말로 강력한 직위라고 가정해 볼 것을 제안했다. 그때에도 여전히 "몇몇 형식적 의례 따위 때문에 그것을 거부"할 것인가? 그렇지 않을 것이다. 따라서 이제 그런 조치를 실행하기 위한 실제적이고 이론적인 토대를 놓아야만 한다고 그는 주장했다.[27] 그는 또한 동료들에게 부르주아에 대한 카우츠키의 견해가 의미하는 것이 무엇인지 생각해 보라고 요구했다. "지배계급들은 프롤레타리아에 대해 정말로 그렇게 한결같이 적대적인가? 우리는 정말로 그들 모두를 똑같이 취급할 수 있는가?"[28] 그는 사민당이 현실을 직시하고, 다른 진보적 세력들과 함께 "손을 잡고서" 앞으로 나아가야 할 시간이 왔다고 역설했다. 그는 "자신이 무엇을 원하는지 알고 있는 정당은 그런 동맹을 두려워할 이유가 전혀 없을 것"[29]이라고 주장했다. 하지만 그날 당대회에서 베른슈타인의 주장은 거의 만장일치로 거부되었다. 그리고 "당의 정책과 성격을 바꾸려는 수정주의자들의 시도를 최대한 강경한 어조로 규탄하는"[30] 결의안이 채택되었다.

전 유럽에 걸쳐 정통파의 옹호자들은 독일사민당의 드레스덴 결의안을 쌍수를 들어 환영했다. 그러고는 사회주의 인터내셔널의 암스테르담 대회에서 수정주의자들을 굴복시키기는 데 그것을 이용하고자 했다. 게드 일파가 먼저 치고 나왔다. 그들은 드레스덴 결의안을 인터내셔널에 소속된 모든 정당에 적용시키자고 제안했다. 이에 조레스가 반격하며, 다양한 상황이 펼쳐지고 정치적 현실이 급변하는 가운데 "새로운 과제가 우리 앞에 제기되고 있는 지금, 국제 프롤레타리아 운동을 고정된 전략으로 묶어 두려는 것은 어리석은 짓"이라고 주장했다. 조레스는 거기서 멈추지 않았다. 당시 논의되고 있던 것이, 단지 독일에서 만들어진 결의문 하나가 전체 사회주의 운동에 강제되어야 하는지 여부가 아니라, 사회주의자들이 민주주의와 계급 교차적 동맹에 대해 어떤 입장을 취할 것인지를 묻는 더 큰 문제와 관련된 것이라는 사실을 인식했던 조레스는 다음과 같이 선언했다.

> 만약 유럽에서, 그리고 전 세계에 걸쳐, 평화와 정치적 자유, 사회주의의 진전 가능성이 위태로운 처지에 놓였다고 한다면, 이것은 자유, 진보, 세계 평화를 지키기 위해 다른 민주 세력들과 동맹을 맺었던 프랑스 사회주의자들의 타협이나 과감한 혁신 때문이 아니라, 독일사민당의 정치적 무기력함 때문인 것입니다.

조레스는 자신의 그룹이 몇 가지 실제적 성공(민주주의의 구출, 사상의 자유 보호, 종교적 반동의 무력화, 쇼비니즘과 민족주의 그리고 세자리즘Caesarism의 격퇴 등)을 성취해 낸 반면, 독일의 강경파들은 내세울 만한 업적이 거의 없다고 주장했다. "당신들의 뛰어난 동지 카우츠키가 그의 삶이 끝날 때까지 당신들에게 제공해 줄 정형화된 이론의 비타협성 뒤에 당신들은 자신의 무능력함을 숨기고 있다. 당신들 나라의 프롤레타리아들과 세계의 프롤레타리아들에게 말이다."[31] 베벨은 독일사민당과 드레스덴 결의안에 대한 조레스의 공격에 대해 다음과 같이 주장했다.

> 우리가 당신들 프랑스인들의 공화국을 얼마나 부러워하든 간에, 그리고 우리도 그것을 가졌으면 하고 얼마나 바라든 간에, 그것을 위해 머리가 박살나고 싶은 생각은 없습니다. 군주정과 공화국, 둘 다 계급 국가이며, 둘 다 부르주아의 계급 지배를 유지시켜 주는 국가 형태이고, 둘 다 자본주의적 사회질서를 보호하기 위해 설계된 것이기 때문입니다.[32]

결국 베벨이 승리했다. 대회는 투표수 25 대 5(기권 12)로 드레스덴 결의안을 채택했다. 대회는 다음과 같이 주장하는 (주로 프랑스 사회주의자들을 겨냥한) 결의문도 통과시켰다.

노동계급이 자본주의에 대한 투쟁에서 자신의 모든 힘을 발휘하기 위해 각 나라에는 오직 하나의 사회주의 정당만이 존재할 필요가 있다. 따라서 모든 동지와 모든 사회주의 조직은 그들의 모든 힘을 다해 인터내셔널 대회를 통해 수립된 원칙에 기초하고 있는 이런 단합을 이루어 내야 할 의무가 있다.[33]

정통파는 다시 한 번 승리한 듯 보였지만 그 승리는 상처뿐인 영광으로 남게 될 것이었다.

제1차 세계대전을 향해 시간이 흘러가고 있을 무렵, 사회주의 운동은 암스테르담 이전부터 자신들을 분열시켜 온 똑같은 문제를 놓고 계속해서 스스로 사분오열했다. 예를 들어 프랑스에서 암스테르담 대회는 예상했던 대로, 다양한 사회주의 그룹들이 서로의 차이점을 제쳐 두고 노동자 인터내셔널 프랑스 지부SFIO라는 단일 정당을 결성하도록 압력을 가하는 효과를 가져왔다. 이 당의 헌장에는 부르주아 정부에 참여하기를 거부하는 '계급투쟁'의 정당이라고 서술되었다. 하지만 그런 선언과 암스테르담에서의 호된 비난에도 불구하고 당은 천천히, 그러나 확실히 거의 모든 부분에서 수정주의적 입장과 조화되어 갔다. 거기에는 부르주아 정당들과의 (의회 활동과 선거 활동 모두에서의) 협조와 개혁 활동에 대한 지지(가장 중요한 예는 부르주아 정부의 1910년 연금 계획안에 대한 당의 후원)가 포함되어 있었다.

프랑스와 마찬가지로 이탈리아에서도 암스테르담 결의안은 이탈리아 사회당의 주도권 쟁탈전에 별다른 영향을 주지 못했다. 1906년 당대회에서는 다양한 분파들이 마침내 '통합주의'integralism라고 알려진 중도적 입장을 중심으로 단합을 이루어 냈다. 타협의 지지자들은 통합주의가 "개혁을 지지하지만 개혁주의에는 반대"하며, "폭력이라는 개념과, 부르주아 사회 품 안에서의 점진적인 사회주의 발전 사이에는 모순이 없다"34)는 주장을 긍정한다고 밝혔다. 이런 절충적 견해는 분명 모든 분파가 그들의 우려가 해결되었다고 주장할 수 있는 구실을 제공했지만, 당이 곤란한 문제들에 직면해 구체적인 입장을 취해야 하는 상황에 처하자마자 곧바로 붕괴되고 말았다. 사실 1907~08년 대파업이 일어나고, 이후 혁명적 생디칼리스트들이 당에서 추방되자, 수정주의자들과 개혁주의자들은 자신들이 상승세를 타기 시작했다는 것을 알게 되었다. 이런 흐름은 1910년 당대회에서 확인되었다. 여기서 정부 참여주의의 지도적 옹호자인 레오니다 비솔라티Leonida Bissolati는 열정적인 연설을 통해, 당이 통치의 책임을 계속해서 회피한다면 그들은 곧 '무력함'35) 속으로 빠져들고 말 것이라고 경고했다. 지올리티는 당대회에서 수정주의자들과 개혁주의자들이 우위를 점하는 것을 지켜보면서 "마르크스가 다락방으로 쫓겨났다"며 기뻐했다.36)

이와 같은 사실들을 고려해 볼 때, 지올리티가 정통파 세력들의 재기에 기여했다는 사실은 아이러니하다. 1911년 그는 비솔라티에게 그의 정부에 합류해 야심적인 개혁 프로그램의 입안을 도와줄 것을 요청했다. 비솔라티는 이에 호의적이었지만, 그 제안으로 당에서는 한바탕 소란이 일어났다. 심지어 그런 조치를 지지했던 많은 이들조차도 그것이 사회주의 운동에 돌이킬 수 없는 분열을 초래할 것을 두려워했고, 그래서 득보다 실이 클 것이라는 결론을 내렸다. 투라티가 생생하게 표현했듯이, "지올리티의 프로그램은 아침 8시에 제공되는 매우 기름진 식사를 연상시킨다. 위는 아직 음식을 받아들일 준비도 안 된 상태에서 말이다."37) 비솔라티는 결국 지올리티의 제안을 거절했다. 하지만 이 에피소드는 사람들에게 불쾌한 느낌을 남겨 놓았다. 혁명가들은 그 제안이 진지하게 고려됐다는 사실 자체에 분노하면서 논쟁을 통해 다시 활기를 되찾았다. 이 에피소드는 곧이어 있었던 지올리티의 리비아 침공 결정과 함께 이탈리아 사회주의자들을 다시 파멸적인 싸움으로 몰아넣었다.[38]

한편 독일에서는 드레스덴과 암스테르담이라는 이중의 결의문으로 장벽을 세웠음에도, 계급 교차적 협력과 현실 정치권력의 매력을 없애거나 정통파로부터 빠져나오려는 표류를 막을 수는 없었다. 그때 예산 위기라는 도전이 찾아왔다. 1909년 독일의 총리 베른하르트 폰 뷜로Bernhard von Bülow는 군비 지출의 증가로 초래된 예산 부족에 대처하기 위해, 소득세 등을 높은 수준으로 인상할 것을 제안했다. 보수주의 정당들은 이 제안을 단호히 거부했는데, 그런 조치가 부자들에게 한층 더 강도 높게 세금을 부과하리라고 생각했기 때문이다. 이 상황은 사민당에게 까다로운 선택을 하도록 만들었다. 사민당은 오랫동안 직접세를 부과할 것을 요구해 왔다. 간접세는 역진적regressive이어서 사민당 지지자들에게 불리했기 때문이다. 그러나 세금 인상과 군비 확대가 연계된 이 정책은 당내 일부 인사들에게는 삼키기에 너무도 쓴 약이었다. 칼 에밀 쇼스케Carl Emil Schorske가 표현한 바와 같이 그 세금 인상 법안은 "군부의 강철 세팅 안에 박힌 개혁의 보석"[39]이었다. 당내 수정주의자들은 당이 (세금 인상에 반대한) 융커들과 힘을 합쳐 자신들이 오랫동안 지녀 왔던 목표 중의 하나(직접세 인상)를 포기하는 것을 대중은 이해해 주지 않을 것이며, 지금이야말로 사민당이 고립에서 벗어나 진보 세력과의 동맹에 합류해 보수주의자들에 대항해야 할 때라고 주장했다. 반면 당의 급진파들은 세금을 그렇게 조금 올려 봤자 아무 소용도 없을 것이라고 답하면서 제국주의와 빌헬름 정권의 '반동적' 정치에 연계될 가능성을 비난했다.[40] 일부 당 지도자들은 이제 자유주의자들과 협력하는 쪽으로 입장을 바꿀 준비가 된 것처럼 보였다. 하지만 그 문제에 대해 카우츠키(심지어 그조차도 다른 문제들에 대해서는 견해가 바뀌고 있었지만)는 단호히 버텼으며, 사민당은 다시 한 번 방향 전환을 거부했다. 하지만 토론은 끝난 것이 아니었다. 1910년 당의 바덴 지부가 자유주의자들과 협력하고 국가 예산안에 찬성하기로 결정하면서, 사민당은 다시 한 번 깜짝 놀라고 말았다. 바덴 지부의 수장 빌헬름 콜프Wilhelm Kolb 는 자신들이 취한 조치가 어떤 함의를 갖는지를 인식하면서 다음과 같이 지적했다. 사민당은 "진지한 혁명을 추구할 것인지, 아니면 진지한 개혁을 추구할 것인지 결정할 시간이 되었다. 카우츠키 학파의 마르크스주의자들이 자신들의 가르침이 정확하다는 것을 증명하고자 했던 시도는 현실 앞에서 항상 실패하고 있다."41) 당내의 다른 수정주의자들은 이 기회를 활용해 "우리의 오랜 의회 활동과 마르크스주의 이론"42) 사이의 모순을 지적하고자 했다. 중앙당의 지도자들은 그들의 오랜 정책과 권위에 대한 위협을 인지하면서 신속하고 날카롭게 바덴 지부를 비난했다. 하지만 그 문제가 얼마나 예민한 것인지 알고 있었던 그들은 당이 분열되는 위험을 무릅쓰고 싶지는 않았다. 그래서 타협이 이루어졌다. 즉 미래에 있을 또 다른 예산안 심의에서 찬성표를 던진다면 누구든 제명될 것이라고 위협했지만, 실제로 그렇게 된 사람은 아무도 없었던 것이다.43)

정치적 자유화, 특히 프로이센의 비민주적 선거 시스템을 변화시켜야 한다는 압박이 점점 강해지면서 논쟁은 계속되었다. 이런 상황은 진보적 세력들 간의 동맹에 대한 유인을 증가시켰다. 다가올 선거에서 정치 변화를 요구하는 정당들의 대승이 예상되면서, 1912년에 논란은 절정에 달했다.44) 그런 승리의 기회를 최대화하기 위해 사민당은 선거에서 부르주아 자유주의자들과의 명시적인 협력을 선택할 수밖에 없었다. 이는 당내에 열띤 토론을 불러일으켰다. 하지만 이제는 심지어 카우츠키마저 자신의 입장을 바꾸려 했고, 당 지도자들은 인민당Fortschrittliche Volkspattei, FVP과 전국 수준에서 선거 공조에 관한 협상에 나섰다.

선거 결과는 민주 세력의 승리였다. 특히 사민당의 선전은 두드러졌다. 사민당과 진보당은 둘이 합쳐 50퍼센트(각각 35퍼센트, 16.4퍼센트)가 조금 넘는 표를 획득했다. 사민당은 가장 근접했던 경쟁 상대보다 2배나 많은 표를 얻으면서 의회 내 최대 단일 정당으로 떠올랐다. 하지만 이런 승리조차도 사민당을 앞으로 나아가게 만들지는 못했다. 선거 공조는 내부적으로 폭풍 같은 항의를 불러일으켰고, 당은 더 이상의 갈등을 피하고자 하는 마음과, 오랜 원칙을 재고하도록 강요당하게 될지도 모른다는 두려움 때문에 그들의 승리를 철저히 활용하지 못했다. 이로 인해 사민당은 훗날 상당한 대가를 치른다. 조국 독일이 어려움에 처한 시기에 자신들의 힘을 활용하거나 과감한 새 비전을 제시하는 데 실패했기 때문이다.

오스트리아인들이 알고 있었던 것

드레스덴과 암스테르담에서의 결의문, 그리고 제2인터내셔널의 가장 중요한 인사들로부터 연이어 쏟아진 비난의 물결에도 불구하고, 대부분의 유럽 사회주의 정당들은 20세기 첫 15년 동안 계급 교차적 동맹, 민주주의의 가치 인정, 심지어 정부 참여주의의 수용을 향해 떠내려가고 있었다. 하지만 사회주의자들이 정통 마르크스주의의 유효성을 재고해야 했던 것은 이 분야들뿐만이 아니었다. 아마도 이 시기 유럽 사회들이 부닥친 가장 중요한 문제는 점점 성장하는 민족주의의 힘과 호소력이었을 것이다. 마침내 많은 사회주의자들은 이 또한 무시할 수 없고, 무시해서도 안 될 문제임을 깨달았다.

20세기가 코앞에 다가왔을 무렵까지도 민족주의에 대한 정통 마르크스주의의 견해는 한 세대 전 자신들의 스승[마르크스]이 설정해 놓은 노선을 따르고 있었다. 마르크스는 "노동자들에게 조국은 없다"라는 유명한 주장을 남겼다. 그는 노동자들의 주된 연대 대상은 자기 나라의 다른 사회집단들이 아니라, 전 세계에 걸쳐 있는 다른 노동자들이어야 하며, 세상을 바꾸기 위한 투쟁은 국경을 초월한다고 주장했다. 따라서 "만국의 노동자여 단결하라!"는 호소가 나오게 된 것이다. 카우츠키와 그의 정통파 동료들은 이 입장을 전적으로 수용했다고 할 수 있는데, 사민당의 에어푸르트 강령 같은 핵심 문서에는 민족주의를 프롤레타리아에게는 아무 도움도 되지 않으며 물질적 갈등이 끝나면 사라질 운명에 있는 지배계급의 도구로 보는 관점이 고스란히 담겨 있었던 것이다.[45]

하지만 세기말 무렵에는 많은 나라들에서 민족주의 정서가 지속적으로 성장하고, 민족주의 정당이 융성했으며, 제국주의의 유혹과 위험이 커져 가자 많은 사회주의자들이 민족주의에 대한 이런 경멸적 입장에 의문을 표했다. 우선 베른슈타인과 조레스 같은 민주적 수정주의자들의 비판이 있었다. 그들은 마르크스·엥겔스·카우츠키와 그 일파들로부터 비롯된, 노동자들에게 조국이란 없다는 생각과, 민족주의에 대한 유물론적 해석에 공개적으로 도전했다. 그들은 민주주의가 확산되면 노동자들이 자신의 조국이 번영하는 데 더욱 애착을 갖게 될 뿐만 아니라, 조국에 대한 그들의 유대감 또한 자연스럽게 증가한다고 주장했다. "노동계급은 국제적 헌신에 대해서만큼이나 민족적 헌신에 대한 의지를 갖고 있다. 따라서 그들에게는 민족적 이익이 존재한다."[46] 베른슈타인은 개혁과 민주주의가 사회주의를 위한 길을 준비할 것이라고 믿었고, 또 이런 것들은 오직 민족국가라는 틀 안에서만 성취될 수 있다는 사실을 인식했기 때문에, 노동자들(과 좀 더 넓게는 시민들)의 운명이 그들 조국의 운명과 엄연히 연결되어 있다고 보았다. 사민당의 힘이 더욱 강해지고 독일이 민주주의를 향해 한 걸음 더 진보할수록, 민족에 대한 사회주의의 애착과 헌신은 더 커지게 되는 것이다. 그는 언젠가 다음과 같이 주장했다.

…… 비록 [노동자들에게는 조국이 없다는] 명제가, 권리를 박탈당하고 공적 영역에서 배제되었던 1840년대의 노동자들에게는 해당될 수 있을지 몰라도, 오늘날에는 그 진실성을 대부분 상실했다. …… 앞으로 [노동운동의] 힘을 통해 더욱 많은 노동자들이 프롤레타리아에서 시민이 될수록 그 명제의 나머지 진실성 또한 계속 사라질 것이다. 전국 선거와 자기 지역의 지방선거 등에서 평등한 투표권을 가지고 있고, 민족의 공동 이익을 함께 나누고 있으며, 공동체가 그들의 아이들을 교육시키고 건강을 보호하며 상해로부터 그를 안전하게 지켜 준다면, 노동자는 세계시민임을 포기하지 않고서도 자신의 조국을 갖게 될 것이다.47)

조레스 또한 이와 비슷한 의견을 표명했다. 비록 마르크스와 엥겔스가 『공산당 선언』The Communist Manifesto을 통해 "노동자들에게 조국은 없다"고 주장했지만, 그들의 주장은 민주주의가 사람들에게 자신의 해방을 위한 도구를 제공하기 전의 시대를 반영하고 있는 것이었다.48) 조레스는 언젠가 다음과 같이 지적했다. "나는 민족과 조국이라는 것이 하나의 사실이며, 현재 그것들은 사회주의적이고 인간적인 가치를 갖고 있다고 생각한다. 인류는 현재 하나의 국제 프롤레타리아 조직이 아니며, 프롤레타리아 사회주의로 통일되어 있지도 않다. 현재는 오직 제국주의적 군국주의만이 민족들을 깔아뭉개면서 우리를 일종의 노예적 통일 상태로 이끌 수 있을 것이다. 그리고 인류가 오직 민족으로만 대표될 수 있는 동안, 민족은 인간 행위의 필수적인 보증인으로 남게 될 것이다."49) 오직 민족만이 "모든 시민에게 선거권을 줄 수 있으며, 오직 민족만이 자유로운 발전을 위한 도구를 모든 이에게 제공해 줄 수 있는 것이다."50)

조레스는 이런 실제적 관심사들 너머로 나아가 다음과 같은 사실을 인정했다. 민족은 "가족보다 확대된 공동체 속에서 살고자 하는 인간의 자연적이면서 거의 물리적이라고 할 수 있는 욕구를 만족시킨다. 하지만 인류 공동체라고 하는 것은 이런 욕구를 만족시키기에는 너무 크다."[51] 그는 민족 공동체들 속에 담겨 있는 '정신, 역사, 기억, 희망의 공동체'를 존중했다. 심지어 '프랑스 가족의 감동적 단결'[52]에 관해 언급할 정도였다. 그는 언젠가 이렇게 논평한 적이 있다. "민족은 그것이 오랜 역사적 과정에 의해 만들어졌을 때, 또 역사가 사람들의 거대 집단 속에 심리적 유사성과 생각의 조화를 창조해 냈을 때, 유기적 통일체가 된다. 그리고 일부 민족적 특징들은 개인들에게 너무도 깊이 각인되어 있기 때문에 민족의 파괴는 개인성의 파괴로 이어질 것이다."[53] 따라서 그는 외부의 공격으로부터 자신의 민족을 방어하는 것이 사회주의자들의 의무라는 사실을 받아들였다. 만약 "프랑스가 누군가에 의해 점령당한다면 더는 그 후손들에게 자신의 언어와 문학의 보물을 풍부히 전해 줄 수 없기 때문이다. 또한 개인들이 생기를 상실하고, 심리적으로 약해지며, 지적으로는 파탄 나고 오랜 고통을 겪게 될 것"[54]이기 때문이다.

아마도 가장 중요한 것은, 베른슈타인과 조레스 모두 민족주의의 강력한 감정적·심리적 호소력과 함께, 그것과 관련된 문제를 다른 이들에게 떠넘길 경우 사회주의 운동에 초래될 수 있는 위험을 인식했다는 사실일 것이다. 베른슈타인은 종종 "베벨과 카우츠키의 패배주의적 민족문제 전략"에 대해 한탄했다. 그들은 "'국제적 사회주의의 미래' 속에 등장할 '무의미한' 마르크스주의적 유토피아에만 호소한 나머지 민족주의 문제를 제대로 다루지 못하게 되었다"[55]고 보았다. 그는 만약 독일사민당이 "뜬구름 잡는 국제주의"를 계속 옹호할 경우 당은 "프롤레타리아들을 민족주의 광신자들의 품에 떠넘기게 될 것이며, 진보적 부르주아 분파들을 끌어들이는 데도 실패하게 될 것"[56]이라고 경고했다. 베른슈타인은 동료들에게 "인종적 민족주의라는 스킬라[암초]와 실체 없는 국제주의라는 카리브디스[소용돌이]" 사이를 잘 헤쳐 나가야 한다고 촉구했다. 그 대신 그는 "자기 나라와 동포들에 대한 시민들의 자연스러운 사랑의 감정"[57]에 기반을 둔 고결한 애국심을 옹호했다. 그는 이런 종류의 애국심과 진정한 국제주의 사이에 어떠한 모순도 없다고 생각했다. 사실 그는 애국심과 국제주의가 서로를 강화시킨다고 믿었다.[58]

조레스도 이와 비슷한 입장을 취했는데, 그는 사회주의자들이 "애국심을 파괴하려 할 것이 아니라 확대해야 한다"[59]고 주장했다. 그는 또한 베른슈타인과 유사하게 '진정한 애국심'을 옹호했다. 그것은 다른 민족들 또한 '똑같이 귀중한 인류의 일부분'이라는 사실을 존중하는 동시에, 자민족이 지닌 특별한 가치와 유산을 인식하고 찬미하는 것이었다.[60] 그런 '진정한 애국심'은 사회주의적 민족주의와 국제주의 사이에서 어떤 모순도 발견하지 못할 것이며, 사회주의자들이 우익 민족주의의 파괴적 경향에 대항할 수 있도록 도와줄 것이다. 조레스는 심지어 사회주의자들이야말로 '진정한 민족주의자'라고 주장했다. 왜냐하면 그들만이 '민족의 뿌리 깊은 단합을 불러올 수 있는'[61] 실행 가능한 계획을 갖고 있기 때문이다. 베른슈타인과 조레스 같은 민주적 수정주의자들의 이런 우려 한편으로, 민족주의에 대한 가장 강력한 이론적 재평가는 흥미롭게도 정통파에 대해 기본적으로 적대적이지 않은 사회주의자 그룹, 즉 오스트리아 마르크스주의자들로부터 나오게 되었다.[62] 오스트리아 마르크스주의는 20세기 초반 마르크스주의 사상의 가장 혁신적인 학파 중 하나였다. 사회주의에 대해 '윤리적' 해석을 발전시켰으며, 사회주의 세계관에 도덕성과 칸트의 사상을 주입하는 것을 옹호했고, 근대국가에 대한 선구적 분석에 참여했다는 점 등이 그들의 대표적인 공헌이다. 마르크스주의에 헌신하면서도 필요하다면 기꺼이 그것을 수정하고자 했던 그들은 종종 정통 마르크스주의자들과 그 도전자들 사이의 위치를 점했다.63)

오스트리아 마르크스주의자들이 민족주의 문제에 사로잡힌 것은 너무도 자연스러운 것이었다. 빅토르 아들러Victor Adler는 다음과 같이 지적했다. "우리는 오스트리아에 우리만의 작은 인터내셔널을 갖고 있다. 우리는 [민족주의 문제에 관해—옮긴이] 극복해야 할 어려움에 대해 가장 잘 알고 있는 사람들이다."64) 오스트리아가 갖고 있는 그 독특한 초민족적 구성으로 인해 오스트리아의 사회주의 정당은 "민족 분쟁을 예방하고 치료해 사회주의적 국제주의의 모범 사례가 될 것을 요청, 아니 강요받았다. 그들의 임무는 미래 국제 사회주의 질서의 패러다임을 제공하는 것이었다."65) 하지만 세기의 전환기 무렵 오스트리아-헝가리와 당 내부 모두로부터 밀려온, 거세져 가는 민족주의의 파도는 이 국제주의를 점점 더 유지하기 어렵게 만들었다.

이에 대응해 오토 바우어Otto Bauer와 칼 레너Karl Renner 같은 인물들은 민족 정체성에 대한 연구에 몰두하기 시작했다. 그리고 그 과정에서 자신들이 정통 마르크스주의 입장의 대부분을 버릴 수밖에 없다는 사실을 알게되었다. 바우어와 레너는 민족주의가 역사 속에서 강력한 역할을 수행할수 있다고 점점 더 확신하게 되었고, 민족 정체성을 무시할 수 없는 '근본적이고 파괴할 수 없는 요인'66)으로 보게 되었다.67) 그들은 민족주의를 부수적 현상이라거나 지배계급의 도구라고 보는 관점을 포기할 수밖에 없었다. 민족주의가 사회주의로의 이행과 함께 사라져 버릴 것이라는 정통파의 주장 또한 마찬가지였다. 사실 그들은 바로 그 정반대의 일이 일어날 것 같다는 결론을 내렸다. 자본주의로 인한 사회적 갈등과 배제를 제거함으로써 사회주의는 사실상 민족주의적 의식을 강화하는 역할을 하게 될 것이었다.68) 바우어의 주장을 들어 보자.

[사회주의로의 이행에 의해 발생한] 이 의식의 혁명은 사회주의 사회의 일상적 관습으로 인해 더 강화될 것이다. 사회주의는 대중에게 처음으로 자신의 운명을 결정하고 자유로운 토론과 결행으로 자신의 미래를 결정할 수 있는 힘을 부여함으로써, 인간 문화의 발전을 의도적이고 의식적인 인간의 행위로 만들 수 있게 될 것이다. 이런 발전이 정치적 민족성의 원칙을 강화하리라는 것은 의심의 여지가 없다.[69]

그들은 사회주의자들이 민족주의를 무시하거나 그것이 사라져 버리기를 바라기보다, 민족주의를 사회주의에 적응시키고 조절할 필요가 있다고 주장했다.

그들 자신의 나라[오스트리아]와 관련해 이 사회주의자들은 합스부르크 제국을 재조직하여 민족 공동체들에게 상당 수준의 통제력과 자율성을 허용해야 한다고 주장했다. 이런 생각은 그들 당의 일상 속으로 흡수되었다. 그 예로 1899년의 브르노Brno 강령은 민주적 연방 국가의 설립을 주창했는데, 이 속에서 소수민족들은 보호되고 각 민족들은 '문화적 또는 민족적으로 중요한' 문제들에 대해 지역적 자율성을 갖게 될 것이었다.[70]

바우어와 레너의 재평가가 갖는 의미는 심오했다. 그들의 안내에 따라 오스트리아 사회민주노동자당SDAP은 다민족적인 합스부르크 제국이 갖고 있는 기능을 받아들이고, 그것을 파괴하기보다는 향상시키고 강화하기 위해 노력했다(레너가 말했듯이 "오스트리아-헝가리는 지역적 요구들을 너무도 완벽히 충족했기 때문에, 만약 그런 기능이 존재하지 않았다면 발명이라도 해내야 했을 것이다"[71]). 이런 노력이 가져온 독특한 결과는, 겉보기에 혁명을 추구하는 것처럼 보였던 오스트리아 사회민주노동자당을 "존귀한 군주정의 분할 불가능성에 대한 가장 든든한 지지자이면서 왕가王家의 객관적으로 가장 믿을 만한 동맹자"[72]로 만들었다는 점이었다.

하지만 민족주의를 이해하고 [사회주의에] 적용시키고자 바우어와 레너, 그리고 다른 오스트리아 마르크스주의자들이 노력했음에도, 합스부르크 제국의 분리적 경향은 막아 내기 어려웠다. 20세기 초반 동안 제국을 구성하고 있는 집단들의 민족주의적 감정과 갈등은 커져 갔다. 제국 정부는 민족문제와 행정적 문제를 놓고 벌어지는 무기력한 협상 회합쯤으로 전락했고, 정치는 점점 부패했으며, 의회는 국민들로부터 더는 공감을 얻지 못한데다가, 급진적 민족주의 정당들이 성장했다. 이로 인해 사회주의자들이 긍정적 의제를 추구하는 것은 거의 불가능해지고 있었다.73)

상황을 더 악화시킨 것은, 사회당 스스로가 이런 흐름에 면역이 되어 있지 않았다는 점이다. 세기의 전환기 무렵 특히 당내의 체코인들은 독일어 사용 지역 오스트리아인들의 헤게모니에 대해 분노를 표하고 있었다. 체코 그룹이 당의 연맹체를 떠나 독립적인 조직을 만들겠다고 위협했을 때 사태는 끓어오르기 시작했다. 당에서 도저히 문제를 해결할 수 없게 되자, 인터내셔널에 중재를 맡기기로 결정이 내려졌다. 1910년의 코펜하겐 인터내셔널 대회는 체코인들(그리고 다른 민족 집단들)이 독자적 조직을 형성할 권리가 있느냐는 질문을 공식적으로 받았다. 오스트리아인들이 바라고 기대했던 대로, 조직을 분리하겠다는 호소는 공식적으로 거부되었다. 하지만 이런 거부는 민족주의적 감정의 불을 끄지 못했고, 코펜하겐 대회가 막을 내린 지 얼마 되지 않아 체코인들은 결국 떨어져 나가 독자적인 사회당을 창당했다. 한 논평자의 지적대로 "체코 민족주의의 힘은 인터내셔널의 이데올로기적 결속보다 강력하다"74)는 사실을 고통스럽지만 분명하게 드러내면서 말이다.

세계대전을 향해 가던 시기 동안, 정통 마르크스주의는 비록 대부분의 서유럽 사회주의 정당들과 사회주의 인터내셔널에서 공식적 이데올로기로 남아 있었지만, 점점 더 포위 공격을 받게 되었다. 민주적 수정주의자들은 정통 마르크스주의의 주요 기둥들을 정면으로 공격했다. 또한 사회주의 정당들이 당면하고 있던 실제 현실은 계급 교차적 동맹, 민주주의, 정부 참여주의, 그리고 민족주의와 같은 문제들에 대한 정통파의 입장을 재고再考 또는 포기하도록 만들고 있었다. 그리고 이것만으로는 충분하지 않았던지 정통 마르크스주의는 또 다른 골목 앞에서 새로운 도전을 맞이했다. 많은 사회주의자들을 민주적 수정주의로 내몰고 또 많은 사회주의 정당들로 하여금 관성적인 태도를 재조정하게 만들었던 것과 똑같은 힘이, 세기말 무렵에는 또 다른 사회주의자 그룹들에 영향을 미쳤고 그 결과 이들로 하여금 마르크스주의에 대한 또 다른 비판을 발전시키도록 만들었다. 그것은 [합리주의와 이성의 역할에 부정적인 태도를 갖는] 그 시대의 반계몽주의anti-Enlightenment와 민족주의적 반동으로부터 큰 영향을 받은 것이었는데, 이제 이 비판과 그것이 우파 세력들과 맺었던 관계에 대해 살펴볼 차례다.

| 4 |
혁명적 수정주의,
그리고 민족주의와 사회주의의 결합

앞서 2장과 3장에서 살펴보았듯이, 민주적 수정주의는 세기말 유럽의 많은 문제들을 설명하거나 처리하지 못했던 정통 마르크스주의의 무능력에 대한 대응으로서 출현했다. 하지만 19세기 후반과 20세기 초반 정통 마르크스주의의 문제점들에 대응하여 출현한 수정주의적 도전은 이것만이 아니었다. 사실 이 시기의 가장 유명한 수정주의자는 서유럽이 아니라 주변부의 인물이었던 블라디미르 레닌v. I. Lenin이었다. 자본주의 발전의 후기 단계가 아닌 초기 단계의 나라에서 활동했던 레닌은, 경제적 상황이 무르익어야만 사회주의가 발전할 수 있다고 설파한 교리에 별로 매력을 느끼지 못했다. 베른슈타인과 다른 유럽 사회주의자들이 신뢰하지 못했던 바로 그 교리 말이다. 레닌은 역사의 필연적 전개라는 것에 대해 믿음이나 인내심을 갖고 있지 않았다. 따라서 그는 사회주의로 이행하는 데 경제보다는 정치의 우선성을 강조하는 전략을 발전시켰다. 다른 말로 하면, 사회주의가 단순히 그것이 불가피하다는 이유만으로 도래하지는 않는다는 사실을 인식했던 레닌은 그것이 인간 행위의 결과로 성취될 수 있다고 판단했던 것이다. 이런 깨달음은 레닌이 다른 수정주의자들과 공유하고 있는 것이었다. 그가 달랐던 점은 그의 결론이었다. 민주적 수정주의자들은 민주적 수단을 통해 근본적 변화를 만들어 낼 수 있는 대중의 능력을 믿었던 반면, 레닌의 수정주의는 사회주의가 혁명적 엘리트들의 정치적·군사적 노력을 통해 강제될 수 있다는 견해로 역사 유물론을 대체했다. 레닌은 만약 대중을 그대로 놔둔다면 그들은 사회주의를 위해 성공적으로 싸울 의지도 능력도 발전시키지 못할 것이라고 믿었다. 대신 '혁명 의식'과 조직을 획득하는 것이 혁명 정당의, 특히 그 지도자들의 과제라고 여겼다.[1]

요컨대 레닌이 수정한 마르크스주의에서는 역사 유물론과 계급투쟁이 정치의 우선성과 혁명적 전위로 대체되었다.[2] 앞으로 출현할 새로운 사회주의자 세대들에 영감을 불어넣은 것은 바로 이 레닌의 수정주의(정통 마르크스주의의 경제결정론 거부, 각성되고 결의에 찬 정치적 행위의 가능성에 대한 강조)였다.[3] '마오쩌둥毛澤東의 사상으로 무장된' 소수의 혁명 정당이 역사적 변화의 원동력이 될 수 있다는 중국인들의 강조에서부터 "혁명의 모든 조건이 존재하게 될 때까지 항상 기다릴 필요는 없다. 반란의 초점이 될 인물들이 그것들을 창조해 낼 수 있다"[4]라는 체 게바라Che Guevara의 주장, "레닌은 자본주의 발전의 '법칙들'을 반박하고 마르크스주의에 긴급한 정치 행위의 감각을 불어넣는 데 성공했다"[5]라고 본 죄르지 루카치György Lukács의 선언에 이르기까지, 20세기의 활동가들은 레닌의 수정주의를 통해 공산주의가 경제적 상황과는 상관없이 어떤 나라에도 도입될 수 있다는 자신들의 믿음을 정당화할 수 있었다.[6]

비록 그것이 가장 큰 충격을 주었던 곳은 서유럽이 아니라 러시아처럼 근대로의 이행에 속력을 내기 위해 투쟁하는 나라들이기는 했지만, 레닌과 그가 고무한 운동은 서유럽 정치에 깊은 영향을 주었고, 따라서 이 이야기의 후반부에 다시 등장하게 될 것이다. 그런데 이때 베른슈타인의 민주적 수정주의, 레닌의 공산주의와 함께 수정주의의 세 번째 갈래가 나타났다. 이제 그것은 앞으로 수십 년 동안 서유럽에서 권력을 쥘 운동의 기반을 형성할 것이었다.

서유럽의 세기말은 급격하고 당황스러운 변화의 시기였다. 세계화의 파도가 유럽 사회들을 변화시키고 엄청난 사회적 뿌리 뽑힘, 파편화, 갈등을 유발하면서 세상을 휩쓸었다. 1870년과 1900년 사이 유럽의 인구는 30퍼센트 이상 증가했고, 기대 수명과 문자 해독률은 극적으로 상승했으며, 농업이 계속해서 쇠퇴하는 동안 공업과 서비스 분야가 번성했다.[7] 이런 변화는 전례 없는 규모의 이주 현상을 만들어 냈다. 이주는 나라 안(대규모의 도시화로 인해)과 밖(엄청난 수의 사람들이 '구'세계에서 '신'세계로 떠나가면서)에서 모두 이루어졌다.[8] 급격한 사회적 변화로 구엘리트들과 오랜 사회적·경제적 관계들은 약화되었고, "놀랄 만한 수의 사회적 유랑민들 deracines, 즉 선조들의 땅과 지역적 연고로부터 뿌리가 뽑힌 사람들"[9]이 등장했다. 이들은 근대사회의 작동 방식에 적응하지 못해 고통을 겪었다. 이런 혼란의 한가운데서 노동자들을 비롯해 장인들, 농민들, 그리고 주변으로 내몰린 다른 집단들은 자본주의 체제가 초래한 무자비한 경쟁 압력, 그리고 근대사회가 만들어 낸 아노미anomie와 원자화에 적응하기 위해 분투했다. 그 결과 하나의 반동이 일어났는데, 새로운 민족주의 운동은 그것의 표본이자 주된 수혜자였다.[10]

민족주의자들은 오직 민족 공동체의 부활만이 분열되고 길 잃은 유럽 사회가 그토록 절실히 필요로 하고 있던 연대감과 소속감, 집단적 목표를 제공할 수 있다고 주장했다. 그들 가운데 많은 이들이 사회주의를 그들의 좀 더 큰 정치적 프로그램의 필수적인 구성 요소로 보았다. 하지만 이것은 마르크스주의와 결별한 형태의 사회주의였다. 즉 자본주의와 자유주의에 대한 깊은 의심과, 새로운 근대 세계 질서로 말미암아 가장 큰 좌절을 겪고 있는 자들을 위한 조치가 취해져야 한다는 확고한 신념에 기반을 두고 있지만, 역사 유물론과 계급투쟁을 격렬히 반대하는 사회주의 말이다. 일부 우파들이 일종의 비마르크스주의적 사회주의를 주창하고 있던 것과 동시에, 일부 좌파 사회주의자들은 민족주의의 혁명적 잠재력에 대해 긍정적 반응을 보이기 시작하고 있었다. 그들은 이를 하나의 기회로 보았다. 노동자들과 현존 사회주의 정당들이 제공할 수 없었던 의욕적 간부 집단과 행동 부대를 만들어 낼 수 있는 기회 말이다. 또한 이 수정주의적 사회주의자들은 세기말의 좀 더 거대한 반계몽주의적 반동의 영향을 강하게 받았다. 민주주의적 수정주의자들과는 달리 이들은 자유주의와 그것이 대표하는 모든 것에 대해 오직 혐오감만을 갖고 있었다. 따라서 그들은 베른슈타인의 민주적 경로를 거부했고, 사회주의는 오직 '현존하는 사물의 질서를 파괴하는 활기찬 전투'[11]를 통해서만 출현할 것이라고 믿었다. 따라서 이런 종류의 수정주의는 '혁명적'이라고 불렸다. 그리고 19세기 후반과 20세기 초반을 거치면서 이 그룹의 여러 인사들은, 성장하고 있던 우파의 민족주의 운동과 자신들이 이해관계를 같이하는 진정한 공동 집단을 이룰 수 있을지도 모른다고 생각하게 되었다.[12] 이러저러한 이유로 인해 세기말은 '민족적' 사회주의의 탄생을 목격하게 되었는데, 그것의 모델과 산파 역할을 모두 해낸 이가 바로 조르주 소렐이었다.

소렐과 혁명적 수정주의

비록 오늘날에는 거의 잊혔지만 소렐은 한때 '20세기 정치철학의 가장 위대한 혁명가'13)로 알려져 있었다. 잘 알려진(하지만 출처가 의심스러운) 한 이야기에 따르면, 1920년대의 어느 날 소비에트 러시아의 대사가 파리에 있는 국립 도서관의 관장을 찾아와서는 소렐의 묘비를 수리해 달라고 요청했다 한다. 그리고 며칠 후 파시스트 체제 아래 있던 이탈리아 대사가 찾아와서는 똑같은 부탁을 하고 돌아갔다고 한다. 20세기 초반을 장식했던 격동의 시간 동안, 많은 이들이 윈덤 루이스Wyndham Lewis가 소렐을 가리켜 '현대 정치사상의 문을 열어 주는 열쇠'14)라고 표현한 데 동의했을 것이다.

소렐이 유명세를 탄 배경은 복잡했다. 그는 1847년 프랑스의 한 농촌에서 태어나 오랫동안 엔지니어로 일했다. 그가 파리로 이사하여 지적 작업에 전념한 것은 마흔이 넘어서였다. 그는 곧 '프랑스의 지도적 마르크스주의 이론가 가운데 한 명'15)으로서 확고한 위치를 다졌고, 사회주의 운동의 주류 정통파와 관계를 맺었다. 하지만 세기의 전환기 무렵 이미 그는 정통 교리의 일부 기본 전제들에 의문을 품기 시작했다.

베른슈타인이나 다른 수정주의자들과 마찬가지로 소렐의 의심은 정통 마르크스주의가 현대 정치의 요구와 괴리되어 있다는 사실을 깨달으면서 비롯된 것이었다. 처음에 그는 자신의 시대에 맞게 마르크스주의를 업데이트할 수 있기를 바랐고, 마르크스의 작업 중 엥겔스·라파르그·게드가 왜곡했다고 생각한 부분에 비판의 초점을 맞췄다. 하지만 시간이 지나면서 그는 정통 교리의 상당수 문제가 마르크스 그 자신으로부터 비롯된 것이라는 결론을 내렸다.

그의 동시대인들 가운데 많은 이들이 그랬듯이 그 또한 자본주의에 대한 마르크스의 예측들 가운데 많은 것들이 결코 실현되지 않으리라는 사실을 깨달았다. 소렐은 다음과 같이 말했다. "마르크스는 영국에서의 관찰을 바탕으로 『자본』을 저술했다. 그런데 그것이 출판된 이후 30년 동안 영국의 산업과 정치, 그리고 영국적 삶 자체에 엄청난 변화들이 수도 없이 일어났다."16) 소렐은 또 다음과 같이 지적했다. "자본주의 체제가 상당히 빠르게 변화하고 있다는 것은 우리의 경험으로도 알 수 있다. 정통 마르크스주의자들은 모두에게 분명한 사실을 보지 않으려고 놀라운 상상력을 발휘하고 있다. 그들은 사회과학의 영역에서 뛰쳐나와 유토피아를 향해 가고 있다."17) 소렐은 설사 자본주의가 마르크스의 시대 이후로 더욱 복잡해지고 분화되었다고 해도 곧 붕괴될 것 같지는 않다고 주장했다. 그는 사실 자본주의의 엄청난 생산능력에 감명을 받았으며, "뛰어난 생산력은 사회주의가 작동하기 위해 필수적"18)이라고 믿게 되었다. 사유재산의 사회화, 그리고 경제 발전을 방해하는 다른 방법들에 호소하는 대신, 소렐은 "자유주의 부르주아 체제의 정치적·지적·도덕적 양상"에 국한해 자본주의를 반대했다. "그는 자본주의 경제의 기반, 원칙, 경쟁 메커니즘에 대해서는 [질문을 던지지 않았다]."19)

민주적 수정주의자들과 마찬가지로 소렐은 역사 유물론이 틀렸을 뿐만 아니라 사회주의 운동의 활기를 빼앗아 간다고 생각했다. 그가 지적한 대로 "진보의 필연성에 대한 믿음은 권력과 창조를 향한 의지의 마비를 뜻한다."20)

정통 마르크스주의자들은 그들의 이론에 대한 넘치는 자신감 덕분에 마음의 평온함을 얻었다. 마르크스주의자들 사이에는 사회적 진화가 모든 인간적 노력과는 무관하게 독립적으로 전개되는 자연적 과정과 같다는 의견이 널리 존재하는데, 그 앞에서 개인들은 충분히 무르익은 과일을 수확할 수 있을 때까지 팔짱을 끼고 기다리는 것 외에는 아무것도 할 수 없다는 것이다. …… 마르크스가 경제와 자연의 유사성을 표현하기 위해 사용한 말들은 숙명론적 환상을 만들어 내는 데 상당히 기여했다. 무엇보다도 '필연'이라는 용어를 사용해서 말이다.21)

따라서 역사를 경직된 법칙의 용어들로 묘사하는 모든 운동은 실패하게 마련이다. "결정론에 관해 말하는 것은 불가능하다. 그 무엇도 결정되어 있지 않기 때문이다."22)

소렐은 많은 마르크스주의 이론가들이 그가 지적한 문제들과 대면하려 하지 않고, 사회주의 교리도 시간의 흐름과 함께 변화할 필요가 있다는 사실을 인정하지 않으려는 것에 대해 분통을 터뜨렸다. 그는 다음과 같이 한탄했다. "사회주의 이론가들은 이론에 맞지 않는 실제 역사 때문에 번번이 난처한 상황에 처해 왔다. 그들은 웅장하고 명쾌하며 체계적인 이론을 구성해 냈다. 하지만 그것을 [현재의] 실제에 들어맞도록 하지는 못했다. 그럴 때마다 그들은 이론을 포기하기보다는, 가장 중요한 사실들조차 전체에 대한 진정한 이해에 도달하려면 과학이 무시해야 하는 변칙에 지나지 않는다고 선언하는 쪽을 택했다."23)

앞서 이야기했던 수정주의 논쟁에서 소렐은 베른슈타인을 확고히 지지했다. 그는 베른슈타인의 노력이 "가톨릭 신자들 앞에서 행한 개신교 목사의 설교와 비슷한 효과를 발휘했다"고 지적했다.24) 또한 소렐은 다음과 같이 썼다. "사회주의의 언어와, 그 활동의 진정한 본질 간의 거대한 모순을 인식했던 베른슈타인이, 현실에서 있는 그대로의 자신을 드러내고 거짓으로 드러난 교리를 수정할 수 있는 용기를 가지라고 독일 동지들에게 촉구했을 때, 그의 대담함에 대해 모든 이가 분노를 터뜨렸다."25) 소렐은 이것을 불행한 일이라고 여겼다. 왜냐하면 베른슈타인이 원했던 것은 "사회주의자들이 그들의 교리를 내버림으로써 세상에서 자신들이 할 수 있는 진정 효과적인 역할이 무엇인지를 관찰하고 이해하며, 무엇보다도 실행할 수 있게 되는 것"26)이었기 때문이다. 따라서 베른슈타인의 수정주의는 사회주의 운동의 희망을 상징하는 것이었다.

베른슈타인과 함께라면, 마르크스주의는 …… 여전히 미래가 있는 교리처럼 느껴진다. 또 잘못된 주장들로부터 자신을 해방할 수 있으며, 잘못된 주장으로부터 해방될 수 있고, 계속 발전할 수 있으며, 최근의 상황들도 설명해 낼 수 있을 것처럼 느껴진다. 존경할 만한 훌륭한 신념과 뛰어난 능력을 통해 베른슈타인은 마르크스주의의 원기를 다시 회복시키는 과제를 추구하고 있다. 마르크스주의의 낡은 이론들과 잘못 심어진 인상들로부터, 그는 마르크스의 정신 그 자체를 다시 불러들이고 있다. 우리는 지금 마르크스주의 영혼으로의 귀환에 관해 얘기하고 있는 것이다. 카우츠키와 함께라면 상황은 정반대다. 그의 마르크스주의는 서로 관련 없는 명제들을 한데 모아 놓은 매우 낡아빠진 책처럼 보인다. 그 사도들은 그것이 외부로 과다 노출되지 않도록 지키고 있다. 그들에게 중요한 것은 무엇보다 말과 겉모습, 그리고 경직된 이론들이다. …… 만약 [사회주의 운동이] 미신으로부터 충분히 해방된 사람들로 이루어진다면, 베른슈타인은 의심의 여지없이 절대다수의 지지자들을 얻게 될 것이다. 그의 책은 일종의 구원으로 받아들여질 것이다. …… 반면 카우츠키의 승리는 마르크스주의의 최종적인 파멸을 뜻하게 될 것이다.27)

소렐은 지금 필요한 것은 정통파의 경제결정론과 정치적 수동성을 넘어설 수 있는, 활동적이고 자유의지론voluntarism적인 대안이라는 베른슈타인의 결론에 동의했다. 그는 사회주의가 불가피한 것이 아니라면 그것은 의도적인 인간 행위의 결과로서 출현해야 한다는 것 또한 깨달았다. 사실 소렐은 민주적 수정주의자들보다 더 '창조자'로서의 인간이라는 생각에 사로잡혔던 것 같다. 인간은 "오직 그가 창조할 때만 그 자신을 완성할 수 있고, 무언가를 수동적으로 받아들이거나 외부의 흐름에 따라 표류할 때는 그렇게 되지 못한다"28)는 것이다. 소렐에게 역사란 '영웅적 의지의 행위'를 통해 전진을 '강요'할 수 있는 일종의 창조 행위와도 같았다.29) 만약 사회주의자들이 거대한 집단적 노력을 이끌어 내고 싶다면, 그들은 "자신들이 헌신하고 있는 일이 진지하고 위대하며 숭고한 일이라는 확신이 있어야 한다. 오직 그런 상황에서만 엄청난 희생을 견뎌 낼 수 있기 때문이다.”[30] 그래서 베른슈타인처럼 소렐 또한 마르크스주의의 도덕적 내용을 재발견하고자 했다.

우리는 사회주의자들이 일반적으로 윤리적 고려에 대해 혐오감이 크다는 것을 알고 있다. 그들은 마치 볼테르Voltaire가 종교를 다룰 때와 같은 경멸감으로 도덕을 다룬다. 베른슈타인은 다음과 같이 주장한 적이 있다. “지금까지의 우리가 이루어 낸 발전의 수준은, 이데올로기적 요인들, 특히 윤리적 요인들이 그 어느 때보다 더욱 자유롭게 활동할 수 있는 터를 마련해 주고 있다.” 이에 대한 카우츠키의 대답을 들어 보자. “경제적 힘들로부터 독립적이며 그것들보다 위에 있는 도덕이라는 것은 역사 유물론 속에 존재하지 않는다.” 이런 뻔뻔한 선언을 읽게 되다니, 마치 꿈을 꾸는 것 같다![31]

정통파에 대한 비판과 정치의 우선성에 대한 강조에서 공통점을 발견할 수 있음에도, 소렐과 베른슈타인은 세기말 세계에 대한 시각이 크게 달랐고, 그 결과 매우 다른 길을 걷게 된다. 베른슈타인은 서유럽의 상황을 낙관적으로 전망할 만한 많은 이유를 발견했다. 그는 부르주아 자유주의적 지배 질서에는 문제가 있다고 생각했지만, 그것이 성취해 낸 것들을 존중했다. 그래서 그는 사회주의의 과제는 그 질서를 파괴하는 것이 아니라 향상시키는 것이어야 한다고 믿었다. 예를 들어 그는 언젠가 다음과 같이 쓴 적이 있다. “근래에 있었던 위대한 자유주의 운동이 처음에는 부르주아 자본가들을 이롭게 했으며, 시간이 흐르면서 자유주의의 이름을 가진 정당들이 자본주의의 노골적 옹호자가 되었다는 것은 분명한 사실이다. 하지만 역사적 운동으로서 자유주의를 존중하는 사회주의는, 시간적으로뿐만 아니라 지적인 면에서도 그것의 합당한 상속자이다."32) 따라서 그는 사회주의자들이 변화를 만들어 내기 위해 자유주의적 지배 질서 안에서 일할 수 있고 또 그래야만 한다고 믿었다. 또 그는 민주주의가 이 과제를 위해 논리적으로 가장 타당한 도구라고 보았다.

반면 소렐은 현대 세계의 완전한 부패·방종·부정을 확신했고, 당시의 많은 다른 지식인들과 마찬가지로 그것의 개혁이 아니라 파괴를 원했다(그는 언젠가, 베른슈타인이 독일이 아닌 프랑스에서 살았더라면, 그래서 혁명적 전통에 좀 더 직접적으로 노출되어 있었다면, 그도 마찬가지였을 것이라고 주장했다33)). 그에게 19세기 부르주아 자유주의는 그 자체로 유럽의 현대적 불안과 사회적 질병의 원천이었다.34) 그리고 그는 민주주의를 경멸했는데, 언젠가는 반드시 그것이 사회주의자들로부터 혁명적 열정을 강탈해 갈 것이라고 믿었다.35) 소렐은 다음과 같이 주장했다. "우리의 경험은 혁명가들이 중간계급적 제도들에 들어서면서 변화된다는 사실을 보여 주었다. 중간계급 출신 국회의원과 프롤레타리아 출신 국회의원이 거의 다르지 않다는 데에 모두가 동의하고 있다."36) 따라서 사회주의는 현존 질서의 '화해할 수 없는 적수'로서 행동해야만 한다. 현존 질서를 "도덕적 파국으로 몰아가면서 말이다."37)

소렐은 이 파국을 불러오기 위해서는 지속적이고 아마도 '폭력적인' 투쟁이 필요할 것이라고 믿었다.38) 우선 그는 그런 투쟁에 반드시 필요한 혁명적 열정은 마르크스주의의 도덕적 근원을 다시 강조해 불러낼 수 있다고 생각했다. 하지만 시간이 흐르면서 그는 마르크스주의에 점점 환멸을 느꼈고, 급진적 행동에 동기를 부여할 만한 것을 찾아 다른 곳을 살펴보기 시작했다. 그는 마침내 신화가 지닌 동기부여의 능력을 찾아냈다. 소렐에게 신화란 "사물의 묘사가 아닌 행동하려는 의지의 표현이다. 그것들은 인간에게 전투를 위해 자신을 준비하도록 만든다. 그 전투는 인간의 마음을 개혁으로 이끌어 현존 체제를 수리하기보다는 파괴할 것이다."[39] 신화는 대중에게 활기를 부여해 "20세기 초반의 사회적·경제적 현실을 극복할 수 있도록 만들 것이다."[40] 한편 신화가 영감을 불러일으킬 수는 있지만, 그 혁명적 열정을 지속적으로 유지하려면 프롤레타리아들을 부르주아 사회로부터 떨어뜨려 놓을 필요가 있었다. "우리의 모든 노력은, 성장하고 있는 노동계급이 부르주아 사상에 오염되지 못하도록 하는 데 집중되어야 한다. 민중과 온갖 형태의 부르주아적 기만, 방종 사이에 존재하는 모든 연결을 끊기 위한 노력은 아무리 해도 충분하지 않다"[41]고 소렐은 주장했다. 그는 "계급들이 민주주의의 늪 속에서 서로 뒤섞이려 하고 있는 바로 그 시점에, 계급 간의 분리를 다시 회복"[42]시키는 방법의 하나로 (계급) 갈등을 이용하고자 했다.

하지만 20세기의 첫 10년 동안 소렐은 프롤레타리아의 혁명적 잠재성에 대한 믿음을 상실하기 시작했다. 우선 마르크스가 강력하고 혁명적인 노동계급을 만들어 내고, 필연적인 계급 갈등을 초래할 것이라고 예측했던 경제적·사회적 발전이 찾아오지 않았다. 프롤레타리아 집단이 계속 성장한 것만은 아니었고, 다른 계급들도 사라지지 않았으며, 사회는 일반적으로 더욱 분화되고 복잡해졌다.[43] 사실 그는 부르주아 자유주의의 지배 질서가 프롤레타리아들을 '길들이고' 노동운동을 탈급진화하는 데 성공했다고 믿었다. 이런 관찰 결과 소렐은, 민주적 수정주의자들과 마찬가지로, 노동계급에 대한 배타적 관심을 포기하게 되었다. 하지만 노동계급 중심 전략을 포기한 민주적 수정주의자들이 계급 교차적 협력과 타협의 가능성을 강조하게 된 반면, 소렐은 활성화된 대중 민족주의의 혁명적 가능성을 받아들이면서 좌파와 우파 각각의 반민주 세력들을 결합하도록 부추기게 되었다. 새로운 세기의 첫 10년에 걸쳐 그런 사상들은 새롭고 매우 위험한 무엇인가의 시작을 알리는 불꽃을 쏘아 올렸다.

이탈리아

비록 소렐은 프랑스인이었지만 그의 사상은 이탈리아에서 가장 큰 반향을 일으켰다. 그의 가장 중요한 저술들 중 일부는 원래 이탈리아에서 먼저 출판되었으며, 그는 이탈리아 사회에서 널리 읽히고 토론되었다. 한 논평자의 지적대로 "그의 모든 출판물은 완전히 다른 견해를 가진 다양한 작가들에 의해 널리 논의되는 대상이 되었다. 이탈리아의 모든 신문과 주간지는, 정치적 성향과는 상관없이, 유명한 『폭력에 대한 성찰』*Reflections on Violence*(1908년 발표된 소렐의 선언문)의 저자를 인터뷰하기 위해 길게 줄을 섰다."44) 『폭력에 대한 성찰』의 이탈리아어 번역본에는 그 나라의 가장 유명하고 영향력 있는 지식인이었던 베네데토 크로체가 서문을 쓸 정도였다. 하지만 소렐이 가장 큰 영향을 준 곳은 이탈리아 정치 스펙트럼의 양극단이었다. 그는 생디칼리스트 운동과 민족주의 운동이 그들 간에 얼마나 공통점이 많은지 깨닫도록 해주었다. 따라서 훗날 파시즘이라고 알려지게 될 것의 지적 기초를 놓게 된 것이다.

1908년까지 생디칼리슴은 이탈리아 노동운동 내에서, 특히 사회당 내에서 상당한 세력을 갖추고 있었다. 민주적 수정주의자들처럼 생디칼리스트들은 정통 마르크스주의의 결정론과 수동성을 거부했다. 하지만 그들은 정치 조직을 경멸했고, 민주적 변화를 위한 평화적이고 점진적인 전략보다는 현존 질서에 대한 직접적이고 혁명적인 공격을 옹호했다. 그들은 이 혁명적 역할을 담당할 집단으로 처음에는 프롤레타리아를 지목했다. 하지만 시간이 지나면서 그들 중 많은 이들이 다음과 같은 결론을 내리게 되었다. 즉 프롤레타리아는, 한 논평자의 지적대로, "'민주적 편견'들로 가득 차고, 프티부르주아의 영혼을 소유"하게 되었으며, 따라서 그들은 "영웅(스스로를 희생의 맹약을 한 전사로 여기는 사람)을 창조해 내는 우월한 도덕성을 갖는 인간 유형을 발전"시킬 수 없다는 것이다.45) 그런 견해로 인해 많은 생디칼리스트들은 사회당 지도부와 갈등하게 되었다. 그리고 1907~08년에 있었던 대규모 파업의 물결 이후 사회당의 지도자들은, 정치적 조직을 거부하며 폭력과 직접 행동을 강조하는 혁명적 생디칼리슴이 당의 교리와 양립할 수 없기에 그 지지자들을 모두 당에서 추방한다고 선언했다.

하지만 혁명적 생디칼리스트들의 추방이 당 내부의 논쟁을 종식시키지는 못했다. 3장에서 말했듯이 1908년과 1910년, 이탈리아 사회당의 당대회는 온건한 민주적 수정주의 일파의 승리였다. 하지만 이를 두고 조반니 지올리티가 "마르크스는 마침내 다락방으로 쫓겨났다"라고 선언하자, 당내 전투가 다시 불붙기 시작한 것이다. 그리고 곧이어 벌어진 리비아 침공은 수정주의와 그 노선의 채택을 향한 사회당의 표류를 중지시켜 버렸다.

1911년에 열린 당대회에서 민주적 수정주의의 반대자들은 전쟁 카드를 들고 나왔다. 지올리티의 리비아 정책은 부르주아 체제와의 협조로부터 무엇을 기대할 수 있는지를 보여 준다고 그들은 주장했다. 이런 공격은 민주적 수정주의자들 또한 분열시켰다. 일부는 당이 전쟁에 대한 반대를 분명히 하면서도 정부의 개혁 프로그램에 대한 지원을 계속하는 것이 가능할 뿐만 아니라 바람직하다고 주장했다. 하지만 다른 이들은 전쟁이 정말로 국가와 노동자들을 이롭게 할지도 모른다고 생각했고, 그래서 전쟁을 반대하려는 움직임을, 그리고 그 결과로 당이 정치적으로 무력한 상황에 처하게 되는 것을 거부했다. 이바노에 보노미Ivanoe Bonomi는 이런 입장에 대한 유명한 지지자였다. 그는 당의 지도적 수정주의자들 가운데 한 명으로, 오랫동안 정통 마르크스주의의 경직성과 비생산성, 그리고 결정론을 맹렬히 공격해 온 사람이었다. 보노미는 의회와 선거제도에 대한 사회주의자들의 활발한 참여를 옹호했는데, 그는 이것이 정부 참여주의에 대한 지지를 의미한다고 믿었다. 그는 전쟁 문제에 대한 정부의 입장을 따르는 것은 실제적·정치적으로 득이 된다고 생각했다. 그는 지올리티를 지지하면 사회당이 "계급 연대를 해치는 대신, 그것을 보완하는 민족적 연대를 할 수 있다"[46]는 것을 보여 줄 수 있다고 주장했다. 비솔라티 또한 같은 생각이었는데, 그는 "이탈리아 민족이 지중해에 갇혀 질식되지 않도록 하기 위해서는, 그리고 위험한 민족주의 운동이 이탈리아의 애국심을 독점하지 못하도록 하기 위해서는,"[47] 사회주의자들이 지올리티의 리비아 정책을 지지해야 한다고 주장했다. 이렇듯 당의 분파들 사이에서만이 아니라 분파 내부에서도 의견이 갈리자 당대회는 흐지부지 끝났다.[48]

그리고 나서 얼마 후인 1912년 3월 14일, 한 아나키스트가 왕을 암살하려다 실패한 사건이 일어났다. 그러자 하원의원단 대표들은 왕의 생존을 축하하기 위해 궁으로 문안을 가게 되었다. 여기에 세 명의 사회주의자(비솔라티, 보노미, 안졸로 카브리니Angiolo Cabrini)가 포함되었는데, 반협조주의자들 입장에서 볼 때 이는 도저히 받아들일 수 없는 굴욕이었으며, 또한 이들을 공격할 절호의 기회였다. 레조 넬에밀리아Reggio nell'Emilia에서 당대회가 소집되었을 때 그들은 준비가 되어 있었다. 베니토 무솔리니Benito Mussolini라고 하는 무명의 한 젊은 당 활동가가 열정적인 연설을 토해 냈다. 왕에게 문안을 갔던 의원들을 추방하라는 그의 호소는 대회에 참여한 당원들을 전율시켰다. 보노미는 청중들에게 다음과 같은 사실을 상기하라며 답변에 나섰다.

지금 여러분의 판단을 기다리는 문제는 몇몇 개인들의 양심적 위기에 관한 것이 아니라, 두 개념의 위기에 관한 것입니다. 혁명과 개혁 말입니다. 추방은 몇

몇 이탈자들에 대한 단순한 처벌 행위가 아닙니다. 그것은 두 개의 방법, 두 개의 개념, 두 개의 사회주의에 대한 해석이 결별하는 것을 뜻합니다. 오른쪽에 있는 우리 개혁주의자들은 사회와 당에 대해 열린 관점을 갖고 있는 반면, 왼쪽에 있는 여러분들은 도그마의 옹호자들입니다. 우리는 프롤레타리아들의 성장하는 힘이 이 시기를 개혁할 수 있게 한다고 믿습니다. 여러분들은 리비아 사태 이후 개혁은 불가능하다고 계속 주장합니다. 짧게 말하자면, 여러분들은 스스로를 반대 속에 가둬 놓고 있고, 우리는 행동하며 스스로를 확대하고 있습니다.[49]

하지만 타협을 중재하려던 시도는 실패했다. 그 결과 보노미와 다른 이들의 추방이 결정됐고, 이들은 곧바로 대회장을 떠나 이탈리아개혁사회당Partito Socialista Riformista Italiano, PSRI을 결성했다.[50]

무솔리니는 당대회에서 '레지오의 영웅'[51]으로 떠올랐으며, 더욱 중요한 사실은 그가 새로운 유형의 사회주의에 대한 옹호자로 떠올랐다는 것이다. 안토니오 그람시Antonio Gramsci 같은 미래의 스타를 포함한 그의 추종자들은 자신들을 '무솔리니주의자'라고 칭했다. 정통파들의 수동성과 비생산성에 반대했지만 민주적 수정주의자들의 점진주의와 협조주의 또한 혐오했던 무솔리니는 새로운 유형의 사회주의를 주창했다. 그것은 활동적이며 진정으로 혁명적이었다. 그리고 무솔리니는 소렐과 그를 지지하는 생디칼리스트들 속에서 그가 탐색하고 있던 새로운 이데올로기의 기본적 구성 요소들을 발견했다.

리비아 침공으로 고삐에서 풀려난 애국적 광기를 보며 많은 생디칼리스트들은 민족 감정이야말로 "그들이 프롤레타리아들에게서만 배타적으로 기대했던 사심 없는 열정과 희생적 성향을 다수 민중 사이에서 발생시킬 수 있다"[52]는 것을 확신하게 되었다. 또한 많은 이들은 이탈리아처럼 가난한 나라(와 그 노동자들)가 포기할 수 없을 만큼 [리비아] 점령이 가져다

줄 물질적 혜택은 너무 매력적이라고 생각했다.53) 그리고 많은 이들이 전쟁의 '도덕적'이고 '교육적'인 효과를 높이 평가했다. 즉 전쟁은 혁명이 필연적으로 요구하는 일종의 거대한 활동적 노력에 대한 훈련이었던 셈이다. 따라서 많은 생디칼리스트들은 자신들과 비슷한 주장을 부르짖은 소렐이, 혁명적 수정주의를 다루는 세련된 이론적 능력에 점점 더 감화되었다.

무솔리니 또한 같은 생각이었다. 당시의 많은 지도적 생디칼리스트들과 혁명적 수정주의자들이 쓴 책을 읽고, 또 그들과 연락을 주고받으며 그는 그들의 사상을 자신의 것으로 받아들였고, 소렐을 영감을 주는 원천의 하나로 삼았다(그는 훗날 "내가 가장 많은 빚을 진 사람은 소렐"이라고 주장했다54)). 그가 설명한 대로 "사회주의는 경제결정론에 사로잡혀서, 수수께끼 같고 거의 이해되지는 않음에도 불구하고 복종을 요구하는 법칙들에 인간을 종속시킨다. 생디칼리슘은 역사에 작용하는 인간 의지의 효력을 복구시키는데, 이때의 인간이란 수동적 존재이기도 하지만 활동적 존재이기도 하다. 자신을 둘러싸고 있는 사물들과 제도들에 자신이 가진 영향력의 흔적을 남길 수 있는 바로 그 인간 말이다."55) 물론 무솔리니의 (지적·정치적) 기회주의를 무시하는 것은 잘못이겠지만, 그에 대한 뛰어난 전기 작가들 중 한 명의 의견을 따라 다음과 같이 말하는 것은 타당할 것이다. "무솔리니의 발전에 가장 큰 영향을 끼친 것은, 그 후의 다른 모든 관계와 영향을 다 따져 본다 해도 역시 혁명적 생디칼리슘이었다."56)

레조 넬에밀리아 당대회 이후 무솔리니가 차지한 새로운 지위는, 그가 사회당의 기관지 『아반티!』*Avanti!*의 편집장으로 임명되었다는 사실에 반영되어 있다. 하지만 그가 가진 목표가 당의 제도적 틀 안에서 통제되기에는 너무 급진적이라는 것이 곧 명백해졌다. 그래서 그는 1913년 11월, 자신의 잡지 『유토피아』*Utopia*를 창간하기로 결정했다. 그는 이 잡지를 통해 "나 자신의 의견과 세계관을, 그것이 당의 지배적 의견에 들어맞는지를 걱정할 필요 없이 제시"할 수 있을 것이라고 말했다.57) 그리고 진화해 가는 자신의 비전 또한 드러낼 수 있었다. 무솔리니는 '사회주의에 대한 혁명적 수정'을 이끌어 내는 데 『유토피아』를 사용하려 했고, 그러기 위해서는 전통적 좌파 외부에 있는 이들에게 호소할 필요가 있다고 믿었다. 『유토피아』의 유명한 기고자들 중에는 혁명적 수정주의자들과 생디칼리스트들도 있었지만, 전에 사회주의 운동과 거의 혹은 전혀 관련이 없던 이들도 있었다. 그는 일반적인 '젊은 사람들'Young People에게 호소했으며, '프롤레타리아'가 아닌 '국민'과 '민족'을 화제로 삼았다.58)

무솔리니와 그 밖의 다른 사회주의 이단아들이 이데올로기적·정치적 전향을 경험하고 있을 무렵, 이탈리아 민족주의자들 또한 그들 자신의 진화를 경험하고 있었다. 유럽의 다른 지역들에서와 마찬가지로 이탈리아의 민족주의자들은 세기말 상황에 의해 힘을 얻었다. 이들의 운동에 참여하는 사람들 수가 급증했는데, 대부분 지올리티의 개혁 정책뿐 아니라 지난 리소르지멘토Risorgimento[이탈리아 통일 운동]의 성과가 미약한 것에 실망한 이들이었다. 즉 유럽 열강 가운데 최약체를 벗어나지 못하고 있던 이탈리아의 지위, 그리고 시급한 문제들을 다루는 데 무능력했던 지배 질서에 실망한 사람들이었다.59) 민족주의 운동의 이데올로기가 처음 만들어지기 시작한 곳 중의 하나는 『일 레뇨』Il Regno라고 하는 작은 잡지였는데, 1903년 엔리코 코라디니Enrico Corradini가 창간했다. 『일 레뇨』는 민족의 통합과 소생에 관한 문제를 주로 다루었고, "열정적이지만 약간의 허세를 부리면서 민주주의의 종식, 권위의 원칙 회복, 그리고 이탈리아의 제국주의적 운명의 실현을 부르짖었다."60) 창간호에서 코라디니는 "새로운 삶을 향해 가고 있는 사람들의 눈앞에 좀 더 고귀한 인간적·민족적 가치의 조각상을 재건하기 위해 목소리를 드높일 것"61)이라고 선언했다. 『일 레뇨』는 결국 단명했지만 '소렐에 대한 우파의 관심을 나타내는 첫 지표'[62]로서 관심을 불러일으켰고, 여러 혁명적 수정주의자들과 생디칼리스트들을 포함한 다양한 성향의 기고자들을 끌어들였다.

이후 코라디니는 소렐의 영향을 받아 민족 통합에 대한 관심과 더불어 민족주의와 특정 형태의 사회주의 간의 조화를 추구했다. 코라디니는 민족주의와 사회주의를 "근대 세계의 두 가지 거대한 사실들"이라고 표현했는데, 그 둘은 "보통 서로 모순된 것으로 여겨지지만 사실 매우 유사"[63]하다는 것이다. 그는 그것들 모두 "엄격한 도덕적 가치의 재생을 드러내는 것"이고, 영웅적이면서 활동적인 정신을 지녔다고 주장했다.[64] 그는 특히 생디칼리슴에 관심이 많았는데, 그에 따르면 그것은 민족주의와 마찬가지로 "대중의 조직, 대중의 동원, 대중의 영웅적 행동을 위한 일종의 학교"[65]이며, 그 둘은 "정복에 대한 사랑을 공유"[66]하고 있다는 것이다. 그는 전쟁에 대한 민족주의자들의 열광은 총파업에 대한 생디칼리스트들의 강조에 해당하며, 그 목적도 비슷하다고 주장했다. 한 논평자가 지적한 대로 코라디니는 "『폭력에 대한 성찰』의 영혼을 들이마셨다. 소렐은 크로체에게 보낸 편지에서 '무척 총명한' 코라디니는 '내 사상의 가치를 대단히 잘' 이해하고 있다고 썼다."[67]

민족주의자들과 생디칼리스트들을 함께 끌어들이기 위한 노력의 일환으로 코라디니는 계급투쟁을 재해석하여 자본가와 프롤레타리아의 갈등을 부유한 민족과 가난한 민족의 투쟁으로 대체했다. 따라서 국내의 모든 집단, 특히 노동자들은 이탈리아의 성공에 자신의 이해관계가 달려 있었다. 왜냐하면 이탈리아처럼 가난한 나라에서는 "프롤레타리아들이 부르주아에 대한 국내적 계급투쟁이 아닌 다른 계급들과의 협력을 통해 자신들의 운명을 크게 향상"할 수 있기 때문이다. 만약 이탈리아 전체가 계속 가난하다면 노동자들도 마찬가지로 계속 가난할 것이다. 오직 생산이 증가하고 국제적 팽창이 이루어져야만 나라가 자신의 모든 아들딸들을 제대로 돌봐 줄 수 있을 것이다.[68] 따라서 코라디니는 이탈리아를 '프롤레타리아 민족', 즉 돈으로 세상을 지배하는 노회한 강대국들에 대항하여 국제적 부와 영광에 대한 자신의 정당한 몫을 차지하기 위해 필사적 투쟁을 벌이는 민족으로 전환했다.

다른 이들 또한 이탈리아의 청중을 위해 소렐주의적·사회주의적·민족주의적 테마들을 한데 끌어모으고 있었다. 『일 레뇨』의 주요 기고자 가운데 하나였던 주제페 프레촐리니Giuseppe Prezzolini는 1908년 평론지 『라 보체』La Voce를 창간했다. 이 잡지는 '민족의 소생'이라는 주제에 관심을 보인 다양한 지식인 집단들로부터 기고를 받았는데, 그들 가운데 많은 이들이 소렐의 영향을 받았다. 이후 『라 보체』는 주요 문화적 권력 집단의 하나가 되었다. 한편 생디칼리스트 안젤로 올리베티Angelo O. Olivetti가 1906년에 창간한 『파지네 리베레』Pagine Libere는 "프롤레타리아 민족주의와 '민족적 생디칼리슴'을 전파했다." 리비아 전쟁을 강력히 옹호하는 이 잡지는, 리비아 전쟁이 "부르주아 억압자들에 대한 이탈리아 프롤레타리아들의 '반란'"[69]이라고 주장하기도 했다. 그리고 무솔리니, 루이지 페데르초니Luigi Federzoni, 그리고 에드몬도 로소니Edmondo Rossoni 같은 (미래의) 유명 인사들을 포함하여 생디칼리스트들과 민족주의자들 양쪽으로부터 기고를 받았다. 그리고 1910년 혁명적 생디칼리스트 파올로 오라노Paolo Orano가 창간한 잡지 『루파』Lupa는 소렐의 혁명적 수정주의를 옹호했다.

코라디니는 자신의 인기가 점점 증가하고 민족주의적 감정이 꾸준히 고조되자 공식적인 민족주의 조직을 결성할 시기가 무르익었다고 판단했다. 그리고 1910년 12월 이탈리아 민족주의협회Associazione Nazionalista Italiana의 창립 대회가 개최되었다. 대회에 모인 대표들은 생디칼리스트, 사회주의자, 공화주의자, 보수적 자유주의자 등으로 구성되었다. 기조연설에서 코라디니는 대중적 민족주의, 민족적 생디칼리슴, 그리고 프롤레타리아 민족으로서 이탈리아에 대해 자세히 설명했다. 그는 이탈리아인들이 자신의 문제를 해결하고자 한다면, 자신의 이익을 [공동체 구성원 간에] 서로 경쟁해서가 아니라 국경 바깥에 있는 자들에 대항해 공동으로 투쟁할 때 얻을 수 있다는 사실을 인식해야 한다고 주장했다. 코라디니는 다음과 같이 선언했다. "오랫동안 사회주의자들은 …… 동남아시아나 파라과이의 노동자들과 연대하고, 고용주들과 이탈리아 민족으로부터 자신들을 완전히 단절하는 것이 노동자들의 이익이라고 오랫동안 설교해 왔다. 우리는 노동자들의 머릿속에 그들이 고용주들과, 또 무엇보다도 자신의 나라와 연대를 유지하고, 파라과이 또는 동남아시아 동지들과의 [연대] 따위는 집어치우는 것이 자신에게 최선의 이익이라는 사실을 주입해야 한다." 그는 이어서 다음과 같이 주장했다. "사회주의가 프롤레타리아에게 계급투쟁의 가치를 가르친 것처럼 우리는 이탈리아에 국제적 투쟁의 가치를 가르쳐야 한다." 그렇게 해서 민족주의자들은 민족적 단합과 소생을 위한 하나의 군대, 즉 "우리의 민족사회주의"를 만들어 냈다.[70]

민족주의협회는 설립 이후 그 이데올로기와 목표를 계속 가다듬어 갔다. 1914년 5월에 열린 세 번째 집회는 알프레도 로코Alfredo Rocco를 운동의 최전선으로 끌어올렸다. 청년 시절 잠시 사회주의에 동조했던 로코는 상법 분야의 존경받는 교수로서, 경제학과 관련한 문제에서 민족주의자들의 주 대변인이 되었다. 그는 이탈리아가 '유럽의 부유한 나라들과 투쟁하고 있는 가난한 나라'라는 사실을 인식하지 못하고 있다는 이유로 사회주의자들을 비난했다. 그러면서 "궁핍의 분배는 노동자들에게 아무런 도움이 되지 않을 것"이라고 지적했다.[71] 그는 민족주의가 사회주의보다 우월하다고 주장했다. 왜냐하면 그것은 민족적 생산과 단결을 증진해야 한다는 그 무엇보다 중요한 필요를 인식하고 있었기 때문이다. "그것은 민족적 의식을 창조하고 민족적 규율을 확립해 사회를 내부로부터 강화하는 것을 목표로 한다. 게다가 그것은 경제 생산을 좀 더 강화하여 내부의 부가 증가되길 바란다. 그것은 또한 노동계급의 경제적·도덕적 지위가 향상되기를 원한다. 왜냐하면 노동자들의 좀 더 높은 지위는 사회적 응집력을 강화하고 국부를 증진하며 민족이 전쟁에 적절히 대비하는 데 필수적이기 때문이다."72) 로코는 사회적 연대의 노력이 부족하고 이탈리아의 발전에 대한 요구를 경시한다는 이유로 사회주의자들을 공격했으며, 경제적·정치적 자유주의 또한 열렬히 반대했다. 그는 이탈리아 같은 가난한 나라에서 '사회주의의 유물론과 숙명주의'73)는 사치품이라고 주장했다. 또한 자유주의는 민족을 약화시키고 분열시키는 역할을 할 뿐이라고 믿었다(이런 공격의 결과, 많은 자유주의자들이 민족주의 운동에서 쫓겨났다). 이와는 대조적으로 민족주의에 대한 그의 비전은 '혼합형mixed 생디칼리슴'을 옹호하는 것으로 나타났다. 이것은 노동자들과 기업가들을 화해시켜 이탈리아가 너무도 절실히 필요로 하는 "정치적 안정, 정신적 일체감, 경제적 통일, 사회적 조화를 성취"74)하는 데 도움을 주었다.

따라서 제1차 세계대전을 향해 가던 시기에 민족주의는 이탈리아 사회주의 운동과, 좀 더 넓게는 이탈리아의 정치 상황에 재앙을 초래했다. 점점 더 많은 혁명적 좌파와 민족주의적 우파들이 서로의 운동 간에 중요한 유사점이 있음을 깨달았다. 전자는 정통 마르크스주의와 그 제도들, 그리고 그 지지자들에게서 환멸을 느끼고는 민족주의가 갖는 동원과 혁명의 잠재력을 높이 평가하게 되었다. 후자는 리소르지멘토 이후 체제의 실패와 전통적 부르주아 정당들의 무능력에 환멸을 느끼고는 생디칼리슴과 혁명적 수정주의의 자유의지론적이며 혁명적인 정신, 그리고 이탈리아 노동자들에게 민족주의의 호소력을 넓힐 수 있는 잠재력을 높이 평가하게 되었다. 소렐의 사상은 이 집단들이 공통의 기반을 발견할 수 있는 하나의 교리를 제공해 발생 단계에 있던 이런 연합의 성장을 더욱 촉진했다. 그 결과 제1차 세계대전을 앞둔 몇 년 동안 '소렐주의'는 이탈리아에서 좌파 혹은 우파와의 분명한 연계 고리를 상실했고, 그 대신 정치적 스펙트럼을 뛰어넘어 지지자를 끌어들였던 사회주의의 '민족적' 버전과 연계되어 갔다. 따라서 그 시기 이탈리아에서는 민족주의와 사회주의 사이의 지적·조직적 경계선이 무너지기 시작했다.[75]

프랑스

이탈리아나 나머지 유럽 나라들 대부분에서 그랬던 것처럼 프랑스에서도 세기말 무렵 민족주의와 사회주의 사이에 시험적인 조합이 이루어지기 시작했다. 앞 장에서 지적했듯이 조레스(와 그 밖의 다른 민주적 수정주의자들)는 오랫동안 프랑스 민족과 민족성의 원칙을 수호해 왔다. 하지만 프랑스 생디칼리스트 지식인들 사이에서도 민족에 대한 관심이 자라나고 있었는데, 그들 가운데 많은 이들이 "소렐을 자신의 스승으로 여겼다."[76] 이 그룹 내에서는 위베르 라가르델Hubert Lagardelle과 에두아르 베르트Édouard Berth[77]의 영향력이 가장 컸다. 라가르델은 『사회주의 운동』Le Mouvement Socialiste이라는 평론지의 편집을 맡았는데, 이것은 혁명적 수정주의의 매우 중요한 기관지가 되었으며 프랑스와 유럽 생디칼리슴의 발전에 상당한 영향력을 행사했다. 소렐은 이 평론지에 많은 글을 발표했다. 예를 들어 『폭력에 대한 성찰』도 1905~06년에 걸쳐 이곳에 연재되었던 글들을 바탕으로 한 것이었다. 한편 베르트는 소렐의 '가장 친하고 든든한 친구'[78]였다. 그는 게드와 정통파에 대한 초창기 비판자였는데,[79] 특히 당대의 많은 사회주의 운동과 결합되어 있던 수동성과 숙명론을 경멸했다.[80] 베르트는 또한 자본주의에 대한 견해에서 주류 좌파들과 갈라섰다. 그는 자본주의를 통렬하게 비판했지만 그 배경은 물질적이라기보다는 윤리적인 것이었다. 예를 들어 그는 자본주의가 만들어 낸 "자기중심주의, 갈등, 잔인성, 추함"[81]에 반대했다. 그리고 사회주의란 "인간이 자동인형의 지위로 축소되는 세계에 대한, 그리고 인간이 '괴물 같은 도덕적·형이상학적 유물론'에 의해 위협당하는 세계에 대한 영혼의 반란"[82]으로 가장 잘 이해될 수 있다고 믿었다.

하지만 이탈리아에서와는 달리, 대부분의 프랑스 생디칼리스트들의 태도는 시간이 흐르면서 부드러워졌다. 특히 1906년의 총파업 실패 이후 (라가르델을 포함한) 대부분은 의회주의·점진주의와 화해하고 있었다. 하지만 (베르트를 포함한) 다른 이들은 현존 질서와 화해하기를 거부했고, 당시 성장하고 있던 민족주의 운동에서 혁명적 열망의 잠재적·대안적 출구를 찾기 시작했다. 이런 움직임은 그곳에서 태동하고 있던 변화들로 더욱 활발해졌다. 특히 민족주의자들이 사회주의적·소렐주의적 주제들에 대해 점점 깊은 관심을 갖게 된 것으로 인해 말이다.

프랑스의 '새로운' 민족주의는 1880년대 후반과 1890년대 초반의 불랑제주의 운동과 함께 시작되었다. 이 운동은 민족주의적·권위주의적 성향으로 인해 일반적으로 우파들의 운동으로 여겨지지만, 많은 불랑제주의자들은 자신들을 사회주의자라고 칭했으며 전통적으로 좌파들이 주장해 온 정책들을 옹호했다. 그들은 광범위한 사회 개혁 프로그램들을 지지했고 의회에서 사회주의자들과 협력했다. 한 논평자의 지적대로 "불랑제주의자들을 사회주의자들과 구분하는 유일한 이슈는 민족주의"[83]뿐이었던 것이다. 불랑제주의자들은 대개 사회주의와 연관된 많은 정책과 주제를 옹호했을 뿐만 아니라, 좌파의 오랜 지지자들에게 접근하기 시작했다. 민족적 단합과 계급 교차적 협력에 대한 불랑제주의자들의 호소, 그리고 자신들이 프랑스의 '박탈당한 자들'과 '보잘 것 없는 사람들'84)의 진정한 옹호자라는 주장은, 정치적 스펙트럼을 넘어서 지지자들을 끌어들였다.

불랑제주의의 에피소드는 비교적 짧게 끝났지만, 그 영향은 오랫동안 지속되었다. 그것은 프랑스에서 새로운 유형의 우익 운동이 출현했음을 알리는 것이었다. 전통적으로 좌파적인 것으로 여겨져 오던 주제·주장· 정책을 자신들의 것으로 만들어 낸 운동 말이다. 실제로 불랑제주의 운동이 붕괴된 이후 그 구성원들 가운데 많은 이들이 사회주의 진영으로 흘러 들어 갔다.85) 게다가 전통적 보수주의와 우파 집단들과는 다르게 불랑제 주의는 계급을 넘어서 일반적인 대중으로부터 지지자들을 끌어모으기 위해 노력했다. 따라서 그것은 프랑스 민주주의의 기반을 파괴하기 위해 사회 광범위한 계층으로부터 지지를 획득하고자 했던 '모든 미래 우파 대중 정치 운동의 선구자'86)가 되었다.87) 또한 그것은 이후 벌어질 사건들에서 결정적인 역할을 한 모리스 바레스Maurice Barrès를 무대 전면으로 끌어냈다.

바레스는 계몽주의에 적대적이었던 세기말 유럽 지식인 그룹의 지도 적 구성원 가운데 한 명이었는데, 그가 끼친 영향은 매우 깊었다. 그는 민족주의에 엄청난 열정을 쏟았다. 그는 프랑스가 직면한 가장 중요한 과제는 프랑스의 위대함을 회복하는 것이라고 생각했다. 당시의 많은 지식인들처럼 바레스는 근대성, 그중에서도 특히 자본주의를 방해물로 보았다. 자본주의는 민족 구성원들을 '승자'와 '패자'로 나누어, 개별 이익을 공동의 이익보다 우선시하고, 프랑스의 운명에 대한 통제권을 시장과 사적 이익에 넘겨줌으로써, 프랑스가 그토록 절실히 필요로 하던 민족의 단합과 사회적 응집력을 위협했다. 바레스는 운동이 성공하려면 '근대사회의 희생자들'을 민족 공동체로 다시 통합할 방법을 민족주의가 찾아내야 한다고 믿었다. 이를 위해서는 '사회적 문제'를 해결하려는 아낌없는 헌신과, 일종의 사회주의에 대한 지지가 필요할 것이었다.88) 따라서 1890년대 동안 바레스는 게드의 유물론적 정통 교리를 거부하면서도 자신이 사회주의자임을 주장했다. 그는 사회주의자들이 지지했던 거의 모든 사회 프로그램과 개혁을 똑같이 지지했으며, '사회혁명'의 필요성을 인정해야 한다고 주장했다. 1890년에 그는 다음과 같이 썼다. "불랑제주의는 민족적 화해를 주장하고 박탈당한 자들을 사랑하는 사회주의적 프로그램이며, 자본의 전능함에 대항하는 총체적 운동이다."[89] 불랑제주의가 좌파들의 전통적 주제들 가운데 많은 것들을 받아들이도록 하는 데 바레스가 미친 영향력은 널리 알려진 사실이었다. 당시 한 신문의 표현에 따르면, "오늘날 [바레스가 이끌었던—옮긴이] 민족당the National party은 오직 사회주의자들로만 이루어져 있다."[90] 물론 민족주의자로서 바레스는 모든 사회주의적 의제를 수용하지는 않았다. 그는 특히 계급 갈등과 교조적 국제주의에 대한 주장에 반대했다. 그 대신 계급 갈등과 반민족주의적 입장을 벗어던진 새로운 사회주의가 필요하다고 역설했다. 그는 이런 새 교리를 '사회주의적 민족주의'라고 불렀고, 자기 자신을 '민족사회주의자'라고 칭했다.[91]

불랑제주의가 남긴 공백은 드레퓌스 사건으로 채워졌다. 한 논평자가 언급한 대로 "불랑제주의가 민족주의의 산파라면, 드레퓌스 사건은 보모"[92]였던 셈이다. 이 사건으로 프랑스 사회의 분열을 강조하고 자극하는 한편, 드레퓌스 옹호자들이 프랑스의 '전통적' 가치와 제도를 위협한다고 여기는 사람의 수를 증가시켜, 반민주적 민족주의 운동을 지지하는 잠재적인 대중을 만들어 냈다. 그리고 사건의 결과를 지켜보면서 많은 민족주의자들은 그들의 목표를 성취하기 위해서는 더욱 단호한 설득과 조직을 위한 노력, 그리고 정치적 활동이 필요하다는 것을 인식했다. 이런 인식을 바탕으로 이후 프랑스 정치 세계에서 결정적 역할을 한 사람과 조직이 태어났다. 바로 샤를 모라스Charles Maurras와 악시옹 프랑세즈the Action française였다.

드레퓌스 사건은 모라스를 프랑스 민족주의 운동의 꼭대기로 올려 보냈다. 열렬한 민족주의자인 모라스는 제3공화국에 대한 증오와 프랑스의 영광을 회복해야 한다는 집착을 자신의 에너지로 삼았다. 그는 "대중에 의해 긍정적이고 창조적 행위가 이루어졌던 사례"93)는 역사 속에서 단 하나도 찾을 수 없다고 주장했으며, 정치적 질서는 헌신적인 지도력을 요구한다고 확고히 믿었다. "군중은 항상 단호한 의지를 지닌 소수를 추종한다"94)며 직설적으로 주장하기도 했다. 이런 맥락에서 그는 왕정복고를 지지했다. 하지만 권위주의적·왕당파적 신념에도 불구하고 모라스는 단순한 구식 보수주의자가 아니었다. 바레스와 마찬가지로 그는 특정 형태의 사회주의에 대해 공감을 표했는데, 그것이 민족적 단합을 가져다줄 수 있을 것이라고 생각했다. 또한 바레스와 마찬가지로 모라스는 사회적 응집성을 파괴하는 근대성과 자본주의를 비난했으며, 현대적 질병에 맞서기 위해서는 노동자들과 기타 주변적 집단들을 민족 공동체로 다시 끌어들이려는 노력이 필요하다고 믿었다. 따라서 그는 노동자들에 대한 명시적인 지원과 광범위한 사회 개혁 프로그램을 옹호했다. 그는 이렇게 지적했다. 사회주의는 "그 민주주의적·코스모폴리탄적 요소들만 제거되면 민족주의와 잘 들어맞을 수 있다. 마치 잘 만든 장갑이 아름다운 손에 잘 어울리듯이 말이다."95)

이후 몇 년간 모라스는 악시옹 프랑세즈라는 조직의 최고 이데올로그로서 민족주의 운동에 관한 자신의 비전을 계속 발전시켜 나갔다. 모라스와 레옹 도데Léon Daudet의 리더십 아래 악시옹 프랑세즈는 민주주의와 공화국을 공격했고 왕정복고를 주창했으며, 프랑스를 '외국적 요소들'로부터 정화하고 강화할 '통합的integral 민족주의'를 옹호했다. 비록 악시옹 프랑세즈는 분명한 우파의 운동이었지만, 사회주의적·민족주의적 견해를 모두 표명하는 불랑제주의적 경향을 계속 유지했다. 그들에 관한 가장 저명한 논평자가 지적했듯이 "그것은 민족주의의 대중적 급진주의를 왕당파들의 반동적 엘리트주의와 결합하고 화해시켰다."96) 그것은 현대사회를 오염시키고 있는 사회적 분열과 관련해서 자유방임 자본주의를 비난했다. 그리고 '사회문제들'에 대해 적극적으로 관심을 가졌으며, 노동자들을 민족 공동체에 다시 통합하기 위한 폭넓은 사회 개혁 프로그램을 옹호했다.

악시옹 프랑세즈의 일부 구성원들은 조르주 소렐의 사상에 매력을 느끼기 시작했다. 이런 호감은 얼마 지나지 않아 화답을 받았다. 악시옹 프랑세즈는 1908년 소렐과의 인터뷰를 출간하면서 "비록 왕정복고가 가능하다고 보지는 않지만, 그렇다고 그것을 심각하게 반대하지는 않는 '훌륭하고 심오한 반민주적 사회주의 이론가'"97)라고 그를 소개했다. 소렐은 칭찬에 대한 답례로 모라스의 통합적 민족주의에 대해 자신이 큰 관심을 갖고 있다는 것과 함께, 좌익과 우익 반민주주의자들 간의 친선을 도모할 수 있음을 표명했다. 1910년에 이미 그는 악시옹 프랑세즈의 구성원들과 공개적으로 협조하는 사이가 되어 있었다.

1911년 결성된 서클 프루동the Cercle Proudhon이 소렐과 모라스 모두의 지도를 받은 것은 그 일환이다(그들은 이 두 사람을 가리켜 '프랑스와 유럽의 부활을 이끄는 지도자들'98)이라고 불렀다). 서클은 사회주의적·민족주의적 주제들을 결합했을 뿐만 아니라, 민주주의를 비난했다. 서클이 발행했던 『서클 프루동 보고서』Cahiers du Cercle Proudhon의 창간호는 다음과 같이 선언했다. "민주주의는 지난 세기 저질러진 최악의 실수다. 경제와 정치 분야에서 민주주의는 자본주의 체제의 설립을 허용했다. 민주적 사상이 사람들의 영혼 속에서 민족·가족·도덕의 개념을 해이하게 만들었다면, 자본주의는 혈연의 법칙들을 황금의 법칙들로 대체하는 식으로 국가 속에서 그것들을 파괴해 버린다."99) 소렐의 친구 베르트는 악시옹 프랑세즈 출신의 조르주 발루아_{Georges Valois}와 함께 서클의 가장 유명한 후원자 가운데 한 명이었다.100)

발루아는 이후 새로워진 '민족적·사회적' 우파의 중요 인물로 등장했다. 그는 처음에는 좌파에서 경력을 쌓았으며 소렐에게 엄청난 영향을 받았다. 하지만 1900년대 초기 무렵에는 노동운동의 온건함과 의회주의적 경향에 환멸을 느껴 그것을 버리고 악시옹 프랑세즈에 가담했다. 그는 노동문제와 경제문제에서 조직의 으뜸가는 전문가가 되었으며, 좌익과 우익 반민주주의자들 간의 화합을 열렬히 옹호했다.101) 발루아는 민족주의의 '사회적' 구성 요소들을 확대하고 노동계급을 자신들의 운동 안으로 끌어들이는 데 헌신했다. 그의 주장에 따르면, 민족주의는 "그것의 본질만 놓고 볼 때 다른 모든 고려 사항보다 민족이 우선시되어야 함을 주장하는 것이다. 사회주의는 단지 사회정의에 대한 요구일 뿐이다."102) 그는 민족주의와 사회주의 둘 다 자본주의에 대한 단호한 비판자라고 주장했다. 하지만 그는 (점점 그 수가 많아지고 있던 혁명적 수정주의자, 민족주의자 동료들과 마찬가지로) 자본주의 체제의 내재적 본성 그 자체보다, 자본주의의 '과다함'과 그것이 초래한 부정적인 사회적 결과들에 더욱 초점을 맞추는 데 그쳤다. 언젠가 그는 이렇게 썼다.

> 자본주의의 원리들은 …… [경제적] 영역 바깥에 적용될 경우 어떤 인간 집단들에게나 해롭다고 볼 수 있다. 그것들이 오직 자본에 대해 가능한 한 가장 높은 산출을 보장하기 위해 확립되었다는 사실을 고려한다면, 기업의 우두머리들은 그들의 본성적 이기주의만큼이나 이런 원리들의 힘 때문에, 좀 더 상위의 이익(민족의 이익)에 비추어 자본 산출과 토지 개발의 직접적인 가능성을 제한하는 모든 제도를 파괴하게 된다. 따라서 종교적 삶은 약해지고, 노동자들의 삶은 악화되며, 가족은 파괴되고, 외국에서 이주 노동자들이 들어오며,

천연 자원은 제한 없이 이용되고, 정치제도들은 자본의 과도한 산출을 더욱 증가시키기 위한 강제 기구로 전환된다. 모든 면에서 민족의 이익은 심각하게 훼손된다.[103]

서클 프루동에서나 그 후의 노력을 통해, 발루아는 민족주의와 사회주의가 상호 보완 관계에 있다는 사상을 발전시키는 데 일조했다. 그 사상은 전후 프랑스에서 점점 더 큰 반향을 일으켰다.

독일

이탈리아나 프랑스에서와 마찬가지로 세기말 점점 그 수가 증가하고 있던 독일의 민족주의자들은 새로운 형태의 사회주의를 부르짖기 시작했다. 그것은 마르크스주의에는 반대하지만 자본주의에 가혹할 정도로 비판적이었으며, 근대사회를 오염시킨 갈등과 분열을 극복하는 데 초점을 맞춘 것이었다. 또한 프랑스나 이탈리아에서와 마찬가지로 우파 인물들이 민족주의와 사회주의의 종합을 위해 노력하고 있었고, 일부 좌파들 또한 같은 방향으로 움직이고 있었다.

정통 마르크스주의의 기수이자, 사회주의 인터내셔널의 가장 중요한 정당인 독일사민당은 오랫동안 독일 민족주의에 반대해 왔다. 그리고 빌헬름 왕정 아래 정치체제에서 소외되고 보수주의자들의 악의적 공격을 받으면서 (민족주의에 대한) 반감을 더욱 굳건히 하게 되었다. 하지만 20세기 초기에 이런 적대감은 누그러지기 시작했다. 특히 1907년 선거에서 위축된 뒤 사민당은 [민족주의에 대한] 당의 태도를 재평가해야 한다는 요구에 시달렸다. 이탈리아나 프랑스의 경우와는 달리 독일에서는 소렐도 생디칼리슴도 그다지 힘을 발휘하지 못했지만, 독일 사회주의 운동 내에서 벌어졌던 민족주의 논쟁은 서유럽의 다른 지역들에서 발생했던 것들과 공통점이 많았다. 그 공격을 이끈 것은 수정주의자들이었다. 이들은 다시 크게 두 부류로 나뉘었다. 앞 장에서 말한 바와 같이 베른슈타인으로 대표되는 민주적 수정주의자들은 노동계급에게 국제적 헌신뿐만 아니라 민족적 헌신에 대한 의지 또한 존재하며, 사회주의 운동이 민족주의가 발휘할 수 있는 강력한 호소력을 무시하고 있다고 주장했다. 하지만 이와 관련하여 훨씬 더 영향력이 있었던 것은 요제프 블로흐Joseph Bloch의 『월간 사회주의』Sozialistische Monatshefte를 중심으로 모인 당의 또 다른 분파였다. 비록 명백히 소렐주의적이었던 것은 아니지만 이 그룹은 서유럽 다른 지역의 혁명적 수정주의자들과 분명 닮은 점이 있었다.

블로흐의 지도 아래 『월간 사회주의』는 당의 가장 인기 있고 영향력 있는 잡지이자 독일 수정주의를 위한 주된 토론장이 되었다. 다양한 면모의 수정주의적 비평들이 그것의 지면들을 통해 퍼져 나갔다. 특히 당의 정통 마르크스주의적 결정론과 수동성이 주된 비난 대상이었으며, 사민당을 향해 그들이 갇혀 있는 '프롤레타리아 게토'를 깨뜨리고 나오라는 주장은 (특히 1907년 이후) 단골 주제였다. 대부분의 『월간 사회주의』의 기고자들이 지나치게 많은 수정주의적 입장(정통 마르크스주의에 대한 거부, 사민당의 기반 확장을 위한 헌신, 활발한 개혁 작업에 대한 전념, 독일 문화와 애국심의 수용)을 공유했기 때문에 그들은 일반적인 '수정주의자'라는 범주로 뭉뚱 그려져서 잘못 분류되곤 했다. 하지만 베른슈타인은 당대의 인종적 또는 원초적 민족주의를 단호히 거부하고 자유주의적 이상과 정책들에 대한 헌신을 유지했던 반면, 블로흐와 『월간 사회주의』 그룹의 다른 많은 구성원들은 사회주의와 독일민족성Deutschtum의 조화를 선동하고 자유주의적 '종양'을 비난하곤 했다.104)

특히 반자유주의는 블로흐 사상의 중심적 특징이었다. 그는 "계몽주의적 진보주의를 무시하고 '인도주의의 탈을 쓴 괴물'을 경멸"했으며 자유주의적 경제정책을 비난했다.[105] 그는 자유무역이 독일과 그 노동자들에게 해롭다고 주장했으며, 보호주의를 소리 높여 옹호했다. 그는 보호주의가 여러 사회경제적 집단들을 하나로 묶는 능력을 지니고 있다고 생각했다. 블로흐가 보호주의를 지지했던 것은 제국주의를 포함한 독일 세계정책 Weltpolitik에 대한 폭넓은 지원의 일환이었다(실제로 블로흐는 많은 보수주의자들과 민족주의자들에게 자부심을 갖게 만들 입장을 취했다. '독일에 의한 유럽 대륙 지배'[106]에 대한 지지 같은 것 말이다). 그는 강력한 독일 국가와 하나로 통일된 민족 공동체를 옹호했는데, 그런 입장과 사회주의 사이에는 아무런 모순도 없다고 보았다. 왜냐하면 그는 사회주의를, 단순히 '모두를 위한 최상의 성취'를 추구하는 것 정도로 여겼으며, 그것의 본질은 '공동의 번영을 위한 봉사'라고 생각했기 때문이다.[107] 또한 그는 민족 공동체(또는 그가 종종 '계급 간 연대'라고 칭했던 것)가 사회주의 건설에 있어서 '계급투쟁'만큼이나 중요해질 것이라고 믿었다.[108] 블로흐에게,

…… 민족적 사상은 민족 전체의 경제적 이익의 총합 이상의 것이었다. 또한 그것은 문화적·정신적 차원들을 갖고 있으며, 이것들은 계급을 초월하고 모든 계급들 사이에서 민족공동체의 감정을 촉진했다. 만약 민족의 힘 또는 국민의 생명력이 독일인들이 보여 주고 있는 것처럼 강력하다면, 노동자들에게는 오직 계급투쟁만이 중요하다고 주장하는 사회주의자들은 독단적 교리에 사로잡힌 바보들이라 할 수 있다.[109]

한편 이 그룹의 가장 영향력 있는 대변인은 칼 로이트너Karl Leuthner였다. 블로흐처럼 로이트너는 계몽주의적 진보주의와 자유주의를 경멸했다. 그

는 자유주의에 관해 이렇게 논평했다. "아마도 맨체스터학파의 세계관처럼 건전한 정치적 통찰력을 많이 상실한 지적 흐름은 결코 존재한 적이 없을 것이다." 그는 "자유주의 경제학과 정치학의 교리가 박멸"110)될 때까지 사회주의 또는 독일의 진보에는 희망이 거의 없다고 믿었다. 그리고 독일 민족성의 미덕을 옹호했다. 로이트너 또한 강력한 국가를 옹호했는데, 그것은 일단 인민 주권의 힘과 결합되기만 하면 "국가와 민족을 민족공동체의 기반 위에서 조화로 이끌 것"111)이었다. 이런 과정을 재촉하기 위해서 그는 사민당이 지지 기반을 확대하고 계급 교차적 동맹을 추구할 필요가 있다고 믿었다. 그리고 '민족적' 수사와 정책들이 이를 더욱 촉진할 것이었다. 그가 주장했듯이 "정치적으로 효과를 거두자면 독일 노동운동은 대중 또는 국민의 정당으로 전환되어야 하고, 민족적 또는 일반적 이익을 계급 이익보다 우위에 두어야만 하는 것이다."112) 마지막으로 로이트너는 군사적 확장, 제국주의, 보호주의를 옹호했다.

사회주의의 이런 '민족적' 방향 전환과 함께 블로흐, 로이트너, 그리고 『월간 사회주의』의 그 밖의 다른 기고자들은 몇 가지 목표를 이룰 수 있기를 희망했다. 그들은 독일의 국가와 그 국제적 지위를 강화하고자 했다. 그들은 사민당의 지지 기반이 확장되기를 희망했다. 그리고 사민당의 민족적 전향이 노동자들과 민족의 나머지 집단들 사이의 갈라진 틈을 메워 낼 수 있기를 바랐다. 한 논평자가 지적했듯이 블로흐와 『월간 사회주의』 그룹의 궁극적 목표는 "반자유주의적이고 반마르크스주의적인 민족주의 위에 세워진 공동전선Sammlung의 도움으로 독일 노동계급을 현존 사회질서로 통합하는 것이다. 그리고 이런 공동전선은 진정으로 세계적이고 획기적인 차원에서 독일을 초강대국의 지위로 끌어올리는 것을 목표로 한다."113)

『월간 사회주의』 그룹이 끼쳤던 정확한 영향력을 측정하기는 어렵다.

독일사민당은 이탈리아나 프랑스 사회주의 운동과는 달리 고위급 인사들이 변절하거나 당원들이 민족주의 운동에 명백히 호의적인 태도를 보이지는 않았다. 하지만 블로흐, 로이트너, 그 밖의 다른 이들이 옹호했던 일종의 '민족적' 사회주의적 입장을 기꺼이 고려해 보려는 태도가 이 시기 사민당 내에 점점 증가했음은 분명해 보인다. 일부 논평자들은 다음과 같이 지적했다.

> …… 1907년 이후에 열린 당의 여러 회의들에서 민족주의적 수정주의자들은 '조국의 미덕'을 찬양하는 열정적인 무대를 연출하곤 했는데, 이들은 칼 리프크네히트(Karl Liebknecht)가 당이 노동계급에게 '프롤레타리아 국제주의의 전통에 따르는 적합한 교육'을 제공하기 위해 새롭게 노력해야 한다고 호소했을 때보다 더욱 큰 박수갈채를 받았다. '올바른 마르크스주의 원칙들'을 당에 전수해야 한다는 그의 소중한 이론적 사명이 민족주의적 수정주의 세력들에 의해 심각하게 위협당하고 있으며, 사민당이 실제로는 후퇴하고 있다는 사실을 카우츠키가 인정하는 데는 시간이 한참 더 필요했다.114)

많은 이들은 1914년 독일의 전쟁 노력을 지원하기로 한 당의 결정을, 민족주의 세력과 수정주의 세력이 사민당에 (카우츠키를 비롯한 전쟁 전 사민당 지도자들이 인정하고 싶어 하는 것보다 훨씬 더) 큰 영향을 끼쳤다는 사실의 증거라고 보았다.

이제 독일의 우파들에게로 관심을 돌려 보자. 독일 경제의 급속한 변화(19세기 후반의 독일은 프랑스나 이탈리아보다 훨씬 빠르고 철저하게 산업화되었다)와 독일의 통일 과정에서 비롯된 사회적 긴장으로, 근대 자유주의적 자본주의사회에 대한 비판과 민족 통합에 대한 호소가 커가기에는 이탈리아나 프랑스보다 독일이 훨씬 유리한 토양이었다. 한 논평자의 지적대로 독일 지식인들은 일반적으로는 근대성의 진보를, 구체적으로는 자유주의와 자본주의를 이례적으로 강하게 공격했다. 그래서 다른 곳 같았으면 문제가 좀 있더라도 통제 가능한 수준에서 그쳤을 문제들을, 이들은 '결정적인 지적·정치적 힘'[115]으로 바꾸어 놓았다. 또한 독일에서의 민족주의는 다른 지역에 비해 언어적·문화적·역사적 조건보다 인종적 조건을 통해 민족의 정체성을 정의하는 경향이 훨씬 더 강했다. 그리고 유대인들을 중요한 위협으로 묘사하는 경우도 더 많았다. 따라서 반유대주의는 다른 유럽 나라들보다 독일과 오스트리아의 민족주의에서 더욱 중심적인 역할을 했다.[116]

세기말 독일에는 근대성에 대한 지적 반동과 급진적 민족주의가 널리 퍼져 있었지만, 이 과정에서 특히 중요하고도 상징적인 공헌을 한 두 사람이 있었다. 바로 파울 드 라가르드Paul de Lagarde와 율리우스 랑벤Julius Langbehn이다. 한 논평자의 지적대로 "독일 민족주의 운동의 창시자가 파울 드 라가르드라고 하는 괴팍한 학자라면, 그 창시자가 보낸 선지자는 율리우스 랑벤이다."[117]

비스마르크가 [독일을 통일하는 데] 성공한 이후에도 독일이 약하고 분열된 민족이라는 믿음에 사로잡혀 있던 라가르드는 당시 독일에서 가장 많은 글을 쓰고 가장 인기 있는 비평가 가운데 한 명이었다.[118] 라가르드에 따르면 독일에는 제대로 된 것이 거의 없었다. 문화와 교육 시스템은 엉망이었고, 도덕은 쇠퇴하고 있었으며, 분열된 사람들은 불만에 차있었다. 그는 이런 문제들을 바로잡는 것을 자신의 사명으로 생각했으며, 이를 위해서는 "동포들에게 거듭난 독일의 비전을 가져다주어야" 했다. 이는 근대성과 자본주의에 의해 찢긴 사회를 재통합함을 의미했다. 라가르드는 이런 사악한 요소들의 숙주들(즉, 자유주의자와 유대인)'을 '근절'해야 한다고 주장했다. 독일 사회에서 '외국적'이고 '파괴적인' 요소들을 숙청하는 것 외에도 그가 세운 독일 부활 계획에는 다른 것들이 포함되어 있었다. 그중 하나는 '새로운 종교'를 양성하는 것이었는데, 그는 이를 통해 서로 다른 이해관계들을 단합시키고 결집시킬 수 있다고 보았다. 또 그는 영도 자 혹은 총통Führer을 중심으로 하는 새로운 형태의 정치 질서로 의회 제도 를 대체하기를 원했다. 총통은 모든 독일인을 대표하며 그들에게 독일의 민족적 운명을 추구할 것을 격려하고 자극하는 역할을 맡는다.119)

민족 통합과 근대성의 퇴행적 효과에 대한 라가르드의, 집착에 가까운 생각들은 랑벤에 의해, 특히 1890년에 나온 그의 지극히 중요한 책『교육 자로서의 렘브란트』Rembrandt als Erzieher를 통해 더욱 발전되고 대중화되었 다.120) 랑벤은 다음과 같이 주장했다. "독일이 타락한 근본적인 원인은 근대성 그 자체, 즉 전통적 사회와 전통적 믿음을 파괴한 새롭고 폭력적 인 힘들의 복합체 때문이다. 하지만 좀 더 직접적인 원인은 바로 유대인 들 때문이다."121) 라가르드와 마찬가지로 랑벤은 유대인들을 공적 권위 와 영향력을 지닌 지위에서 제거하기를 원했다. 또한 그는 민족 통합을 위해서는 노동자들처럼 자유주의적·자본주의적 지배 질서에 의해 주변 으로 밀려난 집단들에게 특별한 주의를 기울일 필요가 있다고 믿었다. 그 들을 민족 공동체로 끌어들이기 위해 그는 사민당의 '민족주의화'를, '즉 사민당의 민족주의적·사회주의적 운동으로의 전환'을 옹호했다. 그리고 여러 사회집단들 간의 관계를 조절하고 조화시키는 유사 코포라티즘적 pseudocorporatist 체제를 만드는 것 또한 지지했다.122) 그는 또한 민족 통합을 위해 의회 제도와 민주주의를 새로운 형태의 정치체제로 대체할 필요가 있다고 믿었다. 이는 독일 민족을 대표하고 결집할 수 있는 강력한 총통 을 중심으로 운영되어야 했다.

라가르드와 랑벤 같은 이들에 의해 발전되고 퍼져 나간 사상들은 20세 기 초반 동안 점점 더 인기를 끌었다. 그런 사상들을 옹호한 이들 가운데 살펴볼 또 한 사람은 바로 베르너 좀바르트Werner Sombart다. 그는 '당시 가장 유명한 사회과학자'123) 가운데 하나였다. 좀바르트가 당대에 누렸던 명성은 대부분 근대 자본주의에 대한 중요한 분석들에서 비롯했는데(사실 '자본주의'라는 용어는 1902년에 나온 그의 책 『현대자본주의』Der moderne Kapitalismus 를 통해 도입된 것이다), 그 주제는 독일에서 제1차 세계대전을 앞두고 있던 시기 거의 집착에 가까울 정도로 연구되고 있던 것이었다(1911년에 독일의 한 논평자는 다음과 같은 의견을 남겼다. "프랑스인들이 '프랑스 대혁명은 무엇이었나?'라는 영원한 주제를 갖고 있는 것처럼, 우리의 민족적 운명은 우리에게 '자본주의란 무엇인가?'라는 오랫동안 지속될 주제를 선사했다"124)). 좀바르트는 현재 독일이 겪고 있는 불행의 원인인 자본주의의 파멸적 효과를 라가르드나 랑벤보다 훨씬 더 심하게 비난했다. 그는 사회적 갈등, 유물론, 민족 문화의 파괴, 민족적 통합의 훼손과 같은 모든 문제가 자본주의의 출입문 앞에 쌓여 있다고 본 것이다. 그리고 유대인들은 자본주의의 융성에만 책임 있는 것이 아니라, 자본주의의 가장 불쾌한 특징들, 즉 자기중심주의, 자기 이익 추구, 그리고 [구체적으로 실존하는 인간을] 추상적으로 형상화된 존재로 만든 책임이 있다고 생각했다.125) 그 결과 한 연구자의 지적대로 좀바르트의 작업에서 자본주의의 승리는 "구체적·개별적·그리스도교적 공동사회Gemeinschaft를 추상적·보편적·유대인적 이익사회Gesellschaft로 대체"126) 했다는 것과 같은 의미였다. 이 같은 그의 주장은 지배 질서에 불만을 느끼는 사람들과 그것으로부터 소외된 사람들 모두가 비난할 대상을 선사했다.

좀바르트는 반자본주의와 반유대주의 사이의 연결을 더욱 확고히 했을 뿐만 아니라, 특별히 '독일적인' 또는 특별히 '민족적인' 형태의 사회주의 사상을 발전시키는 중요한 역할을 수행했다. 좀바르트의 사회주의는 마르크스주의자들의 사회주의와는 별 공통점이 없다. 사실 좀바르트는 마르크스주의를 격렬하게 비판했는데, 특히 경제의 우선성에 대한 강조를 불쾌하게 생각했다. 대신 그는 경제학이 정치적·사회적 요인들에 종속되어야 한다고 주장했다. 경제는 공동사회의 필요에 봉사하고, 공적 이익은 사적 이익보다 우선되어야 한다는 것이다. 시간이 흐르면서 그와 그의 동료들은 이 목표가 자본주의를 파괴하지 않고도, 그저 자본주의를 통제하고 극단적이고 '유대인적인' 요소들을 제거하면 달성될 수 있다고 믿기 시작했다.

이런 사상들은 19세기 후반과 20세기 초반에 독일의 정치 세계에 깊은 영향을 주었다. 이 무렵 독일 정치체제의 실패와 근대적 삶에 대한 환멸로 인해 수많은 시민사회 조직이 생겨났다.[127] 스펙트럼의 한 끝에는 명백히 비정치적인 조직들이 있었다. 일례로 당시 나그네Wandervogel라는 조직은 "대중 산업사회가 독일 청년들에게 초래한 무력감·소외감·외로움"에 맞서 그들 사이에 연대감과 민족주의적 헌신을 불어넣는 것을 목표로 했다.[128] 시골에서의 끝없는 도보 여행은 청년 나그네들에게 '진짜' 독일(즉 자본주의와 근대성에 의해 오염되지 않은 시골 지역)과 단순한 민중(산업화되지 않은 공동사회의 혜택을 여전히 누리고 있다고 생각되는 농민들)의 미덕들을 보여 줄 수 있을 것으로 여겨졌다. 이 운동은 그 시대의 전형적인, 낭만적 반자본주의와 공동체를 향한 민족주의적 열망의 결합을 보여 주었다.

스펙트럼의 다른 쪽 끝에는 민족주의적 결사체들이 있었다. 이들은 독일 민족의 생존과 번영을 위해 독일의 팽창주의가 필수적이라는 주장으로 유명했다. 민족주의의 지지 기반을 다른 사회집단들에게로 확대하고자 했던 이들은 스스로를 종종 국민의 조직이라고 불렀다. 이들은 국민을 분열시키고 그 주요 집단들을 민족 공동체로부터 소외시킨다는 이유로 독일의 지배적 정치제도들을 노골적으로 공격했다. 예를 들어 범독일 연맹의 규약에는 다음과 같은 진술이 담겨 있었다. "연맹은 모든 독일인의 독일적·민족적 감정을 북돋기 위해 노력한다. 이를 통해 특히 모든 독일 국민의 인종적·문화적 친밀감을 일깨우고 촉진할 수 있을 것이다."129)

물론 민족주의자들이 말하는 '독일 국민' 속에 유대인은 포함되지 않았다. 그리고 성장하고 있던 반유대주의의 힘은 명백히 반유대적인 집단들과 정당들의 출현으로 이어졌다. 이들은 극단적인 형태의 인종적 민족주의를, 그리고 자유주의와 자본주의(둘 다 유대인들 탓이라고 비난했다)에 대한 극단적 적대감을 널리 퍼뜨렸다. 사실 한 논평자의 말대로 "자본주의를 향한 그들의 적개심은 대단했기 때문에, 반유대주의적 프로그램들에서 순수한 사회주의와 매우 유사한 제안들(예를 들어 철도, 보험, 은행, 또는 광고의 국유화)을 찾아볼 수 있을 정도였다. 실제로 엄청나게 많은 반유대주의자들이 자신을 사회주의자라고 선언했다." 반유대주의 운동의 창시자 중 한 명이었던 빌헬름 마르Wilhelm Marr는 다음과 같이 선언했다. "반유대주의는 일종의 사회주의 운동이다. 비록 사민당보다 고귀하고 순수한 형태이기는 하지만 말이다."130) (또는 베벨처럼 "반유대주의는 바보들의 사회주의"라고 표현할 수도 있을 것이다.) 사회 개혁에 대한 헌신을 강조하기 위해 많은 반유대주의 그룹들은 '사회'라는 단어를 그들의 이름에 끼워 넣었다(그리스도교사회당, 독일사회개혁당, 민족사회주의독일노동자당 등). 하지만 시간이 흐를수록 자본주의와 시장에 관한 반유대주의자들의 그림은 좀 더 모호해졌다. 예를 들어 탐욕적 자본과 창조적 자본을 구분하는 식이었는데, 전자는 유대인들과, 후자는 '진정한 독일인들'과 연계된 것이었다.131)

일반적으로 이런 집단들은 명백히 포퓰리즘적인 입장을 채택하면서 '국민' 또는 '대중'에게 직접적으로 호소했으며, 지도부의 자리를 능력과 노력에 의해 결정되도록 개방했다. 그들은 또한 지지 기반을 확대하기 위한 정치적 조직과 선전에서 능숙하게 현대적 방법을 활용했다. 그 결과 이들의 사상은, 많은 노골적 반유대주의 조직들이 20세기에 접어들면서 쇠퇴했음에도 불구하고 이후 수십 년 동안 시민사회 결사체들과 독일의 우파들을 통해 퍼져 나갔다. 한 연구자의 지적대로 "1900년 이후 명백히 반유대적인 조직들이 쇠퇴했다는 사실은 오해를 불러일으킬 수 있다. 독일에서 많은 정당들이 치열한 논쟁을 벌인 뒤 한동안 잠잠해졌던 반면, 다른 여러 정당들, 그리고 점점 많아지는 정치적·경제적 이해 집단들과 비정치 단체들(학우회, 운동·등산 클럽 등)에 의해 반유대주의가 전보다 더욱 공개적으로 수용되었다."[132]

게다가 국경 너머 오스트리아에서는 반유대주의를 그 주장과 강령의 중심에 놓은 정당이 대단히 강력한 정치 세력으로 성장하고 있었다. 그리고 이 정당은 당시 빈을 유랑하던 열망에 찬 떠돌이 청년 예술가(히틀러)의 상상력을 사로잡았다. 오스트리아의 근대적 반유대주의 운동은 열렬한 독일 민족주의자인 게오르크 리터 폰 쇠네러Georg Ritter von Schönerer에게 많은 빚을 졌다. 그는 반유대주의, 반자본주의, 포퓰리즘을 하나로 묶어 강력한 혼합물을 만들어 냈다. 1882년에 만들어진 쇠네러의 린츠Linz 강령은 오스트리아와 독일의 좀 더 긴밀한 관계를 옹호한 것에 더해, 시민적 자유의 보호, 누진세 도입, 사회정책의 개선과 확장, 농민들과 '정직한 노동자들'에 대한 보호조치, 그리고 철도와 보험 산업의 국유화를 주장했다. 누군가 지적했듯이 이 강령은 '민족주의와 준*사회주의', 그리고 인종적 반유대주의의 주장이 혼합된 것이었다. 또한 경제적 권고 사항들에는 "'정직한' 자본과 '유해한' 자본의 대조, 그리고 주로 유대인과 관련된 직업들에 대한 비난이 정교하게 가다듬어진 형태"[133]로 포함되어 있었다. 1885년에는, 그 강령에 "모든 공적 영역에서 유대인의 영향력을 제거할 것"을 옹호하는 항목이 추가되었다. 비록 쇠네러는 하나의 대중운동을 창조해 내는 데 궁극적으로 실패했지만, 반유대주의의 지지 기반을 확장하는 데는 성공했다. 그리고 "거의 혼자만의 힘으로 게르만 민족주의 우파 운동을 만들어 냈으며, 그의 사후 최소한 한 세대가 넘도록 유지될 기본적 특성과 이데올로기를 이 운동에 부여했다. 그는 오스트리아 정치 무대 최초의 급진적 우파 대표자였다."[134]

쇠네러의 이데올로기 가운데 많은 부분들이 칼 루에거Karl Lueger에 의해 계승되었다. 비록 처음에는 민주주의자로 출발해 심지어 좌파를 지지하기도 했지만, 바람이 어디로 불고 있는지에 항상 주의를 기울였던 루에거는 1880년대 말 무렵 반유대주의가 오스트리아 정치 무대에서 상당한 힘을 가진 세력으로 자라나고 있음을 인식했다. 따라서 그는 그것을 (또 하나의 떠오르는 세력이었던) 가톨릭주의와 능숙하게 결합해 하나의 거대 정치 세력으로 만들어 냈고, 그 결과 1889년에 그리스도교사회당(역동적이고 근대적인 형태의 대중운동으로서, 그 이전에는 반유대주의자들과, 좀 더 일반적으로는 우파들이 간과해 왔던[135])이 탄생했다. 루에거는 그리스도교사회당이 '국민'의 정당이라고 설득력 있게 주장했다. 하지만 루에거가 말한 국민은 중간계급을 가리키는 것이었다. 루에거에게 특히 중요했던 것은 자본주의 아래 고통 받고 있는 중하층 계급과 장인 집단이었다. 유럽의 다른 지역들에서와 마찬가지로 이 집단들은 반유대주의에 쉽게 영향을 받는 것으로 드러났다. 또한 이들에게서 지지를 얻어 내기는 매우 쉬웠다. 그들은 오스트리아 정치 무대의 두 주요 세력(자유주의자들과 사회주의자들)으로부터 사실상 버려진 상태였기 때문이다. 따라서 그리스도교 사회주의자들은 이 집단들의 불만과 소외를 이용하여 "그들을 다양한 이해 집단들로 구성된 하나의 연합으로 통합시켰다. 부르주아 내부 분파들 간의 전통적 갈등을 더 큰 이해관계 아래 종속시킴으로써 말이다. 오스트리아 사회주의자들이 장인들과 재산 소유자들에 대해 갖고 있던 반감을 생각할 때 반유대주의 전략의 성공은, 적어도 단기간 동안에는, 보장된 것이나 다름없었다."[136]

144

그리스도교 사회주의자들은 대중적 지지 기반을 만들어 내고자 했기 때문에 보통선거권을 강력히 지지했다. 그리고 1906년에 보통선거권이 마침내 법제화되자 당은 자신의 현대화와 전문화 노력에 더욱 박차를 가할 수 있었다. 또한 그들은 "긴장을 유발하는, 이슈 중심의 새로운 정치 스타일을 개발했다. 즉 극적인 사회적·경제적 문제들을 동원의 수단으로 사용해, 대중의 감정을 조작하거나 필요할 경우 창조해 내기까지 했던 것이다."137) 정치 경력 초창기 시절부터 루에거는 경제적 불만의 동원 효과를 인식했고, 그래서 당은 그들이 국민의 삶을 향상하는 데 헌신하고 있다는 사실을 강조했다. 게다가 일단 권력을 잡게 되자 그리스도교 사회주의자들은 '지방자치municipal 사회주의'라고 알려진 개혁 프로그램을 활발히 밀고 나갔다. 이 프로그램에는 공공서비스의 향상, 공원과 휴식 공간의 건설, 지자체 차원에서의 가스·전차·전기 산업 운영, 시립 주택 담보대출 은행의 설립 등이 포함되어 있었다.138) 이런 프로그램들은 대체로 잘 진행되었고, 당에게 "자신들이 지방정부에서 '혁명'을 실현하고 있다는 증거로서 대중의 관심을 집중시킬, 즉각적이고 규모가 큰 목표를 제공했으며, 그 선전 가치는 막대했다."139)

비록 그리스도교 사회주의자들은 종종 자신들의 정책을 '반자본주의적'이라고 떠들고 다녔지만, 사실 그들이 부르주아 지지자들의 재산이나 생계 수단을 위협한 적은 결코 없었다. 그 대신 그들은 시장과 경제적 변화의 거친 바람으로부터 그들을 보호하기 위해 노력했다. 그들이 가장 열렬히 비난한 대상은 사유재산을 소유한 자도 아니고, 심지어 자본가들도 아니었다. 그것은 부당하게 체제를 착취하고 다른 이들의 노동 위에 얹혀 살아가는 존재로 그들이 묘사한 사람들, 즉 유대인들이었다. 마침내 이런 공식화가 강력한 정치적 힘을 발휘할 수 있다는 사실이 드러났다. 그리스도교사회당은 1895년부터 1910년 루에거가 사망할 때까지 그들이 참여한 모든 정치 경쟁에서 수위를 차지했으며, 루에거 자신은 빈에서 논쟁의 여지없는 최고의 권력자가 되었다. 그가 사망했을 때 한 주류 사회주의 신문에는 다음과 같은 기사가 실렸다. "그는 다른 중부 유럽에서는 거의 불가능한 것으로 여겨지던 것을 빈에서 성취했다. 즉 프티부르주아들을 정치적으로 조직하고 그들을 기반으로 독립적인 정당을 만들어 낸 것이다. 루에거는 아마도 대중을 고려해 행동한 첫 부르주아 정치인일 것이다. 그는 대중을 움직였고, 대중은 그의 권력이 땅속 깊숙이 뿌리내리도록 해주었다."140)

그리스도교 사회주의자들의 성공이 젊은 시절의 아돌프 히틀러Adolf Hitler에게 깊은 인상을 주었다는 사실은 반박의 여지가 없다. 하지만 루에거는 히틀러와는 결정적인 면에서 달랐다. 그는 법의 지배를 일반적으로 존중했고, 그의 '미끼로서의 유대인'은 '주로 정치적 행위' 차원에 국한되었을 뿐, 광기에 찬 인종주의적 사고를 반영하지는 않았다. 그럼에도 루에거가 만들어 낸 민족주의, 사회주의, 포퓰리즘의 혼합체는 미래 세대가 그 위에서 가장 끔찍한 결과를 만들어 낼 하나의 모델을 제공했다. 이는 '오스트리아 그리스도교 사회주의가 영원히 짊어져야만 하는 짐'인 것이다.141)

| 5 |
수정주의에서
사회민주주의로

20세기 초반 민주적 수정주의자들은 국제 사회주의 운동을 지배하던 정통 마르크스주의에 대한 강력한 비판을 완성했으며 이데올로기적 대안을 위한 기반을 마련했다. 하지만 제1차 세계대전이 촉발한 거대한 변화들이 일어나기 전까지 민주적 수정주의는 하나의 독자적인 운동으로서 그 꽃을 피워 낼 수 없었다. 그 전환 과정에서 거쳐야만 할 핵심 단계는 정통 마르크스주의의 두 기둥, 즉 계급투쟁과 역사 유물론을 공개적으로 포기하고, 그 대안으로 계급 교차적 협력과 정치의 우선성을 받아들이는 것이었다.

첫 번째 기둥(계급투쟁)은 전쟁 발발과 함께 결정타를 얻어맞았다. 유럽 대륙의 사회주의 정당들은 부르주아 정당과 제도들에 대한 의심을 버리고, 그들이 지금껏 파괴하겠다고 선언해 온 국가를 지지하고 나섰다. 심지어 인터내셔널 최대의 정당이자 정통 마르크스주의의 기수인 독일사민당마저 조국을 방어하겠다고 맹세하고는 신속한 표결을 통해 전쟁을 승인했다.1) 러시아 멘셰비키의 지도자 파벨 악셀로트Pavel Axelrod가 보고한 대로, "사민당이 전쟁을 지지하기로 했다는 소식은 끔찍하고 기절할 만한 충격이었다. 마치 세계의 프롤레타리아들에게 지진이 덮친 것 같았다. 사민당의 대단했던 권위는 단번에 사라져 버렸다."2)

프랑스에서 사회주의자들은 조국을 지키기 위해 다른 집단들과 함께 '신성동맹'[제1차 세계대전 당시 프랑스에 성립되었던 거국일치 내각—옮긴이]에 가담했을 뿐만 아니라, 몇 년간의 논란을 뒤로하고 그들의 가장 유명한 당원들, 즉 쥘 게드와 마르셀 상바Marcel Sembat를 정부에 참여시키기로 결정했다.

계급투쟁의 교리는 전쟁이 끝난 후 더 큰 압력을 받았다. 민주화의 파도가 유럽 전역으로 퍼져 나가면서 사회주의자들이 부르주아 정부에 참여할 기회가 전례 없이 확대되었기 때문이다. 민주적 행정부에 가담하거나, 심지어 이를 이끌 기회가 주어지자 많은 이들이 노동자들만으로는 선거에서 다수를 차지할 수 없으며, 정치권력을 얻기 위해서는 비프롤레타리아 집단들과 협력해야만 한다는 불편한 진실을 받아들여야 했다. 전쟁은 또한 민족주의의 엄청난 동원 능력을 보여 주었고, 공동체와 연대, 그리고 투쟁을 귀중하게 여기는 새로운 세대를 출현시켰다. 유럽의 포퓰리즘적 우익 운동들은 이런 흐름을 잘 이용하고 있었고, 많은 사회주의자들은 계급 갈등을 강조하는 정통 마르크스주의 노선에 계속 매달리다가는 보통 시민들의 요구에 제대로 반응하지 못하게 되어 경쟁자들에게 밀려날지 모른다고 걱정했다.

정통 마르크스주의의 두 번째 기둥, 즉 역사 유물론 또한 전쟁과 그 이후의 사태들로 치명타를 입었다. 전간기에 여러 나라의 정치 무대에서 사회주의 정당들은 중심적인 역할을 했고, 따라서 이들은 어떻게 정치권력을 통해 사회주의적 변화에 기여할 수 있는가라는 질문을 피하기가 점점 더 어려워졌다. 또한 대공황으로 인해 경제적 힘들 앞에 굴복하라는 [정통 마르크스주의적] 설교는 정치적 자살 행위나 마찬가지가 되었다. 실제로 19세기 말부터 성장해 온, 자유주의와 자본주의에 대한 항의의 목소리는 1930년대 초반 들어 절정에 달했다. 불만에 찬 대중은 변화를 말하는 정치적 운동이라면 무엇이든 지지할 준비가 되어 있었다. 경제적 힘들에게 역사의 운전석을 맡길 것을 강조해 온 정통파 마르크스주의자들은 여기서도 행동을 앞세운 우파 그룹들에게 주도권을 내줄 수밖에 없었다.

따라서 전간기가 끝나 갈 무렵 많은 사회주의자들은 정통 마르크스주의가 이론적으로는 고갈되었으며 정치적으로는 부적절하기에 완전히 새로운 좌파적 비전을 수용할 때가 되었다는 것을 굳게 확신했다. 그 새로운 비전은 정통 교리를 수리하는 것이 아니라 대체하는 것이어야 했다. 그래서 그들은 한 세대 전 수정주의의 선구자들이 제시했던 주제들, 즉 계급 교차적 협력의 중요성과 정치의 우선성에 관심을 돌렸다. 이제 그들은 근본적 새 출발을 알리는 이런 원칙들을 있는 그대로 인정할 수 있었고, 분명하고 생생한 정책 의제를 만들어 낼 수 있었다. 그 의제들은 공동체주의적·민족주의적 호소와 '국민정당' 전략, 그리고 자본주의를 통제하거나 변화시키는 도구로서 국가를 이용하고자 하는 의지에 기반을 둔 것이었다. 그 결과 사회주의는 마르크스주의와 단절했으며, 사회민주주의라고 부를 만한 이념이 출현했다.

참여할 것인가, 참여하지 않을 것인가

제1차 세계대전이 끝나자 사회주의 정당들은 자신들이 1914년 이전에는 상상할 수도 없었던 권력의 자리에 올라와 있음을 깨달았다. (독일·오스트리아·스웨덴 같은) 일부 나라들에서는 사회주의자들이 전후 민주주의로의 전환을 도왔으며 새로운 체제의 주요 정치적 지원 세력이었다. (이탈리아·프랑스 같은) 다른 나라들, 즉 민주주의가 1914년 이전에 이미 존재했던 나라들에서도 사회주의자들은 다른 집단들과 손을 잡고 잠재적으로는 정부 구성에도 도움을 줄 수 있는 새로운 기회를 얻게 되었다. 하지만 이런 변화에도 불구하고 많은 사회주의 정당들이 전쟁 이전의 정통파적·전통주의적 입장을 그대로 유지했다. 예를 들어 독일에서 사민당은 구체제가 무너져 내리고 있는 상황에서도 민주주의에 대한 자신들의 모호한 태도를 떨쳐 버릴 수가 없었다. 정치적 변화를 향한 압력이 점점 커지자 사민당은 1917년3) 뷔르츠부르크에서 당대회를 개최했다. 많은 연설자들이 당의 우유부단한 태도에 대한 좌절감을 나타냈다. 그래서 프리드리히 슈탐퍼Friedrich Stampfer의 다음과 같은 주장이 나오게 된 것이다.

> …… 이제 당은 자신을 거부와 항의의 정치에만 가두어 놓아서는 안 됩니다. 우리는 너무나 강해졌고 이제 적극적으로 요구하는 정치를 추구해야만 하기 때문입니다. …… 어린아이가 울면서 자신이 부당하게 맞았다고 말한다면, 당신은 그 아이를 달랠 것입니다. 이제 그 아이가 자라서 몸집도 커지고 강해졌습니다. 그리고 다시 똑같은 일이 벌어졌습니다. 그런데 그 사람이 아직도 자신이 당한 일이 부당하다고 불평하는 것 말고는 아무 것도 못한다고 해봅시다. 우리는 화가 나고 성가실 것입니다. 당의 경우도 이와 똑같습니다. 당이 여전히 작고 약하다면, 그들은 항의에 집중할 수 있고, 밖으로 나가 "우리는 의회에서 투쟁하면서 이것저것 거부했지만 별로 도움이 되진 않았다"라고 말할 수 있습니다. 하지만 유권자들이 당신들은 무엇을 이뤄 냈느냐고 물어볼 때, …… 우리 정도의 힘을 가진 정당이 …… "아무 것도 없습니다!"라고 말해서는 안 됩니다.4)

이와 비슷하게 오토 슈톨텐Otto Stolten은 동료들을 향해 "정치적 책임감을 받아들이는 것을 겁내지" 말아 달라고 부탁했다. 형세에 영향을 끼칠

수 있는 거대 정당은,

> …… 자신을 구석에 처박아 두지 말아야 할 의무가 있습니다. 또 노동계급의
> 이익을 위해 모든 기회를 활용해야 할 의무가 있습니다. 하지만 우리는 다수
> 파가 아니기 때문에 그 모든 것을 우리 마음대로 할 수는 없습니다. 따라서 타
> 협의 정치를 추구해야만 하고, 당은 타협을 위해 준비되어 있어야 합니다. 그
> 래야만 노동자들을 위해 무언가를 성취할 수 있기 때문입니다. 이것이 정치의
> 본질입니다. 이런 종류의 방침은 오랫동안 시도되어 왔지만, 혁명적 과시를
> 일삼는 정치에 의해 항상 저지당했던 것입니다.[5]

당의 모호한 태도는 전쟁이 종결되고 민주주의로 이행된 이후에도 완
전히 사라지지 않았다. 새로운 공화국에서 가장 많은 이득을 누리는, 새
로운 공화국의 지도적 정치 세력임에도 사민당은 독일의 완전히 민주화
된 첫 번째 정부에 참여하는 이유를 다음과 같은 선언으로 변명했다. "오
직 우리나라와 경제를 붕괴로부터 보호하기 위해 우리 당의 대표자들은
정부에 참여하는 희생을 감수했다."[6]

전간기 동안 시간이 흐르자 바이마르공화국의 운명이 사민당의 운명
과 긴밀하게 연결되어 있다는 사실이 점점 더 명백해졌다. 하인리히 아우
구스트 빙클러Heinrich August Winkler가 지적했듯이 "1918년에서 1933년까지
사민당의 역사를 쓰는 것은 많은 부분 바이마르공화국의 역사를 쓰는 것
과 같다."[7] 그럼에도 불구하고 사민당은 민주주의를 수호하기 위해 반드
시 필요했던 타협을 완전히 받아들이지는 못했다. 이는 계급투쟁에 대한
당의 관점에 명백히 드러났다. 비록 다른 정당들과 함께 정부를 구성했으
며, 적어도 공화국 초기에는 전통적 노동계급 외부의 집단들(특히 화이트
칼라 노동자들과 공무원들)을 끌어들였지만, 사민당은 계급투쟁과 프롤레타

리아적 순수성에 대한 헌신을 떨쳐 버릴 수 없었다. 하지만 이런 태도가 어리석다는 점을 더 많은 사람들이 인식하게 되었다. 단지 선거 전략 차원에서만 그런 것이 아니었다. 한 나라의 가장 큰 정당이 다양한 사회적 이해관계들에 대해 공개적으로 무관심하다는 것은 민주주의에도 유해했다. 1920년대 초반 당이 강령을 수정하기로 결정했을 때, 베른슈타인을 비롯한 일부가 당에, 시대의 변화를 인식하고 국민정당 전략을 공식화하여 당 스스로를 '모든 노동하는 사람'(전통적 프롤레타리아 외부의 집단들을 포함시키기 위해 의도적으로 선택된 표현임)의 당이라고 선언할 것이며, 역사 유물론의 우울한 운명적 시나리오를 폐기하라고 촉구했다.[8] 하지만 이런 방향 전환은 결과적으로 실패했다. 카우츠키가 작성했으며 사민당을 경제결정론과 계급투쟁의 수사로 복귀시키는 결의문 초안을 당이 받아들이기로 결정했기 때문이다. 그 결과 1920년대까지 사민당은 "자신의 실제 모습이 아니라 스스로 만들어 낸 이미지에 부합하는 강령을 보유하게 되었다. 즉 바이마르공화국 최강의 공식 정당이 아닌, 마치 제국 시대의 독일처럼 의회제도조차 없는 나라의 강경한 반대파처럼 행동했던 것이다."[9]

카우츠키는 부르주아 정당과 제도들에 대한 이런 모호한 태도를 정당화하기 위해 '계급 간 힘의 균형'[10]이라는 이론에 관심을 보였다. 이 이론은 전후 시대의 변화된 현실과 마르크스주의를 화해시킬 수 있는 방법을 찾고 있던 다양한 사회주의 지식인들에게 인기를 끌었다. 그것의 가장 강력하고 독창적인 옹호자는 오스트리아 사회민주노동자당(전간기에 만들어진 당으로 '개혁주의와 볼셰비즘' 사이의 좁은 길을 필사적으로 걸어가기 위한 노력이 담긴 이름[11])에서 영향력이 가장 큰 지식인이라고 할 만한 오토 바우어였다. 바우어는 민주주의로의 이행과 함께 사회적 집단들 간에 평형 상태가 만들어진다고 주장했다. 부르주아들은 여전히 지배적 세력이지만 더는 혼자만의 힘으로 마음껏 지배할 수 없었고, 그 결과 전간기의 민주주의 체제는 (마르크스가 단언했던) "독재 또는 자본가계급의 무제한적인 지배"12)가 아니었다. 따라서 민주주의는 전쟁 이전의 준*권위주의에 비해 분명 향상된 체제였다. 하지만 그렇다고 민주주의가 사회주의와 동일하지는 않았다. 아직도 남아 있는 사회주의로의 여정이 성공할 것인가를 결정하는 주된 요인은 여전히 '자본주의의 발전'이었기 때문에, 사회주의자들이 민주주의를 위해 희생하고 타협해야 하는 (그렇기에 자본주의의 발전을 지체시키는) 수준 또한 여전히 제한적일 수밖에 없었다.13)

이런 관점은 이후 결과들에 깊은 영향을 주었다. 우선 정치적 행위가 아닌 경제적 힘이 사회주의의 문을 여는 열쇠를 쥐고 있다는 확신은, "피할 수 없는 상황 논리에 대한 굴욕적인 항복"14)으로 이어졌다(그래서 많은 이들이 바우어를 햄릿에 비유했다. 어려운 결단을 내리지 못하는 그의 비극적 무능력을 표현한 것이다). 실천적 차원에서 보자면 '계급 간 힘의 균형' 이론은 정부에 대한 참여보다는 반대를 선호하게 했다. 바우어의 표현대로 "부르주아국가의 정부는, 그것이 부르주아국가로 남아 있는 한, 자연히 부르주아계급의 소유가 된다."15) 더군다나 이 이론에서는 계급 간의 연합 가능성을 완전히 배제했으며, 그 결과 연합을 일종의 '비상조치'로, 그리고 오직 사회주의자들이 지배적인 참가자일 때만 가능한 것으로 보았다.

수정주의라는 '카리브디스'(소용돌이)와 공산주의라는 '스킬라'(암초)를 피하고자 했던 이런 욕망은 전간기 동안 많은 사회주의자들과 사회주의 정당들의 특징이었다. 프랑스에서는 레옹 블룸Leon Blum이 중재자 역할을 맡았다. 그는 공산주의의 엄청난 위협에 맞서 사회주의의 단결을 유지할 방법을 찾는 데 헌신했던 사람이다. 제1차 세계대전 후 그는 당의 좌익과 우익을 달래기 위한 타협안들을 연이어 이끌어 냈다. 하지만 1920년 무렵이면 이제 중도는 유지될 수 없다는 사실이 명백해졌다. 그해 노동자 인터내셔널 프랑스 지부[프랑스 사회주의자들의 연합 정당. 3장을 참고할 것. 이후 프랑스 지부로 지칭]의 당대회에서 블룸은 정부 참여주의를 반대하면서도 민주주의를 수호하겠다는 서약을 담은 동의안을 중재하기 위해 노력했다. 하지만 당내 급진파들은 타협을 원하지 않았고, 오히려 표결을 통해 레닌의 제3인터내셔널에 가입하기로 결정했다. 결국 당은 둘로 나뉘었다. 코민테른에 가입하는 것을 찬성하는 사람들은 프랑스공산당PCF을 결성했고, 다른 이들은 잔류파들만으로 프랑스 지부를 재건하기로 결정했다.

이런 분열은 당에서 강경 좌파들을 제거했지만 당은 여전히 전쟁 전과 마찬가지로 전투적인 정통파들과 수정주의 진영으로 나뉘어 있었다. 그리고 정통파의 힘이 더 강했다. 그들은 프랑스 지부가 "전쟁 이전의 전통적 정통 교리에 대한 충성심"을 다시 확인해야 한다고 주장했다. 그 결과 다음과 같은 공식 선언이 나왔다. "사회주의 정당은 노동계급이 요구하는 당면 개혁의 수행을 추구하지만, 그 목표와 이상, 방법에서는 개혁이 아닌 계급투쟁과 혁명을 추구하는 정당이다. 이론과 실천 모두에서 비난받고 있는 좌파 연합이나 정부 참여주의는 우리 당원들 속에서 조금의 성공 기회도 발견하지 못할 것이다."16) 따라서 당은 '부르주아적인' 모든 것에 대한 의심을 공개적으로 선언하겠다는 전쟁 전의 약속으로 돌아가기 위해 노력했다. 그와 동시에 기존 체제 내에서 노동자들이 처한 상황을 함께 개선해 나가면서 말이다. 하지만 그런 방침은 그 전보다 더 지속될 수 없는 것으로 드러났다.

프랑스 지부가 좌익들의 압력 아래 1919년 선거에서 급진당(유력한 좌파 자유주의 정당)과의 연합을 회피하자 선거 결과는 예상대로였다. 비록 사회주의자들의 총 득표율은 다소 올랐지만 상당수 의석을 잃었다. 반면 국민연합the Bloc National을 결성해 힘을 합쳤던 중도파와 우파 정당들은 전체 의석의 3분의 2를 차지하는 절대 다수파가 되었다. 패배에 충격을 받은 프랑스 지부는 다음 선거에서 방침을 바꿔 급진당과 협력했다. 결과는 대승리였다. 급진당의 지도자 에두아르 에리오Édouard Herriot는 사회주의자들에게 일부 내각직 참여를 즉시 제안했다. 그러면서 그는 블룸에게 다음과 같이 써보냈다. "사회주의자들과 급진당은 고도금융high finance과 중상모략의 연합에 대항해 함께 선거를 치러 냈습니다. 국민들의 뜻은 명백합니다. 우리의 협력이 정부 내에서도 계속되어야 한다는 것입니다."17) 하지만 프랑스 지부의 전통주의자들은 여전히 정부 참여주의에 강력히 저항했고 결국 그 제안은 거부되었다. 그 결과 단명短命 내각들이 연이어 들어섰는데, 이는 모든 이들의 좌절감을 키웠고 점점 심각해져 가던 프랑스의 금융과 경제 문제들은 해결되지 못한 채 쌓여만 갔다. 그리 놀랍지 않은 일이지만, 1928년 선거에서 국민들은 다시 중도파와 우파들에게 확고한 다수파의 지위를 돌려주었다. 보수파의 레이몽 푸앵카레Raymond Poincaré는, 심지어 옛 파트너인 사회주의자들에 대한 기대를 접은 급진당과 손을 잡고 권좌에 복귀했다.

프랑스 지부의 개혁가들은 당이 정부 참여에 대한 고려를 거부함으로써 보수파들 손에 나라를 건네주고 있다고 주장했다. 하지만 정통파들과 게드주의자들은 꿈쩍도 하지 않았다. 블룸은 다시 한 번 타협안을 중재하기 위해 노력하면서, 권력의 '행사'와 '획득'을 구분하자고 주장했다. 권력의 완전한 획득은 당의 궁극적 목표이지만, 그렇다고 그 과정에서 권력을 행사할 수 있는 기회가 왔을 때 이를 거부할 필요는 없다는 것이었다. 그런 권력 행사는 의회제도 안에서는 일상적으로 일어나는 불가피한 일이었다. 하지만 심지어 블룸의 노선을 채택한 특별 당대회도 근본적 갈등을 얼버무려 놓았을 뿐이었다. 이는 1929년 급진당의 좌파 에두아르 달라디에Édouard Daladier가 사회주의자들에게 내각에 참여해 달라고 부탁해 왔을 때 명백히 드러났다. 대부분의 프랑스 지부 의원들은 그 제안을 받아들이기를 원했다. 하지만 당 지도부는 이를 또다시 거부했다. 사회주의자들이 완전한 통제권을 쥐지 못하기 때문이라는 것이 이유였다. 그 결과 달라디에는 정부를 구성하는 데 실패했고, 좌파들이 혐오했던 앙드레 타르디외André Tardieu에게 권력을 넘겨주어야 했다.

1920년대 말 무렵 프랑스 지부는 막다른 골목에 도달했다. 공산주의자들의 혁명적 환상에 참여하고 싶지도 않고, 그렇다고 부르주아 정당과 제도들을 노골적으로 받아들이고 싶지도 않았던 그들은 무엇을 해야 할지 모른 채 그저 옆으로 비켜서서 가만히 앉아만 있어야 했다.18) 한 사회주의자의 표현대로 그들은 "이론 없는 실천(소심한 개혁주의), 그리고 그의 다른 짝인 실천 없는 이론(즉, 완고한 정통 마르크스주의)의 역설"19)에 빠져 있었다.

이탈리아 이야기

한편 이와 똑같은 이야기는 이탈리아에서도 펼쳐졌다. 게다가 빠른 속도로 진행되어 좀 더 비극적인 결과를 가져왔다. 프랑스와 독일에서처럼 이탈리아 사회주의자들도 제1차 세계대전 이후 가장 강력한 정당으로 떠올랐다. 하지만 전쟁 직후 시대의 정치적·사회적·경제적 혼란조차도 이탈리아 사회당의 완고함을 흔들지는 못했다. 그들은 러시아혁명을 목도하며 더욱 급진화되었으며, 부르주아 제도들에 대한 경멸감을 분명히 드러냈다. 전후의 혼란은 지배 질서의 붕괴를 기대하고 있던 자들의 영향력만을 강화해 주었을 뿐이었다.

1919년의 당대회는 이탈리아의 사회주의 운동이 다른 곳에서처럼 세 개의 주요 분파들로 분열되었음을 보여 주었다. 아마데오 보르디가Amadeo

Bordiga가 이끄는 극좌파는 볼셰비키를 지지했다. 이들은 혁명이 '바로 눈앞에' 다가와 있다고 주장했으며, 모든 타협을 거부했다.[20] 당내 우파 그룹에서는 필리포 투라티가 민주적 사회주의자 그룹을 이끌었다. 그는 동료들에게 "지금 이탈리아 상황에서 프롤레타리아독재는 다수 대중의 위에서 행해지며, 궁극적으로 그들의 의사에 반해서 행해지는 일부 인사들의 독재로 귀결될 수밖에 없다"는 사실을 인식하라고 촉구했다. 그리고 당의 혁명적 수사법이 지속될 경우 언젠가 다음과 같이 되리라고 예측했다.

…… 폭력에 대한 호소는 우리의 적들에 의해 우리를 향해 그대로 다시 사용될 것이다. 우리보다 1백 배는 더 잘 무장된 자들에 의해서 말이다. 그렇게 되면 의회 활동과는 오랫동안 작별해야 할 것이고, 경제 조직들과도, 사회당과도 작별을 고해야 할 것이다. …… 폭력에 관해 …… 계속 말하고, 또 그러면서 그것을 항상 내일로 …… 연기하는 것은, 이 세상에서 가장 바보 같은 짓이다. 그것은 오직 적들을 무장시키고 분노하게 하며, 그들의 폭력을 정당화할 뿐이다. 우리보다 1천 배는 더 힘센 자들을 말이다. 이는 한 정당이 도달할 수 있는 최후의 어리석음이자, 혁명에 대한 진정한 포기를 의미하는 것이다.[21]

그 둘[극좌파와 우파 그룹]의 중간에는 당의 지배적 분파인 최대 강령주의자들이 있었다. 극좌파들과 마찬가지로 그들은 러시아혁명을 지지했다. 하지만 폭동 행위에 대한 관심은 덜했으며, 현존 질서와의 타협도 완전히 배제하지는 않았다. 최대 강령주의자들의 지도자 자친토 메노티 세라티Giacinto Menotti Serrati는 다음과 같이 말했다. "우리는 자유의지론을 거부한다. 아나키즘적인 것이든 개혁주의적인 것이든 간에 말이다. 우리 마르크스주의자들은 역사를 해석할 뿐 만들어 내지는 않는다. 또한 우리는 사건과 사물의 논리에 따라 적절한 시기에 행동을 취한다." 그는 훗날 유명한 말을 남겼다. 즉 사회주의자들은 '만들다'라는 동사의 (분명 자유의지론적인) 의미가 무엇인지에 대해 서로 합의할 필요가 있다는 것이었다.

> 혁명을 만든다는 것은 폭력적이고 결정적인 행동을 선동하기보다는, …… 우리가 이 불가피한 행동으로부터 이득을 얻을 수 있게 해주며, 그것으로부터 때와 환경이 허락한 모든 사회주의적 결과를 끌어낼 수 있도록 해주는 요인들을 준비하는 것을 의미한다. 혁명을 만들어 낸다는 것은, 상황이 자연스럽게 우리에게 처분을 맡기는 요인들로부터 이득을 보는 것을 의미한다고 생각한다. 그렇게 되면 사건들을 우리의 목적에 맞게 유도할 수 있다. 달리 말하자면, 우리는 혁명을 만드는 사람들이 아니다. …… 우리는 우리가 바라던 조건들 아래서 창조된 이 새로운 힘을 인식한 채 그것을 우리 교리의 목적에 맞게 이용하고자 의도하는 사람들이다.22)

최대 강령주의자들의 힘은 당대회에서 통과된 결의문에 반영되었는데, 그것은 개혁주의자들과 혁명가들의 절충적 입장을 담아냈다. 당은 '프롤레타리아독재'에 대한 지지를 선언했고, 국회와 지방정부들을 '부르주아적' 제도들이라고 비난했다. 또한 "프롤레타리아는 부르주아들의 폭력으로부터 자신을 보호하기 위해, 권력을 획득하기 위해, 그리고 혁명의 성과들을 굳건히 하기 위해 반드시 무력을 사용할 필요가 있다"고 선언했다. 이와 동시에 당은 선거에 참여하는 것 또한 허용했는데(하지만 정부에 참여하는 것은 허용하지 않았다), 선거에서의 승리가 "의회와 '부르주아 지배 기관들'의 파괴를 촉진"할 것이라며 이를 정당화했다.23)

이런 타협의 시험 무대가 되었던 1919년의 총선에서 사회당은 이탈리아의 최대 정당으로 올라섰다. 신생 가톨릭 정당인 이탈리아인민당과 힘을 합칠 경우 심지어 과반수 의석을 점할 정도였다. 하지만 가톨릭 측은 사회주의자들을 싫어했고, 사회당 또한 이미 자신들은 '부르주아' 정당들과 아무 연관도 없으며 정부 참여에는 관심이 없다는 것을 분명히 밝힌

뒤였다. 따라서 사회당은 이후 대책 없이 수수방관할 뿐이었고, 그러면서도 당의 지지자들에게는 혁명이 잘 진행되어 가고 있다는 사실에서 위안을 찾으라고 촉구했다.[24] 이에 대해 무솔리니(이 시기 그는 이미 당에서 나가 자신의 혁명운동을 준비하고 있었다. 6장 참고)는 다음과 같이 예리하게 지적했다.

선거에서의 놀라운 승리는 그저 사회주의자들의 무능함과 나약함만을 보여 주었을 뿐이다. 그들은 개혁가들이나 혁명가들과 똑같이 무기력하다. 그들은 …… 의회에서도 거리에서도 …… 행동하지 않는다. 대승리를 거둔 다음 날, 힘쓸 만한 곳을 헛되이 찾느라 자신을 소모시키면서 개혁도 혁명도 시도할 의지가 보이지 않는 정당의 모습은 우스꽝스러울 뿐이다. 이런 상황은 그들에 대한 우리의 복수다. 그리고 그 기회는 우리가 바랐던 것보다 더 빨리 찾아왔다![25]

이후 몇 달 동안 경제적·사회적 상황들은 계속 악화되었다. 하지만 나약하고 결과적으로 단명하게 된 정부는 중요한 조치를 거의 취하지 못했다. 실업자 수는 2백만 명에 달했다. 물가는 계속 올랐고 식량 폭동이 일어났다. 산업과 농업 부문 모두에서 파업이 폭발적으로 일어났다. 전쟁 기간 동안 국민들의 사기를 유지하기 위해 정부가 농민들에게 토지 제공을 약속했으나, 약속이 지켜지지 않자 이들은 직접 그 토지의 일부를 몰수하기 시작했다.[26] 안토니오 그람시가 이끄는 극좌파 사회주의자들의 거점 중 하나였던 토리노Torino에서는 공장 평의회 운동이 출현했다.[27] 이는 노동자들의 독립적인 조직이었는데, 그람시 그룹은 이것을 소비에트로 향해 가는 전 단계 조직으로 간주했다. 그러면서 프롤레타리아들이 경제 그 자체를 통제하게 될, 그리 멀지 않은 그날을 준비한다고 생각했다. 평의회 운동은 1920년 한 해 동안 대규모 파업, 그리고 공장 점거와 폐쇄를 불러일으키면서 퍼져 나갔다. "그해 말까지 거의 130만 명의 노동자들이 투쟁에 참여했다. 그리고 많은 노동자들은 이제 공장주나 관리인이 아닌 자신들이 그들의 산업을 책임지고 있다고 주장하기 시작했다."28) 한 논평자가 지적했듯이 많은 이들에게 "이 사태는 혁명 그 자체나 다를 바 없는 것처럼 보였다."29)

이탈리아 좌파들은 이 운동에 어떻게 대응해야 할지를 놓고 분열했다. 사회당은 상황이 혁명으로 치닫고 있다고 주장했지만, 노동조합 지도자들은 산업에 대한 노동자들의 관리와 직접적으로 연결된 문제들 이상으로 상황을 밀어붙이면 재앙이 초래될 것이라고 주장했다. 노동조합 지도자 루도비코 다라고나ludovico D'Aragona는 사회주의자들에게 이 운동의 지휘권을 넘겨주겠다고 하면서 이렇게 덧붙였다. "당신들은 지금이 혁명적 행동을 시작해야 할 때라고 생각하는데, 글쎄, 그럼 당신들이 책임을 지시오. 프롤레타리아들을 자살로 몰고 갈 일에 대해 우리가 책임을 질 수는 없소. 자, 그럼 우리는 사표를 내고 그만 물러가겠소."30) 마침내 노동자들은 표결을 통해 운동의 목표를 제한하기로 결정했다. 비록 패배하기는 했지만, 사회당 지도자들 또한 다소 안도감을 느꼈다. 오랫동안 혁명을 옹호한다고 선언해 왔지만 혁명을 준비해 본 적은 없었던 사회당 지도자들은 앞으로 무엇을 해야 할지 아무 계획도 없었던 것이다. 한 논평자는 이렇게 기록했다. "표결 이후 사회당 지도자들은 안도의 한숨을 내쉬었다. 모든 책임감으로부터 벗어난 그들은 이제 노조의 '반역'에 대해 마음껏 비난할 수 있었다. 그들은 자신들이 결정적 순간에 내버렸던 대중에게, 체면을 살리면서도 변명할 거리를 갖게 된 것이다."31) 하지만 혁명이 임박했다는 선전을 계속 들어 왔던 수많은 노동자들은 여전히, 지도자들에게 승리를 빼앗기고 배신당한 듯한 기분이 들었다. 사회당이 입으로는 혁명에 헌신해야 한다고 말하면서 실제로는 그런 혁명을 '만들어 낼' 능력과 의지가 없는 것으로 드러나자 최대 강령주의자 지도부에 대한 분노가 쏟아졌고 당 내부의 분열은 더욱 심화되었다.

평의회 운동의 갑작스러운 폭발이 노동자들에게 당혹스러운 일이었다면, 고용주들과 중간계급들에게는 공포 그 자체였다. 재산과 경영 특권에 대한 평의회 운동의 위협은, 1920년 지방선거에서 보여 준 사회주의자들의 인상적인 결과와 더불어, 그들이 갖고 있던 최악의 공포를 확인시켜 주는 것처럼 보였다. 위기가 진행되고 있는 동안 정부는 사태에 개입하지 않기로 결정했다. 평의회 운동의 불길은 곧 스스로 꺼질 것이며 무력을 사용한다면 단지 "혁명가들의 손에 놀아나게"[32] 되리라는, 당시 정부 지도자 지올리티의 계산 때문이었다. 그가 옳았다. 하지만 그가 강경 진압 요구를 거부하자 많은 이들은 현 정권이 자신들의 이익을 보호해 줄 능력도 의지도 없다고 믿었다. 갓 태어난 파시스트 운동은 이런 두려움을 이용했다. 그리고 1920년 말에 접어들면서 그들은 도시에서 농촌 지역으로 이동하며 점점 더 빈번하게 테러를 무기로 사용하기 시작했다.

이탈리아 역사의 이 결정적인 순간에 사회주의자들은 자신들의 나라에서 나타나고 있는 혼돈보다도 자신들끼리의 파괴적 싸움에 더욱 열중했다. 사회당이 코민테른에 가입 신청을 하자 모스크바 측은 가입을 하려면 당이 모든 '개혁주의자'(즉, 투라티와 그의 지지자들)를 내쫓고 노동조합과의 관계를 정리하며, 이름을 '공산당'으로 바꾸어야 한다고 알려 왔다. 1921년 당대회에서 당내 좌파들은 이 조건을 수용하는 데 찬성했지만, 최대 강령주의자들은 자신들이 모스크바의 목표에 헌신하고 있다고 주장하면서도 그런 숙청을 단행하기를 주저했다. 당대회에서 최대 강령주의자들의 입장을 지지하며 모스크바 측의 요구를 거부하는 것으로 표결이 나자 보르디가와 그람시 및 그들의 동료들은 당에서 빠져나와 이탈리아 공산당을 결성했다.[33]

그리고 얼마 후 투라티와 개혁주의자들은 당시의 정치적 혼란과 점점 강해지는 파시스트들의 힘을 우려하며 사회당이 민주주의를 지지하는 다른 정당들과 함께 연합을 구성해야 한다고 주장했다. 하지만 최대 강령주의자들은 이를 거부했다. 예를 들어 세라티는 현 체제에 참여해 자신들이 "부르주아들의 위기를 해결하는 데 도움을 주고 거기서 사소한 득을 볼 수 있다"고 생각하는 사람들을 조롱했다. 그는 다음과 같이 선언했다. "혁명을 위해 일하고자 하는 사람들은 모두 우리와 함께 가자. 그리고 그것을 훼방하고자 하는 사람들은 모두 부르주아들에게 가게 하자."34)

파시스트들은 계속 전진해 나갔지만(그들은 1921년 선거에서 35개 의석을 획득했는데, 2년 전에는 단 한 석도 얻지 못했었다), 사회당 지도부는 이탈리아의 경제적 위기, 사회적 갈등, 증가하는 폭력에 맞설 수 있게끔 정부를 지지하고 도와야 한다는 당원들의 요구를 계속해서 묵살했다. 심지어 지올리티가 사퇴하고 전전前戰 시대의 옛 사회주의적 개혁주의자 보노미가 의회에 새로운 내각 승인을 요청했을 때조차도, 사회당은 반대를 고집했다.35)

선거 후 파시스트들이 민족주의자들과 연합을 이루면서 상황은 계속 악화되었다. 중앙정부와 지방정부들은 아무런 대응도 하지 않았고, 이는 파시스트들이 지방 행정부와 경찰 본부, 그리고 이탈리아 농촌 지역의 다른 기관들을 계속 탈취하도록 조장했다. 사회당의 우익들은 상황이 이렇게 전개되는 데 차츰 놀랐고, 1922년 6월 당 의원단의 대다수는 정부가 만약 기본적인 자유를 보장하기 위해 노력한다면 이를 지지하기로 결정했다. 노조 측은 이를 크게 환영하면서 사회당에게 공식 노선 자체를 바꿀 것을 설득했다. 하지만 당 지도부는 또다시 거부했다. 특히 이번에는 (의원단의 결정을 이끈) 투라티와 다른 '협력주의자들'이 규율을 위반하자 그들을 당에서 제명하는 것으로 대응했다. 그래서 10월 초 개혁가들은 새로운 당인 통합사회당PSU을 결성했고, 민주적 질서를 구하기 위해 협조할 것을 맹세했다. 하지만 이미 때는 늦었다.36) 10월 27일 현 정부는 물러났고, 10월 29일 왕은 내각 구성을 위해 무솔리니를 로마로 초청했다. 파시즘이 이탈리아의 권력을 잡게 된 것이다.

그리 놀랍지 않은 일이지만, 무솔리니의 등극 이후 사회당(특히 최대 강령주의자들)은 혹독한 비판에 맞닥뜨렸다. 비판자들은 사회주의가 기반을 되찾으려면, 좀 더 나은 미래란 저절로 손에 쥐어지는 것이 아니라 싸워서 쟁취해야 하는 것이라는 사실을 깨달아야 한다고 주장했다. 공산주의 좌파 가운데 그람시의 호소가 가장 유명하다. 그는 정통 마르크스주의의 결정론과 경제주의를 견딜 수 없이 싫어했고, "경제적 위기가 자동으로 진보적인 정치적 변화를 가져올 것이라는 순진한 관점 아래 '(상황이) 나쁠수록 더욱 좋다'고 주장하는 일부 마르크스주의자들"37)을 열렬히 공격했다. 그람시에게 진정한 혁명가들이란 역사를 자신의 손으로 움켜쥐는 자들이었다. 그리고 정통 마르크스주의로부터 돌아선 다른 이들과 같이, 그람시는 미래를 위한 전투가 경제적 영역만이 아닌, 정치적·문화적·이데올로기적 영역에서도 벌어져야 한다고 주장했다. 이런 관점은 왜 초창기 시절 그가 무솔리니에 심취했는지, 그리고 왜 그가 레닌과 볼셰비키를 지지했는지를 이해하게 한다.

사회당의 최대 강령주의자들을 비판했던 가장 유명하고 영향력 있는 민주적 수정주의자는 카를로 로셀리Carlo Rosselli였다. 그람시와 마찬가지로 로셀리는 경제주의적·결정론적 마르크스주의에 대한 대안을 제시하는 데 그의 삶을 바쳤다. 그는 그런 마르크스주의가 사회주의 운동을 파괴했다고 믿었다. 하지만 그람시와 달리 그는 민주주의와 자유주의 둘 다를 신뢰했다. 실제로 그의 가장 중요한 저작의 제목은 『자유주의적 사회주의』Socialismo Liberale38)였으며, 거기서 그는 좌파의 새로운 비전을 구성하기 위해 민주적 수정주의의 모든 고전적 주제를 불러들였다.

사회주의 운동에 대한 로셀리의 비판은 매서웠다. 그는 다음과 같이 썼다. "현대 사회주의자들의 최대 약점은 현실 변화에 대해 완고하게 저항한다는 점이다. 자신들이 꿈꾸는 이상 사회를 묘사하려 할 때도 항상 이미 진부해진 과거 상황들을 재료로 삼는 그들의 방식을 보라. 또한 현대사회의 경제적 현실과는 거의 관련 없는 낡아 빠진 그들의 주장을 보라."[39] 그는 변화하는 상황에 적응하기를 꺼리는 이런 태도의 주된 원인이 정통 마르크스주의 때문이라고 주장했다. 실제 사회주의 운동에 대한 안내자로서 역사 유물론의 유용성은 '사실상 제로'[40]인 것으로 드러났다. 따라서 이제 목표는 사회주의를 마르크스주의의 경제주의적·결정론적 환상으로부터 구출해 내는 것이어야 했다. 즉 "우파와 좌파의 모든 수정주의(독일의 베른슈타인, 프랑스의 조레스와 소렐, 이탈리아의 라브리올라)는 사실상 마르크스주의 체제 안에 노동운동의 의지와 낙관을 위한 공간을 만들어 내려는 노력으로 요약"[41]될 수 있었던 것이다.

로셀리는 노동자들과 그 밖에 다른 이들이 더 나은 세상을 위한 투쟁에 나서게 하기 위해서는 그들에게 영감을 불어넣을 수 있어야 한다고 생각했다. 그래서 그는 신화와 신비주의에 대한 소렐의 강조를 높이 평가했다. 하지만 그는 또한 정의, 자유, 집단적 선에 대한 호소를 통해서도 '정신이 깨어날 수 있다'고 믿었다. 그런 가치들을 위해 헌신해 왔으며, 전간기 동안 독재를 경험하기도 한 로셀리는 자유주의의 많은 특징을 찬양했다. 그리고 베른슈타인처럼 그 또한 자유주의가 지닌 최고의 장점들을 사회주의와 결합하기를 원했으며, 많은 면에서 사회주의를 자유주의의 후계자로 보았다.

사회주의란 자유의 원리가 논리적으로 도달하는 최종 결과물에 불과하다. (프롤레타리아 해방을 위한 구체적 운동으로서) 사회주의는 그 근본적 의미와 결과로 판단할 때, 현실에서 실행되고 있는 자유주의라고 할 수 있다. 그것은 가난한 사람들의 삶 속으로 들어온 자유를 의미한다. 사회주의는 이렇게 말한다. 양심의 자유와 정치적 자유에 대한 추상적 인식은, 비록 그것이 정치 이론의 발전에 결정적 계기가 되더라도, 출생과 환경에 따라 도덕적·물질적으로 궁핍한 삶을 강요당하고 있는 대다수 사람들이 그 의미를 인식하거나 그것을 실제로 활용할 가능성을 갖지 못한다면 별 가치가 없다고 말한다. 최소한의 경제적 자율성이 인정되거나 보호되지 않을 때, 절박한 물질적 궁핍의 손아귀에서 벗어나지 못할 때, 개인에게 자유란 존재하지 않는다. 그것은 그저 허상에 불과한 것이다.[42]

따라서 로셀리는 자유주의의 경제적 측면과 정치적 측면을 구별하자고 제안했다. 말하자면 자유주의를 자유 시장에 대한 집착으로부터 '자유롭게' 하자는 것이었다. "부르주아 정치와 자유주의적 자유 시장 정치가 동일하던 시절은 지나갔다. 그럼에도 경제적 자유지상주의에 대한 교조적 집착으로 인해 자유주의의 역동적인 정신은 특정 사회체제의 일시적 형태에 불과한 것에 결박되어 있다."[43] 자유주의는 무기력해졌고, 부유한 이들을 더 이롭게 하는 체제로 변해 버렸다. 사회주의의 과제는 자유주의의 혁명적 잠재력이 모든 이들에게 도달될 수 있도록 만드는 것이어야 했다.

자유의 이름으로, 그리고 그 자유를 소수의 특권층만이 아닌 모든 사람들이 효과적으로 누릴 수 있도록 보장하기 위해, 사회주의자들은 부르주아적 특권을 종식시킬 것과 부르주아들의 자유를 모든 이들에게 실제적으로 확대할 것을 주장한다. 자유의 이름으로 그들은 부가 좀 더 평등하게 분배되고, 모든 사람이 가치 있는 삶을 살 수 있도록 보장할 것을 요구한다. 그들은 개인적 효용성을 위한 각자의 이기적 판단이 아닌, 집단적 선을 위한 사회적 판단이 우리 사회를 인도하는 안내자가 되기를 원한다. …… 사회주의 운동은 결국 자유주의의 객관적 상속자다. 그것은 자유라는 역동적 사상을 앞으로 밀고 나가 역사의 우여곡절을 거쳐 그것이 실현되도록 만든다. 자유주의와 사회주의는 낡은 논쟁 속에서 나타나듯이 서로 적대적인 것이 아니라, 내부의 끈으로 이어져 있다. 자유주의가 영감을 불어넣는 이상의 힘이라면, 사회주의는 그 이상을 실현시키는 실천적 힘이다.[44]

로셀리는 수정주의자들이 "그들의 운동의 논리적 귀결은 사회주의를 마르크스주의로부터 분리시키는 것"[45]이라는 사실을 인식해야 할 때가 왔다고 주장했다. 이 흐름을 더욱 견고히 하기 위해, 로셀리는 사회주의자들에게 새로운 이론적 토대와 더불어 새로운 실천적 정책이 필요하다고 주장했다. 예를 들어 그는 계급투쟁과 프롤레타리아적 순수성에 대한 사회주의의 전통적 강조를 포기하고, 그 대신 [계급이 아닌 전체 공동체의] 집단적 선에 초점을 맞출 것을 주장했다. 또한 그는 사회주의자들에게 "이른바 민족주의 정당들이 애국심을 독점하는 어리석은 상태"를 깨뜨리라고 촉구했다. 베른슈타인, 조레스, 그리고 한 세대 전의 다른 수정주의자들이 표명했던 감정들을 되살려 내면서 로셀리는 다음과 같이 주장했다.

사회주의의 선구자들이 일찍이 민족적 가치를 부정했던 것은, 당시 대중의 열악한 상황과 그들에게 가해진 억압을 고려할 때 자연스러운 반응이었다. …… 하지만 오늘날 가장 발전한 나라들의 대중은 정치적 권리의 측면에서 완전히 동등한 자격을 수여받았고, 자신의 존재와 물질적·정신적 관심사를 국가의 활동에 반영하게 만들 수 있는 지극히 강력한 수단을 소유하고 있다. 이런 상황에서 민족과 조국을 부정하거나 헐뜯는 시대착오적 국제주의는 터무니없는 것이고, 일종의 실수이며, 마르크스주의의 미신이 사회주의 정당들에 채운 족쇄다.[46]

이런 공동체주의적인 호소와 더불어 로셀리는 사회주의자들이 자본주의를 통제하기 위해 적극적으로 노력할 필요가 있다고 믿었다. 그는 다음과 같이 썼다. "내 생각에 자본주의는 자신의 패권을 포기하고 공적 권위가 요구하는 제한과 간섭에 점점 더 굴복할 것이다. 그리고 욕구 충족의 원리가 이윤 동기보다 우세해지는 다양한 형태의 규제 경제들이 나타날 것이다."[47]

요컨대 로셀리는 이탈리아에서 사회주의가 몰락한 것을 계기로 좌파를 위한 새로운 비전과 프로그램을 개발하기 시작했다. 이는 사회주의가 오직 좀 더 높은 선에 의해 고무된 인간의 적극적이고 집단적인 노력을 통해서만 출현할 수 있다는 믿음에 기반을 두고 있었다. 그리고 전전의 사회주의자들과는 달리 주류 사회주의 운동에 대한 로셀리의 충성심은 회복될 수 없을 정도로 손상되었고, 그는 마르크스주의와 확실하게 결별할 시간이 되었음을 깨달았다. 이탈리아 파시즘의 집권 이후 다른 유럽 국가들에서 좌파들이 주춤거리는 동안, 로셀리의 비판과 결론은 유럽 대륙의 사회주의자들로부터 점점 더 많은 지지를 얻게 된다.

병상에 누운 자본주의 앞에 서다

불행히도 민주주의가 무너져 내리는 것을 방관한 것은 이탈리아 사회주의자들만이 아니었다. 그로부터 10년 후, 독일의 강력한 사민당 또한 이와 유사한 비극적 상황에 직면했다. 비록 사민당은 이탈리아 사회당보다 공적 영역에 더 많이 참여하고 있었지만, '부르주아' 민주주의 안에서 그들이 수행할 역할 또는 그것이 수반할 타협을 완전히 수용하지는 않았다. 실제로 독일 민주주의가 수렁에 빠졌다는 사실이 모든 이들의 눈에 명백해졌을 때조차 사민당은 전통적 정통 마르크스주의의 입장을 계속 고집했다. 이로 인해 그들이 부닥친 위협적 도전에 대응할 능력은 크게 줄어들었다.

1930년대 초반 사민당은 자신들의 오른쪽에서는 급속히 세력을 키워 가던 나치당이, 왼쪽에서는 공산주의자들이 자신들을 위협하고 있음을 깨달았다. 1928년 선거에서 나치는 2.6퍼센트, 공산주의자들은 10.6퍼센트를 득표했다. 대공황으로 독일을 황폐하게 한 2년이 지난 뒤 선거에서 그 수치는 각각 18.3퍼센트와 13.1퍼센트로 올라갔다. 이에 대응하여 사민당은 그들의 가장 중요한 과제가 공화국을 수호하고, 보수적인 신임 총리 하인리히 브뤼닝Heinrich Brüning을 지지하는 것이라고 선언했다. 차악으로서 말이다.[48] 하지만 차악이었을지언정 브뤼닝은 사민당의 친구도 아니었고 그들과 이해관계를 같이하지도 않았다. 예를 들어 브뤼닝은 파국적인 경제 불황에도 불구하고 재임 기간 동안 그나마 남아 있던 독일의 사회보장제도를 잘라 내기 시작했다. 사민당은 총리의 '반사회적' 정책을 공격함으로써 이에 대응했다. 하지만 이미 사회당도 국가 지출을 축소할 필요가 있음을 받아들였기 때문에 대안으로 내세울 만한 것이 별로 없었다(사실 브뤼닝은 회고록에서 그가 사민당 구성원들에게 종종 지원을 요청했음을 분명히 밝히고 있다. 특히 사민당의 수석 경제학자 루돌프 힐퍼딩Rudolf Hilferding은 그와 막역한 사이였다[49]).

하지만 시간이 흐르면서 이런 사민당의 모순된 입장은 점점 더 논란을 일으켰다. 그리고 브뤼닝에 대한 사민당의 지지와, 대공황에 대처해 분명한 계획을 내놓지 못한 데 대한 대대적인 항의가 이어졌다. 1931년 당대회에서 나타난 [지도부에 대한] 전형적인 불평은 다음과 같은 것이었다. "우리는 한편으로는 브뤼닝의 정책이 위기를 악화시키고 우리의 비참함을 증가시킬 뿐이라고 주장한다. 그러나 다른 한편으로 우리는 그의 정부를 반드시 관용해야 한다고 말한다. …… 만일 우리가 이런 악순환에서 벗어날 길을 찾아내지 못한다면, 우리의 미래에 대해 매우 회의적일 수밖에 없다."[50] 노동조합과 사민당 모두에서 지도적 인물이었던 프리츠 타르노프 Fritz Tarnow는 회의에서 당원들을 가장 열광시킨 연설을 통해 사민당의 딜레마를 간결하게 요약했다.

> 우리는 지금 자본주의가 쓰러져 누워 있는 병상 앞에 서있습니다. 그런데 우리는 그 환자를 회복시키려는 의사인 동시에, 환자의 죽음을 기다리면서 그 죽음을 앞당기기 위해 기꺼이 소량의 독이라도 사용할 준비가 되어 있는 유산 상속자이기도 합니다. …… 불행히도 우리는 진지하게 환자를 치료하는 의사가 되어야 하면서도, 내일이 아닌 오늘 당장 자본주의 체제의 모든 유산 받고자 하는 상속자의 감정을 버릴 수는 없습니다. 의사와 상속자, 이 이중의 역할을 동시에 해내는 것은 정말 어려운 과제입니다.

타르노프는 동료들에게 다음과 같은 사실을 인식하라고 촉구했다. "우리에게 문제가 되고 있는 것은 환자라기보다는 그 환자 뒤에 서있는 대중입니다. 만약 우리가 치료약을 찾아낸다면 (설혹 그것이 효과가 있을지 확신하지 못한다고 해도) 대중의 반응을 고려해 우리는 반드시 그 약을 처방해야만 합니다. 그리고 사실 우리가 환자의 죽음을 기원하고 있음을 드러내서는 안 됩니다."[51]

남은 당대회 기간 동안 많은 연설자들은 당의 무기력함에 대한 타르노프의 정면 공격을 옹호했다. 하지만 또 다른 이들은 공화국과 당이 지금의 위기를 극복하기 위해 개혁을 실시할 수 있다는 생각을 거부했다. 결국 당대회는 변화에 대한 타르노프의 호소를 무시한 채 지금까지의 노선을 그대로 유지하기로 결정했다.

비생산적인 사민당 전략으로 인해 당과 조직노동들 사이의 관계 또한 나빠졌다. 1930년 무렵 이미 독일의 노동조합들은 전쟁배상금 지불 이행 정책을 지지하는 쪽에서, 배상금이 허약해진 경제에 지나치게 큰 부담을 주고 있다는 쪽으로 입장을 바꾸기 시작했다.[52] 그들은 또한 실업과의 투쟁을 최우선 과제로 삼기로 결정했다. 따라서 1931년 들어 노동조합들은 다양한 일자리 창출 프로그램들을 진지하게 고려했는데, 그중 가장 중요한 것이 바로 WTB 계획(이 계획을 주도한, 다음 세 사람의 이니셜을 따서 만든 이름)이었다.[53]

이 계획은 블라디미르 보이틴스키Vladimir Savelyevich Woytinsky의 작품이었는데, 그는 러시아 출신의 이민자로 한 주요 노조 조직의 통계국을 이끌고 있었다.[54] 1920년대 후반 보이틴스키는 경기 순환과정에서의 국가의 적극적 개입에 대해 숙고하기 시작했고, 이후 연이어 발표한 논문을 통해 대공황에 대한 완성된 대비책의 기틀을 마련하기 시작했다. 1931년 무렵에는 독일이 위기로부터 벗어날 수 있는 유일한 길은 국내 경제를 자극하는 것이라는 결론을 내렸고,[55] 타르노프, (사민당의 국회의원 가운데 한 명인) 프리츠 바데Fritz Baade와 함께 국내적 경기 촉진에 기반을 둔 일종의 '케인스주의 이전의 케인스주의' 전략을 제안했다.[56] WTB 계획은 일자리 창출에 약 20억 마르크를 투자할 것을 요구했다. 이런 프로그램들은 '사회적으로 유용'한 일자리를 만들어 좀 더 나은 임금을 지급해 경제의 자율적 회복을 위한 기반을 만들어 낼 것이라는 기대를 받았다. 처음에는 반드시 적자재정의 편성이 필요할 것이었다.[57]

보이틴스키는 사민당원들이 역사적 발전과 '시장의 신비한 힘'에 대한 믿음을 버리고 경제에 대한 활발한 개입만이 개선을 이루어 낼 수 있음을 인식해야 할 때가 왔다고 주장했다. 그는 또한 WTB 계획의 정치적·이데올로기적 장점을 널리 알리고 다녔다. 권력의 지렛대를 이용해 대중의 삶을 향상시킴으로써, 또 시장의 무정부 상태를 길들이도록 도우며, 더욱 잘 조직되고 정의로운 경제를 향한 길을 보여 주는 방식으로, WTB 계획은 마침내 사민당(과 노동조합)이 새로운 경제적·사회적 질서를 향해 실제적으로 한 걸음 나아갈 수 있도록 해줄 것이었다.[58] 보이틴스키는 노동운동이 '위기에 대항하는 투쟁'[59]의 깃발 아래 경기 수축과 급진적 우파에 대한 정면 공격을 시작해야 한다고 제안했다. 노조 운동은 WTB 계획을 수용했다. 그리고 그것을 홍보하기 위한 대규모 언론 캠페인과, 정부에 압력을 가하기 위한 특별 '위기' 대의원대회를 계획하기 시작했다.[60] 또한 노조는 그 계획의 정치적 가치에 대한 보이틴스키의 주장을 반복해서 강조했다. 예를 들어 독일 금속노조에서 발행하는 신문은 다음과 같이 경고했다. "우리는 수개월 동안 조언과 방침을 기다려 왔다. …… 그런데 그것은 너무 늦어지고 있다. …… 우리는 학문적 견해 차이는 접어 둔 채 일자리 창출 프로그램을 들고 반드시 앞으로 나서야만 한다. 그렇지 않으면 사기꾼들[나치]의 주장이 점점 더 큰 지지를 얻게 될 것이다. 우리 이론가들의 의견이 통일될 때까지 기다릴 수는 없다. 코앞에 닥친 문제를 반드시 해결해 내야 하는 것이다."[61]

정부 안팎에서 압력이 커짐에도 브뤼닝은 그의 방침을 계속 고집했고, 이는 사민당을 매우 난처한 입장으로 몰아넣었다.[62] 자본주의 체제 내에서 자신들의 목표를 달성하기 위한 활동 전략을 전혀 개발한 적이 없는 사민당은 노조의 제안에 어떻게 대응해야 할지를 놓고 분열되었다. 당내 일부 우파들은 일자리 창출을 옹호했지만, 이 '개혁가들' 가운데 상당수가 적자 재정이라는 개념을 비웃었다. 한편 좌파 중 많은 사람들은 최후의 '사회주의적' 전략을 위한 시간이 무르익었다고 주장했다.[63]

이런 혼란의 와중에 당의 가장 중요한 경제 이론가인 루돌프 힐퍼딩이 논쟁의 핵심 인물로 떠오르면서 WTB 계획에 대한 전면전을 선포했다.[64] 그는 WTB 계획이 '비마르크스주의적'이며 '우리 강령의 기반 그 자체'를 위협하고 있다고 강조하면서 공격을 시작했다.[65] 그는 경제적 난국을 타개할 수 있는 유일한 해법은 경기 순환이 스스로 제자리를 찾아가기만을 기다리는 것이라고 주장했다. 경제 발전의 궁극적 조정자는 '자본주의의 논리'이기 때문에 '공격적인 경제정책'은 아무 소용도 없다는 것이었다.[66]

하지만 그런 힐퍼딩조차도 사적으로는 자신의 태도가 사민당을 계속 비생산적으로 만들고 있다는 사실을 인정했다. 카우츠키에게 보낸 편지에서 그는 다음과 같이 썼다. "지금 상황에서 무엇보다도 안 좋은 점은, 우리가 민중에게 이 위기를 어떻게 그리고 어떤 수단을 통해 끝낼 수 있는지에 대해 구체적으로 이야기할 만한 것이 없다는 것입니다. 자본주의는 우리가 예상했던 것보다 훨씬 더 큰 타격을 받았습니다. 하지만 아직 사회주의적 해결 방안은 나타나지 않았습니다. 이는 상황을 믿을 수 없이 어렵게 만들고 있으며 공산주의자들과 나치가 계속 자라나도록 허용하고 있습니다."[67] 하지만 여전히 힐퍼딩은 WTB 계획의 호소력에 맞설 대안을 고안하는 작업을 포기하지 않았다. 그 성과물이 '경제 재조직화'라는 이름의 프로그램[68]으로, 그 중심에 이제 사회주의 계획 경제를 건설할 시기가 무르익었다는 선언이 담겼다. 그것은, 대규모 경제 계획의 수립, 은행과 보험 및 주요 산업의 국유화, 독점에 대한 국가 통제, 대토지의 몰수, 주간 노동 일수 축소, 일자리 공유, 증세와 강제공채 발행을 통해 마련한 재원으로 제한적 수준의 일자리 창출 프로그램 실시 등을 요구했다.[69] 위기가 더욱 심화되자, 1932년 2월 사민당은 이런 사상에 바탕을 두고 작성된 두 개의 법안을 의회에 제출했다.

노조 측의 특별 '위기' 대의원대회에서 WTB 계획의 옹호자들은 대중의 커져 가는 절망을 강조하면서 나치와 공산주의자들 모두 일자리 창출 프로그램을 내세우고 있다고 지적했다. 하지만 사민당이 WTB 계획을 지지할 가능성이 거의 없고, 지금 상황에서 노동운동이 공개적으로 분열되면 재앙을 초래하리라는 점을 인식한 노조 측은 '경제 재조직화' 프로그램의 깃발 아래 일자리 창출이라는 목표를 계속 추구하기로 결정했다.

그해 7월의 선거 준비 기간 동안 다음과 같은 사실이 명백해졌다. 즉 나치당이 제시한 강력하고도 단도직입적인 성격의 강령에 비해 사민당의 강령은 "대중의 상상력을 자극할 만한 생각이 담겨 있지 않았다. 추상적인 문구들은 추상적인 목표들로 이어졌다. 그것 속에서는 대량 실업 문제로부터 빠져나올 수 있는 방법이 보이지 않았다."[70] 더군다나 그 강령에 혹시 잠재력이 있었다 하더라도, 그것은 그 메시지를 대중에게 전달하려는 노력 자체를 별로 내켜 하지 않았던 당 조직 때문에 이용되지 못했다. 전체적으로 볼 때 사민당의 선거운동이 일관성 없이 이루어졌던 것은 포괄적인 경제적·정치적 전략이 부재했기 때문이었다. 따라서 이 선거가 사민당에게 재앙이었다는 것은 놀라운 일도 아니었다. 사민당은 1912년 이후 처음으로 의회에서 최대 정당의 자리를 잃게 된 것이다(21.6퍼센트 득표). 한편 나치는 그 자리를 대신 차지했고(37.3퍼센트 득표), 공산당은 14.3퍼센트를 얻었다.[71]

새로 출범한 폰 파펜von Papen 정부는 이후 몇 달 동안 바이마르 민주주의의 잔해를 공격했다. 사민당은 WTB 계획을 다시 한 번 논의하기로 동의했고, 40명의 노조 및 당 대표자들이 참석한 비밀 회동이 의회 내 한 회의실에서 이루어졌다.[72] 일자리 창출과 적자 지출에 관한 노조 측의 주장이 제기된 이후 힐퍼딩은 다음과 같이 선언했다. 그런 제안은 "우리의 강령과 마르크스의 노동 가치 이론의 기반 그 자체를 의문시하는 것이다. 우리 강령은 노동이, 오직 노동만이 가치를 생산한다는 확신 위에 세워져 있다. 불황은 자본주의 체제의 무정부 상태로부터 비롯된다. 불황은 끝이

나거나, 이 체제의 붕괴로 이어질 것이다. 만약 보이틴스키와 그의 동료들이 공공사업으로 불황을 완화시킬 수 있다고 생각한다면, 스스로 마르크스주의자가 아니라는 사실을 보여 주고 있을 뿐이다."[73] 보이틴스키는 이런 공격에 대응하면서 다음과 같이 주장했다.

실업은 홍수가 되어 범람하고 있으며, 민중의 인내심은 한계에 이르렀다. 노동자들은 그들의 비참함에 대한 책임을 우리에게 물으면서 당을 뛰쳐나가 공산주의자들과 나치에 합류하고 있다. 우리는 터전을 잃어 가고 있다. 이제 낭비할 시간이 없다. 더 늦기 전에 무엇인가 해야만 한다. 우리의 계획은 어떤 특정 가치 이론과는 아무런 상관도 없다. 어떤 정당이든 그 계획을 실행할 수 있다. 그리고 그것은 실행될 것이다. 유일한 문제는 우리가 주도권을 쥘 것인가, 아니면 그것을 적들에게 넘겨줄 것인가다.[74]

하지만 끝내 사민당의 완고한 정통파적 전통은 거대한 장애물인 것으로 드러났고, 회동에 참석한 사민당 대표들 중 단 한 명을 제외한 모두가 보이틴스키에 대항하여 힐퍼딩을 지지했다. 따라서 당은 경제 위기에 대처할 만한 매력적인 실천 프로그램 없이 그해 11월의 선거에 다시 한 번 나섰으며, 결과는 기대에 미치지 못했다. 민족사회주의독일노동자당NSDAP(나치)은 최근 들어 처음으로 후퇴를 겪었음에도(2백만 표와 34개 의석을 상실했다), 정부에 대한 막후 공작과, 이들과 대적할 수 없을 정도로 무능력한 다른 정당들 탓에 1933년 1월 30일 대통령 파울 폰 힌덴부르크Paul von Hindenburg로 하여금 히틀러를 총리로 임명하도록 만드는 데 성공했다. 독일에서 민주주의는 끝나 버린 것이다.

드 망의 계획

이탈리아에서 있었던 파시스트들의 권력 탈취는 좌파들에게 자기 성찰과 논쟁을 자극했다. 하지만 그로부터 10년 후 일어난 독일사민당의 몰락과 히틀러의 등극은 국제 사회주의 운동 전체를 충격에 빠뜨렸다. 많은 수정주의자들에게 독일에서 일어난 사건들은 정통 마르크스주의가 지닌 위험성에 대한 그들의 오랜 두려움과, 현재 노선의 변화 없이는 유럽의 민주주의는 말할 것도 없고 이제 곧 사회주의 그 자체가 끝장날 것이라는 믿음을 확인시켜 주었다. 아마도 이 점을 지적한 가장 중요한 인물은 벨기에의 사회주의자 헨드리크 드 망Hendrik de Man일 것이다. 비록 오늘날 거의 잊혀졌지만, 드 망은 전간기 사회주의 운동에서 절대적으로 중요한 인물이었다. 특히 1926년에 나온 그의 책 『사회주의의 심리학』Zur Psychologie des Sozialismus은 큰 영향력을 발휘했는데, 이 책을 통해 그는 정통 마르크스주의에 대한 사회주의 운동 내부의 가장 핵심적인 비판자로 자리 잡았다 (이 책이 미친 충격을 보여 주는 한 가지 사실은 그것이 독일에서 출판되자마자 곧바로 프랑스어·네덜란드어·스페인어·영어·스웨덴어·체코어·이탈리아어·덴마크어·이디시어로 번역되었다는 것이다). 1920년대와 1930년대 동안 드 망은 다양한 언어로75) 일련의 책과 논문들을 써냈는데, 그런 활동은 매우 영향력이 컸던 그의 책 『노동의 계획』Plan du Travail(이 책에 대해서는 잠시 후 상세히 논의할 것이다)에서 절정에 달했다. 이렇게 해서 그는 정통 마르크스주의를 비판하고, 완전히 새로운 비마르크스주의적 좌파의 비전을 위한 토대를 마련할 수 있었다. 드 망은 베른슈타인과 소렐의 세기말 수정주의와 전간기의 사회민주주의적·민족사회주의적 프로젝트들 사이에서 결정적 연결고리 역할을 했다.76)

수정주의를 향한 드 망의 여정은 제1차 세계대전 동안의 경험을 통해 결정적으로 형성되었다. 그는 그것이 자신의 "모든 사고방식, 그리고 사회와 세계를 향한 태도"77)를 재평가하도록 만들었다고 표현했다. 전쟁은 그에게 사회 발전에 관한 마르크스의 묘사가 믿을 만한 것이 아님을 보여 주었다. 사회는 항상 적대적인 자본가와 프롤레타리아 집단으로 갈라지고 있지 않았으며, 후자가 사회 구성원의 대다수를 차지하지도 않았다.78) 더욱이 이해관계라는 것이 오로지 생산수단의 소유 여부에 따라서만 결정되는 것도 아니었다. 노동자들은 자신의 계급적 지위 말고도 다른 많은 요인들에 의해 동기를 부여받았으며, 그들의 욕구와 주장은 종종 다른 사회집단들의 욕구나 주장과 일치되곤 했다.79) 또한 전쟁을 겪으면서 드 망은 위대한 희생, 영웅주의, 그리고 충성을 이끌어 내는 민족주의의 힘을 확인했다. 드 망은 이것이 많은 사회주의자들의 믿음처럼 어리석은 허위의식의 결과가 아니라, 적어도 일정 부분은 노동자들과 그 밖의 다른 이들이 자신들의 국가 안에서 얻어 낸 인상적인 정치적·경제적 이득의 결과 때문이라고 주장했다. 그는 다음과 같이 썼다. "민족 감정은 각 나라 사회주의의 감정적 구성물에서 빼놓을 수 없는 부분이다. 그것의 힘은, 한 나라 노동 대중의 운명이 그 나라의 운명 그 자체와 점점 밀접하게 연결되는 정도에 비례해 강해진다. 또한 대중이 민족 문명의 공동체 안에서 얼마나 큰 자리를 차지하는지에 비례해 강해진다."80)

그런 깨달음을 통해 드 망은 사회주의자들이 사회집단들에 대한 그들의 전통적 호소와 관계에 대해 완전히 다시 생각할 필요가 있다고 여겼다. 특히 그는 사회주의자들에게 계급 교차적 협력에 초점을 맞추고 민족주의의 현실에 적응하라고 촉구했다. 그는 언젠가 다음과 같이 말했다. 사회주의자들은 "계급 연대의 교리를 사회연대의 교리로 보완해야 하며, [노동계급만이 아닌—옮긴이] 모든 사람, 혹은 거의 모든 사람의 공동 이익에 대한 호소를 운동의 지배적 동기로 만들어야 한다. 자신들 곁으로 국민의 대다수를 불러 모으는 것을 목표로 하는 본질적으로 민주적인 운동을 원한다면 말이다."81)

계급투쟁에 대한 환멸과 더불어 드 망은 역사 유물론, 그중에서도 특히 정통 교리가 그리고 있는 자본주의의 모습 또한 거부했다. 드 망은 현대자본주의가 "마르크스의 예견과는 너무도 특징이 다른 현상"82)이라는 것을 인식했다. 사회주의자들은 이제 마르크스와 그의 정통파 후계자들이 예측했던 대로 자본주의가 거대한 붕괴를 겪을 것이라고 기대해서는 안 되며, 그것이 놀라운 생산 능력을 보여 주었음을 인정해야만 했다. 그것은 어쨌든 인류에게

…… 모든 이들이 안락함과 행복을 누릴 수 있을 만큼 충분한 물질적 부를 축적할 수 있게 했다. 또한 이 부를 유지하고 증식하기 위해 필요한 인간의 노력을 줄여 주는 기계를 창조해, 우리가 더 많은 시간을 좀 더 중요한 목적을 추구하는 데 사용할 수 있도록 해주었다. …… 따라서 사회주의는 자본주의의 대립물(antithesis) 이상의 것이다. 그것은 자본주의의 특징인 경쟁이라는 자극과 인간 생산성의 지속적 증가를, 민주주의의 특징인 자유의 이상, 권리와 기회의 평등, 보편적 연대를 위해 봉사하는 도구로 만들어 주는 일종의 통합물(synthesis)이다. 오직 그렇게 해야만 똑같이 중요하면서도 여전히 서로 적대적인 두 원칙, 즉 개인적 자유와 사회적 통합이 화해할 수 있다.83)

정통 마르크스주의의 주요 개념들에 대해 신뢰를 상실한 드 망은 사회주의가 살아남으려면 완전히 새로운 비전과 프로그램을 개발해야 한다고 믿게 되었다. 드 망 또한 다른 모든 수정주의자들과 마찬가지로 이런 프로젝트는 무엇보다도 정치의 우선성에 대한 믿음을 기반으로 해야 한다고 확신했다. 즉 좀 더 나은 세상은 오직 사회주의자들 스스로의 노력을 통해서만 가능하다는 믿음 말이다. 그의 표현대로 "미래는 우리가 창조해

내야만 하는 것이다."[84] 그리고 그 창조자들이 운동에 헌신하기 위해서는 영감을 필요로 했기 때문에 그는 도덕과 이상주의의 거대한 동기부여 능력을 활용하고자 했다. "젊은 세대의 사려 깊은 활동가들은 정통 마르크스주의가 제공하지 못했던 신념을 갈망하고 있다"고 그는 주장했다. 베른슈타인과 조레스는 사람들을 끌어모으기 위해 계몽주의적 합리주의만으로 충분하다고 생각했다. 하지만 드 망은 소렐과 혁명적 수정주의자들의 발자취를 쫓아 인간 행동의 '비이성적' 원천을 강조했다. 그는 논리보다는 감정에 호소할 필요성, 그리고 새로운 세상을 위한 투쟁에서 (감정의) 조작과 지도력이 맡아야 할 역할을 중요시했다.[85]

로셀리나 전간기의 다른 이단자들과 마찬가지로 드 망 또한 마침내 마르크스를 변화된 현실에 맞게 개선할 수 있는 시간이 이미 지났음을 인정해 오히려 편안함을 되찾았다.

> 이제 나는 마르크스주의자가 아니다. 마르크스주의의 이런 저런 주장들이 잘못되었다고 생각해서가 아니다. 그것은 내가 나 자신을 마르크스주의적 사고방식으로부터 해방했으며, 우리의 도덕적 감각에 부합하는 사회적 질서를 향한 영원한 열망의 표현으로서 사회주의를 더 깊이 이해할 수 있게 되었음을 느끼기 때문이다. 사회주의는 하나의 열정이다. 좀 더 나은 사회체제를 확립하기 위해 투쟁하는 사람에게는 그 체제의 도래가 불가피하다는 과학적 주장이 필요하지 않다. 단지 양심이 그에게 그것의 도래를 위해 노력하라고 말하고 있는 것만으로도 충분하다.[86]

드 망이 전전 시기의 수정주의자들과 헤어진 이유는 마르크스주의에 대한 그의 노골적인 거부, 그리고 그 자리에 비마르크스주의적 사회주의를 올려놓고자 하는 그의 명백한 의도 때문만이 아니었다. 그는 또한 전전 시기 수정주의자들이, 자신들이 옹호하는 개혁이 운동의 장기적 목표를 실현하는 데 어떻게 기여할 수 있는지의 문제에 대해 충분한 시간을 들여 생각하지 않았다는 이유로 이들을 비판했다. 상위 전략 없이 따로따로 실행되는 개혁 조치들로는 변혁적 효과를 얻을 수 없을 것이다. 사회주의자들은 그들의 노력(특히 정치권력의 사용)이 어떻게 현대 경제와 사회를 바꾸어 놓을 수 있는지에 대해 더욱 깊이 생각할 필요가 있었다.[87] 이런 목표를 위해 1933년 그는 『노동의 계획』을 썼다.[88]

이제는 주로 불황 퇴치 전략으로 기억되고 있지만, 『노동의 계획』은 사실 훨씬 더 많은 것을 의도한 것이었다. 그것은 사회주의 운동을 위해 드 망이 제시한 새로운 비전을 형상화했다. 드 망은 사회주의자들에게 자신들이 위기에 대항하는 경주에 참여하고 있다는 사실을 인식하라고 촉구했다.

> …… 우리에게는 기다릴 여유가 없다. 성취해 내겠다는 적극적 의지를 바탕으로 한 정책을 마련해야만 한다. 시간은 필연적으로 사회주의자들의 편이라는, 저주받은 숙명론적 낙관주의는 내다 버리자. …… 경제적 변화는 오직 사회주의가 그것을 위해 노력한 정도에 비례해서만 사회주의를 위한 방향으로 작용한다는 사실이 이제 냉혹한 경험을 통해 명백히 드러났음을 반드시 인식해야 한다. 또한 교리의 관점에서도 결정론적 시대는 끝났다. 오늘날 적극적 자유의지에 바탕을 두지 않은 교리들, 혹은 [민중의] 모호한 욕망을 정밀히 포착하여 현실로 신속히 전환하지 못하는 교리들이 설 자리는 어디에도 없다.[89]

그런 목적을 염두에 두었던 『노동의 계획』은 불황과 싸우기 위한 단기적 조치들, 경제적·사회적 변화를 위한 장기적 제안들을 모두 포괄했다. 드 망은 단기적 조치들로서 공공사업, 국가적 신용기관의 창설, 일부 은행들의 사회화를 통해 수요와 자금 흐름을 자극할 것을 주장했다. 또한 그는 '비생산적'이라고 여겨지거나 공익에 반하는 경제 부문(예컨대 독점

사업)에 대한 국유화를 주창했다. 그 외의 다른 부문들이나 시장경제의 기본적 뼈대는 손대지 않았다.[90] 그는 이런 조치들이 마침내 사회주의자들에게 대중 앞에서 다음과 같이 말할 수 있는 기회를 제공하기를 희망했다. "국민들이 우리에게 권력을 주기만 하면, 빠른 시간 안에 우리의 목표를 달성하기 위해 시행하려는 것들이 여기 준비되어 있습니다."[91]

드 망이 내놓은 장기적 방안은 자본주의의 전환을 위한 전략이었다. 이런 관점에서 볼 때 『노동의 계획』은 "개혁주의적인 것이 아니라 혁명적인 것이었다. 왜냐하면 그것은 지금 여기에서 사회의 경제적 구조에 근본적 변화를 이끌어 내는 것을 목표로 하는 것이었지, 자본주의 아래서 단순히 부의 분배에 관한 부차적 변화를 원하는 것이 아니었기 때문이다."[92] 드 망은 국가가 자본주의 체제의 근본적인 역학을 변화시킬 수 있다고 믿었다. 따라서 그는 경제가 '건강'하고 '사회적으로 정의로운' 방식으로 발전할 수 있도록 보장하기 위해 국가가 권력을 활용할 수 있는 방안에 초점을 맞추었다.[93]

『노동의 계획』의 변화 전략에 관해 강조할 만한 점은 여러 가지다. 첫 번째는 그것이 "(국가가) 소유권보다 통제력을 손에 넣는 것이 더욱 중요하다"[94]는 신념에 기초하고 있다는 점이다. 사회주의자들은 더는 (인기 없고 비현실적이며 비민주적인) 국유화와 재산 몰수를 고집할 필요가 없었다. 왜냐하면 국가는 덜 직접적이고 눈에 띄지 않는 방식으로 경제 발전을 이끌 수 있기 때문이었다. 두 번째는 이와 관련된 것으로, 『노동의 계획』이 사회주의를 자본주의의 파괴에 관한 오랜 수사적 주장으로부터 분리시켰다는 점이다. 드 망은 다음과 같이 강조했다. "우리의 투쟁은 자본주의 전체에 대항하는 것이 아니라 특정 형태의 초자본주의hypercapitalism에 대항하는 것이다. 또한 프롤레타리아나 비프롤레타리아 할 것 없이 모든 노동계급의 공동의 적인 자본주의 체제의 일부 경향들, 즉 독점 자본주의, 그리고 무엇보다도 금융 자본주의에 대항하는 것이다."95) 따라서 활기 넘치는 사적 부문은 드 망의 사회주의적 미래 속에 계속 존재할 것이다. 사실 그는 생산성과 부의 지속적인 증가를 보장하기 위해 사적 부문이 "확대되고 강화되어야" 한다고까지 주장했다.96)

드 망은 1930년대가 위험한 시기인 동시에 기회의 시기임을 이해했다. 현 질서에 대한 분노와 변화에 대한 열망을 포착해 내는 세력은 엄청난 정치적 보상을 얻을 것이었다. 또한 그는 역사상 처음으로 "반자본주의적 분노가 사회주의 운동에 대해서도 적대적으로 돌아서고 있다"는 사실을 인식했다. 단지 노동자들뿐만 아니라 농민들과 신구 중간계급들(각각의 예를 들면 화이트칼라 노동자들과 장인들) 또한 마찬가지로 대공황으로 인해 큰 타격을 받고 있었다. 급진적 우파를 물리치려면 사회주의자들이 이런 집단들의 관심사를 인식하고 그에 대응할 수 있어야만 했다.97) 따라서 『노동의 계획』은 "사회주의자들이 (모든) 노동계급을 사로잡고 그들과 동맹을 맺을 수 있도록" 하기 위해 설계된 것이었다. "그렇지 않을 경우 이들과는 전장에서 최대의 적수로 만나게 될 것이다." 즉 파시스트로서 말이다.98)

앞서 지적했듯이 드 망의 사상과 저작들은 유럽의 사회주의 이단아들에게 영감을 주었으며 그의 『노동의 계획』은 공산주의라는 스킬라(암초), 그리고 파시즘과 민족사회주의라는 카리브디스(소용돌이) 사이에서 통로를 발견하기 위해 투쟁하고 있던 이들에게 특히 많은 영향을 주었다. 스위스·네덜란드·벨기에의 사회주의자들은 드 망의 『노동의 계획』의 내용 중 일부를 받아들였다. 하지만 가장 크게 영향을 받았던 곳은 아마도 프랑스였을 것이다. 그곳에서 사회주의 운동은 바로 드 망이 해결하고자 했던 문제인 교착상태와 무기력함으로 고통을 겪고 있었다.

비록 대공황은 프랑스에 뒤늦게 찾아왔고 다른 나라들에 비해 그 강도도 약했지만, 1930년대 초기에 프랑스는 분명 고통을 겪고 있었다. 경제적 문제들과 국내의 정치적 불안에 더해 바로 옆 나라에서 나치까지 등장하자, 프랑스의 모든 민주적 세력들은 그들의 나라가 새롭고 위험한 시대로 들어서고 있음을 인식하게 되었다. 그런 흐름은 많은 사회주의자들이 또다시 노선을 전환할 시기가 도래했음을 깨닫게 했다. 따라서 사회주의자들은 1932년 선거에서 급진당과 협력하기로 결정했는데, 이 전략은 좌파 정당들에게 대승리를 가져다주었고 그들은 유력한 의회 다수파 후보가 될 수 있었다. 하지만 사회주의자들은 다음 단계로 나아가기를 여전히 꺼려 했고, 그래서 정부에 참여해 달라는 급진당 지도자 달라디에의 제안을 거절했다.

그래도 프랑스 지부의 대다수 의원들은 1933년 2월 달라디에가 예산안을 의회에 제출했을 때 표결을 통해 이를 옹호했다. 프랑스 지부의 당대회에서는 의원들의 행위에 대한 비난이 쏟아졌다. 하지만 의원들은 곤란을 겪고 있는 프랑스의 국내 상황과 위협적인 국제 환경 속에서는 급진당 정부를 계속 지켜 내는 것이 절대적 급선무라고 주장했다. 그해 10월 또 다른 중요 정부 법안이 표결에 부쳐졌을 때 프랑스 지부 의원들은 그 법안 역시 지지하기로 결정했다.99) 하지만 이는 당 지도자들이 참아 낼 수준을 넘어선 것이었다. 그들은 의원단의 조치를 부정하고 의원들을 당에서 내쫓았으며, 그로 인해 급진당 정부 또한 붕괴되었다.

프랑스 지부에서 쫓겨난 의원들은 프랑스사회주의당Parti Socialiste de France이라는 이름의 신당을 결성했다. 신당은 '신사회주의자'neosocialist 지식인 그룹이 이끌었는데, 이들은 오랫동안 당의 수동적 태도와 계급투쟁에 대한 강조를 비판해 왔으며, 민족주의의 힘과 급진적 우파의 역동성에 깊은 인상을 받았다. 그들 중 가장 유명했던 마르셀 데아Marcel Déat는 프롤레타리아에 배타적으로 초점을 맞추는 사회주의 운동의 태도를 버리고 당시 점점 널리 퍼져 가던 공동체주의를 수용해야 할 시기가 도래했다고 믿었다.

데아는 사회주의와 민족주의의 조화는 정치적으로 필요할 뿐만 아니라 바람직하다고 믿었다. 그러면서 그것이 "노동계급 이외의 반자본주의 세력들"[100]을 모두 끌어 모을 만한 호소력을 지녔다고 주장했다. 그의 동료 중 한 명인 아드리엥 마르케Adrien Marquet는 다음과 같이 말했다. "1914년까지 나는 계급이라는 관념에만 의존하면 …… 자본주의 체제를 전복할 수 있을 것이라고 진심으로 믿었다. 하지만 [제1차 세계대전이 발발한—옮긴이] 1914년 8월 2일, 계급 관념은 민족이라는 개념 앞에서 무너지고 말았다." 이런 관점에서 사회주의는 새로운 정체성을 기반으로 삼아야 했고, 그것은 "민족적 본능 속에서만 찾을 수 있는 것이었다. 이것을 통해서만 우리는 대중의 지지를 획득하고 체제를 변화시킬 수 있을 것이다."[101]

또한 신사회주의자들은 권력의 사용을 꺼려 하는 프랑스 지부의 태도를 비난했다. 데아는 다음과 같이 말한 적이 있다. 사회주의자들은 "다음 두 가지 방법 중 하나를 택해야 한다. 즉 부르주아 사회 내부로 들어가려는 모든 시도를 포기한 채 폭력적·전면적·필사적인 혁명을 준비하거나, 또는 정부를 포함해 어떤 곳이든 들어가 어떤 종류의 싸움이든 해내야 하는 것이다."[102] 물론 그와 동료들은 후자를 선호했고, 베른슈타인의 유명한 격언을 반복하며 정말로 중요한 것은 사회주의자들이 항상 '운동'에 참여하는 것, 즉 대중의 삶을 변화시키고 앞으로 나아가기 위한 에너지를 이끌어 내기 위해 지속적으로 투쟁하는 것이라고 주장했다.[103] 이런 투쟁은 '새로운' 종류의 국가의 후원 아래서 발생할 수 있을 것이다. 데아는 다음과 같이 주장했다. "민주적 국가는 부르주아에도 프롤레타리아에도 속하지 않으며, 그 대신 공동체의 일반 이익을 대표하여 권위를 행사한다."[104] 이는 사회주의자들에게 국가에 대한 통제력을 획득하고 '자본주의를 길들이는 데' 그것을 사용할 동기를 제공하는 논리였다.

프랑스사회주의당은 성명을 통해 자신들이 주류 정당으로부터 분리되어 나온 이유에 대해 다음과 같이 밝혔다. "우리는 사회주의의 교리에 다시 활기를 불어넣고자 했다. (조레스가 염원했듯이) 사회주의가 전체 민족의 운명을 자신들의 손으로 결정할 수 있게 하려는 시도는, 요즘처럼 힘든 시기에 반드시 필요한 일이었다. 하지만 우리의 요구는 변화를 위해 행동하기를 거부하는 완고한 반대에 부닥쳤다."105) 사회당은 그들의 새로운 비전을 표명하기 위해 "질서, 권위, 민족"106)을 모토로 채택했다. 그런 문구는 프랑스 지부의 구좌파들을 몸서리치게 만들었다. 예를 들어 블룸은 사회당에 두려움을 느끼게 되었다면서 다음과 같이 말했다. "그것은 마치 민족사회주의 정당의 강령을 듣고 있는 기분이 들게 했다. 나는 우리가 파시즘에 반대하는 과정에서 그들의 방법, 심지어는 그들의 이데올로기까지 차용하게 될 위험에 대해 경고하지 않을 수 없다."107) 하지만 데아는 파시스트들에게 가장 도움이 되는 것은 사실 블룸이 보여 준 것과 같은 '동양적 수동성'이라고 응대했다. 또한 만약 사회주의자들이 가만히 앉아서 "권력이 마치 잘 익은 과일처럼 손 위에 떨어지기만을 계속 기다린다면, 그들은 뒤처지고 휩쓸려 갈 것"108)이라고 주장했다. 데아는 사회주의자들이 자신들이 살고 있는 세상을 변화시키기를 진정으로 원하며 그럴 능력도 지녔음을 보여 줄 때가 왔다고 선언했다. 그것이야말로 그들을 진정한 혁명가로 만드는 것이었다.109)

프랑스와 사회주의의 문제들에 대한 해법으로서 『노동의 계획』을 받아들인 이들은 신사회주의자들뿐만이 아니었다. 1934년 무렵 그 책에 대한 관심은 한 논평자가 '계획광'planomania110)에 대해 서술했을 정도로 높아졌다. 프랑스의 최대 노조연맹에서는 드 망의 견해에 충실히 따른 계획안을 내놓았다.111) 건설적 혁명Révolution Constructive과 C.G.T 노동자연구연합센터Centre Conféderal d'Études Ouvrières de la C.G.T.라는 단체들은 『노동의 계획』을 옹호하는 주요 거점이었다. 1934년 그들은 『노동의 계획』의 또 다른 판본이라고 할 만한 것을 직접 만들었는데, 여기서 그들은 경제와 계획의 특정 부분에 대해 국가 통제를 확대시킬 것을 주창했다.[112] 사회당 소속의 노조 지도자들은 『노동의 계획』을 좌파들의 최우선 의제로 만들기 위해 다른 사회주의 이단자들과 힘을 모았다. 그리고 그들 가운데 많은 이들은 "그것을 대중화하기 위해 계획된 전체 유럽 차원의 운동"[113]에도 참여했다. 하지만 이런 분위기에도 불구하고 프랑스 지부의 지도부는 의심을 거두지 못했는데,[114] 특히 블룸은 이런 움직임에 경계를 늦추지 않았다. 그가 우려했던 것은 『노동의 계획』의 일부 사상이 파시즘과 겹친다는 점뿐만이 아니었다. 많은 사회주의자들처럼 그는 그것이 자신들의 교리적 순수성에 끼칠 영향에 대해서 우려했다. 예를 들어 블룸은 『노동의 계획』의 시나리오에서는 "상당 수준의 사적 부문이 과도기나 이행기적 단계로서가 아닌 비교적 안정되고 지속적인 조건으로서 살아남게 된다"[115]는 점을 지적했다. 그는 당이 "어중간한 체제들"과 연관되는 것을 주의해야 하며, 지금처럼 어렵고 혼란스러운 시기에는 "사회주의적 교리의 완전성과 순수성을 유지"[116]하기 위해 신중해야 한다고 생각했다. 심지어 인기가 일시적으로 감소하는 대가를 치르더라도 말이다. 이와 비슷하게 1934년의 프랑스 지부 당대회에 제출된 한 보고서에는 『노동의 계획』의 옹호자들이 "당으로 하여금 살아 있는 자본주의의 심장을 조금씩 도려내, 부분적이고 점진적인 방식으로 사회주의를 실현한다는 식의 정신 나간 짓을 계속 추구하도록 이끌지는 못할 것"[117]이라고 쓰여 있었다.

하지만 1930년대 중반 프랑스 국내외의 상황이 악화되면서 프랑스 지부조차 파국이 점점 다가오고 있음을 인식하지 않을 수 없게 되었다.[118] 이런 깨달음은 같은 시기 소련에서도 나타났다. 이전에는 비공산주의적 사회주의자들을 '사회적 파시스트들'이라고 불렀던 이오시프 스탈린Iosif

Stalin은 이제 좌익의 동맹이 없다면 우파가 승리할 확률이 더 크다는 사실을 인정했다. 이런 노선 변경으로 인해 프랑스공산당은 새로운 전술을 고려할 수 있게 되었다. 그 결과 사회주의자들과 공산주의자들은 오랜 분열을 접고 '반파시스트' 집회들을 통해 함께 모일 수 있었다. 마침내 그들은 인민전선으로 결합했으며, 1936년 선거에서 크게 승리했다. 그들은 의석의 과반수를 획득했고, 프랑스 지부는 처음으로 의회의 최대 정당 자리에 올라섰으며, 블룸은 총리직을 떠맡았다. 하지만 일단 새 정부가 출범한 뒤, 파업, 공장 점거, 투자자들의 외국으로의 이탈 등의 문제로 둘러싸인 채 혼란에 직면해 있던 자국의 실정과 마주한 그들은, 권력이란 축복인 동시에 저주임을 곧 알게 되었다. 현존 사회와 경제를 변화시키기 위해 권력이 어떻게 사용될 수 있는지에 대해 그다지 생각해 본 적이 없었던 블룸에게는 당장 무엇을 해야 할지에 관한 이론적·실천적 지침이 부족했다. 그래서 그는 과거의 언어와 사고틀로 회귀할 수밖에 없었고 다음과 같이 발표했다. 즉 자신의 "정부는 사회주의자들의 완전한 권력 '획득'을 의미하지 않으며, 따라서 사회주의적 강령을 실현할 수 있는 처지가 아니다. 이 정부는 단지 정당들 간 협력을 통해 결성된 한 단체가, 제한된 강령에 한하여 권력을 일시적으로 '행사'하는 것일 뿐"119)이라는 것이었다. 그는 자신의 과제가 "부르주아국가를 관리"하고 "인민전선의 강령을 실행하는 것이지, 사회체제를 변화시키는 것은 아니"120)라고 주장했다. 블룸 정부는 실제로 상당수의 혁신적 개혁 조치들을 추진했는데, 거기에는 주 40시간 노동, 유급휴가제, 단체 협상, 의무교육 확대, 프랑스 중앙은행의 규약 수정 등이 포함되었다. 하지만 그는 이것들을 프랑스 경제의 재구성 전략으로 제시하려고 하지 않았으며, 프랑스의 미래에 대한 분명한 사회주의적 비전을 만들어 내려고 하지도 않았다.

블룸은 자본주의의 '충성스러운 관리인'으로 행동함으로써 대부분의 자본가계급의 지지를 얻어 낼 수 있기를 희망했고,[121) 그것이 그가 프랑스를 이끌고 폭풍우를 헤쳐 나갈 수 있게 해주리라 생각했다. 하지만 현실에서 그의 타협 시도는 거의 아무도 만족시키지 못하고 다수를 소외시키기만 한 채 끝나고 말았다. 우파와 기업계는 그의 개혁에 분노를 표했으며(또한 많은 이들은 그의 유대계 혈통에 분노했다), 좌파들은 그의 소심함과 유화적 태도에 당혹스러워 했다. 가장 중요한 점은 정부 정책이 프랑스의 근본적인 문제들을 해결하는 데 거의 도움이 되지 못했다는 것이다. 그래서 초기에 일었던 개혁에 대한 환호의 물결이 잦아진 이후 경제는 계속 악화되었고 노동 소요도 되살아났다. 그런 문제들에 스페인 내전이라는 형태로 찾아온 새로운 국제적 도전과 점점 더 심해져 가는 나치 정권의 공격성까지 더해지자, 정부는 마침내 굴복하고 말았다. 블룸은 프랑스의 재정 악화에 대처하기 위한 특별 권한을 의회에 요청했지만 거부당했고, 결국 사퇴하기로 결정했다. 1937년 6월, 겨우 1년여 만에 인민전선 정부는 막을 내렸다.

1930년대 프랑스 좌파의 혼란은 좀 더 넓게 보면 공산주의 좌파가 떨어져 나간 이후 유럽 사회주의 내부에서 벌어진 투쟁의 축소판이었다. 총명하고 호인이었지만 자신의 전통적 교리들로 인해 정치적으로 마비되었던 블룸은, 금반지를 손에 넣고서도 그것을 손가락에 끼울 수는 없었다. 그의 총리직은, 전간기 내내 근대적 민주주의의 통치를 위해 성공적인 틀을 만들어 내기보다 사회주의의 이단아들을 처리하는 데 훨씬 능숙했던 구좌파 기득권층의 단말마와도 같았다. 한편 사회주의의 이단아들은 베른슈타인과 한 세대 전 다른 수정주의자들에 의해 확립된 원칙들 위에 좌파를 위한 완전히 새로운 강령을 구성해 냈는데, 이것은 자본주의를 통제하기 위한 국가 이용 전략과 '국민정당' 전략, 그리고 공동체주의적·민족주의적 호소력에 초점을 맞춘 것이었다. 드 망은 이들 가운데 가장 중요하고 영향력 있는 인물이었지만 그런 이단아들은 전간기 모든 유럽 사회주의 정당들에서 나타났다. 하지만 그들이 당을 완전히 장악할 수 있었던 곳은 유럽의 주변부 지역뿐이었다. 이는 나머지 이단아들에게 두 가지 선택만을 가능하게 했다. 첫 번째는 지도부의 제약에 굴복하고 자신들이 더는 동의하지 않는 당 안에 남아 있는 것이었다. 두 번째는 거기서 떨어져 나와 새로운 정치적 근거지를 발견하는 것이었다. 소수의, 하지만 아주 적지만은 않은 이들이 그렇게 했다. 그리고 그들의 이야기가 역사의 새로운 장을 열었다.

| 6 |

권좌에 오른
파시즘과 민족사회주의

1930년대 초반 동안 헨드리크 드 망과 마르셀 데아는 새로운 종류의 포스트 마르크스주의 좌파를 위한 길을 개척하는 데 일조했다. 하지만 1930년대 후반 무렵 그들은 그 전과는 많이 다른 이유로 유명해졌다. 구체적으로는 프랑스 지부에 대해, 그리고 좀 더 일반적으로는 주류 사회주의 운동 전체에 대해 믿음을 상실했고, 그 후 자유민주주의 또한 붕괴 직전 상태에 놓여 있음을 확신한 데아와 그 밖의 많은 신사회주의자들은 나치와 파시스트들의 공동체주의적·반자본주의적 비판을 좀 더 면밀하게 살펴보기 시작했다. 그러고는 자신들의 발견에 흡족해 했다. 시간이 흐르면서 그들은 이 운동이 자본주의의 문제점을 해결할 수 있고, 프랑스와 유럽이 절실히 필요로 하던 집단적 목표와 정체성을 제공할 의지와 능력을 지닌 유일한 존재라는 결론을 내렸다. 이런 전환 과정에 동참한 이들은 결코 그들뿐만이 아니었다. 사회주의 운동의 전통주의와 수동성에 좌절하고, 자유주의적·민주주의적·자본주의적 질서에 환멸을 느꼈으며, 생동감 넘치는 급진적 우파에 (특히 자본주의를 통제하기 위해 공동체주의적 호소와 전략들을 결합하는 그들의 능력에) 깊은 인상을 받은, 놀랍도록 많은 수의 사회주의자들이 이때 (수정주의적) 좌파에서 (파시스트 또는 민족사회주의적) 우파로 전향했다. 1930년대 후반 무렵에는 심지어 드 망조차 주류 사회주의 운동이나 자유주의적 민주주의에는 미래가 없다고 확신하게 되었다. 그러고는 그가 민족사회주의라고 칭한 사상을 위해 정치적 지배 질서를 수용하는 권위주의적 수정을 옹호하기 시작했다. 나치가 유럽을 휩쓸고 독일의 패권이 계속 유지될 것처럼 보였던 시기, 마침내 그는 악마와 협정을 맺었고 그들의 협력자가 되었다.[1]

　수정주의적 좌파와 민족주의적·사회주의적 우파 사이의 현저한 유사점들을 떠올린다면 데아와 드 망 같은 인물들의 정치적 전향은 많은 사람들이 생각하는 것만큼 그렇게 상식에 반하는 것은 아니다.[2] 앞서 보았듯이 둘 다 대체적으로 정치의 우선성과 일종의 공동체주의를 지지했고, 이제 비마르크스주의적 사회주의가 필요하다는 점에 동의했다. 그리고 양쪽 모두 제1차 세계대전으로 촉발된 혼란의 와중에서 진정으로 독립적이고 특색 있는 운동을 만개시켰다. 더욱이 그들이 그렇게 할 수 있었던 이유는, 둘이 매우 유사한 강령과 주장들을 내세웠기 때문이다. 전간기 동안 사회민주주의자·파시스트·민족사회주의자들은 극단적 자유 시장 자유주의와 공산주의를 피하면서 경제적으로 '제3의 길'을 옹호했다. 국가가 자본주의를 파괴하지 않으면서도 통제할 수 있으며 또 그래야만 한다는 것이었다. 그리고 그들 모두 '국민', '민족', '공동선'에 호소했다. 또한 계급 교차 연합을 이루기 위해 노력했고, 진정한 '국민정당'으로서의 지위를 추구했다. 하지만 그 둘 사이에는 중요한 차이점이 존재했다. 그것은 파시즘과 나치즘 아래서는 이런 프로그램들을 위한 대가로 민주주의의 파괴, 시민적 자유와 인권의 방기가 동반되어야 했다는 점이다.

이탈리아에서의 파시즘

수정주의적 좌파에서 파시스트 우파로 전향한 사례 가운데 아마도 가장 잘 알려지고 중요한 것은 베니토 무솔리니의 경우일 것이다. 따라서 그와 함께 우리의 이야기를 시작하는 것은 나쁘지 않을 것 같다. 제3장에서 언급했듯이 무솔리니는 전쟁 이전에 이미 주류 사회주의 운동으로부터 벗어나기 위한 결정적 발걸음을 내디뎠다. 제1차 세계대전은 오직 이 행보를 가속화하고 무솔리니를 더욱 급진화시켰을 뿐이었다. 무솔리니는 민족들 간의 적대성이 표출되는 것을 막아 내지 못한 사회주의 인터내셔널의 무능력(그리고 거기에 속해 있는 거의 모든 정당이 전쟁을 지지하기로 결정했다는 사실)을 보며 민족주의의 힘과 국제주의의 파산을 확인했다. 그는 곧이어 민족주의의 문제들을 재평가하기 위해서는 "'도그마', '영원한 법칙', '강철 같은 필연성'으로부터 스스로를 자유롭게 만들어야 할 필요"가 있음을 주장하기 시작했다. 그에 따르면, "우리 사회주의자들은 민족문제를 전혀 검토해 본 적이 없다. 인터내셔널은 그 문제들을 전혀 신경 쓰지 않았다." 그리고 그 결과 시대에 뒤처지고 말았다. "우리는 역사적 실체인 민족과 현재의 살아 있는 실체인 계급을 화해시킬 수 있는 방법을 찾아내야만 한다."[3] 1914년 말 그는 사회주의자들의 전쟁 중립 지지 방침을 재고할 것을 공개적으로 주장했고, 급기야 이탈리아 사회당에서 출당되었다.

전쟁이 진행되면서 무솔리니는 주류 사회주의 운동으로부터 점점 더 멀어져 갔고, 전쟁이 끝나 갈 무렵에는 계급투쟁의 개념(그는 이제 그것을 '아무 효과도 성과도 없는 헛된 이론'[4]이라고 주장했다)을 공개적으로 포기하기에 이르렀다. 그러고는 그것을 민족주의적 수사와 사회적 연대에 대한 강조로 대체했다. '프롤레타리아 민족'으로서 이탈리아라는 사상(제4장 참고)

에 의지하면서 그는 모든 이탈리아인들은 세계 속에서 이탈리아의 지위를 끌어올리기 위해 단결해야 한다고 주장하기 시작했다. 그러기 위해서는 민족을 적들과 경쟁자들로부터 수호하는 한편 민족의 생산능력을 확대할 필요가 있었다. 그는 이런 노력들이 사소한 계급 갈등을 초월한 민족적 연대를 만들어 낼 것으로 보았다.[5] 따라서 무솔리니는 프롤레타리아에 대한 배타적 강조를 포기했고, '억압받는' 계급이나 '억압하는' 계급 대신 '생산적인 계급들'에 관해 말하기 시작했다.[6]

1919년 3월, 무솔리니는 그와 유사한 생각을 지닌 여러 동료들과 함께 전투자동맹Fasci di Combattimento(제대 군인들을 중심으로 한 모임)이라는 새로운 정치 운동 단체를 결성했고, 이들은 민족주의와 사회주의의 문제들을 하나로 묶어 냈다. 그들의 첫 강령은 강력히 반자본주의적·반교권주의적anticlerical·반군주제적antimonarchical이었고, 하루 8시간 노동, 최저임금, 노동자 대표의 경영 참여, '자본에 대한 대규모의 누진세', 그리고 모든 비경작지에 대한 몰수와 재분배를 주창했다.[7]

처음에 전투자동맹은 별로 성공적이지 못했다. 그들의 왼쪽으로는 사회주의 운동이 내부 분열에도 불구하고 여전히 높은 인기와 권력을 누리고 있었고, 오른쪽으로는 가브리엘레 단눈치오Gabriele D'Annunzio와 피우메 시 점령 사건[1919년 단눈치오가 유고슬라비아의 피우메를 점령해 16개월간 통치했다]이 재향군인들과 이탈리아 민족주의자들의 마음을 사로잡고 있었다.[8] 첫 2년 동안 전투자동맹은 주변 세력으로 남아 있었고, 그들의 지지 세력은 사실상 산업화된 북부 도시 지역과 전직 군인, 그리고 혁명적 생디칼리슴과 수정주의로부터 전향한 한 무리의 어중이떠중이들로 한정되어 있었다.[9]

하지만 1920년 이탈리아를 집어삼키기 시작한 거대한 혼란은 이 새로운 운동에 황금 같은 기회를 선사했다. 앞 장에서 언급했듯이 심각해지고 있던 전후 이탈리아의 문제들은 9월 공장 점거 사태에서 절정에 달했는데, 이런 상황은 사회당을 더욱 분열시켰고 많은 노동자들을 운동으로부터 소외시켰으며, 다른 한편으로 기업계와 중간계급들로 하여금 사회주의자들의 혁명적 의도에 대해 두려움을 갖게 만들었다. 또한 공장점거와 이를 주도한 사회주의자들에 대해 자유주의 정부가 강경한 태도를 취하기 꺼리는 듯하자, 많은 이탈리아인들이 정부가 자신들의 이익을 지켜 줄 능력도 의지도 없다고 믿게 되었다. 한 논평자는 다음과 같이 지적했다.

…… 1920년대 초반 대다수 이탈리아인들은 자신이 속한 계급과는 상관없이 자유주의 정부에 대한 신뢰를 상실했다. 도시의 대중과 농촌의 노동자들은 정부에 적대적이었고, 그들의 호전적 지도자들은 수차례에 걸쳐 정부를 공공연히 부정했다. 타협이 동반된 지올리티의 중립 정책은 …… 노동자들의 지지를 받는 데 실패했을 뿐더러 고용주들을 소외시켰다. …… 지주, 대부분의 대기업, 중하층 계급에 속한 사람들은 …… 자신들에 비해 경제적 지위가 높아진 노동자들을 시기했다. 또한 이들은 노동자들에 대해 또 다른 '양보'가 이루어질 경우 이미 불안해진 자신들의 지위가 더욱 위협될 것이라고 두려워했다. 문제의 근원 중 하나는, 이해할 수 없고 그저 빠르게 흘러가는 듯 보이기만 했던 급속한 변화에 직면하여 이런 집단들이 느낀 당혹스러움과 무기력함이었다.[10]

무솔리니와 전투자동맹이 파고든 것은 바로 이런 틈새였다. 그들은 사회주의자들의 행동과 자유주의자들의 무관심으로 인해 위협받고 있는 질서와 안정을 회복시킬 수 있는 세력으로서 자신들을 내세울 순간을 포착했던 것이다. 파시스트들은 정부에 의해 특별히 무시당하고 있으며 사회주의자들에 의해 위협당하고 있다고 느낀 특정 농촌 지역에 초점을 맞추었다. 그러고는 '볼셰비즘에 대한 전쟁'이라는 기치를 내걸고, 농촌에 평온을 회복시키기 위한 캠페인의 일환으로 종종 마을 전체를 장악하고는,

주민들의 지지를 얻기 위해 일자리와 다른 자원들을 제공하곤 했다. 이 전략은 놀랍도록 성공적이었다. 1920년에는 1백만 명 이상의 파업자들이 이탈리아 농촌 지역에서 활개치고 돌아다녔지만, 1년 후 그 숫자는 8만 명으로 떨어졌다. 이런 승리와 그 운동이 발산했던 활기(이는 정부의 수동 성과 현격한 대조를 이루었다)로 인해 그들은, 사회주의적 노동 단체들의 일 자리 독점에 분개하며 불안에 시달리고 있던 농업 노동자와 지주 모두로 부터 지지를 끌어낼 수 있었다.[11]

파시스트들은 새로 발견한 지지자들을 계속 붙들어 놓기 위해 발 빠르 게 움직였다. 1921년 6월, 그들은 사회당의 토지국유화 주장에 대한 격렬 한 반대 여론을 주도했던 자작농들을 대상으로 농업 강령을 발표했고 새 로운 노선을 내세우기 시작했다. 그것은 당시 자본주의에 대해 널리 퍼져 있던 두려움을 이용하는 한편, 사유재산에 대한 보호를 약속하는 것이었 다. 무솔리니는 다음과 같이 선언했다.

…… 사회·공산주의자들(social-communist)과는 반대로, 우리는 땅이 국가가 아닌 경작자에게 속하길 원한다. 사회·공산주의가 모든 땅을 몰수하고 모든 경작자를 국가의 종업원으로 만들고자 하는 반면, 우리는 땅의 소유권과 경제 적 자유를 절대 다수의 농민들에게 주기를 원한다. 우리는 중앙집권적 정치계 급들의 주권이 아닌, 농민들의 주권을 지지한다.[12]

또한 그 강령은 "농민들의 토지소유권을 기반으로 한 새로운 '농촌 민주 주의'의 창조"를 약속했으며, 부재지주 혹은 '기생적' 지주들에 대한 혐오 를 분명히 드러냈다.[13] 이렇듯 새롭게 재편된 노선을 통해 얻어 낸 선풍 적 인기뿐만 아니라, 1921년 지올리티가 자신의 선거 연합에 그들을 포 함하기로 한 결정 또한 파시스트 세력을 강화했다. 이 결정은 파시스트

운동에 한층 더 정당성을 부여하고 그들이 선거에서 첫 돌파구를 여는 데일조한 운명적 선택이었다.[14]

파시스트들이 1921년 11월 로마에서 다음 당대회를 열게 될 무렵, 그들의 운동은 이미 변화되어 있었다. 2년 전만 해도 그들은 870명으로 구성된 시골의 작은 단체였다. 이제 그들은 전국 각지에 분포된 30만 명 이상의 회원을 가진 하나의 대중운동이었다. 파시즘의 달라진 지위는 당대회에서 채택된 새로운 강령에 반영되었는데, 그것은 좀 더 폭넓은 유권자들에게 호소하기 위한 것이었다. 특히 그것은 1919년 강령의 급진주의를 다소 약화시켰는데, 그러면서도 여전히 시장과 자본주의에 대한 사람들의 널리 퍼진 공포감에 호소했다. 새 강령은 또한 공동체주의적·민족주의적 주제들을 특히 강조했다. 그것은 "서로 갈라진 계급적·사회경제적이익들의 무질서한 충돌은 규제되어야 한다"고 선언했고, '민족 사회'를 "사회조직의 가장 근본적인 형태"라고 인식했다. 또한 강령은 계급 갈등을 축소시킬 수 있는 다양한 방법을 제시했는데, 특히 "노동자들과 고용주들을 대표"하는 조직들에 법적 지위를 부여하는 코포라티즘적 해법들을 강조했다. "그리하여 그들을 법적으로 책임 있는 존재로 만들 수 있게될 것"이고, "민족적 연대와 생산의 발전"을 촉진하는 데 도움이 되리라는 것이었다. 강령은 또한 사회복지를 위한 광범위한 조치들을 주창했고, 어떤 특정 계급의 이익이 아닌 민족 전체의 선을 위해 활동할 것임을 약속했다.[15]

자본주의 및 사유재산과 관련하여 그 강령은 혼합된 메시지를 전달했다. 그것은 한편으로 이렇게 선언했다. "민족파시스트당the National Fascist party(1921년전투자동맹을 토대로 결성된 정당)은 개인의 기업가 정신과 에너지(경제적 생산에서 가장 강력하고 근면한 요소)를 분출시킴으로써, 그리고 국가-사회-지방정부에 기반을 둔 낡고 비생산적인 고비용 통제 조직을 영원히 철폐함으로써, 우리 민족의 부를 증대시키기 위해 분투하는 체제를 옹호한다." 따라서 강령은 국가가 소유하거나 통제하고 있는 일련의 기업들을 사적 부문에 돌려주기로 약속했고, 농촌 지역에서의 소토지 소유를 지지한다는 것을 명백히 밝혔다. 다른 한편으로 그것은 "민족 최고의 이익으로서 공공복지를 정부가 관리해야 한다는 윤리적 원칙을 회복시키겠다"는 파시즘의 지향을 밝혔고, 사유재산에는 특권뿐만 아니라 책임 또한 수반된다는 점을 강조했다. "권리와 동시에 의무가 수반되는 사유재산은 사회가 전통적으로 개인들에게 부여해 온 [사회적 부의—옮긴이] 관리 방식이다. 그리하여 그들이 전체적인 부를 증가시킬 수 있도록 하기 위해서 말이다."16)

요컨대 파시즘은 자신의 경쟁자들과 차별화된 주장, 강령, 지지 기반을 가진 근대적 대중 정당으로 변신을 완료한 것이다. 좌파나 우파 어느 쪽에도 쉽게 들어맞지 않는 수사와 정책은 현재의 자유주의적 체제로 인해 고통을 겪고 있거나 그것에 불만을 품고 있던 거의 모든 집단에게 기대감을 제공했다. 파시스트들은 '볼셰비즘'에 대한 최대의 적수이자, 사유재산에 대한 최고의 보호자를 자임했다.17) 그러면서도 재산 소유의 '사회적 의무'를 강조했고, 집단적 선을 역설했으며, 부재지주들과 '착취적' 자본가들을 비난했다. 자유주의적 지배 질서와 자본주의의 '과잉'에 대한 근본적 비판을 사유재산에 대한 헌신과 모든 이탈리아 국민을 대표한다는 주장과 연계시킬 수 있었던 능력은 파시즘을 이탈리아 최초의 진정한 '국민정당'으로 만들어 주었다. 그들은 "이탈리아의 전체적인 사회구조를 드러내고 대표해 내는 일에 근접"했던 것이다.18)

파시스트들의 힘이 자라나는 동안 이탈리아의 다른 정당들은 혼란에 빠져 있었다. 한 비평가가 말했듯이 "1922년 여름 무렵 자유주의자들은 방향을 잃고 헤매고 있었고, 가톨릭 정당인 이탈리아인민당PPI은 해체되고 있었으며, 사회주의자들은 난파된 상태였다."19) 현 정권은 이미 이탈리아인들의 '마음과 정신'에서 떠나간 지 오래였으며, 따라서 정부와 가장 밀접히 연결되어 있던 자유주의 정당들은 고난의 시간을 겪고 있었다. 그리고 앞서 살펴보았듯이 사회주의자들은 체제를 강력히 옹호할 의지도 능력도 없었다(제5장 참고). 이탈리아 정치 무대의 또 다른 주요 세력이었던 가톨릭 정당인 이탈리아인민당 또한 분열과 불화에 시달리고 있었다. 그 결과 정부와 사회경제 각 분야의 많은 엘리트들은 갈수록 무솔리니와 그의 운동을 받아들이는 것이 바람직하며 필요하다고 생각하게 되었다.

이 드라마의 마지막 무대는 현 정부가 위기에 처해 있고 파시스트들이 권력을 탈취하기 위해 군사력을 모으고 있다는 소문으로 로마가 어수선했던 1922년 10월에 시작되었다. 루이지 팍타Luigi Facta 총리는 (정부가 파시스트들에 대해 강력하게 대처할 수 있도록) 계엄령을 선포하자는 자신의 제안을 왕이 거부하자 사임했다. 무솔리니와 파시스트들을 정부로 끌어들여 '길들이고자' 했던 보수당은, 무솔리니가 그 자신이 이끌지 않는 정부에는 참여하지 않으리라는 것이 명백해지자 한발 물러섰다. 10월 29일, 수천 명의 파시스트 간부들이 동원 명령을 기다리고 있는 상황에서 왕은 마침내 무솔리니에게 정부를 맡아 달라고 요청했다. 파시즘은 총 한 방 쏘지 않고 권좌에 오른 것이다.[20]

이후 수년간 무솔리니는 자유주의 정권의 잔재를 없애는 데 집중했다. 그는 비파시스트 각료들을 정부에서 서서히 제거해 나갔고, 파시스트들이 의회를 장악할 수 있도록 보장해 주는 선거법을 통과시켰으며, 그의 운동을 [엔리코 코라디니Enrico Corradini가 이끌던 이탈리아 최초의 민족주의 정당이라 할 수 있는] 민족주의자연합Nationalist Association과 결합했고, 아직 파시스트들의 통제 아래 있지 않았던 모든 정당과 조직의 권력을 조금씩 앗아 갔다.[21] 하지만 그가 정치적 적들을 무력화하고 있을 때, 그 자신의 당 내부에서는 보수적 민족주의자들과 혁명적 생디칼리스트들, 수정주의자들 사이의 불만과 갈등이 무르익고 있었다. 그러나 파시즘 내부의 갈등이 자라나고 있던 바로 그때 하나의 위기가 발생하면서 이 흐름을 뒤엎어 버렸다. 1924년 5월 30일, 자코모 마테오티Giacomo Matteotti라는 사회당 의원은 최근에 있었던 선거를 통렬히 비난하는 연설에서, 파시스트들이 권력을 유지하기 위해 광범위한 사기와 폭력을 동원하고 있다고 (정확하게) 주장했다. 며칠 후 마테오티가 실종되었는데, 나중에 그는 가슴에 칼이 꽂힌 채 발견되었다. 마침내 다섯 명의 파시스트들이 그 사건으로 체포되었다. 이 살인 사건은 폭풍과도 같은 항의를 불러일으켰다. 주요 야당들이 의회에서 뛰쳐나왔으며, 언론들은 파시스트들의 야만성을 고발했다. 또한 이 사건으로 인해 파시스트 극단주의자들은 만약 무솔리니가 반대파들에게 강력한 조치를 취하지 않는다면 새로운 폭력의 물결을 일으키겠다고 위협했다. 하지만 무솔리니는 내적·외적 압력에 직면해 사태를 수수방관하는 것이 아니라 오히려 당 내부와 외부의 비판자들에게 맞서 공세를 취했다. 1925년 1월, 그는 "지금까지 일어난 모든 일에 대한 정치적·도덕적·역사적 책임은 나 혼자만이 지고 있다. 만약 파시즘이 범죄단체라거나, 그 모든 폭력 행위가 특정한 역사적·정치적·도덕적 분위기에 의해 조장된 결과라면, 그 책임은 나에게 있다"22)라고 선언했다. 그러고서 그는 자유 언론의 마지막 잔해마저 제거해 버렸고, 아직 남아 있던 모든 반파시즘적 행위와 정당들을 억눌렀다(그가 나중에 말했듯이, "전체주의 국가의 기틀이 놓인"23) 것은 바로 이 시기였다). 그는 또한 새로운 당 비서를 임명하고, 오랜 비타협주의자들을 숙청하며, 당의 핵심 직위에 대한 선거를 폐지하고, 그동안 중앙의 리더십에 대한 공격의 기반이 되어 왔던 지역 수준의 여러 조직을 제거해 파시스트 운동에 대한 자신의 영향력을 강화했다. 그 결과, 한 논평자의 지적대로, "파시스트당은 단지 길들여진 것이 아니라 거세당했다."24)

마테오티 사건에 따른 위기 상황이 끝나 갈 무렵, 무솔리니는 국가와 당 모두에 대한 자신의 통제력이 이전보다 더욱 확고해졌음을 알았다. 그래서 그는 일부 학자들이 파시즘의 '두 번째 물결'[25]이라고 불렀던 움직임을 보여 주기 시작했다. 그것의 특징 가운데 하나는 파시즘이 약속했던 '새로운 이탈리아'[26]의 건설을 무솔리니가 더욱 자유롭게 시작할 수 있게 되었다는 점이다. 학자들은 무솔리니와 그의 정부가 실제로 얼마나 혁명적이었는가에 관해 오랫동안 논쟁해 왔다. 하지만 파시즘이 자신들을 현존 체제를 파괴하고 새로운 체제를 창조하는 데 헌신하고 있는 집단으로 내세웠다는 것에는 의심의 여지가 없다. 무솔리니는 1920년대 중후반의 시절을 "이탈리아의 에너지가 새로운 유형의 문명을 창조해 내는 노력에 완전히 흡수되었던"[27] 시기라고 묘사했다.

이런 노력의 핵심 요소는 사회경제적 관계들의 재구성이었다. '새로운 이탈리아'에서는 개인의 이익이나 경제적 요구가 아닌 국가가 최상의 통치자가 될 것이었다. 실제로 자유주의자들이나 정통 마르크스주의자들 모두 국가를 평가 절하해 온 반면(전자는 개인의 자유를 극대화하고자 했기 때문에, 그리고 후자는 국가를 엘리트들의 도구로 여겼기 때문에), 파시즘은 국가를 그들의 변혁적 비전의 중심에 올려놓았고 그것을 특정 개인이나 집단의 이익 위에 서있는 강력한 존재로 묘사했다. 사회민주주의자들 또한 마찬가지로 이런 관점을 갖고 있었지만, 파시스트들은 한 걸음 더 나아가 국가에 거의 신비한 특성을 불어넣었다. 무솔리니가 표현한 대로 파시스트들에게 "국가는 정신적이고 도덕적인 존재다. 왜냐하면 그것은 민족의 구체화된 정치적·사법적·경제적 조직이기 때문이다. 따라서 파시스트들에게 모든 것은 국가 안에 존재하며, 국가 외부에서 인간적이거나 정신적인 것은 가치도 없고 존재하지도 않는다. 이런 의미에서 파시즘은 전체주의적이다. 그리고 파시스트 국가는 모든 가치의 종합이자 통일체로서 전체 국민들의 삶을 해석하고 발전시키며 강화시킨다."[28]

　파시스트들은 (사회민주주의자들과 마찬가지로) 국가가 통치 받는 자들로부터 어느 정도 독립성을 누릴 뿐만 아니라, (사회민주주의자들과는 달리) 그들에 대한 어떤 직접적인 책임으로부터도 자유롭다고 생각했다. 한 논평자가 말했듯이 파시스트 국가에서 "시민은 존재하지 않는다. 오직 신민만이 있을 뿐이다. 이런 관점에서 정부는 국민의 의지가 아닌 국가 자신의 양심만을 따른다."[29] 파시즘은 또한 자유주의(와 사회민주주의)의 핵심 교의 가운데 하나, 즉 민주적 통치의 핵심 논거인 인간의 근본적인 평등에 대한 주장을 거부했다. 무솔리니에 따르면 "파시즘은 다수the majority가 인간 사회를 이끌 수 있다는 주장을 거부한다. 그리고 파시즘은 변경 불가능하고 유익하며 생산적인 인간 불평등을 지지한다. 이는 단순히 보통선거권과 같은 기계적인 과정을 실행한다고 해서 제거될 수 있는 것이 결코 아니다."[30]

　이런 관점은 국가가 사회경제적 삶의 거의 모든 국면에 개입할 수 있는 권리(아니, 아마도 의무)를 가지고 있음을 의미했다. 한 파시스트는 이렇게 말했다. "국가의 총체적인 경제적 이익보다 상위에 있는 그 어떤 경제적 이익도 존재할 수 없다. 국가의 통제와 규제 아래 들어오지 않는 그 어떤 개인적·경제적 자기 결정권initiatives도 존재할 수 없다. 국가가 필요로 하지 않는다면 민족의 여러 계급들 간의 그 어떤 관계도 용납되지 않는다."[31] 이런 주장 가운데 그 어느 것도 파시스트들이 자본주의나 사유재산을 거부했음을 의미하지는 않는다. 오히려 파시스트들이 경제성장을 보장하는 동시에, 국가를 통해 민족의 '필요'와 '목표'가 규제되지 않는 시장과 '이기적' 자본가들에 의해 위협받지 않는 체제를 만드는 것을 목표로 했음을 의미했다.

　파시즘의 집권 초기, 정부는 경제정책이 정통 교리에서 크게 벗어나지 않게 하기 위해 조심했다. 하지만 1920년대 중반 들어 무솔리니의 권력이 굳건해지면서 코포라티즘적 사고와 제도에 기반을 둔 새로운 유형의 사회적·경제적 조직화의 윤곽이 드러나기 시작했다.[32] 새로운 체제를 향한 첫걸음은 1925년 10월 이탈리아산업총연합(이탈리아 기업들의 연합체)과 파시스트 노조연맹 사이에 체결된 팔라초 비도니Palazzo Vidoni 협약으로 시작되었다. 총연합과 노조연맹은 모든 노동 관련 협상을 그들 사이에서만 진행할 것과, 다른 모든 비파시스트 노조들을 이 과정에서 배제할 것에 대해 동의했다. 이 새로운 체제는 파업과 공장폐쇄를 금지했는데, "그것은 민족적 필요를 고려하지 않는 계급 이익의 표현이기"[33] 때문이라는 것이었다. 만약 어떤 이유로 노동시장의 파트너들끼리 스스로 협상을 타결해 내지 못한다면, 그 문제는 노동법원으로 넘겨져 강제 중재를 통해 해결될 것이었다. 기업 측은 처음에 팔라초 비도니 협약의 체결을 꺼려했다. 그들의 특권에 대한 국가의 침해가 더욱 강화될 것이라는 두려움 때문이었다. 하지만 그들은 자율성의 상실이 다른 이점들로 충분히 보상될 수 있다는 사실을 곧 깨달았다. 새로운 체제 아래서 독립적 노동 조직들에게는 그 어떤 권한도 인정되지 않았고, 총연맹은 지금껏 자신들의 영향권 바깥에 존재해 온 기업 집단들에게까지 지배력을 확대할 수 있었다.

그 다음 해 로코법the Rocco Law이 통과되면서 코포라티즘적 구조물의 또 한 축이 올라갔다. 이 법은 이탈리아 경제를 7개 분야(공업, 농업, 은행업, 상업, 국내 운송업, 수출입업, 지식 공동체)로 나누고 각 분야별로 노동자들과 고용주들의 '조합연맹'을 설치했다. 그리고 1927년 정부는 노동헌장Carta del Lavoro을 발표했는데, 여기에는 코포라티즘 체제의 근본 목적과 노동-자본 관계를 지배하는 원칙들이 담겨 있었다. 그것은 생산 규정의 확립, 노동 분쟁의 해결, 구직 활동의 통제, 직업 안전 기준의 규제 등을 감독하는 (통일된 생산 이익의 대표자로서) 조합의 권리를 선언했다. 헌장은 코포라티즘 체제가 자본주의와 개인의 진취성을 촉진하는 동시에 경제가 전체 사회를 위해 작동할 수 있도록 보장하는 것을 국가의 주된 역할로 삼는 체제라고 묘사했다.[34] 헌장은 코포라티즘이, 민간 기업을 생산 영역에서 민족의 이익을 위한 가장 효율적이고 유용한 도구로 본다고 선언했다.

> 사적 생산조직이 민족적 차원에서 중요한 기능을 담당하고 있다는 사실에 비추어 볼 때, 기업의 조직자는 국가가 생산에 부과한 지시를 따를 책임이 있다. 생산에 종사하는 세력들 사이의 협력은 호혜적 권리와 의무를 낳는다. 노동자들은 경제적 기업의 적극적 협력자이고, 경영은 그것에 책임을 지는 고용주들이 맡는다.

> 코포라티즘 체제에서는 개인의 주도권이 항상 기본적 동기로 작용한다. 하지만 경제활동은 중요한 사회적 결과를 낳으며, 따라서 주어진 법률상 제한 내에서 이루어져야 한다. 개인에게는 사회에 대한 책임이 있다는 것, 따라서 국가에 대해서도 책임이 있다는 사실은 명백하다. …… 개인의 진취성이 부족하거나 …… 국가의 이익과 관련되는 경우 …… 통제·지원 및 직접 경영 등의 형태로 …… 개입할 필요가 있다.[35]

파시즘은 코포라티즘뿐만 아니라 국가의 경제적 역할을 증대시키는 다른 조치들도 활용했다. 1920년대 후반부터 정부는 이탈리아 신용 기구나 이탈리아 금융협회와 같은 다양한 준*국영 기관들을 설립해 경제 불황으로 고통을 겪고 있던 기업과 은행으로 자금이 흘러 들어갈 수 있도록 했다. 1933년 대공황에 대응해 정부는 산업 재건 기구를 설립해 이탈리아의 은행 제도를 재앙에서 구해 낼 임무를 맡겼다. 이를 위해 산업 재건 기구는 은행들의 주식을 양도받아 그들의 부채를 이탈리아 중앙은행으로 이전했고, 그런 식으로 수많은 사적 부문이 붕괴되지 않도록 보호해 주었

지만, 한편으로는 그들이 국가를 자금원으로서 의존하게 만들었다. 1939
년 무렵 산업 재건 기구는 "선철 생산의 77퍼센트, 강철 생산의 45퍼센트,
선박 건조의 80퍼센트, 선박 운송의 90퍼센트를 통제했다."36) 그리고
1930년대 중반 통과된 은행 개혁법(그중 무엇보다도 중요한 것은 이탈리아 중
앙은행의 국유화 조치였다)은 신용 할당에 대한 국가의 통제력을 더욱 강화
시켰다.

　한편 농업 분야에서 정부는 지주들의 재산을 보호해 주었지만, 생산
목표량을 지정하고 중요 상품의 재고를 비축하게 함으로써 그들에 대한
정부의 통제력 또한 강화시켰다. 그 결과 "주요 생산자들이 국가가 책정
한 가격과 할당량의 체제 안에서만 활동하도록 허용되었기 때문에 시장
의 힘이 제거"37)되고 말았다. 파시스트들은 또한 노동을 국가에 연계시
키고, (코포라티즘 체제에서의) 노동자들의 자율성 상실과 임금 정체를 보상
해 주도록 기획된 사회 서비스 프로그램들을 옹호했다.38) 이런 프로그램
들에는 건강보험, 노령·장애 연금, 국경일의 유급 휴일화, 주 40시간 노
동, 그리고 가족·보육 수당 등과 같은 전통적인 복지 수단들은 물론, 이탈
리아인들에게 교육·스포츠·레크리에이션의 기회를 제공해 굉장한 인기
를 끌었던 '도폴라보로'Dopolavoro(노동자들을 위한 여가 활동 조직) 같은 새로운
서비스까지 포함되어 있었다.39) 국가는 또한 고속도로 건설에서 늪지대
배수 공사까지 광범위한 공공사업 프로그램을 후원했다. 이런 프로그램
들은 공공 부문 노동자들의 수를 엄청나게 증가시켰고 1922년에서 1930
년 사이에 국가 지출을 두 배로 늘려 놓았다.40)

　요컨대 혁명이라고 말한다면 과장일지 모르지만, 파시즘이 이탈리아
에서 국가-사회-경제 사이의 관계를 근본적이고 장기간 지속될 방식으
로 재구성해 냈다는 사실에는 의심의 여지가 없다. 파시스트 정부의 노력
이 축적된 결과, 제2차 세계대전 발발 무렵 이탈리아의 국가는 "소련 이

외의 지역에서는 비교할 대상이 없을 정도로 경제에 대한 강력한 통제력을 행사"41)할 수 있었다. 국가의 개입, 나아가 국가에 의한 경제 통제의 필요성과 바람직함에 대한 파시즘의 주장은 또한 좌파와 우파 양측 모두로부터 상당한 인기를 얻었다. 특히 많은 이들은 파시즘이 자유방임 자유주의와 소련식 공산주의 사이에서 그토록 많은 이탈리아인들(과 유럽인들)이 갈망해 온 '제3의 길'을 발전시키기 위한 진정한 발걸음을 내디뎠다고 믿었다. 파시스트들은 이것을 잘 알고 있었으며 그런 견해를 널리 홍보했다. 예를 들어 무솔리니는 정부의 코포라티즘 체제가 '20세기의 사회문제'42)에 대한 해결책을 제공했다고 주장했다. 산업부 장관 주제페 보타이 Giuseppe Bottai는 코포라티즘이 "자본주의와 사회주의에서 최상의 부분"43)만을 골라 결합한 것이라고 주장했다. 그리고 과거 생디칼리스트였고 지금은 파시스트 노조 지도자가 된 에드몬도 로소니는 다음과 같이 주장했다. "코포라티즘은 경제를 다스리는 정치적 원리를 형상화하고 있다. 코포라티즘 아래서 경제는 정치와 도덕의 좀 더 고귀한 주장을 더는 회피하거나 무시할 수 없다."44) 일부 구舊생디칼리스트들과 혁명적 수정주의자들은 한 걸음 더 나아가 코포라티즘을 혁명적 열망과 자본주의의 현실을 화해시킬 수 있는 방법을 찾아내고자 하는 사회주의의 오랜 투쟁의 일부로 보기도 했다. 예를 들어 세르지오 파눈치오Sergio Panunzio는 코포라티즘 체제가 "1890년대 후반 시작된 사회주의 전통의 오랜 위기를 마침내 종식시켰다"45)고 주장했다.

요컨대 정치의 우선성에 대한 파시즘의 주장(시장에 대해 기꺼이 권력을 행사하고자 하는 태도)은 국내외적으로 이탈리아 정부의 지위를 강화시켰다. 무솔리니가 "과거의 불안은 이제 존재하지 않는다"고 선언했을 때, 그리고 "전통과 현대, 진보와 신념, 기계와 정신을 화해시키고 지난 두 세기 동안의 사상과 발전을 통합해 내는"46) 새로운 문명을 창조하기 위한 길로 파시스트 정부가 잘 나아가고 있다고 선언했을 때, 놀라울 정도로 많은 이탈리아인들이 이에 동의했다. 그리고 파시즘에 대한 해외로부터의 관심은 1930년대 무렵 이탈리아를 "자본주의적 불황과 공산주의적 독재의 덫에 걸려 있던 세계 속에서 새로운 질서의 기반을 찾고자 했던 정치학자·경제학자·사회학자들의 메카로 만들었다."[47] 이런 파시즘의 인기가 만들어 낸 요란함이 어찌나 대단했던지, 이 현상은 콜 포터Cole Porter에 의해 문화적 박제품으로 보존되기에 이르렀다. 그의 신작 뮤지컬 〈애니싱 고즈〉Anything Goes에 나오는 노래(당시 최고의 화제가 되었던 인물과 사건 등을 소재로 했다) 속에는 이탈리아 파시즘이 지난 15년간 어디까지 올라왔는지를 보여 주는 기록이 담겼다. "당신은 최고, 당신은 무솔리니!"

독일의 민족사회주의

히틀러가 권력에 등극하기까지의 과정은 너무도 잘 알려져 있어 그 여정의 주요 길목들은 이제 거의 상식이 되어 버렸다. 하지만 아직까지 잘 받아들여지지 않고 있는 사실이 있는데, 그것은 당시 유럽 대륙을 휩쓸고 있던 좀 더 넓은 정치적·이데올로기적 흐름들 속에서만 독일의 민족사회주의를 완전히 이해할 수 있다는 점이다.[48] 이탈리아의 경우와 마찬가지로 전간기 독일의 새로운 우파들은 제1차 세계대전 이전에 존재했던 지적·정치적 흐름들에 의존하고 있었다. 하지만 그들이 만개할 수 있었던 것은 오로지 전후의 정치적·사회적·경제적 혼란 덕분이었다. 전쟁에서 피폐해지긴 했지만 최소한 승전국으로 빠져나올 수 있었던 이탈리아와는 달리, 1918년의 독일은 엄청난 패배에 따른 심리적 상흔과 대면해야만 했다. 독일제국의 붕괴를 받아들이지 못하고 패전의 굴욕을 좌파들과 민주주의자들의 탓으로 돌리던 다양한 우익 사상가들과 활동가들은 (그리고 극좌파 공산당도 마찬가지로[49]) 바이마르공화국이 출범하자마자 공화국에 대해 소란스럽고 종종 폭력적이었던 캠페인을 벌이기 시작했다.

지적으로 가장 중요했던 공격은 우익 학자들, 언론인들, 그리고 '보수 혁명'[50]이라고 불리던 작가 그룹에서 비롯되었다. 파울 드 라가르드나 줄리우스 랑벤과 같은 전쟁 전 인물들이 개척해 둔 길을 따라 밟아 오던 그들은 자유주의와 민주주의에 대한 경멸, 그리고 단합된 민족에 기반을 둔 새로운 체제에 대한 열망으로 가득 차 있었다. 이 운동의 가장 중요한 인물들로는 아르투어 묄러 판 덴 브루크Arthur Moeller van den Bruck, 오스발트 슈펭글러Oswald Spengler, 베르너 좀바르트를 꼽을 수 있다.

'보수 혁명의 가장 중요한 인물'[51]로 꼽히는 문화 비평가이자 역사가인 묄러는 그의 가장 중요한 저서 『제3제국』Das Dritte Reich을 통해 그가 경멸했던 자유주의적 체제에 대한 진정으로 '독일적인' 대안을 개발하는 데 몰두했다. 이 대안은 독일이 그토록 절실히 필요로 하던 민족적 단합을 창조해 내기 위해 민족주의와 사회주의 전통의 요소들을 결합할 것이었다.[52] 하지만 묄러가 말하는 사회주의는 마르크스주의와는 거의 관련이 없었다. 그가 말했듯이 "독일 사회주의는 마르크스주의가 끝난 지점에서 시작된다." 그리고 "독일 사회주의의 과제는 그 운동에 남아 있는 자유주의의 흔적을 모두 지워 버리는 것이다."[53] 이 목표를 이루기 위해서는 사회주의에서 유물론과 계급투쟁을 제거해 "계급 사회주의로부터 국민의 사회주의로" 변화시킬 필요가 있었다. 오직 그런 변화를 통해서만 노동자들을 "마르크스주의의 거짓 교리들"[54]로부터 떼어 놓고 민족이 필요로 하는 사회적 응집력을 창조해 낼 수 있었다. 이 '독일적' 사회주의의 정확한 윤곽은 다소 모호하다. 경제적인 측면에서 묄러는 공산주의와 고삐 풀린 자본주의 사이에서 일종의 '제3의 길' 유형을 구상했다. 그 속에서 민족의 필요는 시장의 필요보다 우위를 점하겠지만, 사유재산과 자유기업은 거의 아무런 손상 없이 유지될 것이었다.[55)]

작가 오스발트 슈펭글러도 이와 똑같은 주제들을 많이 다루었는데, 특히 그는 업데이트된 민족주의와 재구성된 사회주의를 하나로 결합시키기 위해 노력했다. 그러기 위해 슈펭글러는 전자는 모든 봉건적·농업적 편협함을 일소해야 하고, 후자는 마르크스로부터 해방될 필요가 있다고 믿었다.[56)] 슈펭글러에게 마르크스주의는 어디까지나 '잘못된' 사회주의, "맨체스터학파의 변형, 하층계급들의 자본주의, 철두철미한 반국가주의적 영국식 유물론"[57)]에 불과했다. 그리고 그는 이에 대한 '독일적인' 또는 '프로이센적인' 대안을 만들어 내는 것이 자신의 의무라고 생각했다. 하지만 그는 자본주의에 대해서도 똑같이 비판적이었는데, 특히 그것이 민족적 단합을 파괴하고, 고삐 풀린 물질주의를 촉진하며, 경제의 우선성을 강조한다는 점에서 그러했다. 그는 이런 문제들을 고치기 위해 체제 전체를 파괴해야 한다고 생각하지는 않았지만,[58)] '기생적' 경제활동이 아닌 '생산적' 경제활동이 장려되고 "경제가 아닌 정치가 결정적 힘으로 작용하는" 새로운 유형의 질서를 옹호했다. 그곳에서는 강력한 국가와 지도자가 유물론과 사회적 붕괴, 정신적 불안으로부터 사회를 보호하면서 지속적인 경제적·기술적 진보를 실현할 것이었다.[59)] 따라서 그는 저서 『프로이센주의와 사회주의』*Preussentum und Sozialismus*[60)]와 그 밖의 다른 작업들을 통해 모든 계급 갈등을 초월하는 민족적 정치 공동체, 그리고 "경제가 정치적 권위에 의해 규율되고" 재산이나 부가 "전체 사회에 봉사하는" 도구로 여겨지는 경제 질서의 윤곽을 그려 내고자 했다.[61)]

사회과학자 베르너 좀바르트는 서로 다른 체제를 인종적 범주와 노골적으로 연계해 평가함으로써, 전간기 민족사회주의에 대한 논의에서 앞선 동료들의 생각을 넘어서고자 했다. 좀바르트가 보기에 자유주의와 자본주의 뒤에서 그것들을 움직이는 원동력은 유대인들이었고, 따라서 진정으로 '독일적인' 혹은 민족적인 대안이 되려면 그 속에서 그들을 제거해야만 했다. 묄러, 슈펭글러와 마찬가지로 그는 자유주의와 자본주의뿐만 아니라 마르크스주의의 오류까지도 수정하고자 했는데, 그 또한 마르크스주의가 경제의 우선성을 강조한 결과 치명적인 한계를 지녔다고 보았던 것이다.62) 좀바르트 역시 자신이 제안한 대안을 '독일적 사회주의'라고 불렀는데, "경제라는 것이 우리가 반드시 따라야만 하는 운명"이 아니라, 민족에 봉사하도록 국가에 의해 통제될 수 있고, 또 그렇게 되어야만 한다는 믿음이 주된 특징이었다.63)

이런 보수 혁명가들은 전간기 독일 사회에 널리 퍼져 있던 불만을 드러냈지만 그것을 더욱 심화하기도 했다. 반민주주의적·반자본주의적 감정과 그 대안에 대한 열망을 지적으로 정당화함으로써, 그들은 바이마르 공화국의 궁극적 종언에 공헌했다. 그들 가운데 나치 정권에서 중요한 역할을 한 이들은 거의 없었지만, 나치 정권의 지적 토대 형성에 도움을 주었으며, 자신들의 주장 가운데 많은 부분이 나치의 중요 인물들에 의해 사용되거나 나치 운동의 강령 속으로 흡수되는 것을 훗날 지켜보았다.

독일이 패전한 뒤 우후죽순처럼 나타난 민족주의 집단들 가운데 독일노동자당the German Workers' Party은 특히 주목할 만한데, 왜냐하면 아돌프 히틀러라는 한 젊은 오스트리아인이 그 모임에 참석했기 때문이다. 그는 곧 당에 가입했고 그해 말에는 당의 선전부장이 되어 있었다. 1920년 초, 당은 당명을 민족사회주의독일노동자당(이하 나치당)으로 바꾸고 민족주의와 사회주의, 반유대주의의 주장들을 뒤섞은 강령을 내놓았다. 강령은 "더욱 거대한 독일 속에서 모든 독일인이 단결할 것"을 호소했으며, "유대인적·유물론적 정신"을 격퇴하겠다고 약속했고, 그에 더해 당이 마르크스주의(그리고 사민당)와 싸우는 데 도움이 되도록 작성된 조항들을 상당

수 포함하고 있었다. 그런데 그 조항들은 부분적으로는 마르크스주의의 주된 테마, 특히 자본주의에 대한 비판을 역이용한 것이었다. 강령은 "국가에게는 무엇보다도 시민들의 유급 고용과 생계를 보장할 의무가 있다"고 주장했으며, 전쟁으로 얻은 이익의 몰수, 독점기업 집단의 국유화, 노사 이익 공유제, 토지개혁 등을 요구했다. 그리고 만약 나치당이 권력을 쥐면 자본주의의 '가혹한 경쟁'과 이기주의를, "공익은 사익에 앞선다"는 기본 원칙에 기반을 둔 새로운 체제로 대체하겠다고 서약했다.[64]

1923년의 맥주홀 폭동[무솔리니의 로마 진격을 모방해 뮌헨의 한 나치주의자들이 맥주홀을 습격해 쿠데타를 도모했던 사건]은 권력에 오르기 위한 당의 첫 시도였는데, 이 시도가 실패로 끝나면서 히틀러는 수감되고 당은 불법화되었다. 이를 통해 히틀러는 반란을 통해 권력을 쟁취하려는 것이 얼마나 위험한지를 깨달았다. 그래서 그가 석방된 이듬해(1925년) 재건된 당은 합법적·의회주의적 전략을 채택했다.

처음에 당은 과하게 '사회주의적인' 색깔을 유지하면서 도시지역과 블루칼라 노동자들에게 관심을 집중했다. 이 전략은 그레고어 슈트라서 Gregor Strasser와 관계가 있었는데, 그는 당에서 꽤 '급진적'이었던 북부 지역 분파의 핵심 인물이었으며, '독일적' 사회주의를 가장 적극적으로 옹호했다. 슈트라서에 따르면 그의 '독일적' 사회주의는 "그 열렬한 민족적 관점에서뿐만 아니라 좀 더 깊은 부분, 즉 유물론적 세계관을 거부"한다는 점에서 "유대인 주도의 마르크스주의"와는 크게 다르다는 것이었다. 그는 다음과 같이 주장했다. "인간을 평준화하며 전체적으로 어리석기 짝이 없는 마르크스주의 이데올로기를 우리는 영혼 밑바닥에서부터 증오한다! 사회주의는 대중의 지배, 성취와 보상의 평준화를 의미하지 않는다. 그것은 '모두를 위한 봉사'를 의미하는, 가슴 깊이 느껴지는 프로이센적·독일적 사상이다."[65]

하지만 슈트라서의 전략은 별로 성공적이지 못했다. 대부분의 노동계급은 사민당과 공산당에 대한 충성심을 계속 유지했기에, 그들의 지지를 얻으려고 노력했던 다른 정당이 비집고 들어갈 정치적 공간은 거의 없었다. 그 결과, 1920년대 중후반까지 나치당은 지지자를 거의 얻지 못했고 당원 수는 정체되었으며 재정난까지 겪었다.[66] 하지만 그렇게 사람들의 기억 속에서 사라질 것처럼 보였던 나치는 이탈리아의 경우처럼 오히려 황금 같은 기회를 손에 쥐었다. 계속되는 민주주의의 혼란, 그리고 점점 더 소외되고 환멸을 느끼게 된 중간계급과 농업 집단을 끌어들이지 못했던 주류 정당들의 무능력 덕분이었다. 비록 바이마르공화국은 1920년대 중반 다소 안정을 찾아갔지만, 그 기반은 여전히 허약했고 독일 사회에서 폭넓게 지지받지 못했다. 초인플레이션 사태와 그에 이어진 참담한 침체를 경험하면서 화이트칼라 노동자들과 중간계급이 특히 큰 타격을 받았다.[67] 1920년대 후반부 동안 경제적 불안감에 휩싸인 모든 집단이 자신들의 사회경제적 이익을 탐욕스럽게 추구하고 정치적 요구를 소리 높여 주장하면서 독일 사회의 긴장은 지속되었다. 그리고 중간계급과 농업 집단은 특히 노동자들과 대기업들에 대해 분개했는데, 그들의 눈에는 이들이 중앙정부와 정당들에게 과도한 영향력을 미치고 있는 것으로 보였다. 8시간 노동제와 임금 인상 같은 조치들에 대한 사민당의 지지는 무엇보다도 노동자들의 이익만을 위한 것으로 보였고, 그런 것들이 이루어 낸 제한적이지만 실제적이었던 성공은 중간계급에게 무력감만을 강화시키면서 그들의 반사회주의적 열정이 격발激發적으로 표출되도록 만들었다. 이와 동시에 중간계급과 농업 집단은 중앙 정치 무대에서 그들의 이익을 위해 싸우지 못하는 독일민주당DDP(좌파 자유주의 정당), 독일인민당DVP(우파 자유주의 정당), 독일국가인민당DNVP(최대 보수 정당)과 같은 자유주의적·보수주의적 정당들의 무능력에 점점 더 좌절했다. 이 정당들은 선출되지 않은 엘리트들에 의해 작동하는, 또 그런 엘리트들을 위해서 작동하는, 대자본가들과 금융 집단의 도구로 여겨졌다. 그래서 선거에서 이들의 득표율은, 특히 1920년대 후반부 들어 급격히 떨어졌다.

이런 불만이 만들어 낸 정치적 기회를 인식한 나치당은 도시 노동자들을 겨냥했지만 실패했던 슈트라서의 전략을 포기하고, 공화국과 기존 정당들에게 실망한 중간계급과 농업 집단으로 초점을 옮겼다. 따라서 1920년대 후반 동안 당의 수사법은 변화되었다. 급진적 주장들은 약화되었고, 그 대신 계급 교차적 연대에 대한 호소와 결합된 민족주의적 주장들이 강조되었다. 당은 전체 독일 민족의 이익을 위한 자신들의 헌신, 법질서 유지에 대한 강경한 태도, 베르사유 조약 개정에 대한 의지, 그리고 반마르크스주의를 강조했다. 한편 그와 동시에 그들의 공식 강령 속에 포함된 재산 몰수 관련 조항을 사문화했고(이제 이 조항은 유대인에게만 적용되는 것으로 해석되었다), 개인 재산에 대한 확고한 지지를 선언했다.[68] 당 내부의 권력을 중앙으로 집중시키고 모든 주요 정치적 결정권을 히틀러에게 확고히 쥐어 준 일련의 조직적 변화 역시 나치당의 '재탄생'을 촉진했다. 그러는 한편으로 당의 풀뿌리 조직들이 확대되었고 당과 유대 관계를 맺은 광범위한 분야의 시민사회 집단들의 수도 늘어났다.[69] 그 결과 1930년대 초반 무렵 나치당은 "아마도 독일 정계에서 가장 효율적이고 잘 정비된 조직 구조"[70]를 갖게 되었다. 이런 이데올로기적·조직적 변화는 1930년대 들어 독일을 집어삼키기 시작한 혼란 속에서 나치당이 유리한 지위를 점할 수 있도록 해주었다.

대공황은 독일에 특히 강한 타격을 주었다. 1929년부터 1932년까지 산업 생산량이 거의 반으로 떨어졌다. 국민소득은 약 3분의 1가량 감소했으며 주가는 폭락했다. 또한 저축은 증발해 버렸고 투자는 사라졌다. 그리고 1931~32년과 1932~33년에 걸친 두 번의 겨울 동안 실업자 수는 모두 6백만 명을 넘어섰다. 이런 상황은 독일 공산당에 대한 지지율 상승으로 이어졌고 공화국과 자본주의에 대한 그들의 공격을 강화했는데, 이는 기업계와 중간계급, 농업 집단들을 더욱 겁먹게 했을 뿐이었다. 한편 앞장에서 말했던 것처럼 사민당(바이마르공화국의 가장 크고 중요한 정당)은 팔짱을 낀 채 사실상 사태를 수수방관했다. 계급 교차적 협력 전략을 거부했던 사민당은 독일 농민들과 중간계급들의 커져 가는 절망감을 자신들에게 유리한 방식으로 이용할 수 없었다. 그리고 전간기 경제정책과 관련하여 실행 가능한 '사회주의적' 전략을 내놓는 데 실패함으로써 (그리고 WTB 계획 같은, 대공황에 대한 비정통적 해결책을 거부함으로써) 사민당은 고장 난 자본주의에 대한 대안을 절실히 원하던 유권자들 앞에 내놓을 만한 것이 거의 남아 있지 않았다. 이런 공백 속으로 파고들어 온 것이 나치당이었다.

1930년대 초반 나치는 독일 사회의 거의 모든 계층, 특히 농업 집단과 중간계급에 접근하려는 노력을 계속 이어갔다. 그들은 기존 경제 질서에 대한 공격의 수위를 이미 낮추기 시작했지만, 그것이 자유 시장 자본주의에 대한 비판이나 극적인 사회경제적 변화에 대한 호소를 그만두었음을 의미하지는 않았다. 나치는 몇 세대 전의 민족사회주의자들이 개발해 낸 (제4장 참고), '탐욕스러운' 자본과 '창조적인' 자본을 구분함으로써 이 난제를 풀어내고자 했다. 전자는 금융, 상업, 유대인들과 관련된 것으로서 그 어떤 선한 목적에도 기여하지 않았다. 후자는 산업, 생산과 연관된 것으로서 '독일적' 가치와 미덕을 반영했고 사회와 경제의 건강을 위해 필요했다. 탐욕스러운 자본과 창조적인 자본에 대한 이런 구분은, 한 논평자의 지적대로, "정말 거의 천재적인 발상이었다. 그것은 나치당으로 하여금 그들이 재정적·정치적 지원을 기대하던 기업계를 겁먹게 하지 않고도 반자본주의적 자세를 취할 수 있도록 해주었다."[71]

대공황이 지속되고 독일의 상황이 악화되면서 정치적 상황은 어느 때보다도 험악해졌고, 정부와 기존 정당들이 우유부단하게 망설이고 있는 동안 사람들의 좌절감은 커져 갔다. 나치는 다시 한 번 적극적으로 대응했다. 그들은 브뤼닝 정부와 사민당 모두의 수동적 태도를 공격했으며, 만약 자신들이 권력을 잡으면 경제 부흥과 모든 독일인의 고통 경감을 최우선 목표로 삼겠다고 약속했다. 슈트라서는 이런 나치의 노력 속에서 핵심 인물로 떠올랐다. 그는 1932년 5월에 행한 연설을 통해 정부의 경제정책을 비판하고 나치의 대안을 위한 의제 설정에 일조했다.

우리 민족을 관통하고 있으며 아마도 우리 국민 가운데 95퍼센트의 마음을 휘어잡고 있는 …… 이 거대한 반자본주의적 열망은 흥미롭고도 귀중한 것입니다. 그것은 결코 재산에 대한 거부를 의미하지 않습니다. 재산이란 노동과 절약을 통해 생산된, 도덕적으로 정당한 것이기 때문입니다. 무엇보다도 그 열망은 인터내셔널의 무분별하고, 인기 없으며, 파괴적인 경향과는 아무 관련이 없습니다. 그것은 타락한 경제 이론에 대한 민족 내 생산적 집단들의 항의라고 할 수 있습니다. 그것은 국가가 …… 황금의 악마, 세계경제, 유물론과 결별하고, 정직한 노동이 정직한 보상을 받는 사회를 재확립하도록 요구합니다. 이 거대한 반자본주의적 열망은 우리가 위대하고 비범한 새 시대의 문턱에 와있다는 증거입니다. 즉 자유주의가 극복되고 새로운 종류의 경제적 사상과 국가에 대한 새로운 태도가 출현하는 시대 말입니다. [현재의 실업 위기, 그리고 일자리 창출의 문제와 관련하여] 국가는 절대 다음과 같이 물어서는 안 됩니다. "그것에 필요한 돈이 있는가?" 오직 다음과 같은 단 하나의 질문만이 가능합니다. "돈을 어떻게 사용할 것인가?" 일자리 창출을 위한 돈은 언제나 존재합니다. 그리고 최후의 수단으로서 생산적 신용창조 (즉 적자 지출) 또한 사용할 수 있으며, 이는 경제적으로 완전히 정당한 것입니다. 따라서 일자리 창출과 관련해 우리는 다음과 같이 물어야 합니다. "어디서부터 시작할 것인가?"[72]

(슈트라서의 연설을 들은 후 WTB 계획의 설계자 가운데 한 명이었던 사민당의 프리츠 타르노프는 이렇게 한탄했다. "이 연설은 우리 가운데 누군가가 했어야만 했다."[73])

1932년 7월에 있을 선거를 위한 선거운동 과정에서 나치당은 대공황을 격퇴하고 실업 문제를 해결하겠다고 약속하면서 자신들의 이런 약속을 정부와 사민당의 나약함과 대조시켰다. 그들은 자신들의 경제 강령 60만 부를 복사해 배포했는데, 이 강령은 다음과 같은 기본 원칙 위에 짜여진 것이었다. "우리 경제가 병든 이유는 생산 기회가 부족하기 때문이 아니라, 유효한 생산 기회가 사용되고 있지 않기 때문이다."[74] 선거 결과는 놀랍다고 할 수밖에 없었다. 사민당은 1912년 이후 처음으로 국내 최대 정당의 지위를 상실했고(득표율 21.6퍼센트), 그 자리는 나치당이 물려받았다(득표율 37.3퍼센트. 한편 공산당은 14.5퍼센트를 득표했다). 나치당이 거둔 승리의 규모만큼이나 중요한 것은 그 승리의 성격이었다. 1932년의 선거는 나치당이 지난 수년간 시도해 온 방향 전환이 다른 정당들은 해내지 못한 무언가를 성취해 낼 수 있도록 도와주었다는 사실을 보여 주었다. 그들은 "바이마르공화국의 다른 어떤 주요 정당들보다 다양한 사회적·인구학적 범주 속에 좀 더 고르게 분포된" 지지 기반을 가진 진정한 '국민정당'이 된 것이다.[75]

이후 몇 달 동안 상황은 유동적이었다. 새로이 총리가 된 보수적 가톨릭당의 프란츠 폰 파펜은 아직 남아 있던 바이마르 민주주의의 흔적을 계속해서 지워 나갔다. 하지만 강력한 지지 기반이 부족했던 폰 파펜은 겨우 몇 달 만에 권좌에서 물러날 수밖에 없었다. 9월에 그의 정부에 대한 불신임안이 통과되었고 11월에는 선거가 새로 치러졌다. 아이러니하게도 바로 그 순간 나치당은 사상 처음으로 후퇴를 경험하는 듯이 보였다. 재정 문제와 정치적 의견 차이로 내부 긴장이 초래되었고, 1932년 여름의 전쟁배상금 지불 종결은 나치가 발휘했던 매력 가운데 일부를 앗아가

버렸다. 그 결과 4년 만에 처음으로 나치의 득표율이 감소했다. 1932년 11월 선거에서 나치당은 이전 선거에 비해 2백만 표와 36개 의석을 잃었다. 하지만 이런 후퇴에도 불구하고 다른 정당들이 나치에 대해 확실한 도전에 나서지 못했으며, 의회 내 연합을 형성해 낼 어떤 진정한 가능성도 제시하지 못했다는 사실은 파울 폰 힌덴부르크 대통령으로 하여금 1933년 1월 30일 마침내 히틀러를 독일의 총리로 임명하도록 만들었다.

나치는 이탈리아 파시스트들보다 훨씬 빠르게 권력을 굳혀 나갔다. 한 달 만에 시민적 자유가 정지되었고 언론의 자유는 철폐되었다. 두 달 만에 히틀러는 법적으로 독재적 권력을 수여받았다. 그리고 여섯 달 만에 다른 모든 정당이 불법화되었다. 1934년 6월 [나치당 내 반히틀러파를 숙청한 사건을 가리키는] '장검의 밤'을 계기로 슈트라서와 다른 라이벌들을 제거해 버린, 히틀러는 그의 당 내부적 지위 또한 재빠르게 강화시켰다. 하지만 나치의 신속한 민주주의 파괴에도 불구하고 정부는 독일 국민들의 지지를 배양하고 유지시키는 데 전념했다. 그리고 이를 위해 그들은 자신들의 약속을 지키고 대공황과 실업 문제에 대해 무언가 조치를 취할 방법을 찾아야만 했다.[76] 나치는 완전고용을 중점 목표로 선언했다. "일할 수 있는 권리"와 같은 표어를 내세우면서 나치는, 고속도로·운하·주택·철도의 건설, 그리고 또 다른 종류의 건설 프로젝트들을 촉진하는 등 널리 홍보된 여러 일자리 창출 프로그램들을 시작했다(대부분 중앙은행 대출을 통해 자금을 조달했다).[77] 그리고 기회가 닿는 대로 "기업들에게 노동자들을 추가로 고용하고 노동시간과 초과근무를 제한하라고 다그쳤다."[78]

정부는 또한 경제 성장을 위해 다양한 조치들을 취했다. 그들은 대공황 기간 동안 사실상 말라붙어 버렸던 신용 흐름을 다시 만들어 냈고, 이자율을 낮췄다. 정부의 채무를 통합 정리하고 그 상환을 보장해 주었으며 은행 제도에 대한 통제력을 더욱 강화했다. 정부는 고용과 지출을 장려하기 위해 기업들에게 보조금을 지급하고 세금을 경감해 주었다. 중요한 기업 지지 세력들을 소외시키는 데 주저했던 히틀러는 집권 초반 정부 지출에 대해 비교적 조심스러운 태도를 취했다. 하지만 1935년 무렵에 그는 좀 더 공격적이고 '창조적인' 조치들을 받아들일 준비가 되어 있었다. 따라서 1930년대 후반 정부 지출은 극적으로 증가했다.[79] 비록 히틀러와 얄마르 샤흐트Hjalmar Schacht(1933~39년 중앙은행 총재, 1934~37년 경제부 장관을 역임했다)는 그다지 인정하고 싶어 하지 않았지만, 그들이 추진하고 있었던 것은 "재정적 모험주의였다. 그들은 평시 경제에서는 전례가 없는 수준의 적자 지출 정책을 실시했다."[80] 1933년 독일의 국가 채무는 16억 라이히스마르크Reichsmark, RM였다. 전쟁이 발발하기 직전인 1938년 그것은 최소 3백억 라이히스마르크까지 부풀어 올라 있었다.[81]

독일의 경제는 반등했고 실업 지수는 마치 기적처럼 향상되었다. 1933년 히틀러가 집권했을 무렵 거의 6백만 명의 독일인들이 실업 상태에 있었다. 1934년 후반에 이 숫자는 240만 명으로 떨어졌고, 1938년 무렵 독일은 사실상 완전고용을 달성했다. 학자들은 이런 경제 회복 과정에서 나치의 프로그램들이 했던 역할에 대해 오랫동안 논쟁해 왔다. 오늘날 분명해 보이는 것은 이런 프로그램들이 아마도 무언가 분명히 기여하기는 했겠지만, 경기 상승의 원인 가운데 대부분은 당시 국제경제의 호전 덕분이었다는 점이다.[82] 하지만 경제적인 면에서 상대적으로 덜 중요했다 하더라도, 나치의 프로그램들은 심리적인 면에서 결정적으로 중요했다. 정부가 '일자리를 위한 전투'에서 승리하기 위해 헌신하고 있음을 보여 주고, 경제를 다시 움직이게 했기에, 그 프로그램들은 많은 독일인들에게 미래에 대한 새로운 자신감을 주었고, 마침내 경제 회복 과정을 일종의 자기실현적 예언으로 만들었다.[83] 그리고 더욱 중요한 것은 정부의 대공황 퇴치 정책들의 정치적 결과였다. 대부분의 독일인들은 경제 회복에 대한 공을 나치 정권에 돌렸고, 이는 그들의 인기와 정당성을 높여 주었다.

대공황과 실업을 퇴치하기 위해 취했던 구체적 조치들에 더해 나치 정권은 또 다른 방식으로 경제에 대한 통제력을 증대시켰는데, 그러면서도 정치의 우선성에 대한 강조는 늘 잊지 않았다. 비록 히틀러는 슈트라서의 급진적 반자본주의의 입장을 결코 취하진 않았지만, '사적 이익 위에 존재하는 민족적 이익'Gemeinnutz geht vor Eigennutz이라는 민족사회주의의 오래된 공식에 항상 전적으로 헌신했다. 히틀러에 따르면 나치 운동에서 경제는 "우리 국민과 민족의 삶 속에 필요한 한 명의 하인일 뿐"이라고 여겨졌다. "나치는 독립적인 민족경제가 필수적이라고 생각하지만, 그것이 강한 국가를 만들어 내는 주된 요인은 아니다. 반대로 오직 강한 민족국가만이 그런 경제를 보호할 수 있고, 그것에 존재와 발전의 자유를 부여할 수 있다." 그는 언젠가 이렇게 말했다. "나치당 경제 강령의 근본적인 사상은 매우 명쾌하다. 즉 권위의 사상이다. 나는 모든 사람이 자신의 노력으로 획득한 재산을 스스로 소유하길 바란다. 하지만 제3제국은 항상 그 재산의 소유자를 통제할 권리를 보유할 것이다."84)

이제 막 싹트고 있던 사회민주주의자들처럼 히틀러와 나치 또한 그들의 목표를 달성하기 위해 "반드시 필요한 것은 [국가가─옮긴이] 소유권이 아닌 통제력을 획득하는 것"85)이라는 믿음 위에서 활동했다. 자본주의 체제를 파괴하거나 사유재산을 제거하는 것은 생산을 방해하고 정치적 반동을 부를 뿐만 아니라 아예 불필요한 일인데, 왜냐하면 여러 다양한 방식으로 그것들을 통제할 수 있기 때문이다. 따라서 기업인들(물론 유대인들과 그 밖의 다른 '바람직하지 않은 자들'은 여기에 포함되지 않는 명백한 예외다) 은 그들의 기업과 그들이 거둔 이윤의 대부분을 보유하도록 허용되었다. 하지만 다른 거의 모든 활동은 "족쇄가 채워지거나 최소한 국가 기관의 지도를 받아야만 했다."[86] 광범위한 규제, 임금과 가격 통제, (국가사업에 대한) 선별적 계약 체결, 대출과 투자 자금의 조절 등을 통해서 말이다. 그 결과 기업들, 특히 거대 기업들은 나치 정권 아래서 물질적으로는 다른 집단들에 비해 더 혜택을 누렸을지 모르지만, 그것은 자율성의 상실이 동반된 것이었다.[87]

농업도 비슷한 운명을 겪었지만 국가에 종속되는 대가로 받은 것은 훨씬 초라했다. 나치가 집권한 뒤 얼마 안 돼 전체 농업 부문은 제국식품청 Reichsnährstand이라는 카르텔로 조직되었다. 또한 가격을 설정하고, 공급을 조절하며, 기본적으로 농업 생산의 모든 국면을 감독하기 위한 시장위원회가 설치되었다. 시간이 지남에 따라 규제는 심화되어, 농업 분야에서 시장에 관한 이야기를 한다는 것이 엉뚱하게 여겨질 정도였다. 어떤 씨앗과 비료를 사용할지부터, 토지를 누구에게 물려줄 것인가 하는 문제까지 국가가 모든 것을 결정했기 때문이다.[88] 그리고 비록 농민들이 국가에 의해 채무 상환을 유예받고 수입 농산품으로부터 보호받았다고 하지만, 나치 농업정책의 누적적인 결과는 충분히 예상 가능한 것이었다. 농업 생산량과 농촌 지역의 생활수준은 하락했고 매물로 나온 농장의 수가 기록적으로 증가했던 것이다. 농민들에 대한 나치의 낭만화, '피와 땅'에 대한 강조에도 불구하고 제3제국은 "오직 19세기 후반의 현상에나 비길 법한, 농촌으로부터의 대량 이주"를 초래하고 만 것이다.[89]

따라서 1930년대 후반 무렵에는 국가가 경제에서 차지하는 역할이 극적으로 확대되었다. 통제와 규제는 경제적 삶의 모든 영역을 파고들었고, 공공 지출이 국민총생산GNP에서 차지하는 비중은 현저히 증가했으며 (1932년 17퍼센트에서 1938년 33퍼센트[90]), 신용 공급은 사실상 정부에 의해 통제되었다.[91] 많은 논평자들이 지적했듯이 사실 독일 경제가 최소한 명목상으로는 계속 자본주의로 남아 있었고 사유재산에 대한 근본적 위협 또한 결코 존재한 적이 없었지만, "나치 독일에서 국가 개입의 규모와 깊이는 평시에 그 전례를 찾아볼 수 없었거니와, 이탈리아 파시즘 체제를 포함한 그 어떤 자본주의 경제에서도 비교 대상을 찾을 수가 없는 것이었다."92)

나치는 경제에 대한 국가의 통제와 그에 동반된 자율성의 상실을, 진정한 민족 공동체의 창조를 위해 감수해야 할 대가라고 정당화했다. 민족 공동체의 이익이 다른 무엇보다도 우선되어야 하는 것이다. 앞에서 논의했듯이 시장을 달래거나 통제하기 위해 계획된 조치들 이외에도, 나치 정부는 평범한 독일인들의 안전과 상대적 번영을 보장해 줄 뿐만 아니라 오랫동안 깊이 분열되고 위계적이었던 사회에 일정 수준의 평등을 가져다 줄 것을 목적으로 하는 다양한 정책들을 시행했다. 최근 한 학자가 말했듯이, 히틀러의 정책은

…… 전체 독일인들 중 95퍼센트 정도에게 혜택을 주었다. 그들은 민족사회주의를 폭정과 공포의 체제로서 경험한 것이 아니라 사회적 온정의 정부로서, 즉 일종의 '온정적이면서 모호한' 독재 체제로서 경험한 것이다. 나치가 사회 개혁을 실시하고 …… 사회적 향상을 진정으로 가능하게 만들었다는 사실은 그들에 대한 [대중적 지지의 수준이] 왜 높았는지, 혹은 적어도 왜 안정적이었는지를 설명해 준다.93)

히틀러는 "(그 태생과 상관없이) 모든 개인이 만약 그가 준비되어 있고 활기차며 근면한데다 굳은 결심을 갖고 있다면, 최고의 지위까지 도달할 수 있는 길을 이 제국에 우리가 열어 놓았다"94)는 사실에 대해 특히 자긍심을 가졌다. 물론 현실보다 말이 앞서 있었던 것은 분명하지만, 나치는 정말로 "진정한 사회적 기회를, 바이마르공화국이나 독일제국이 독일인들

에게 제공하지 못했던 그 기회를[95]" 비틀린 방식으로나마 제공했다.

히틀러는 또한 평범한 독일인들에게 고등교육에 대한 자유로운 접근, 가족과 아동 부양에 대한 지원, 높은 수준의 연금, 건강 보험 등을 누릴 수 있는 확대된 복지국가를 제공했다. 정부에 의해 추진되어 공적 지원을 받는 다양한 종류의 오락·여가 프로그램들 또한 엄청난 인기를 끌었다.

극장과 콘서트홀의 좌석은 명목 입장료인 50페니히만 내면 구할 수 있었고 7마르크만 있으면 모젤 강변으로 8시간짜리 왕복 여행을 다녀올 수 있었다. 총 9백만 명의 독일인들이 이런 값싼 여행 기회를 이용했으며 그 어느 때보다 많은 사람들이 해외여행을 다녀왔다. 이 당시는 축제의 시대였다. 1936년의 올림픽 게임과 뉘른베르크에서 열린 나치의 연례 전당 대회는 가장 널리 알려진 것들이지만, 그 밖에도 추수 축제와 여러 역사적·정치적 사건들을 기념하는 다양한 퍼레이드가 열리곤 했다.[96]

세금 정책 또한 평범한 독일인들에게 유리하도록 설계되었다. 전쟁 비용을 치르기 위해 희생해야 했던 집단은 노동자·농민·중하층 계급이 아닌 부유층과 기업들이었다. 예를 들어 1936년부터 전쟁이 시작될 때까지 기업에 부과된 법인세율은 20퍼센트에서 40퍼센트로 인상되었다. 이는 독일의 국제적 권력 추구를 위한 비용이 '공정하고 정당하게' 분담될 것임을 명백히 보여 주기 위해 만들어진 정책이었다. 이와 비슷한 의미로 1935년 히틀러는 전쟁이 일어날 경우 '고소득자들로부터는 비용을 짜낼 것'이지만 독일의 노동자, 농민, 화이트칼라 노동자, 공무원은 보호받을 것이라고 말했다.[97] 이런 정책들은 나치 정부가 평등주의와 사회정의에 헌신하고 있음을 분명히 하기 위해 기획된 것이었다. 그리고 이에 대해 독일인들은 놀라울 정도로 나치가 원했던 반응을 보여 주었다.[98] 물론 이런 달콤한 선물은 모두 그 비용을 어떻게든 치러야 했고, 부유층과 기업들을 적당히 쥐어짜는 것만으로는 부족했다. 따라서 그 부담을 진정으로 짊어지게 된 이들은 유대인들과 다른 소수자 집단들, 그리고 나치의 전쟁 수행 기구에 의해 점령당한 다른 나라의 국민들이었다.

최종적으로 판단할 때, "1933년은 혁명적인 해였으며 독일 역사에 새로운 장을 열었다"라는 나치의 자랑이 거짓이 아님에는 틀림없다.99) 나치는 전례 없는 폭력과 야만성을 보여 준 정부를 만들고 운영했을 뿐만 아니라, 독일의 국가-사회-경제 사이의 관계를 근본적인 방식으로 재구성해 냈다. 가장 명백한 것은 그들이 경제 분야에서 자유방임적 자유주의와 소련식 공산주의 모두를 거부하며 '진정한 혁명'100)을 일구었다는 사실이다. 그 대신 나치 체제는 정치의 우선성, 즉 국가와 그 지도자가 경제를 포함한 삶의 모든 영역에 간섭할 권리(더 정확히 말하자면 의무)를 갖는다는 주장을 기초로 하고 있었다. 그리고 나치는 그 주장을 정말로 실행에 옮겼다. 사회경제적 행위자들에게 지배력을 행사하고 수많은 간접적 조치(와 지속적인, 그리고 종종 은밀한 무력 사용의 위협)들을 통해 경제 발전의 방향을 지시함으로써 말이다.

이런 변화는 매우 중요한 결과들을 만들어 냈다. 나치가 성공적으로 이루어 낸 듯했던 대공황의 극복, 그리고 자본주의와 자본가들은 '민족의 이익'에 이바지해야 한다는 주장, 또 계급 균열과 갈등, 위계질서는 진정한 민족 공동체 내에서 아무런 쓸모도 없다는 지속적인 단언은, 1930년대 동안 그들의 체제를 안정시키고 정당화하는 데 결정적인 역할을 했다. 히틀러가 독일 민중으로부터 진정한 지지를 누릴 수 있었던 이유는, 대다수 독일인들이 민족사회주의를 무엇보다도 향상된 삶과 민족적 자부심, 그리고 공동체적 정서와 관련된 것으로 보았기 때문이지, 그것의 인종주의와 폭력, 폭정을 지지했기 때문이 아니었다. "내부적으로는 경제적 평준화와 사회적 유동성, 외부적으로는 이른바 '열등한 인간들'의 희생을 통한 '주인 인종'들의 집단적이고 생기 넘치는 번영이야말로 민족사회주의 국가의 단순하면서도 인기 있는 마법의 공식이었다."[101] 달리 말해, 근대성이 초래한 당대의 수많은 문제들에 대해 제3제국이 정말로 (1930년대 주류 좌파들이 더는 주장할 수 없었던) 해법을 찾아낸 것일 수도 있다는 결론을 내린 이들은 드 망과 데아만이 아니었다.

에필로그

파시즘과 민족사회주의는 중요한 차이점들이 있음에도 불구하고 많은 결정적인 유사점을 공유했는데, 아마도 그중 가장 중요한 것은 정치의 우선성과 민족주의에 대한 헌신일 것이다. 전간기 동안 이런 원칙들은 당시 막 싹을 틔우고 있었던 사회민주주의자들에 의해 개발된 것과 많은 면에서 유사한 강령으로 옮겨졌다. 그들 모두는 자유방임 자유주의와 소련식 공산주의 사이에서 '제3의 길'을 옹호했고 국민정당 전략과 공동체주의적 호소를 주장했다. 그런 프로그램들은 그들의 폭력과 야만성에도 불구하고 이탈리아 파시즘 체제와 독일 민족사회주의 체제가 왜 그토록 놀라운 수준의 지지를 누릴 수 있었는지를 설명해 준다. 이런 정치와 경제의 혼합은 단지 이탈리아와 독일에서만이 아니라 유럽 대륙의 다른 많은 곳에서도 인기가 있었다.

예를 들어 프랑스에서 학자들은 전간기 시절에 등장한 우익 운동들 중에 파시즘적 혹은 민족사회주의적이라고 불릴 만한 것이 있는지 여부에 대해 오랫동안 논쟁해 왔다. 하지만 사실 비교적 관점에서 살펴볼 때 이 집단들 가운데 대부분 혹은 다수가, 그들을 전통적 보수정당들과 구별해 주었던 여러 결정적 특징들을 서로, 그리고 다른 나라의 파시즘·민족사회주의 운동들과 함께 공유했다는 점은 매우 분명하다. 이런 특징들은 이제 친숙한 것들이다. 그들 중 많은 이들이 계급의 경계선을 넘어 지지 세력과 대중적 기반을 만들기 위해 진정한 노력을 기울였고, 공동체주의와 민족주의적 호소를 이용했으며, 경제학에서 '제3의 길'을 모색했던 것이다. 1920년대 동안 가장 중요했던 급진적 우익 그룹들에는 군단the Legion (앙트안 레디에Antoine Redier가 주도), 애국자청년들the Jeunesses patriotes(피에르 테탱제Pierre Taittinger가 주도. 1925년 '군단'을 흡수했다), 페소the faisceau(조르주 발루아 Georges Valois가 주도. 명칭은 파시즘의 어원에서 따왔다)가 있었다. 이들 모두는 좌파와 민주주의를 격렬하게 공격했고 공화국의 대체자로서 민족적 응집성을 촉진할 코포라티즘 체제를 옹호했다.102) 이 운동들은 자신들이 어떤 특정 계급이 아닌 '프랑스 전체'를 대표한다고 주장했다. 예를 들어 군단은 자신들이 "단일 집단의 이익을 넘어선 곳에" 서있다고 주장했고, "다른 모든 것보다 프랑스의 구원을 우선시하는 사람들을 불러 모으기"103) 위해 노력했다. 한편 애국자청년들의 1926년 강령은 자신들이 '계급투쟁이 아닌 계급 협동'104)을 원한다고 선언했다.

1920년대 후반과 1930년대 초반에는 프랑스연대Solidarité française, 프랑스인민당Parti populaire français, 불의십자가Croix-de-Feu 같은 우익 그룹들의 두 번째 파도가 일어났다. 초기 그룹들과 마찬가지로 이들 모두는 전통적 좌파와 공화국을 맹렬히 반대했고, 현존 질서에 대한 일종의 파시즘적 또는 민족사회주의적 대안을 옹호했다. 그에 더해 이들 모두는 자신들이 특정 집단이나 계급이 아닌 민족 전체의 이익을 위해 일한다고 주장했으며 사회적으로 폭넓은 지지 세력을 얻고자 노력했다. 예를 들어 프랑스연대는 자신들이 "프롤레타리아를 포함한 국민의 옹호자"105)라고 주장했다. 반면 프랑스인민당은 적어도 운동의 초기에는 다른 좌파 이탈자들뿐만 아니라 비교적 많은 수의 노동자들을 끌어들였다.[106] 마지막으로, 전간기 새로운 우익 운동 단체 가운데 최대 세력으로 성장했던[107] 불의십자가 또한 놀랍도록 폭넓은 지지 세력을 끌어들였다. 한 논평자의 지적대로 불의십자가는 "프랑스 최초의 근대적이며 계급 초월적이고 대중 동원적인 우익 정당이었다. 그들의 첫 구성원들은 대부분 중간계급이었지만 운동이 성장하면서 농민들이 전체의 25퍼센트를 차지했고 점점 더 많은 수의 노동자들이 합류했다."[108] 그 지도자들 가운데 한 명인 프랑수와 드 라 로크 François de La Rocque 대령은 이런 사실을 반영하며 다음과 같이 자랑스럽게 주장했다. 즉 불의십자가는 "선험적으로든 후험적으로든 좌파나 우파로 분류될 수 없는 유일한 운동이다. …… 대신 그것은 모든 계급의 융합을 성취해 냈고, 그 속에서는 아무리 부유한 개인도 지도자의 선택에 영향을 끼치지 못한다. …… 여기서 우리는 명예 훈장을 수여받은 장군들, 위대한 예술가들, 위대한 학자들, 그리고 고관대작들이 평범한 무공훈장을 달고 있는 노동자들과 사무원들에게 복종하는 것을 자랑스럽게 여기는 모습을 볼 수 있다."[109]

이 운동들 모두는 국가가 경제에 간섭하는 것을 선호하면서도 그와 동시에 부르주아와 농민의 이익을 보호하겠다는 의도를 분명히 드러냈다. 애국자청년들은 '부자들의 이기주의'를 비판하고 건강보험과 실업보험, 노후 보장, 주택 개선 프로그램 등이 포함된 광범위한 사회 개혁을 지지했다. 그들의 지도자 테탱제는 애국자청년들이 "한 계급을 다른 계급과 싸우게 만드는 마르크스주의적 국제주의가 아닌, 모든 프랑스인의 이익을 결합해 내는 연대에 기반을 둔 사회적 민족주의에서 영감을 받았다"[110]는 점에서 전통적 좌파 정당들과 구별됨을 선언했다. 이와 유사하게 페소와 그 지도자 발루아는 프랑스인들에게 자신들이 "자본주의의 아첨꾼이 아니라 노동자의 친구"라는 사실을 설득하는 데 굉장한 노력을 기울였다. 따라서 페소의 기관지는 "'금권정치'가 그들 민족에게 씌워 놓은 '돈의 멍에'"를 비판했고 "사회정의에 대한 그들 자신의 헌신을 선언"했다. 발루아는 이렇게까지 얘기했다고 한다. "대기업들은 의회 민주주의만큼 이나 부패했다."111)

하지만 이 정당들 중 누구도 자본주의, 시장, 사적 재산의 완전한 파괴를 주장하지는 않았다. 또한 그들은 '부를 축적'하면서 '국민의 이익과 나라의 영광을 위해' 일하는 부르주아들과도 아무런 문제없이 잘 지낼 수 있었다.112) 언젠가 발루아가 말했듯이 그런 자세는 파시즘이 제대로 이해된다면 무솔리니의 표현대로 "좌파도 우파도 아니며" 그저 "국민의 친구"113) 일 뿐이라는 사실을 가리키는 것이었다.

비록 그들의 경제 계획은 모호한 적이 많았지만, 이 모든 정당이 공유했던 것은 자본주의를 '진정시키고' 사회적 필요를 고려하는 경제를 창조해 내겠다는 서약이었다.114) 그런 약속들이 얼마나 모호하고 비현실적이었든지 간에 그들은 다른 곳에서만큼이나 프랑스에서도 상당한 인기를 끌었다. 어떤 정당도 공화국을 쓰러뜨리겠다는, 자신들이 천명한 목표를 성취해 낼 수는 없었지만 그것이 그 정당들이 높은 수준의 지지를 누리지 못했다는 것을 의미하지는 않는다. 로버트 소시Robert Soucy는 다음과 같이 지적하고 있다. "1933년 독일에서 히틀러가 집권했을 때 나치당의 총 당원 수는 약 85만 명 정도였다. 즉 전체 인구 6천만 명의 약 1.5퍼센트 정도였던 것이다. 그런데 인구가 4천만 명인 프랑스에서는 1937년 현재 불의십자가 혼자 거의 1백만 명에 가까운 당원을 보유하고 있었다. 프랑스는 파시즘에 대해 일부 학자들이 주장해 온 것만큼 큰 거부반응을 보이지는 않았던 것이다."115)

요컨대 이탈리아와 독일에서처럼 (그리고 다른 많은 유럽 나라들에서처럼) 프랑스에서도 파시스트들과 민족사회주의자들이 제시한 정치적·경제적 정책과 주장이 널리 인기를 얻었다. 현존 자본주의 체제의 대안, 그리고 계급 갈등과 사회적 분열의 종식에 대한 폭넓은 열망을 끌어낸 파시스트들과 민족사회주의자들은 그 폭력성과 야만성이 너무도 분명했음에도 불구하고 놀라운 수준의 지지를 성취해 냈다.

하지만 파시즘과 민족사회주의의 프로그램이 지닌 성격과 의미에 대한 평가는 전간기 동안 그들이 이루어 낸 성공을 이해하는 데에만 필요한 것이 아니다. 이런 프로그램들은 이후 수십 년 동안 그 나라들이 그릴 궤적의 형태를 결정하는 데에도 영향을 주었다. 파시스트들과 민족사회주의자들이 옹호했던 여러 결정적인 '혁신들'('국민정당' 개념과 자본주의를 통제하되 파괴하지 않는 것을 목표로 하는 경제 질서 같은 것들)은 유럽 전후 체제의 중심적인 특징이 되었다. 하지만 그 질서에 대해 살펴보기 전에 전간기 동안 '민족적 사회주의' 혁명을 이루어 낸 또 다른 체제로 눈을 돌려 보는 것이 좋을 것 같다. 이 체제는 민주주의와 인권을 희생하지 않고도 그런 일을 해낼 수 있었다. 바로 스웨덴의 사회민주주의다.

| 7 |
스웨덴에서만 가능했던 이유

제 1차 세계대전 이후 민주적 수정주의자들은 국제 사회주의 운동의 영혼과 미래를 위한 전쟁을 벌였다. 수정주의자들 중 가장 예리했던 이들은 정통 마르크스주의의 쇠퇴 및 급진적 우파의 성장과 대면하여 시장에 대한 국가의 통제와 공동체주의적 호소에 기반을 둔 좌파의 새로운 전략을 개발해 냈다. 그러나 이 반란자들은 유럽 전역에 걸쳐 추종자들을 얻기는 했어도, 유럽 대륙의 주요 사회주의 정당들 가운데 어느 곳에서도 당내 지배권을 획득해 내지는 못했다. 그런데 오직 스칸디나비아반도 지역(특히 스웨덴)의 사회주의자들만은 그 새로운 노선을 전폭적으로 수용했다. 그리고 유럽 다른 지역들에서와는 달리, 사회주의자들이 좌파와 민주주의의 몰락을 피하면서 급진 우파를 제치고 안정된 다수 연합을 공고히 할 수 있었던 곳은 스웨덴뿐이었다. 전간기 동안 스웨덴 사민당이 거둔 이 놀라운 성공을 이해하기 위한 단서는 수십 년 전에 있었던 민주적 수정주의의 승리에서 찾을 수 있다.

스웨덴의 민주적 수정주의

스웨덴 사민당은 처음부터 마르크스주의에 대해 유연하고 비非교조적인 관점을 지녔다. 이런 자세는 국제 사회주의 운동에서 주변적 지위에 있었고, 장기간에 걸쳐 얄마르 브란팅Hjalmar Branting(1889년 당이 설립되었을 때부터 1925년 그가 사망할 때까지 사민당을 이끌었다)이 리더십을 발휘한 덕분이었다.[1] 브란팅은 철두철미한 민주적 수정주의자였는데, 자유주의 서클들에서 정치 경력을 시작했던 그는 그들과 지속적인 관계를 유지하면서 자신의 견해를 형성해 나갔다. 이는 스웨덴 사회주의자들과 자유주의자들 간의 광범위한 협력을 가능하게 했을 뿐만 아니라, 사회주의가 자유주의의 완성을 향한 논리적 수순이라는 그의 신념을 만들어 냈다. 오랜 당권 장악과 특출했던 재능 덕분에 그는 사민당의 발전에 누구와도 견줄 수 없을 만큼 큰 영향력을 행사할 수 있었다. 1920년 한 동료가 지적했듯이 "브란팅에 대한 믿음은 이 나라에 너무도 널리 퍼져 있어서 이에 맞설 만한 것을 지난 사반세기 동안 그 어디에서도 찾을 수 없었다."[2]

비록 사민당은 스스로 마르크스주의 정당이라고 생각했지만, 마르크스주의가 시공간을 넘어 사민당의 실천을 이끌어 줄 수 있는 완벽한 안내자라고는 결코 주장하지 않았다.[3] 실제로 마르크스와 엥겔스의 주장도 시대 변화에 맞게 개선될 필요가 있다는 수정주의의 견해는 19세기 후반 무렵 당내에 널리 퍼져 있었다. 브란팅은 엥겔스의 책 『유토피아에서 과학으로의 사회주의의 발전』*Die Entwicklung des Sozialismus von der Utopie zur Wissenschaft* 1902년 판에 자신이 쓴 서문을 통해, "반세기 전의 유토피아 사회주의자들이 마르크스와 엥겔스의 사회주의를 이해할 수 없었던 것과 마찬가지로" 한 세대 전에 글을 썼던 마르크스와 그의 동료들은 근래의 상황 전개를 내다볼 수 없었다고 지적했다. 따라서 사회주의적 세계관의 핵심은 그

대로 남는다 하더라도 사회주의에 대한 수정은 필요했다. "한때 자본주의가 역사의 냉혹한 필연이었던 것과 마찬가지로 그것은 이제 곧 사회주의를 위해 옆으로 물러설 것이다. 하지만 자본주의와 싸우고 자본주의에 고삐를 채울 수 있는 가능성은 이제 마르크스와 엥겔스의 시대보다 훨씬 높아졌다. 계급사회는 변화하기 시작했고 그 원인은 사회주의자들의 정치적 행동에서 찾을 수 있다."[4] 그리고 1906년에 브란팅은 다음과 같이 주장했다.

> ...... 현대 [사회주의의] 근본적 사상은 마르크스주의의 본질을 유지하고 있지만, 마르크스의 모든 말은 오류가 없다며 맹종하지는 않는다. 역사적 상황이 바뀌어 낡은 것이 되어 버린 문구들은 말할 것도 없이 말이다. 더군다나 새로운 현실 전개에 따른 이런 [이론적] 수정은 ...... 좀 더 깊은 의미에서 마르크스주의의 정신과 완전한 조화를 이룬다. 오직 자신을 [역사—옮긴이] 발전에 관한 교리로서 인식하지 못하는 일부 마르크스주의만이, 그의 시대 이후 완전히 변해 버린 사회적 조건들에 대해 마르크스의 명제들이 여전히 타당함을 선포할 수 있을 것이다.[5]

그에 따라 시간이 흐르면서 사민당은 마르크스주의의 가치를 그것의 '과학적' 주장들이나 역사적·경제적 필연성에 대한 역설 속에서가 아닌, 세계를 변화시키는 것에 대한 강조와, 좀 더 공정하고 개선된 미래에 대한 약속에서 찾게 되었다.

이렇듯 스웨덴 사민당은 비교조적 마르크스주의를 일찍, 그리고 폭넓게 수용함으로써 제2인터내셔널의 수많은 자매 정당들을 마비시켰던 이데올로기적·정치적 투쟁들로부터 자유로워질 수 있었다. 사민당에서는 마르크스주의에 대한 문제 제기가 자유로웠을 뿐만 아니라, 전략을 변경할 때에도 이데올로기적 검증에 시달리지 않았다. 이미 1886년에 브란팅은 "우리의 목표가 명확하다면, 노동운동이 스스로 꿈꾸는 이상에 좀 더 가까이 가기 위해 사용할 수 있는 적합한 수단과 방법을 찾아내는 일 또한 우리에게 달려 있다는 사실"[6]을 기억하라고 지지자들에게 촉구했다. 이와 비슷하게 또 다른 초기 사민당 지도자였던 악셀 다니엘손Axel Danielsson은 1890년에 다음과 같이 주장했다. "우리는 전술에서는 회의주의자이며 기회주의자다. 특정 전술이 모든 정당에게, 모든 조건에서 적합하다고 주장하는 것은 미친 짓이다."[7] 수십 년 후, 브란팅의 후계자로서 당을 이끌게 된 페르 알빈 한손Per Albin Hansson은 이렇게 지적했다. "우리는 결코 모든 당원이 우리 강령의 조항 하나하나에 맹종할 것을 요구한 적이 없다. 우리는 일종의 공통된 사회주의적 세계관의 틀 안에서 각자 다르게 생각할 수 있는 자유를 남겨 놓는다."[8] 백화가 만발하도록 기꺼이 놓아두는 이런 태도는 사회주의가 직면한 당대의 문제들에 대해 당내에서 수준 높은 연구와 논쟁이 일어날 수 있도록 해주었다. 이는 환경 변화에 적응할 줄 아는 사민당의 능력에서 핵심적인 것이었다.[9]

정치적 개혁이라는 문제를 어떻게 다룰 것인가 하는 까다로운 문제와 관련하여, 사실 스웨덴의 정치적 후진성(19세기 후반 동안 스웨덴은 유럽에서 가장 덜 민주화된 나라들 가운데 하나였다[10])이 사민당의 수정주의적 경향을 더욱 심화시킨 것인지도 모른다. 19세기 후반 프랑스나 독일의 상황과는 다르게 풋내기 사민당은 사실상 정치적 영향력을 행사하거나 의회에 참여할 수 있는 기회로부터 완전히 배제되어 있었고, 이는 그들이 자연스럽게 정치적 개혁에 중점을 두도록 만들었다. 따라서 이미 1887년에 스웨덴 노동운동은 다음과 같은 선언을 담은 결의문을 통과시켰다. "보통선거권은, 이 사회 시민들의 절대 다수에게 과중한 의무만을 부담시키고 권리는 부여하지 않는 부정의를 종식시킬 수 있기 때문에, 또한 민중이 자신의 집에서 주인이 되기 위한 필수적 전제 조건이기 때문에, 그리고 사회적 문제를 평화롭게 해결할 수 있는 유일한 방법이기 때문에, 이 모임을 통해 우리는 보통선거, 평등선거, 직접선거를 요구한다.”11) 오랜 시간에 걸쳐 사민당 지도부는 정치적 개혁이라는 목표를 앞세워 단결을 유지했고, 브란팅과 다니엘손은 모두 민주주의를, 사회주의적 목표들을 이루기 위해 필요한 전제 조건인 동시에 사회주의적 비전의 중심 요소로서 제시했다.12)

더군다나 제한된 선거권은 대부분의 노동자들을 배제했기 때문에 사민당은 엄중한 전략적 선택에 직면해야 했다. 그들은 비사회주의 정당들과 동맹을 추구할 수도 있었고, 아니면 무기력한 상태로 남아 있을 수도 있었다. 그들은 전자를 선택했다. 그러고는 특히 자유당 좌파들에게 손을 내밀었는데, 이들은 스웨덴 사회에서 정치적 자유화를 옹호하는 또 다른 중요 집단이었다. 브란팅은 계급 교차적 협력이 그들의 장기적인 이익에 부합한다는 사실을 동료 사회주의자들에게 인식시키기 위해 애쓰면서 다음과 같이 주장했다. “반동주의자들에 대한 자유주의자들의 승리가 사회주의자들의 승리보다 더욱 확실한 것으로 남아 있는 한, 스웨덴에서 우리 자유의 벗들은 이들의 싸움을 도와 득을 보게 될 것이다.”13) 그 결과 1890년대 사민당은 자유당 좌파들에게 ‘국민 의회’folksriksdagen(정부에 대해 민주화를 요구하기 위해 시민 직접선거로 구성된 조직)를 조직하고 참여할 것을 요청했으며, 선거 연합과 다른 형태의 정치적 협력을 통해 그들을 끌어들였다. 사실 1896년 브란팅이 스웨덴 의회의 하원에 진출한 첫 사회주의자가 될 수 있었던 것도 자유당[자유주의연합당] 좌파들의 지지 덕분이었다.

20세기에 들어설 무렵, “민주주의는 우리의 목표!”라는 기치를 내건 사민당의 선거 공약문에는 이미 다음과 같은 주장이 담겨 있었다.

현재 대다수의 [선거구에서는] 순수 노동계 후보가 승리할 가능성이 거의 없다. 따라서 [투표권을 가진] 노동자들의 과제는 …… 보통선거권을 옹호하는 …… 후보를 지지하는 것이다. …… 우리가 오랫동안 주장해 온 바대로 어떤 계급의 시민도 투표권 없는 상태로 남아 있지 않도록 만들게 될, 아무 제약과 조건 없는 보통·평등·직접선거는 스웨덴 노동자들이 흔들림 없이 밀고 나가야 할, 그리고 그들의 표를 원하는 자들을 시험하게 될, 확고한 목표 지점이다.[14]

처음에 보통선거권과 같은 사민당의 우선 사항들은, 정치적 자유화가 궁극적으로 노동운동의 지위와 힘을 향상시킬 것이며, 표를 가진 노동자를 증가시킴으로써 자연히 의회에서 사민당의 비중도 증가하게 될 것이기에 그들이 구체제에 압력을 가할 능력 또한 커지리라는 논리로 옹호되었다. 하지만 시간이 흐르면서 스웨덴 정치체제의 민주화는 수단으로서뿐만 아니라 하나의 목적으로서 받아들여졌다. 따라서 유럽 다른 지역의 사회주의 정당들과는 달리 사민당은 민주주의를 '부르주아적' 체제로 매도하는 경향으로부터 일찍이 벗어날 수 있었다. 그 대신 민주주의는 사회주의 정당의 정체성과 목표에서 빼놓을 수 없는 요소로 여겨졌다. 즉 사회주의가 도래하는 날 그것이 취할 형태가 바로 민주주의라는 것이었다.

사민당은 또한 개혁 작업에 군건히 헌신했다. 브란팅은 이미 1889년에 다음과 같이 주장했다. "오직 혁명만이 노동자들을 도울 수 있다고 말하는 것보다, 나는 우리가 그들의 고통을 경감시키고 그들의 지위를 강화시키게 될 개혁을 추진함으로써 노동자들을 훨씬 이롭게 할 수 있다고 믿는다."[15] 그리고 사회주의는 "야수화된 노예들에 의해서가 아니라, 정상적인 노동시간, 보호 입법, 최저임금을 점진적으로 획득함으로써 최적의 상황에 도달한 노동자들에 의해 창조될 것이다."[16] 또한 개혁은 노동자들에게 "철저한 변화를 창조해 낼 의지, 통찰력, 능력"을 제공하는 데 이

바지할 것이므로, 사회민주주의의 과제는 "부르주아사회로부터 끌어낼 수 있는 모든 개혁"을 얻어 내는 것이었다.[17]

그리고 시간이 흐르면서 많은 스웨덴 사회주의자들은 점진적인 개혁이 단지 당대의 부정의를 치료하거나 노동계급의 물질적 조건을 개선시키는 수단 이상의 것이라고 주장하기 시작했다. 즉 개혁은 사회주의를 향해 올라가는 층계라는 것이었다. 예를 들어 프레드리크 스트룀Fredrik Ström은 1907년에 출판된 그의 영향력 있는 에세이 "노동 여성과 사회주의"Arbetarkvinnorna och socialismen에서 다음과 같이 주장했다. 사회주의자들은 "노동계급에게 물질적·정신적으로 수용 가능한 수준의 삶을 보장해 주고 그들을 좀 더 높은 문화로 끌어올려 줄 모든 것을 현대사회로부터 얻어 내기 위해 노력해야 한다. 동시에 현 사회질서가 사회주의를 향해 한 걸음 한 걸음 나아가도록 만들어야 하며, 그럼으로써 최종 목표를 향해 다가가게 되는 것이다. 이 두 가지 과제는 근본을 같이 한다."[18] 여기서 중요한 것은 사민당이 그저 단순히 개혁을 강조했다는 사실이 아니다. 다른 모든 사회주의 정당들도 궁극적으로는 개혁을 일정 정도 수용했기 때문이다. 좀 더 중요한 것은 개혁이 사회주의 그 자체의 달성에 직접적으로 기여할 수 있다는 수정주의적 관점이 사민당 내에서 점점 더 널리 받아들여졌다는 것이다. 따라서 20세기 초 무렵 개혁은 사민당의 특성과 과제를 이해하는 데 절대적으로 중요했고, 그들을 대부분의 다른 유럽 사회주의 정당들로부터 뚜렷하게 구분시켜 주었다. 언젠가 브란팅은 이렇게 지적했다.

> 개혁주의적 사회주의와 현실 부정적 사회주의 사이에는 하나의 분할선이 그어져 있습니다. …… 나는 다음과 같이 말하는 편협한 사람을 만난 적이 있습니다. '이 법안은 어차피 통과될 테니, 당신은 반대표를 던져라. 그러면 나중에 그 법안이 공격당할 때, 당신은 자신이 노동계급에게 좀 더 나은 상황을 만들어 내

기 위해 그것에 반대했음을 자신 있게 내세울 수 있을 것이다.' 내 입장을 말하자면, 나는 그런 전술이 거대 정당에게는 전혀 가치가 없다고 믿습니다. …… 무엇보다도 사회 개혁에 관한 논쟁에서 우리는 결코 [그 개혁 조치들을] 상대적으로 중요하지 않은 것으로 치부하거나 무관심하게 행동해서는 안 됩니다.[19]

즉 사민당은 사회주의가 경제적 발전으로부터 출현할 것이라는 정통 교리의 주장을, 사회주의자들은 자신이 속해 있는 세계를 재구성하기 위해 정치적 권력을 사용할 수 있으며 또 그렇게 해야 한다는 확신으로 바꿔 놓았다. 그것이야말로 전형적인 민주적 수정주의의 방식이었다.

정통파로부터의 이탈은 역사 유물론에 대한 부정에서 멈추지 않았다. 그들은 정통 교리의 두 번째 기둥인 계급투쟁 또한 서서히 포기했다. 사민당은 초창기부터 계급 갈등에 대한 상대적으로 부드러운 관점을 옹호했다. 이들은 비사회주의 정당들과의 연합을 수용했을 뿐 아니라, 배타적으로 노동자들만을 위한 정당이라는 이미지를 거부했다. 심지어 어떤 이들은 사민당이 그 탄생에서부터 자신을 '국민정당'으로 구상했다고 주장하기도 했다. 예를 들어 한손은 다음과 같은 사실을 지적했다. 즉 스웨덴 최초의 사회민주주의 신문은 『국민의 의지』*Folkviljan*였고, 사민당의 첫 기관지는 『국민의 신문』*Folkbladet*이었으며, 당이 건설했던 공공장소는 '국민의 집'*Folkets hus*, '국민의 공원'*Folkets park* 등으로 불렸다는 것이다.[20] 이는 문제를 지나치게 단순화하는 것일지도 모른다. 하지만 사민당이 대부분의 유럽 사회주의 정당들보다 훨씬 일찍부터 산업 프롤레타리아 밖의 집단들에게 손을 내밀었다는 것은 분명하다.

예를 들어 다니엘손은 이미 1890년 무렵부터 사민당이 반드시 "국민들과, 특히 아직 자신이 혁명적이라고 생각하지는 않지만 자신의 정치적 상황을 향상시키기를 원하는 국민들과 좀 더 긴밀히 접촉해야 한다"면서

"우리는 반드시 국민의 정당이 되어야 한다"고 주장했던 것이다. 이런 점을 생각해 보면, 1887년 그의 신문 『아르베테트』*Arbetet*의 창간호가 발행되었을 때 그것은 말뫼*Malmö* 시의 노동자들에게뿐만 아니라 '경제적으로 종속적이었던' 중간계급에게 또한 호소하고자 만들어졌다고 볼 수 있다.21) 브란팅은 계급투쟁에 대한 '대형 텐트'적 관점의 또 다른 초기의 옹호자였다. 그는 이렇게 선언했다. "계급투쟁은 육체 노동자 집단을 넘어서는 좀 더 포괄적인 연대로 향한 문을 닫지 않는 방식으로 이루어져야 한다. 우리의 목표는 계급투쟁을 통해 우리 민족 전체에 걸친 연대에 도달하고, 또 그것을 통해 모든 인간을 포함하는 연대에 도달하는 것이다."22) 1886년 그는 다음과 같이 썼다.

> 스웨덴과 같이 후진적인 나라에서 우리는 중간계급이 매우 중요한 역할을 한다는 사실에 대해 눈을 감아서는 안 된다. [우리] 공동의 적을 물리치기 위해 중간계급이 그들을 뒷받침해 줄 노동자들을 필요로 하는 것과 마찬가지로 노동계급은 이와 같은 방침으로부터 얻을 수 있는 도움을 필요로 한다. 그리고 …… 현재 상황에서 우리가 스스로를 완전히 고립시키고 모든 전통적 정당에게 똑같이 적대적으로 대한다면, …… 우리는 반동주의자들의 과제를 대신해 주고 있는 꼴이 될 것이다.23)

이런 관점의 결과로서, 20세기에 접어들 무렵 사민당의 선거 공약문은 프롤레타리아만이 아닌 '스웨덴의 노동하는 국민', 혹은 '도시와 농촌의 모든 진보적 시민'을 겨냥해 만들어지게 되었다.24)

이때 당내 여러 핵심 인물들 또한 사민당과 스웨덴 사회의 다른 부문들, 그중에서도 특히 농민들과의 관계 및 그들에 대한 정책을 둘러싸고 논쟁하기 시작했다. 농민과 노동자의 관계는 유럽의 다른 많은 지역들에서와 마찬가지로 스웨덴에서도 긴장 관계에 있었지만, 사민당의 많은 핵심 인물들은 설혹 소규모 농업이 장기적으로 사라질 운명이라 할지라도 이 부문이 몰락하기를 바라거나 그렇게 되도록 노력하는 것은 (도덕적으로 정당하지 않을 뿐만 아니라) 정치적으로 현명하지 않다고 주장하기 시작했다. 1894년에 다니엘손은 다음과 같은 논리적 주장을 제공했다. "소규모 농업이 끝장날 운명이든 그렇지 않든 간에 농업의 궁핍화를 재촉하는 것은 사회주의자들의 과업이 아니다. 우리는 아나키스트들과는 달리 극심한 빈곤이 사회주의적 변화를 이끌어 내리라고 기대하지 않는다. 농민과 타협에 도달하기 위해 노력하자. 이를 통해 우리는 가장 시급한 과제들을 해결할 수 있을 것이며, (독일사민당의) 베벨이 원하는 것처럼 하나의 분파에 머무르는 것이 아니라, 하나의 국민정당으로 자라날 것이다."25) 브란팅은 소규모 농업의 미래에 대해 상당히 회의적이었지만, 그럼에도 불구하고 "우리는 농민들에게 그들의 상황이 앞으로 개선될 것이라는 생각을 불어넣어서는 안 된다"26)라고 주장했던 독일 사회주의자들의 완고한 정통 교리에 대해서는 비판적이었다.

1903년 독일에서 에두아르트 다비트Eduard David의 책 『사회주의와 농업』Sozialismus und Landwirtschaft이 출판되자27) 스웨덴에서는 그것을 계기로 농업정책에 관한 논쟁에 다시 불이 붙었다(이는 독일에서도 마찬가지였다). 당내의 농업 개혁 옹호자들은 대규모 농업을 거부하고 소규모 농업의 미덕을 찬양한 다비트의 주장에 상당한 영향을 받았다. 그들은 시간과 노력을 기울이면 소농들이 노동자들과 이해관계를 공유하는 공동체를 형성할 수도 있다는 점에 대해 더 많은 스웨덴 사회주의자들을 설득하는 데 성공했다. 따라서 1908년 사민당의 당대회는 농촌 지역에서의 선전 활동에 더 많은 자원을 지원하기로 결정했다. 당에서는 당대회에 맞춰 다음과 같이 주장하는 소책자까지 출판하기도 했다. "농업과 관련하여 우리 사회주의자들은 농촌 주민들과 가능한 한 우호적인 관계를 형성하는 것 이외에는 더 바라는 것이 없다. 다른 한편으로 산업 노동자들의 임금과 노동조건이 향상되면 농산품에 대한 그들의 구매력과 수요도 커진다는 점을 농업 부문 노동자들의 마음 속 깊숙한 곳까지 전달할 수 있어야 한다."[28]

3년 후, 새로운 농업 강령을 작성하기 위해 당 집행부가 임명한 위원회는 다양한 사회·재정·교육 정책을 통해 소농들과 농업 노동자들에 대한 당의 호소력을 높이기 위해 노력했다. 위원회는 노동자들과 농민들 모두가 직면하고 있는 불안감을 강조했고 소농과 소작농, 농업 노동자는 산업 노동자와 함께 착취 받는 계급에 속한다고 주장했다.[29] 그리고 위원회는 자본주의 내에 노동자들이 생산수단을 직접 소유하는 영역이 존재할 수 있기 때문에, 그런 영역에서는 "노동의 열매가 그 소유자에게 돌아가야 하는 것은 너무도 타당하다"[30]고 주장했다. 이런 (사회주의 이론에 대한) '의도적 왜곡'은 당이 사회주의 체제 아래에서 제거되어야 할 사유재산 목록에서 농지를 제외할 수 있도록 허용했고, 그럼으로써 그들의 강령은 농촌 유권자들에게 덜 위협적으로 느껴질 수 있었다.

따라서 제1차 세계대전 직전의 스웨덴 사민당은 제2인터내셔널에 속한 대부분의 사회주의 정당들과는 매우 다른 입장에 섰다. 사민당은 이미 민주주의와 개혁 작업을 정치 전략과 사회주의에 대한 이해의 중심에 놓았고, 비사회주의 정당들과 연합했으며, 노동자만이 아닌 스웨덴 사회의 다른 집단들에게 손을 내밀었다. 그들은 사실상 경제주의적·결정론적 정통 마르크스주의를 내버렸으며, 민주적 수정주의의 모든 핵심 교의를 받아들였다. 그 결과 앞으로 다가올 험난한 시기에 직면하게 될 도전을 다루는 데 다른 유럽 사회주의 정당들보다 훨씬 유리한 위치에 설 수 있었다.

전간기의 도전들

제1차 세계대전 직전 무렵은 민주주의를 놓고 사회가 매섭게 분열되었던 스웨덴에서 긴장이 특히 첨예했던 시기였다. 전쟁이 발발하면서 자유주의자들과 사회주의자들 모두 정부의 중립 정책을 지지하겠다고 서약함으로써 갈등은 잠시 지연되었다. 하지만 1916년 무렵 국내적 평화는 깨졌다.[31] 자유당과 사민당 모두 정부에 대한 공격을 강화했는데, 특히 사민당은 완전한 민주화에 대한 요구를 더욱 강력히 밀고 나갔다.

모든 정당이 1917년 선거가 중대한 의미를 지닌다는 사실을 잘 알고 있었으며, 노동운동은 이에 야심찬 목표를 설정했다. 스웨덴 사회의 변화를 강제해 낼 수 있을 만큼 거대한 규모로 사민당의 승리를 이끌어 내겠다는 것이었다. 사민당의 선거 공약문은 이렇게 물었다. "스웨덴은 반동의 최후 피난처가 될 것인가? …… 전 유럽이 그 어느 때와 달리 민주주의와 자유의 그늘 아래 자리 잡고 있는 지금 우리 스웨덴 민중이 기업가들과 대토지 소유자들, 대자본과 관료들의 권위 아래 머물러 있어야 한다면, 그것은 우리의 수치가 아닌가? 스웨덴 민중은 반드시 헌법의 민주화를 무엇보다도 앞세우는 정당, 즉 사민당에게 표를 던져야 한다."[32] 사민당의 호소에 대한 반응은 인상적이었다. 자유당은 전체 투표수의 27.6퍼센트, 사민당은 31.1퍼센트를 획득한 것이다.

앞의 장들에서 논의했듯이 사회주의자들이 다른 정당들과 권력을 공유할 수 있게 되었을 때 이를 받아들일 것인가에 관한 질문은 제2인터내셔널에 소속된 거의 모든 정당을 괴롭혔다. 이데올로기적 순수성을 더럽힐지 모른다는 두려움 때문에 많은 이들은 전간기에 정부에 참여할 수 없었다. 심지어 민주주의의 운명이 경각에 달려 있었을 때조차 말이다. 하지만 사민당은 계급 교차적 협력 문제에 대한 오랜 씨름과 민주주의에 대한 강조 덕분에 훨씬 수월하게 야당에서 여당으로 이행할 수 있었다. 예를 들어 그들은 1904년에 열린 인터내셔널 암스테르담 대회에서 정부 참여적 사회주의ministersocialism에 대한 규탄안에 반대표를 던져 자신들의 수정주의적 태도를 분명히 밝혔다(제3장 참고). 10년 후 사민당이 스웨덴 의회의 최대 정당이 되었을 때, 그들은 그런 지위가 어떤 책임을 요구하는지에 대해 숙고하기 시작했다. 많은 이들은 만약 사민당이 정부를 도와 달라는 부탁을 받고도 이를 거절한다면, 이는 우파의 지배를 계속 허용할 뿐이라고 주장했다. 브란팅이 지적한 바대로 "만약 그런 상황이 발생한다면 우리 유권자들은 사회주의자들에게 투표한다 해도 그 어떤 실질적인 결과도 이루어지지 않는다는 인상을 받게 될 것이다."[33] 그에 더해 그런 거부는 점진적 진보와 정치 개혁을 이뤄 내기 위해 정치권력을 사용하겠다는 당의 오랜 신조와도 충돌할 것이었다.

그럼에도 불구하고 당의 급진적 소수파는 일반적으로는 계급 교차적 협력을, 구체적으로는 비사회주의 정부에 참여한다는 생각을 단호하게 반대했다. 브란팅은 1914년 당대회에 참여한 당원들에게 정부 참여는 자신들이 이길 수밖에 없는 게임임을 설득하기 위해 노력했다. 사민당은 정부가 오직 명확히 규정된 민주적 강령에 헌신할 경우에만 연합에 참여할 것이기 때문이었다. 만약 자유당이 이 조건을 받아들인다면 사민당은 원하는 것을 얻을 것이다. 반면 그들이 이를 거부한다면 우파 지배가 지속되는 것에 대한 비난을 사회주의자들이 아닌 그들이 감수해야 할 것이다. 하지만 반대파의 주 대변인 세스 회글룬드Zeth Höglund는 자유당을 신뢰할 수 없다고 주장했으며, 당 대의원들에게 "우리 당은 우리가 부르주아 개혁 정당이 될 것이냐 아니면 지금껏 그토록 성공을 거둬 온 사회주의 정당이 될 것이냐는 문제에 대해 결정을 내려야 할 상황에 직면"[34]해 있음을 인식하라고 촉구했다.

이 문제에 대한 논의는 1917년 당대회에서 절정에 달했는데, 결국 급진파들을 압도적으로 규탄하는 결의문이 통과되었다. 그들은 신속히 당에서 나와 스웨덴 사회민주주의 좌파당35)을 결성했고, 이로써 브란팅과 지지자들은 자유롭게 자신들이 원하는 대로 할 수 있게 되었다. 따라서 그해 선거에서 좌파가 다시 과반수를 점했을 때 사민당은 협조할 준비가 되어 있었고, 1917년 10월 17일 그들은 스웨덴 역사상 처음으로 중앙정부에 참여했다.36) 1년 뒤 [민주주의를 위한 헌법 개정에 반대했던] 보수주의자들과 국왕의 마지막 도전을 물리친 후 정부는 스웨덴의 완전한 의회 민주주의로의 이행을 이끌게 되었다.

하지만 완전한 민주화를 성취하면서 사민당과 자유당 좌파들과의 관계는 더욱 문젯거리가 되었다. 두 당은 보수주의자들과 싸우고 정치적 개혁을 촉진하는 동안에는 협력해 왔지만 이제 그들이 거둔 성공은 그들의 연합을 유지해 주었던 접착제를 녹여 버렸다. 사민당이 정부의 관심을 정치 개혁에서 경제 개혁으로 돌리려고 노력했을 때 자유당 좌파들은 뒷걸음질했으며 연합도 깨졌다. 그 결과 스웨덴의 정치체제는 혼란에 빠졌다.37) 그 이후 사민당은 의회 내에서 최대 정당으로 남아 있었지만 독자적으로 절대 다수파를 형성할 수는 없었다.38) 한편 비사회주의 정치 세력들은 계속 자유주의 그룹, 농민 그룹, 보수파 그룹 등으로 나뉘어 있었는데, 그중에서도 특히 자유주의 그룹이 쇠퇴를 겪게 되었다. 그로 인해 안정된 중도 또는 중도 우파 정부를 형성하기가 어려워졌다. 그 결과 스웨덴은 1919년에서 1932년 사이 10개의 서로 다른 정부가 차례로 들어서는 회전문 정치 속에서 신음했다.

경제 상황 또한 그다지 좋지 않았다. 스웨덴은 비록 중립국으로 남아 있었지만 제1차 세계대전과 그 이후의 여파는 그들을 비켜 가지 않았다. 임금·물가·생활비는 전쟁 기간 동안 세 배로 뛰어올랐고,39) 유럽 대륙을 휩쓸었던 불황은 스웨덴을 강타했다. 1920년대 초반 동안의 금리정책은 침체를 한층 더 악화시켰으며 특히 실업과 산업 생산에 파괴적인 영향을 끼쳤다.[40] 1920년대 중반 무렵 상황은 호전되기 시작했지만 실업률은 여전히 높았고,[41] 노동과 시장 간의 갈등은 심각했다.[42] 이 시기 한 정부 각료는 이렇게 말했다. "한 가지 한탄할 만한 사실은 지난 몇 년간 스웨덴이 파업·보이콧·공장폐쇄의 나라가 되어 버렸다는 점이다. 이 분야에서 우리는 세계의 모든 기록들을 깨뜨렸다."[43]

요컨대 스웨덴의 1920년대는 고난의 시기였다. 그 10년을 보내면서 점점 더 많은 스웨덴인들이 자본주의에 대한 배신감을 느꼈으며, 안정된 정부나 강력한 정책 주도력을 만들어 내지 못하는 듯이 보였던 민주적 정치체제에 대해 환멸을 느끼게 되었다. 그 결과는 사회적 긴장과 좌절, 소외의 증가였다. 유럽의 다른 지역들에서는 그런 조건들이 급진적 우파 운동들의 융성을 불러왔고, 파시스트들과 민족사회주의자들은 해결책으로서 조화로운 민족 공동체에 대한 비전, 그리고 사회적·경제적 문제들을 창조적이고 강력하게 다룰 능력과 의지가 있는 정부를 약속했다. 하지만 스웨덴에서는 상당히 다른 일이 일어났다. 1920년대와 1930년대의 혼돈으로부터 당당한 승리자로 떠오른 이들은 급진적 우파가 아닌 사회민주주의 좌파였다. 비록 상황은 비슷했지만 결과는 달랐다는 말이다. 사민당은 자본주의와 민주주의가 낳은 문제들에 대해 가장 창의적으로 대응했고, 따라서 앞으로 다가올 시기에 정치적·경제적 환경을 재구성할 수 있는 기회를 얻게 된 것이다.

사회민주주의로의 이행

1920년 사민당-자유당 연합 정부가 무너진 이후 사민당은 민주주의 체제 내의 절대 다수파가 아닌 단순 다수파(이는 서유럽 대부분의 제1당들이 처한 상황)로서, 무기력함을 피하기 위해 선택할 수 있는 두 가지 현실적인 길이 있었다. 첫 번째는 민주주의에 대한 헌신을 버리고 반란을 통해 권력을 잡는 길이었다(공산주의적 방식). 두 번째는 어떻게든 그들의 강령을 지지하는 절대다수를 불러 모아 선거를 통해 권력을 얻는 것이었다(수정주의적 방식). 제5장에서 살펴보았듯이 많은 사회주의 정당들에게는 둘 중 어느 하나에도 완전히 헌신할 능력이 없었다. 반면 스웨덴 사민당은 두 번째 방식을 강력히 밀고 나갔다. 1920년대에 그들은 산업 프롤레타리아 바깥의 집단들에게 손을 내밀었다. 사민당은 급진적 우파들이 성공적으로 이용했던 '국민'과 '민족' 같은 개념들을 받아들이면서 1930년대 초반 혼란의 시기에 민족적 단합과 사회적 연대의 담당자로서 행세할 수 있었다.

이 시기 당의 핵심 인물은 1928년 당의장직을 맡게 된 페르 알빈 한손이었다.[44] 당에 대한 그의 가장 중요한 공헌은 '국민의 가정'folkhemmet이라는 개념으로 사민당의 사회주의적 미래에 대한 비전을 빚어낸 것이다. 그 개념을 가장 잘 설명한 것은 한손의 1928년 연설로, 이는 인용할 만한 가치가 있다.

> 가정이란 근본적으로 공동체, 그리고 함께함(togetherness)을 뜻합니다. 훌륭한 가정은 그 어떤 구성원도 특별대우를 하거나 천대하지 않습니다. 또한 아이들을 편애하거나 홀대하지도 않습니다. 훌륭한 가정에는 평등, 사려 깊음, 협력, 도움이 존재합니다. 이를 국민과 시민의 위대한 가정이라는 개념에 적

용할 경우, 이는 오늘날의 시민들을 특권을 가진 자와 천대받는 자로, 지배자와 종속자로, 부자와 빈자로, 자산 소유자와 빈털터리로, 약탈자와 약탈당한 자로 갈라놓는 모든 사회적·경제적 장벽의 철폐를 의미할 것입니다. 스웨덴 사회는 아직 국민의 가정이 아닙니다. 형식적인 평등, 정치적 권리의 평등은 존재하지만, 사회적 관점에서 볼 때 계급사회가 여전히 유지되고 있으며 경제적 관점에서 볼 때 소수의 독재가 행해지고 있는 것입니다.[45]

비록 '국민의 가정'으로서의 스웨덴이라는 사상은 한손, 그리고 사민당과 떼려야 뗄 수 없는 관계가 되고 말았지만 흥미롭게도 그것은 우파 측에 그 기원을 두고 있었다. 사실 그것은 유럽의 다른 지역에서는 파시스트와 민족사회주의 운동의 기반이 되었던, 근대적·자본주의적·자유주의적 사회에 대한 비판의 중심을 이루는 요소였다.

이 용어는 1909년의 한 대담에서 스웨덴 농민 운동의 지도적 인물들 가운데 한 명이었던 알프레드 페테르손Per Alfred Petersson이 정치적으로 처음 사용했다. 페테르손은 다음과 같이 물었다. "우리 사회가 인류의 가정, 국민의 위대한 가정이 아니라면 대체 무엇입니까? 그것은 노동자들뿐만 아니라 농민들에게 일거리와 생계를 제공해야 합니다. 그리고 미래에 대한 희망을 제공해야 합니다. 이런 목표를 달성하기 위해 노력하는 것은 '허공에 성을' 쌓고자 하는 것이 아니라 인간의 가장 기본적인 욕구를 충족시키고자 하는 것입니다."[46] 다음에 그 사상은 당시 가장 영향력 있는 스웨덴 민족주의자였던 루돌프 셸렌Rudolf Kjellén의 손으로 넘어갔다. 셸렌은 유럽 다른 지역들의 민족주의자들과 마찬가지로 근대사회가 잃어버린 민족적 연대와 공동체적 정서를 재창조해 내고자 했다. 그는 자유주의에 대해 특히 가혹한 비판자였는데, 그것을 거의 모든 현대적 문제들의 뿌리라고 생각했던 것이다. 셸렌에게 자유주의의 주된 문제점은 그것이 민족이나 국가의 이익보다는 사적이고 개인적인 이익에 초점을 둔다는 것이었다. 단순한 반동주의자가 아니었던 그는 구식 보수주의자들에 대해서도 비판적이었다. 그 대신 그는 자신이 민족의 위대함과 팽창을 이루어 내기 위한 전제 조건이라고 생각했던 민족적 '집결' 또는 협력을 자극할 수 있는 새로운 운동을 창조하자고 주장했다.[47] 그는 다음과 같이 말했다. "우리나라의 주요 집단들은 집단들 사이의 깊은 사회적 간격을 경험한다. 그리고 이 간격은 스웨덴인이 외국인에게서 느끼는 간격보다 더욱 크다. 이런 비정상적인 상황을 바로잡는 것은 이제 우리 모두의 과제다."[48] 이 목표를 성취하기 위해 셸렌은 스웨덴의 노동자들과 그 밖의 다른 소외된 그룹들을 다시 민족의 품으로 돌려보낼 수 있도록 도와줄 광범위한 사회적·정치적 개혁을 옹호했다. 또한 그는 민족주의와 새로운 유형의 사회주의를 결합시킬 것을 주장했다. 이 사회주의는 "개인의 권리 대신 국가의 권력을, 특정 개인이나 계급에 한정되지 않고 전체 국민을 포함하는 연대를, 자유보다는 혈연관계의 우선성을 내세우는 것이다. 현재의 사회주의자들은 이런 사상을 노동계급에만 국한시키고 있다. 이 사상을 전체 국민에게로 확대시키자. 계급사회주의보다는 민족사회주의를 상상하자!"[49]

자연스럽게 셸렌은 자신의 목표를 달성하는 데 있어 사민당이 결정적인 장애물이라고 보았다. 왜냐하면 그가 대체하고자 했던 자유주의와 구식의 보수주의에 대한 강력한 대안을 제시했기 때문이다. 사실 셸렌이 스웨덴 사회의 미래에 대한 비전으로 '국민의 가정'을 제시한 것은 바로 1912년 브란팅과 함께했던 한 토론회에서였다(겉으로는 변화하는 국제 환경을 주제로 한 것이었지만, 사실은 민족에 대한 사민당의 충성심에 문제를 제기하고자 했던 자리였다).[50] 그는 그가 주류 사회주의의 논리적 귀결이라고 생각했던 분열된 사회와 대비해서 강력하고 단합된 민족의 이미지를 불러일으키기 위해 그 용어를 사용했다.

우리가 갈망하고 성취하기 위해 노력해 온 스웨덴, 즉 계급들이 전체 사회에 종속되고 우리를 길러 준 이 땅에 대한 공동의 충성심 속에서 다 같이 행복을 누리는 스웨덴. …… 이 스웨덴은 아직 도래하지 않았다. 또한 거짓 예언자들이 드러나 추방되기 전에는 앞으로도 오지 않을 것이다. 하지만 한 가지 사실은 분명하다. 스웨덴은 오직 자기 자신의 토대 위에서만 자신이 만들어 가고자 하는 축복받은 국민의 가정으로 거듭날 수 있다는 점이다. 국제주의라는 잘못된 이름 아래 수많은 국민을 민족과 자신들의 가장 기본적인 요구에서 벗어나게 만드는 오늘날의 여러 주장들로부터 구원 받는 길은 오직 민족주의에서만 찾을 수 있다.[51]

전간기 동안 스웨덴의 민족주의 운동은 주류 사회주의가 사회적 분열을 조장하고 민족의 이익을 해치고 있다는 셸렌의 비판을 그대로 사용했다. 그런 비판이 불러일으킬 반향을 인식했던 (그리고 좋은 사상을 알게 되었을 때 그것을 자기 것으로 받아들일 수 있을 정도로 실천적이었던) 사민당의 지도자들은 민족주의자들의 그 폭발적 사상을 훔쳐 오기로 결정했다. 한손은 사민당이 반민족주의적이라거나 민족에 충성하지 않는다는 공격에 어떻게든 맞서 싸우기로 결심했다. 그리고 1920년대 초반 무렵 당의 이미지와 매력을 다시 만들어 낼 완벽한 방법으로서 '국민의 가정'이라는 개념을 탐색하기 시작했다. 1921년 그는 이렇게 말했다. "우리는 종종 비애국적이라는 소리를 들어 왔다. 하지만 나는 이렇게 말하겠다. 가장 애국적인 행위는 모든 이들에게 가정처럼 느껴지는 나라를 창조해 내는 것이므로 사민당보다 더 애국적인 정당은 없다고 말이다."[52] 한손은 우파들의 허를 찌르고 다수파 연합을 만들어 내는 데에는 당이 이미 오래전에 설정해 놓은 노선을 계속 따라가는 것 이상의 방법이 필요 없다고 주장했다. 그는 다음과 같이 단언했다. "당은 그 출발점에서부터, 스스로를 고립시키기를 거부하면서, 민중의 권리를 보호하고 확대하는 데 진지하게 헌신하는 여러 집단들과 협력할 준비가 되어 있음을 선언해 왔다."53)

　소수파라는 당의 지위, 우파로부터의 위협, 그리고 스웨덴 민주주의의 전반적 건강상태에 대한 한손의 걱정은 시간이 흐르면서 점점 더 커져 갔다. 특히 1928년 선거에서 부르주아 정당들이 연합을 결성해 사민당을 공산주의의 앞잡이로 몰고 가려 시도했던 뒤로 더욱 그랬다. 그해 선거 결과는 이런 전략의 효력을 보여 줬다. 사민당은 득표율이 떨어지고 의석 15개를 상실했던 것이다.54) 한손은 사민당이 성공하려면 폭넓은 대중에게 자신들이 그들의 이익 또는 좀 더 넓게 보아 민족의 이익에 위협이 되지 않는다는 것을 납득시킬 필요가 있다는 사실을 확신했다. 따라서 1928년 당대회에서 한손은 동료들에게 다음과 같은 사실을 인식하라고 촉구했다.

　…… 사민당은 현재 결정적인 위기에 직면하고 있습니다. 그것을 극복하기 위해서는 지혜와 단합이 필요합니다. 진보적인 민주화 정책은 10년 전의 헌법 개정, 그리고 8시간 노동의 제도화와 함께 희망차게 시작되었지만, 이제 막다른 길에 도달했습니다. 사회적 개혁은 정체되어 있고 부르주아 정당들은 우리의 정책에 대항하여 공포와 적의에 찬 캠페인을 벌이고 있습니다. [사민당과 자유주의연합당 좌파들 간에 있었던] 예전의 연합은 …… 찢겨져 버렸으며, 최근 부르주아 정당들 간의 선거 연합 뒤편에서 기득 질서를 유지하고자 하면서 사회 민주화의 지속과 완성을 훼방하려는 …… 그들의 책략을 감지할 수 있습니다. 우리는 현재 의회 제도에 대한 신뢰를 전복시키고 광범위한 정치적 불만을 생성시키는 일종의 통치 위기로부터 고통을 겪고 있습니다.

　그는 이런 문제들을 해결해 내기 위한 전제 조건은 사민당이 소수파로서의 지위를 종식시키는 데 전념하는 것이라고 주장했다.

이 나라 최대의 정당으로서 현 상황을 호전시키고 의회 제도의 원리에 대한 존중을 회복하며 …… 민주주의를 확고히 하는 동시에, 우리 정책에 대한 좀 더 광대한 지지를 이끌어 내는 것은 우리의 책임입니다. 우리는 이미 도시와 농촌 모두의 다양한 노동 대중 집단들 속에 확고히 뿌리내리고 있습니다. 이제 우리는 당을 더욱 확대하기 위해 노력하고 있습니다. 또한 당을 대다수 국민들로부터 지지를 받아 국민의 가정이라는 꿈을 실현시킬 수 있는 진정한, 그리고 위대한 국민정당으로 만들기 위해 노력하고 있습니다. 그런 지지를 얻어 내기 위한 전제 조건은 다양한 집단의 욕구를 숙고할 줄 아는 정치, 그리고 유권자들의 요구를 만족시키기 위한 다양한 방법들을 편견 없이 실험해 볼 줄 아는 정치입니다. 그것이 어떤 집단에서 비롯된 것이든 상관없이 말입니다.[55]

한손은 동료들에게 국민의 가정 전략은 당의 역사에 부합할 뿐만 아니라, 사실 개혁에 기반을 둔 사회 변화와 계급 교차 연합에 대한 사민당의 오랜 강조가 논리적으로 도달할 수밖에 없는 정점이라는 것을 납득시키기 위해 엄청난 노력을 기울였다. 더군다나 그는 노동자들에게 호소하는 것과, 다른 사회집단들에게 호소하는 것이 반드시 상충한다고 보지 않았으며, "국민정당으로의 확대는 사회주의적 요구들을 희석시키는 것이 아니며, 그렇게 되어서도 안 된다"고 주장했다.[56]

따라서 스웨덴에서 공동체주의적, 그리고 심지어 민족주의적 호소가 좌파와 연관된 것은 대부분 한손의 리더십 아래 이루어졌다. 하지만 그는 결코 혼자가 아니었다. 1920년대 내내 사민당의 다른 이들 또한 스웨덴 사회의 좀 더 폭넓은 계층들에게 손을 내밀고, 그럼으로써 우파 민족주의가 인기를 얻기 전에 이를 차단할 수 있는 새로운 방법들을 고민하기 시작했다. 그런 인물들 중 한 명이었던 리카르드 린드스트룀Rickard Lindström은 심지어 사민당이 창조하려 애쓰던 사상을 가리켜 '민족사회주의'[57]라고 칭하기도 했다. 이런 노력들이 가져온 가장 중요한 결과는 사민당이 농민들에게 지속적으로 접근했다는 사실이다. 1920년에 채택된 새로운 농업 강령은 노동자들과 소농들 모두가 자본주의 체제에서 착취당하고 있으므로 함께 손을 잡고 일어서야 한다는 주장을 반복했다. 그리고 사민당은 대토지와 자연 자원에 대해서는 사회적 소유를 옹호했던 반면, 그 외의 개인 토지 소유에 대해서는 손대지 않겠다는 점을 재확인했다.[58]

1920년대 후반 농촌 지역의 상황이 악화되면서, 당의 핵심 인물들은 농민들에 대한 접근을 한층 더 강화하기로 했다. 예를 들어 당 집행부의 한 모임에서 지도적 활동가 구스타브 묄레르Gustav Möller는 다음과 같이 주장했다. "우리는 우리 당을 진정한 국민정당에 좀 더 가까워지도록 만들 수 있는 방법을 찾아야만 한다. 우리는 농민들의 사회적 관계와 심성mentality에 부응하는 경험을 신중하게 쌓아 나가야 한다. 우리를 향해 수많은 곳에서 날아오는 불신을 깨뜨리는 방향으로 스스로를 이끌어야만 한다." 집행부는 이 문제들을 재고하기 위해 회의를 열기로 결정했다.[59] 그리고 이후 점점 더 많은 스웨덴 사회주의자들은 농민들에 대한 현금 지원 방책 같은 것들이, 농촌에서의 파국을 피하기 위해서뿐만 아니라, 사민당의 다른 정책에 대한 주요 농촌 집단의 지원을 얻기 위해서 치러야 할 합리적 대가일지 모른다고 주장하기 시작했다.[60]

따라서 대공황이 스웨덴을 덮쳤을 때 사민당은 이미 국민의 가정이라는 사상으로 무장되어 있었고, 노동자들뿐만 아니라 '약자들', '억압당한 사람들', 그리고 좀 더 일반적으로는 '국민'에게 도움이 되겠다는 당의 열망을 강조하는 전략에 헌신하고 있었는데, 이는 적어도 유럽의 다른 지역에서 파시즘 운동과 민족사회주의 운동을 결정적으로 뒷받침했던 자작농들과 소작농들의 공포를 완화하는 데 기여했다. 이와 더불어 사민당은 점점 더 계급보다는 국민이라는 개념을 중심으로 주장을 조직해 나갔으며, 진정한 '국민정당'[61]이 되고자 하는 욕망을 분명히 드러냈다. 이는 공동체주의적·민족주의적 호소에 대한 우파의 독점을 더욱 약화시키는 데 기여했다.

이런 정치적 방향 전환과 더불어 경제적 방향 전환 또한 무르익어 가고 있었다. 정통 마르크스주의의 수동성을 포기하라는 수정주의자들의 요구가 서유럽에서는 받아들여지지 않았던 상황에서(이는 우파들이 적극적인 경제적 조치를 주도하는 역할을 하도록 만들었고, 대공황이 전파한 반자본주의적 감정으로부터 득을 볼 수 있도록 했다) 스웨덴 사민당만은 다시 한 번 그런 흐름을 거슬렀고, 그 결과 엄청난 보상을 받게 되었다.

'제3의 길'

1920년 당대회에서 브란팅이 말했듯이, 사민당의 중심적인 정치적 요구(즉, 완전한 민주화)가 성취되면서 "경제적 문제가 전면으로 부각되리라는 것은 너무도 당연했다."[62] 따라서 앞으로 사민당의 경제적 의제가 무엇이 되어야 할지를 둘러싼 뜨거운 논쟁이 시작되었다. 그 중심에는 구스타브 묄레르가 있었는데 그는 자본주의 경제의 근본 문제가 모든 시민의 욕구에 부응하지 못하는 무능력이라고 주장했다. 묄레르는 당이 경제적 파이를 키워 모두가 좀 더 큰 조각을 얻을 수 있도록 만들 방법을 찾아내야 한다고 생각했다.[63] 그는 이렇게 지적했다. "중요한 것은 특정 국유화 프로그램을 하나 더 제시하는 것이 아니라, 생산을 늘리기 위해 필요한 조치들을 연구하는 것이다. 그것만이 대다수 민중의 사회적 지위를 진정으로 향상시킬 수 있는 유일한 방법이다. 예전에 헌법 문제들이 우리 선거 강령의 자연스러운 초점이었던 것처럼, 이제는 국유화의 (필요성) 문제를 근본적으로 살펴봐야 한다."[64] 다른 이들도 이에 동의했으며 경제 개혁은, 최소한 부분적으로라도, 성장에 기여할 수 있는 능력을 기준으로 판단해야 한다는 생각이 사민당 논쟁에서 점점 더 중요한 주제가 되었다.

1926년 또 다른 중요 인물 닐스 카를레뷔Nils Karleby는 『현실에 직면한 사회주의』Socialism inför Verkligheten라는 책을 출간했다.[65] 이 책에서 카를레뷔는 이상주의와 실용주의의 혼합은 스웨덴 사민당을 정의하는 특징이라고 주장했는데, 예를 들어 그것이 좀 더 영향력 있던 독일사민당과 그들을 구분한다는 것이었다.

> [독일사민당은 자신들을] [마르크스] 유산의 진정한 관리자로 [내세운다]. 이 당은 한 가지도 독립적인 무언가를 창조해 내지 못했으며, 스승의 말을 무비판적으로 흡수하는 것 (그럼으로써 더 조악하게 만드는 것) 이상 아무것도 해내지 못했다. 실제 과제들과 대면해야 했으며, 당내에서 행동을 위한 지침을 발견해 내기 위해 노력했던 자들은 끔찍이 실망하고 말았다. …… [반면 누군가 스웨덴 사민당의 실제 작업과 지적 생활을 연구해 보면,] 그 사람은 이론적 명쾌함과 독립성의 문제, 그리고 실제적 능력의 문제 모두에서 이 당이 독일사민당보다 근본적으로 우월하다는 결론에 이르게 될 것이다.[66]

카를레뷔는 사회주의자들에게 부르주아적 재산 관계를 전부 아니면 전무식의 단순한 소유가 아닌 여러 권리가 묶여 있는 하나의 다발로 볼 것을 촉구했다. 만약 소유권이라는 것이 다수의 개인적 권리들의 합이라면 이런 권리들은 하나하나 서로 분리될 수 있으며 사회적 영향에 서서히 종속될 수 있다. 그는 이렇게 지적했다. "이런 개념은 사회주의자들에게 자본가의 특권을 서서히 빼앗을 수 있는 근본적인 논리를 제공한다. 마치 양파 껍질을 벗기듯이, 아무 것도 남지 않을 때까지 말이다."[67]

이에 기초해 카를레뷔는 사회적·경제적 자원에 대한 자본가들의 통제를 제한하는 모든 개혁은 사회주의 사회를 향해 내걷는 한 걸음이 될 것이라고 주장했다. 어떤 특정 개혁 조치가 일부 자본주의적 구조를 그대로 놓아둔다고 해서 사회가 근본적으로 변하지 않는 것은 아니다. "재산에 대한 사회적 통제는 늘리고 개인적 통제는 줄이는 모든 사회 개혁 과정은 각각 하나의 단계를 상징한다. 더군다나 사회정책이란 사실 자본주의의 경계를 침범하는 것이다. 노동자들의 지위를 사회와 생산 과정 속에서 실제로 변화시키는 것이기 때문이다. 이것이 사회민주주의의 고유하고 독창적인 관점이다."[68] 요컨대 그는 "개혁은 단순히 사회 변화를 준비만 하는 것이 아니라, 그것 자체가 사회의 변화"[69]라고 제시했던 것이다.

카를레뷔의 책은 한 세대의 사민당 지도자들에게, 당이 장기적 목표 달성을 위해 전통적으로 강조해 온 것들, 즉 점진적 개혁과 현재 구조 내 개혁을 지지하는 지적 기반을 제공함으로써 스웨덴 노동운동에 엄청난 영향을 주었다. 훗날 스웨덴의 총리가 되는 타예 에를란데르Tage Erlander는 이렇게 회상했다. "[그 책을] 읽으며 우리는 해방감을 느꼈다. 카를레뷔는 (생산수단의) 사회화가 사회주의적 변화를 위한 다른 많은 도구들 중 하나 일 뿐이며 결코 가장 중요한 것이 아님을 가르쳐 주었다."[70]

카를레뷔 말고도 사민당의 다른 이들 또한 사회를 변화시키기 위한 최선의 방법은 국가가 경제적 기능을 모두 떠맡는 것이 아니라, 그것을 부분적으로 통제하거나 경제계획을 세우는 것이라는 주장을 차츰 수용했다.[71] 그들은 자원의 생산과 분배에 영향력을 행사하는 것은, 심지어 그것이 간접적일지라도, 사회주의자들에게 전통적 국유화 전략이 동반했던 잠재적 비능률과 자유의 상실 없이 많은 목표에 도달할 수 있도록 해준다고 주장했다. 따라서 당은 노동자들에게 일과 삶에 대한 더 큰 통제력을 줄 수 있는 개혁을 발전시키고, 자본주의 체제를 통제하기 위해 국가 권력을 어떻게 사용할 것인지를 규명하는 일에 점점 더 중점을 두었다.[72]

대공황의 시기 동안 사민당은 여러 혁신적 경제정책을 옹호했는데, 거기에는 일종의 '케인스 이전의 케인스주의'라고 할 수 있는 것들도 포함되어 있었다. 이런 성공을 가능하게 한 이들은 여럿이지만[73] 그중 가장 중요한 사람은 1919년부터 1953년까지 사민당 의원으로 활동했고 1932년부터 1949년까지 재정부 장관직을 역임했던 에른스트 비그포르스Ernst Wigforss였다. 경제학자가 되기 위해 전문적인 교육을 받지는 않았지만, 비그포르스는 전쟁 이후 당이 그들의 전통적 목적을 성취하기 위해 새로운 방법들을 고안해 내는 데 도움이 되기 위해 경제학을 연구하기 시작했다. 그는 다음과 같은 사실을 인식했다. "대부분의 국제 사회주의 운동뿐만 아니라 우리 스웨덴 사민당 또한 갖고 있지 못한 것은 우리의 목표를 성취하는 방법과 관련한 명료함이다. 만약 이 명료함을 갖게 된다면 우리는 성공을 위해 필요한 자신감 또한 갖게 될 것이다."[74]

사민당의 경제정책 의제들에 활기를 부여할 방법을 모색하던 중 비그포르스는 영국으로부터 흘러나오고 있던 몇몇 새로운 경제사상에 이끌렸다. 그는 영국의 급진적 자유주의 학파를 연구하면서 총수요를 자극하는 것이 경제 위기를 타개하는 방법임을 확신하게 되었다. 그는 1928년 "저축, 낭비, 그리고 실업"이라는 논문을 통해 다음과 같이 주장했다. "만약 내가 1백 명의 사람들을 위한 일자리를 만들어 내고자 한다면, 그 1백 명 모두에게 일일이 그것을 제공할 필요는 없다. 만약 실업 상태에 있던 재단사 한 명에게 일거리를 준다면 그는 새 신발을 살 수 있을 것이고, 이제 실업 상태에 있던 제화공 한 명이 일거리를 얻을 것이다. …… 지금의 위기는 일종의 악순환이다. 이 위기는 일단 시작되면 스스로 멈추지 못하는데, 일단 회복이 시작되면 그 또한 마찬가지일 것이다."[75]

비그포르스는 『경제적 위기』Den ekonomiska krisen라는 소책자 속에 경제정책에 대한 자신의 새로운 접근 방식을 개략적으로 담아냈다. 그는 자본주의의 주된 문제는 그것이 생산적 자원이 낭비되도록 만들고, 그럼으로써 인위적으로 수요를 떨어뜨리면서 대다수 사람들의 삶의 수준을 낮춘다는 점이라고 주장했다. 그의 해결책은 국가가 후원하는 일자리 프로그램을 통해 이런 자원들이 다시 사용될 수 있도록 만드는 것이었다. 따라서 그는 정부 주도의 일자리 창출과 그것이 촉진하는 구매력 상승이 경제가 다시 일어설 수 있게 만드는 유일한 방법이라고 주장했다. 그런 정책은 자본주의가 그들에게 얽어맨 쇠사슬로부터 스웨덴의 경제와 대다수 대중을 해방시켜 줄 것이라고 역설했다. 1930년대 초반 동안 경제정책에 대한 논쟁은 더욱 뜨거워졌는데, 유럽 다른 지역들에서와 마찬가지로 점점 커져 가던 대공황의 충격이 경제와 실업 문제를 선거운동의 초점으로 만들었기 때문이다. 하지만 독일에서 경제 위기에 대한 국가 주도의 적극적 공세와 일자리 창출을 옹호한 세력이 나치였던 데 반해(제6장 참고), 스웨덴에서 그런 의제들을 밀어붙였던 이들은 사회주의자들이었다.

1930년대 동안 비그포르스와 '케인스주의적' 노선 전환을 옹호했던 그의 동료들은 당과 유권자들에게 이런 경제사상의 유효성을 납득시키기 위한 맹렬한 캠페인을 벌였다. 예를 들어 1930년 비그포르스는 이렇게 주장했다.

> 한 사회가 다음과 같이 말하는 것은 논리적일 수 없다. "여기 우리는 실업 노동자와 자본, 천연자원 등 필요한 모든 것을 가지고 있다. 하지만 그 천연자원을 사용해 사람들에게 일을 하도록 만들 방법이 없으며, 유용한 생산품을 만들어 내기 위해 그 자본을 사용할 방법이 없다." 우리 사회주의자들은 …… 항상, 심지어 호황의 시기에도, 10퍼센트의 노동자가 실업 상태에 있어야 하고 그보다 더 안 좋은 시기에는 더 많은 이들이 그래야만 하는 [체제를 받아들일 수 없다]. 우리는 이것이 필연적이고 자연스러운 것이라는 주장을 받아들이지 않겠다. 얼마나 많은 이들이 그렇게 말하는 이론으로 무장한 채 나타나든지 말이다.[76)]

물론 부르주아 정당들은 비그포르스의 주장과 그에 따른 사민당의 활동을 부정했다. 하지만 비그포르스의 사상은 사민당 내부에서도 반발에 직면했다.

비그포르스는 사민당의 1932년 당대회에서도 경제적 노선 전환을 위한 캠페인을 지속했다. 이때 그는 좀 더 전통적인 '사회화'나 국유화 조치들을 새롭게 강조하고 나선 소수파 대의원들을 설득하는 데 특히 열중했다. 한손은 참석한 대의원들에게 당의 일자리 창출 프로그램의 중요성과, 지금처럼 위태로운 시기일수록 적극적인 행동이 필요함을 인식하라고 촉구하면서 대회의 문을 열었다.

> 그 시작에서부터 …… 우리 당은 민주주의를 위해 투쟁했으며, 민주주의란 언젠가 때가 되면 더 나은 무언가로 대체될 하나의 '형태'일 뿐이라고 비하하는 경향에 결코 굴복하지 않았습니다. …… [게다가] 민주적 체제를 강화하고 지켜 낼 수 있는 최선의 방안은 모든 시민이 그 아래서 안전함과 안락함을 느끼는 것을 확실히 보장하는 데 있습니다. …… 우리의 1930년 강령에 나타나 있는 정책은 현재 위기로 가장 고통 받는 이들을 돕기 위해 설계된 것이며, 우리 당의 전통적 방침을 계속 지켜 나가고 있는 것일 뿐입니다. …… 자본주의 체제와 부르주아 정치에 대해 신뢰를 잃은 이들은 점점 더 늘어나고 있습니다. 단지 노동자들만 고통을 겪고 있는 것이 아닙니다. 농민들은 자신의 안전이 위협당하는 것을 바라보고 있으며 중간계급들의 마음속 깊숙한 곳에서는 불안한 감정과 급진적 변화에 대한 욕망이 자라나고 있습니다. 사람들은 리더십을 찾고 있으며 그들에게 그것을 제공하는 것이 우리의 임무인 것입니다![77)

그 다음에는 당의 지도부 인사들이 나와 경제 위기[를 극복하기 위한] 프로그램을 뒷받침하고 있는 기본 논리를 설명했다. 리카르드 산들레르Rickard Sandler는 동료들에게 사민당은 경제 주기가 스스로 회복되기를 가만히 앉아서 기다릴 수만은 없다는 점을 인식하라고 촉구했다. "우리 또는 우리 아이들에게 사회주의가 일종의 '경품'처럼 주어질 것이라는 생각을 버려야 합니다. 사회주의의 '발전'은 우리의 손으로만 이루어질 것입니다."[78] 사회가 사회주의적 방향으로 움직이는 유일한 경우는 당이 사회를 그 방향으로 적극적으로 밀고 나아갈 때뿐이라고 산들레르는 주장했다. 산들레르의 발언에 많은 이들이 동의를 표명했다. 예를 들어 프레드리크 스트룀은 만약 당이 지금의 위기에 공격적인 자세로 대처하지 않으면 "대중은 다른 많은 나라들에서 밟아 온 경로를 향해 나아갈" 위험이 있다고 주장했다. "대중이 공산당과 나치당으로 분열되는 과정에 있는 독일"[79]에서처럼 말이다. 그리고 묄레르는 일자리 창출 프로그램이 경제 발전에 대한 사회의 통제력을 강화시킬 것이므로, 처음에는 그렇게 보이지 않더라도 사회화라는 목표와 완전히 부합한다고 주장했다.[80]

비그포르스는 그 프로그램의 가장 예리하고 노련한 옹호자였다. 묄레르와 마찬가지로 비그포르스 또한 그 프로그램을 통해 사민당이 국가의 힘을 사용해 시장을 조직하고 통제할 수 있음을 강조했다. 그리고 그것이 종합적인 '경제 계획' 전략의 한 부분이 되어야만 한다는 점 또한 강조했다. 비그포르스는 그런 전략이 당으로 하여금 전통적인 정치적·경제적 경향들을 재구성할 수 있도록 해줄 것이라고 주장했다.

부르주아 [정당들]이 추구해 온 유해한 노선에 …… 대항해 그것을 부정하는 [주장]을 내놓는 것만으로는 충분치 않다고 생각합니다. …… 대신 우리는 적극적인 사회주의적 정치를 내세워야 합니다. 사람들에게 우리가 부르주아 정당들 못지않게 체제를 창조해 낼 수 있고, 그러면서도 그들의 고통을 경감시킬 수 있다는 점을 확신시킬 수 있도록 말입니다. 만약 우리가 이 당대회에서 이런 사회주의적 사상들을 실현할 수 있다는 것을 보여 주는 선언을 통해 단합할 수 있다면,

또 만약 우리가 그것들을 단지 회의장에서만이 아니라 우리의 선거구에서 이전에 비해 완전히 새로운 방식으로 추진하기 위해 단합할 수 있다면, 그리고 그것들을 토론에 붙이면서 우리 동료 [시민들]에게 이것이야 말로 시의적절한 정치라는 것을 확신시킬 수 있다면, 대의원 여러분들은 당에 진정한 기여를 하게 될 것입니다.[81]

토론이 어느 정도 더 진행된 이후 당대회는 새로운 [일자리 창출] 프로그램에 의견 일치를 보았고, 그것을 명확한 국민정당 전략에 결합시키면서 성명서를 통해 다음과 같이 결론을 내렸다.

현 상황에서 사민당은 경제 위기로 인해 아무 죄 없이 고통당하고 있는 모든 집단을 돕기 위해 모든 힘을 다해 노력하는 것을 우리의 가장 중요한 임무로 보고 있다. 사민당은 일부 노동계급을 지원하고 돕기 위해 다른 이들을 희생 시키는 것을 목표로 하지 않는다. 우리는 미래를 위한 노력에서 산업 노동계급과 농업 계급 사이에 구분을 두지 않으며, 육체 노동자와 정신 노동자 사이에도 구분을 두지 않는다. 사민당은 …… 이 사회가 …… 고통당하고 있는 이들을, 그들이 무슨 집단에 속하는지에 상관없이, 반드시 보살펴야 할 책임을 갖고 있다는 전제 위에서 출발하고 있다. 오직 그런 정책만이, 즉 모든 노동하는 사람을 위해 최선의 것을 얻어 내는 것을 목표로 하는 정책만이, 진정한 의미에서의 '국민을 위한 정책'이라고 할 수 있다. …… 이런 민주적 정책에 대한 부르주아 다수파들의 반대에 맞서 우리는 스웨덴 국민들에게 호소한다. …… 우리는 집단이나 계급에 대한 고려 없이 공공의 선을 확보하기 위해 민주주의를 강화하고 확대할 우리의 정책에 대한 지지를 호소한다.[82]

1928년 선거 패배의 고통을 여전히 잊지 못했던[83] 사민당은 경제 위기가 불러일으킨 민중의 절망에 세심한 주의를 기울였다. 그리고 1932년 선거에서는 그들이 가진 모든 자원과 유명 인사들을 끌어모아 총공세에 나서면서 다른 당들의 수동성에 대비되는 자신들의 적극성을 강조했다.[84] 비그포르스는 나중에 이에 대해 논평하며 다음과 같이 선언했다.

우리가 당의 경제정책을 국민 대다수의 명백한 이익에 연계시켜 설명할 수 있으며, 불필요한 이론적 설명 없이 일상적 상식에 부합하도록 경제에 대한 견해를 표현할 수 있다는 사실에 우리는 번번이 놀라움을 느낀다. …… 이런 단순한 상식에 반하여 경제 상황을 설명하기 위해 이해할 수 없는 이론들에 자주 호소해야만 하는 것은 바로 우리의 적수들이다.[85]

한편 한손은 선거용 소책자에서 이렇게 선언했다. "변화를 위한 노력을 바라보는 사민당의 관점은 모든 것이 저절로 준비될 것이라는 숙명론적 믿음을 따르지 않는다. …… 오히려 모든 상황에서 국민을 위해 가능한 한 최고의 그리고 최선의 노력을 다하는 매일 매일의 정치를 …… 강조한다. 현재의 위기 속에서 사민당은 …… 이 위기로 인해 고통 받아야만 했던 …… 시민들을 신속하고 효과적으로 돕기 위해 모든 에너지를 쏟아 노력하는 것을 당면 임무로 이해하고 있다."[86] 사민당의 1932년 선거 공약문은 비그포르스의 경제 전략과 한손의 정치 전략을 깔끔하게 통합해 하나로 만들어 냈다.

우리는 위기가 사회의 모든 부문에서 희생자를 만들어 내며 전개되고 있음을 [보고 있다]. …… 풍요의 한가운데에서 …… 비참함과 실업이 활개를 치고 있다. …… [사민당은] 현 상황을 지속적으로 개선하기 위해 노력하는 동시에 국가가 아무 죄 없는 위기의 희생자들을 효과적으로 돕도록 유도하기 위해 모든 노력을 기울이고 있다. 사민당은 자본주의의 희생자가 된 이들이 산업 노동자인지, 농민인지, 농업 노동자인지, 임업 노동자인지, 가게 점원인지, 공무원인지, 지식인인지 묻지 않는다.[87]

그리고 이런 전략은 결국 성과를 거두었다. 사민당은 당시까지의 최고 득표율인 41.7퍼센트를 기록했다.

하지만 과반수를 얻지는 못했기 때문에 사민당은 정부를 구성하고 그들의 강령을 실행에 옮기기 위해 여전히 최소한 하나의 동맹 세력이라도 필요했다. 그들은 우선 자유당[자유사상인민당Frisinnade folkpartiet] 쪽으로 고개를 돌리면서 그들이 공유하고 있던 자유무역 지지 정서가 동맹의 기반이 되기를 희망했다. 하지만 자유당은 사민당 강령의 일부 조항들에 난색을 표하며 뒤로 물러섰다.[88] 그래서 사민당은 농민들에게 관심을 돌렸다. 스웨덴의 농민들은 유럽 다른 지역의 농민들과 마찬가지로 1920년대 후반 이후 전개된 농업 위기로 고통을 겪고 있었다. 선거운동 기간에 사민당은 그들의 새로운 사상을 설명하기 위해 농촌 지역에 소책자를 배포하고 확성기를 보냈다. 그리고 사민당은 선거 직후 우유, 유제품 수입 제한 조치와 국내 농민들에게 혜택이 돌아가는 또 다른 규제들을 포함한 예산안을 의회에 제출해 자신들의 친농민적 태도를 보였다.[89]

하지만 농민들은 사회주의-농업 동맹이라는 발상에 여전히 거북함을 느꼈다. 그래서 한손은 자신이 직접 그 문제에 개입하기로 결정했다. 그리고 농민들에게 사민당은 (자신들끼리 다수파 연합을 어떻게든 짜 맞추기 위해 열심히 노력 중이던) 다른 부르주아 정당들보다 많은 것을 제공할 수 있다는 점을 납득시키기 위해 노력했다. 1933년 5월, 이런 노력은 결실을 맺었고 [유제품 가격 유지 및 곡류 수입에 대한 보호조치를 보장하는 것을 핵심으로 한] 유명한 '암소 타협'cow-trade에 동의했다. 사민당은 특정 농업 생산품에 대한 보호조치를 수용하고 농민들은 사민당이 진정한 통치력을 행사할 수 있도록 돕겠다는 것이었다.[90]

사민당 주도 정부가 탄생하고, 위기에 대응하기 위한 사민당의 일괄 프로그램이 의회에서 통과되면서 스웨덴 정치의 새로운 시대가 열렸다.

비슷한 시기 나치에 의해 제도화된 유사한 정책들이 그랬듯이, 사민당의 경제 부흥 프로그램 또한 정부가 통제할 수 없는 세계경제의 흐름이 촉발시킨 경기 호전을 그저 가속화했을 뿐이라는 주장은 아마도 사실일 것이다.[91] 하지만 경기회복이 새 정부의 취임, 그리고 새 정부의 적극적 활동과 때를 같이해 일어났다는 사실은 정치적으로 황금과도 같은 기회를 제공했고, 사민당은 나치와 마찬가지로 이를 최대한 이용했다. 군나르 뮈르달Gunnar Myrdal이 훗날 회상했듯이, "그 당시 우리가 믿을 수 없을 정도로 운이 좋았다고 할 수도 있지만, 이 행운을 활용할 수 있는 어느 정도의 숙련은 우리 자신의 노력 덕분이었다고 할 수 있다."[92]

나치와 마찬가지로 사민당은 경제정책의 성공만을 강조한 것이 아니라 전체 국민의 이익을 위해 기꺼이 노력하겠다는 의지 또한 강조했다. 한손은 다음과 같은 주장을 계속 반복했다. 즉 사민당의 위기 대응 프로그램은,

> …… 노동계급을 돕기 위해 다른 이들의 희생을 요구하지 않는다. 사민당과 그들의 정책은 산업 노동자와 농업 계급들, 또는 육체 노동자와 정신 노동자를 위한 진보에 구분을 두지 않는다. 그 대신 사민당의 노력은 가장 곤경에 처해 있는 사람들을, 그들이 누구인가에 관계없이, 확실히 돌봐야만 하는 특별한 책임이 …… 사회에 있다는 신념에 기반을 둔다. 이것이 진정한 의미의 '국민을 위한 정치'다.[93]

시간이 흐르면서 사민당은 위기 대응 프로그램의 성공을 이용해 지금까지 얻어 낸 이득을 확고히 하고, 새로운 이득을 추구해 나갔다. 정치적으로 그들은 '국민정당'으로서의 지위를 확고히 하기 위해 노력했다.[94] 그들은 또한 경제적 상황의 호전을 통해 스웨덴 민주주의를 전반적으로 안정시키고자 했다. 당의 지도자들은 민주주의 체제가 이탈리아와 독일,

그리고 기타 지역에서의 독재 체제와 경쟁하기 위해서는 강력하고 직접적인 행동이 가능하다는 것을 시민들에게 보여 줄 필요가 있다고 생각했다. 1934년에 나온 당의 "5월 1일 선언문"은 이렇게 선포했다. "장기적으로 반민주주의적 전염병에 대항하는 가장 효과적인 조치는 그 뿌리를 제거하는 것이다. 그리고 이는 효과적인 복지 정책들을 통해 경제 위기를 극복해, 위기로 고통 받는 이들을 도우며, 국민들에게 희망과 자신감을 줄 때 가능할 것이다."95)

한편 경제적 측면에서 사민당은 자신들의 위기 대응 프로그램의 성공을 기반으로 새로운 경제적·사회적 개혁을 주장하고자 했다. 사민당은 대공황 시기 스웨덴의 경험은 국가가 경제에 긍정적 힘이 될 수 있으며, 미래의 위기를 막아 내고 전체 시민의 복지를 보호하기 위해 국가의 힘이 확대되어야 한다는 사실을 증명했다고 주장했다.96) 예를 들어 1936년 당의 선거 공약문은 다음과 같이 선언했다. "지난 몇 년간의 경험은 국가의 힘이 국민의 안전을 보장하는 데 도움이 될 수 있으며, 또 도움이 되어야만 한다는 사실을 보여 주었다. 끔찍했던 위기는 국민의 삶을 보살피는 데 있어 민간 기업만으로는 아무 것도 할 수 없음을 또다시 드러냈다. 위기가 반복되지 않도록 보장하는 유일한 방법은 민간 기업과 국가의 대표자들이 힘을 합쳐 총체적인 감독과 경영을 통해 경제적 삶에 대한 좀 더 강력한 통제력을 성취해 내는 것이다."97)

사민당은 1936년의 선거를 치르면서 "우리가 위기를 극복했다"라는 표어를 내걸었고, 그들이 이루어 낸 성공과 그들이 예전에 했던 약속, 즉 자본주의 체제를 길들이고 지도하기 위해 정치권력을 계속 사용하겠다는 약속을 널리 선전했다. 한 논평자는 이렇게 표현했다. [사민당을 제외하고는] "스웨덴 역사상 선거운동의 선전 활동에서, 자신들이 이미 이루어 낸 것, 그리고 미래의 정치도 같은 경로를 계속 따라가야 한다는 주장을 체계적으로 내세웠던 정당은 없었다."98) 그 전략은 톡톡한 성과를 거두어 사민당에 46퍼센트의 득표율을 안겨 주었고, 사민당이 주도하는 두 번째 정부 형성을 용이하게 해주었다. 스웨덴에서 사회민주주의적 헤게모니가 시작된 것이다.

에필로그

이후 사민당은 정통 마르크스주의로부터 더욱 멀어졌고, 새로운 경지를 개척하는 대담한 정치적·경제적 프로그램들을 입안해 나갔다. 정치적 영역에서 사민당은 '국민', 공동체적 연대, 집단적 선에 호소했고 자신의 정체성을 스웨덴 민족의 보호자로 규정했다. 이런 접근 방식은 뿌리 뽑힘과 방향 상실의 시대에 마르크스주의의 분열적 계급투쟁 관점이나 고전적 자유주의의 개인주의보다 더 많은 매력을 발휘할 수 있었다. 1940년 비그포르스는 다음과 같이 말했다.

> 우리는 오늘날 스웨덴 사람들의 특징인 단합에 대한 수많은 이야기를 들을 수 있다. …… 하지만 우리는 이것이 우리 시민들의 경제적 상황이 개선되었다는 사실과 연관되어 있다는 것을 간과해서는 안 된다. 그것은 또한 일자리를 창출하고 주거 환경을 개선하며 이 사회에서 가장 힘겨워 하는 자들의 부담을 덜어 주기 위해 지난 세월 우리가 추진해 온 전반적 정치 프로그램들과 관련된다. 우리가 현재 그토록 기뻐하는 민족적 연대의 기초를 만들어 낼 수 있었던 것은 바로 이런 조치들 덕분인 것이다.99)

경제적으로 사민당은 국가 개입에 기반을 둔 '제3의 길'을 추구했다. 이 노선은 자본주의가 만들어 낸 물질적 부와 기술적 발전을 이용하면서도 시장의 '파괴적'이고 무정부적인 효과를 견제하는 것이었다. 한손은 다음과 같이 선언했다.

…… 사민당의 이상은 민주적 협력 속에서 자유롭고 평등한 개인들로 구성된 사회다. 이곳에서는 모든 이들의 안전과 행복을 보장하기 위해 공동의 자원이 사용된다. 우리 사회민주주의자들은 정치적·경제적 특권이 존재하는 사회체제나 소수가 다수의 민중을 종속시키는 수단으로 개인 소유의 생산수단이 사용되는 사회체제를 거부한다. …… [하지만] 우리는 생산을 막거나 해치는 방식으로 [경제에] 간섭하고자 하지 않는다. 우리의 주된 이익은 우리 민족의 생산 능력을 최대한 이끌어 내 더 나은 부의 분배를 가능하게 하는 데에 있다. 스웨덴은 …… 모든 이들에게 속하며 모든 이들을 위한 자원을 소유하고 있고, 여기서는 모든 것이 전체 사회의 선을 위해 이루어져야 한다. 그것은 항상 우리 작업의 출발점이었다. 우리는 그저 지금까지와 똑같은 길을 계속 따라가기만 하면 되는 것이다.[100]

요컨대 유럽의 수정주의자들은 1930년대까지 정통 마르크스주의의 유물을 새롭고 진정 사회민주주의적인 이데올로기와 전략으로 완전히 탈바꿈시키는 데는 성공했지만, 하나의 통합된 정당이 그 새로운 접근 방식을 전적으로 받아들인 곳은 오직 스칸디나비아 지역, 그중에서도 특히 스웨덴뿐이었던 것이다. 이것이 우리가 새롭고 진정 사회민주주의적인 대안의 완전한 면모와 잠재력을 관찰하기 위해 스웨덴으로 눈을 돌려야 하는 이유다. 사회민주주의로의 이행은 사민당이 우파들의 허를 찌르고 전간기 동안 스웨덴 민주주의를 좀 더 확고한 발판 위에 올려놓도록 했을 뿐만 아니라, 전후에 스웨덴을 유명하게 만든 독특한 정치적·경제적 체제를 위한 토대를 놓았던 것이다.

|8|
전후 시대

제 2차 세계대전은 유럽 근대사에서 가장 폭력적이고 파괴적이었던 시기의 절정을 이루었다. 3천만 명이 넘는 사람이 교전과 나치의 범죄행위로 사망했다.[1] 기계화된 군대와 전략적 폭격은 유럽의 도시와 산업 지역을 쓸어버렸고, 전후의 인플레이션과 이주, 물자 부족은 이미 황폐해진 경제를 더욱 악화시켰다. 1947년에 발행된 유럽경제협력위원회 보고서는 다음과 같이 밝혔다. "유럽의 경제적 삶이 파괴되거나 와해된 규모는 유럽이 제1차 세계대전에서 경험했던 것보다 훨씬 더 막대하다. 황폐화된 나라들은 모든 것을 거의 처음부터 다시 시작해야만 한다."[2]

그리고 정말로 1945년은 새로운 시작이었다. 유럽은 지난날 자신들을 파멸로 이끌었던 정치적·사회적 불안정이 확산되지 않게 노력하는 한편, 경제적으로는 재건을 위해 투쟁했던 것이다. 견제 받지 않는 자본주의가 정치·사회·경제 영역 모두를 위협할 수 있다는 신념은 이제 널리 퍼져 있었다. 한 논평자는 이렇게 지적했다. "전쟁은, 자본주의가 작동하는 대로 내버려 두면 '좋은 사회'가 만들어질 수 있다는, 이미 손상되어 있던 믿음을 박살내 버렸다."3) 당시 1930년대의 정치적 대혼란과 사회적 뿌리 뽑힘은 대공황 때문이며, 그런 대공황은 조절되지 않은 시장이 만들어 낸 결과로 여겨졌다. 따라서 유럽의 정치 행위자들은 자신들의 당파적 색깔과 상관없이, 그런 길을 다시 밟는다는 것이 어리석다는 데 모두 동의했다.

더군다나 전쟁 그 자체는 국가와 시장의 적절한 역할에 대한 사람들의 견해를 완전히 바꾸어 놓았다.

> 모든 유럽 정부들은 전쟁 기간 동안 경제를 운영하고 사회를 통제하는 책임을 떠맡았다. 그런데 전쟁이 끝난 뒤에도 그들은 경제적·사회적 영역에서 철수하지 않았다. 제1차 세계대전 이후에는 대부분의 나라에서 철수했던 것과는 사뭇 달랐다. 전쟁의 경험은 1920년대와 1930년대의 통상적 지혜와는 반대로 중앙정부가 실제로 경제 발전을 효과적으로 통제할 수 있다는 것을 결정적으로 증명해 낸 듯이 [보였던 것이다.4)

그런 믿음은 결코 좌파에 국한되지 않았다. 예를 들어 독일 기독교민주연합CDU의 1947년 강령은 다음과 같이 선언했다. "독일 경제의 새로운 구조는 사적 자본주의의 무제한적 지배 시대가 끝났다는 것을 깨닫는 데서 출발해야 한다." 한편 프랑스의 사회적 가톨릭주의 정당인 인민공화운동ré-publican populaire은 1944년에 발표한 첫 선언문에서 자신들은 "부를 소유한 자들의 권력으로부터 해방된" 국가를 창조해 내는 '혁명'을 지지한다고 밝혔다.5)

따라서 1945년 이후 서유럽 국가들은 경제성장을 보장하는 동시에 자본주의의 파괴적 결과들로부터 사회를 보호할 수 있는 새로운 체제를 세워 나가기 시작했다.6) 이 체제는 전쟁 이전에 존재했던 국가-경제-사회

간의 관계와 확고히 단절했다. 이제 국가의 역할은 시장이 성장하고 번영하도록 보장하는 것에만 국한되지 않을 것이다. 경제적 이익들에게 최대한의 자유를 부여하는 일은 앞으로 없을 것이다. 그 대신 1945년 이후 국가는 일반적으로 경제가 아닌 사회의 수호자로서 이해되었고, 경제적 우선 사항들은 종종 사회적 우선 사항들의 뒷자리로 밀려났다.

8장에서는 전후 체제의 역사적·지적 위치를 규명하기 위해 앞서 나왔던 이야기들을 이용할 것이다. 그리고 이 체제의 구성 요소들(예를 들어 케인스주의, 복지국가, 국가적 계획 등)의 출현과 기능을 별도로 분석하는 대신, 이 장에서는 이미 그런 분석을 하고 있는 훌륭한 연구들을 활용할 것이다.[7] 다만 여기서는 지난 몇 십 년간의 논쟁과 발전을 다룬 설명들과는 다른 관점에서, 전후 체제가 어떻게 가장 잘 이해될 수 있는지를 보여 줄 것이다. 또한 그 체제의 특성과 의미가 지금까지 근본적으로 잘못 해석되어 왔다고 주장할 것이다.

여러 학자들은 오랫동안 유럽의 전후 체제가, 자본주의를 종식하려는 급진적 좌파들의 희망을 부정했다고 여겼다.[8] 하지만 그들 중 많은 이들이 깨닫지 못했던 점은 이 체제가 전통적 자유주의에 대한 거부를 나타내는 것이기도 했다는 사실이다. 정치적 힘이 경제적 힘을 통제해야 한다는 신념에 기반을 두었으며 "정치적 수단을 통해, 근대화가 파괴한 사회적 단합을 재창조"[9]하고자 했던 전후 체제는 고전적 자유주의의 이론 및 오랜 실천과 근본적으로 단절한 것이었다. 따라서 전후 체제를 묘사하는 가장 흔한 용어인 존 러기John Ruggie의 '내장된 자유주의'embedded liberalism(정치적·사회적 규제에 둘러싸인 채 작동하는 자유주의)[10]라는 개념은 부적절한 이름이다. 만약 자유주의라는 것이 그 의미를 확장해, 규제받지 않는 시장을 위험한 것으로 보고, 공공의 이익이 개인의 특권 위에 존재하며, 공익을 보호하고 사회적 연대 정신을 육성하기 위해 경제에 개입할 권리를 국가에 부여하는 체제를 받아들일 정도로 유연해진다면, 그 용어는 거의 쓸모가 없어질 것이기 때문이다. 사실 전쟁 이후 들불처럼 퍼져 나갔던 것은 일종의 수정되고 업데이트된 형태의 자유주의가 아닌, 그것과는 완전히 다른 그 무엇, 즉 사회민주주의였던 것이다.

전후 체제

60여 년이 지난 지금, 우리는 전후 체제가 그 이전의 과거와 얼마나 심각한 단절을 경험했는지에 대해 잊어버리기 십상이다. 하지만 전쟁의 영향을 가장 적게 받았으며 전 세계적 자유무역 질서가 회복되기를 가장 염원했던 전후의 미국인들조차도 더는 이전의 상태로 돌아갈 수 없다는 사실을 인식했을 정도로 그 단절은 뿌리 깊었다. 이를 떠올리며 미국의 재무장관 헨리 모겐소Henry Morgenthau는 브레턴우즈 회의의 개회 연설에서 다음과 같이 말했다. "우리 모두는 우리 시대의 거대한 경제적 비극을 목격했습니다. 우리는 1930년대의 전 세계적 불황을 보았습니다. 또한 우리는 많은 사람들이 겪었던 당혹스러움과 모진 고통이 파시즘의, 그리고 마침내는 전쟁의 씨앗으로 자라나는 것을 보았습니다." 이런 현상이 재발되는 것을 막기 위해 중앙정부들은 자본주의의 '유해한 영향들'11)로부터 사람들을 보호하기 위해 좀 더 많은 일을 할 수 있어야 한다고 모겐소는 주장했다. 그래서 제1차 세계대전 이후 그랬던 것처럼 금본위제(국제수지를 유지하고자 국가의 자율성을 심각하게 훼손했던 체제)로 돌아가는 대신, 이제는 "그 어떤 나라도 국제수지를 위해 심각한 실업이나 인플레이션으로 고통받지 않도록 만들어야 했다. 그리하여 국제수지는 이제 한 나라의 정책적 목표일 뿐, 국제적 조건들에 의해 강요될 수는 없었다."12)

국내적 수준에서는 그런 방향 전환이 더욱 두드러졌다. 서유럽 전역에서 국가들은 자본주의를 관리하고 그것의 가장 파괴적인 영향으로부터 사회를 보호하는 일에 발 벗고 나섰다. 국가-경제-사회 간의 관계에 대한 자유주의적 견해는 사실상 폐기된 것이다. "경제 행위의 대부분은 시장적 방식이 아닌 정치적 방식에 의존했고,[13) '경제적인 것'과 '사회적인 것'은 이제 분명히 구분되지 않고 완전히 뒤섞여 버렸다."[14) 이런 변화를 보여 주는 것으로 가장 자주 지목되는 것 두 가지가 바로 케인스주의와 복지국가다.

케인스주의의 의의는 시장은 그대로 내버려두었을 때 가장 잘 작동한다는 관점을 거부했고, 그 대신 경제에 대한 상당 수준의 국가 개입을 호소했다는 점에 있다. 한 논평자가 말했듯이,

> …… 19세기의 고전적 자유주의 경제학자들에게 인위적 경제정책이라는 개념은 무의미했다. 왜냐하면 모든 것은 균형이라는 '자연' 법칙에 의해 조정되는 것이었기 때문이다. 그들의 유일한 관심사는 국가가 자신의 제도적 역할을 남용하지 못하게 하는 것이었다. …… 결국 마르크스주의 경제학자들도 사실상 그와 비슷한 믿음을 갖게 되었다. 즉 자본주의의 위기는 피할 수 없으며, 오직 체제의 변화(사회주의로의 진보)만이 주어진 상황을 바꾸어 낼 수 있다고 말이다.[15)

존 메이너드 케인스John Maynard Keynes는 그런 관점을 거부했으며, 민주주의와 자본주의 체제에 모두 위협이 될 수 있는 경제 위기를 피하기 위해 국가의 역할이 종종 필요하다고 주장했다. 소련의 출현과 대공황을 경험했던 케인스는 시장이 사회적·정치적으로 위험하다는 사실을 이해하고 있었다. 그의 전기 작가가 말했듯이, "케인스는 독재 체제에 맞설 대안, 즉

그것을 기초로 파시즘과 공산주의에 맞서 싸울 수 있는 프로그램을 상당히 의식적으로 찾고 있었다."16) 그는 자본주의의 파괴를 주장하는 좌파들의 호소력을 차단하기 위해 자본주의가 자체의 결점들을 어떻게 극복할 수 있는지를 보여 주고자 했으며, 파시즘의 호소력을 차단하기 위해서는 국가의 강화된 경제관리를 민주주의와 조화시키고자 했다.

전자와 관련하여 케인스는 번영의 보장을 원하면서도 광범위한 국유화와 통제 경제를 피하고 싶어 했던 이들을 위한 논리를 제공했다. 특히 그는 수요에 영향을 끼치기 위해 국가가 재정 정책과 통화정책을 어떻게 이용할 수 있는지를 보여 주고자 했으며, 그럼으로써 소유권 그 자체를 실제로 사회화하지 않고서도 이윤과 고용을 안정시키고자 했다.17)

하지만 케인스는 좀 더 활동적인 국가와 좀 더 강력히 '관리되는' 자본주의 체제가 정치적 이유로도 필요하다고 생각했다. 그는 파시즘의 경제 정책이 지닌 호소력과, 자본주의는 민주주의와 양립 불가능하다는 당시 널리 퍼져 있던 견해를 잘 알고 있었다. 케인스주의를 분석한 한 연구자가 지적했듯이 파시즘은 "자본주의의 위기에 대한 반사회주의적 해결책을 약속했으며, 그 위기에 대응하는 자유주의의 무능함에 대한 정치적 비판을 제공했다."18) 케인스는 "국가를 통해 생산수단의 사적 소유권과 경제에 대한 민주적 관리를 조화시킬 수 있다는 전망을 약속하는"19) 체제를 제공함으로써, 그 문제에 대한 비전체주의적인 해결책을 보여 주었다.

케인스주의와 마찬가지로 복지국가 또한 전후 시대의 국가-시장-사회 간의 관계를 변화시키는 데 일조했다. 복지국가는, 경제와 사회에 최소한으로 개입하는 국가를 '좋은' 국가라고 보는 견해에 대한 부정을 의미했으며, 그 대신 국가를 사회의 수호자이자 사회적 단합의 기획자로 보는 견해를 상징했다. 크로슬랜드C. A. R. Crosland가 지적했듯이 1945년 이후 "단지 빈민들만이 아닌 사회 모든 계급의 고통과 부담을 덜어 내는 것이 점점 더 정부의 올바른 역할, 아니 의무라고 여겨지게 되었다."[20)

하지만 복지국가가 중요한 이유는 그것이 국가-시장-사회의 관계를 바꿔 놓았다는 점 때문만이 아니었다. 그것은 사회의 의미 혹은 본성 그 자체를 변화시켰던 것이다. 특히 복지국가는 민족 공동체의 구성원이 된다는 것에 대해 새로운 중요성과 의미를 선사했다. 왜냐하면 그것은 시민들 간의 연대감과 혈연적 유대감을 요구하면서 동시에 촉진했기 때문이다. 그것은 그 사회의 개인들이, 모든 이들에게 기본적 수준의 복지를 보장하는 것을 가치 있는 목표라고 생각할 때에만 유지될 수 있는 것이었다. 성숙한 복지국가의 발전과 함께 정부는 자본주의 이전 시대에 가족과 지역공동체가 해왔던 일, 즉 자력으로 생계를 꾸리기 어려운 이들을 돌보는 일을 대규모이자 비인격적 방식으로 담당했다. 따라서 복지국가는 자유주의적 '이익사회'와의 중요한 결별을, 그리고 좀 더 공동체주의적인 '공동사회'를 향한 진보를 나타냈다. 이제 한 사람의 생계는 그 혹은 그녀가 시장에서 차지하는 지위에 달려 있지 않았다. 그 대신 그것은 "한 인간 공동체에 속하는 구성원의 도덕적 권리로서 보장"[21)되었다. 이렇듯 사회적 부양과 시장적 지위 사이의 연관 관계가 끊어지면서 "굶주림이라는 경제적 채찍" 또한 제거되기 시작했으며, "시장보다는 정치적 수단이 자원 분배의 주된 기반이 되었다."[22) 달리 말하자면 전후 복지국가는 노동을 상당 수준 탈상품화해 냈던 것이다.[23) 그리고 이제 이런 탈상품화는 사회의 권력균형을 변화시켰다. 일정 수준의 복지를 보장받으면서 노동자들은 고용주들에게 덜 순종적이 되었고 특정 일자리에 매달릴 필요가 줄어들었다는 사실을 알게 되었다.[24)

하지만 자유주의와의 결별과 사회민주주의로의 전진은 거기서 끝나지 않았다. 유럽의 많은 나라들은 케인스주의를 널리 받아들이고 복지국가를 확대했을 뿐만 아니라, 자본주의를 관리하고 그것의 가장 파괴적인 영향들로부터 사회를 보호하기 위해 국가의 권력을 사용하는 다른 여러 정책들 또한 발전시켰다.

예를 들어 전쟁 기간 동안 프랑스의 레지스탕스 구성원들은 자신들의 나라가 "공화국 아래에서 자기중심주의와 무질서, 후진성을 불러들인 자유주의"를 넘어서야 한다고 확신했다. 그들은 전후에 세워질 '순수하고 강인한' 공화국을 구상했는데, 거기에는 "인간적 존엄, 경제적 평등과 성장, 그리고 민족적 이익에 헌신하는, 조직적이면서도 자유로운 경제"25)가 수반될 것이었다. 실천적인 면에서 이것은 경제적 자원과 행위자들을 통제할 의지와 능력을 지닌 국가를 의미했다. 이런 경향을 가장 직설적으로 표현한 것이 국유화였다. 따라서 샤를 드 골Charles de Gaulle은 "공공복지의 주된 원천이 몇몇 개인들의 이윤이 아닌 모든 이들의 이익을 위해 작동하고 관리되도록"26) 보장하는 것에 전후 프랑스의 안녕과 번영이 달려 있다고 주장했다.

하지만 경제 발전의 방향을 잡기 위해 프랑스 국가가 취했던 정책 가운데 실질적으로 가장 중요했던 것은 국유화가 아닌 (경제) 계획이었다. 전후 프랑스에서의 계획은 누구보다도 장 모네Jean Monnet(유럽 통합에서의 역할로 더욱 잘 알려진 인물)와 관련된 것이었다. 프랑스 엘리트 집단의 다른 구성원들과 마찬가지로 모네는 조국의 안녕과 번영을 보장하기 위해서는 경제에 대한 국가의 좀 더 강력한 영향력이 필요하다고 믿었다. 하지만 일부 동료들과 달리 그는 이런 영향력이 너무 직접적이거나 고압적이어서는 안 된다고 생각했다. 그 대신 그는 국가가 간접적으로 개입할 수 있으며 또 그래야만 한다고 주장했다. 특정 유형의 행위와 활동을 강제하거나 명령하는 것이 아닌 인센티브를 제공함으로써 말이다. 그가 설계를 도왔던 체제는 이런 믿음을 반영했고 이후 '지시적'indicative 계획으로 알려졌다. 거기에는 국가가 경제에 대한 대강의 주요 목표들을 제시하고, 그 다음으로는 다양한 수단을 사용하여 경제 행위자들로 하여금 그 목표들에 동의하거나 기여하도록 유도하는 방식 등이 포함되어 있었다. 예컨대, 국가는 기업들이 특정 유형의 투자와 프로젝트에 착수하도록 하기 위해 신용 공급을 조절할 수 있었다.[27]

이와는 대조적으로 전후 이탈리아 경제의 두드러진 특징은 거대한 국가 부문이었다. 한 분석가의 지적대로 "이탈리아는 공기업 부문과 국가 개입에 관한 한 전 유럽에서 가장 극단적인 사례다."[28] 실제로 1950년대와 1960년대에 국가는 이탈리아 산업의 약 20~30퍼센트 정도를 통제했다. 최대 공기업이었던 국립탄화수소공사ENI와 산업재건공사IRI는 제조업과 공업, 운송·통신업에 투자된 전체 자본의 5분의 1 이상을 책임졌다. 에너지 부문의 거인이었던 국립탄화수소공사는 혼자 석유·고무·주유소·모텔 등 다양한 분야에서 2백 개가 넘는 사업체를 운영했으며, 산업재건공사는 이탈리아 최대의 기업이었다.[29] 이탈리아의 거대한 국가 부문은 사회의 전반적 번영과 행복, 그에 더해 경제성장까지 보장하기 위해 국가의 힘을 사용한다는 좀 더 큰 전략의 한 부분으로 여겨졌다. 따라서 경제·사회·국가 간의 올바른 관계에 대한 이 새로운 비전은 전후 이탈리아의 헌법 속에 소중히 새겨졌는데, 이 헌법은 이탈리아가 노동에 기반한 민주공화국이라고 선언했으며, 노동자들의 진보에 대한 모든 '경제적·사회적 장애물들'을 제거할 것을 약속했다. 그것은 또한 특정한 사회적 목표와 욕구들의 우선성을 인식하면서, 사유재산에 '절대적 권리'를 부여하지 않았고, "그 대신 그것의 사회적 의무와 한계를 강조했다." 그리고 헌법은 이탈리아 시민들에게 노동과 보건, 교육에 대한 권리 등과 관련된 다양한 종류의 새로운 혜택을 약속했다.[30]

독일의 상황은 좀 더 복잡했다. 이곳에서는 경제적 자유주의에 대한 열망과, 나치의 극단적 국가주의와의 결별에 대한 욕구가 전후 경제 질서의 중심적 특징이었다. 사실 전후 재건 과정에서 지적 토대와 지도력을 제공했던 자칭 '신'neo자유주의자들 혹은 '질서'ordo 자유주의자들은 "시장의 힘에 대한 확고한 신도들이었다."[31] 하지만 새로운 정치적 현실은 이곳까지 밀려들었고, 국가는 경제에 수많은 방법으로 개입하고 사회적 보호에 헌신하지 않을 수 없게 되었다. 특히 독일의 국가는 일부 학자들이 '차별적 개입'이라고 불렀던 조치를 실행해, 선별된 '국가적 우수 기업들'을 보호하고 육성하는 데 자원을 사용했다. 예를 들어 1950년대 무렵 독일의 국가는 이미 세금을 통해 국내총생산GDP의 35퍼센트를 흡수했고, 이를 사용해 총수요에 영향을 주었을 뿐만 아니라 "특정한 목적을 위해 산업들 간에 적극적 차별 정책을 수행했다."[32] 국가는 또한 저축과 투자의 방향을 조절하는 데도 큰 역할을 했는데, 아마도 "독일의 자본형성capital formation 중 절반가량은 직간접적으로 공적인 수단을 통해 조성"[33]되었을 것이다. 그리고 독일의 산업은 고도로 조직화되어 있어서 기업들의 조직체인 산업협회들은 "독일 산업의 장기적 이익의 수호자로서 중요한 공적 역할"[34]을 수행했다.

비록 이탈리아의 국가 부문만큼 광대하지는 않지만, 전후 독일에서는 "철광 생산의 약 3분의 1, 석탄 생산의 4분의 1, 알루미늄 생산의 3분의 2 이상, 선박 건조의 4분의 1, 그리고 1960년까지 자동차 생산의 약 절반"[35]이 정부의 통제 아래 있었다. 그리고 히틀러가 등극하는 데 기여했던 일종의 경제적·사회적 혼란으로부터 사회를 보호하겠다는 독일 국가의 의지는 확고했다. 독일은 복지국가 같은 전통적 치료책뿐만 아니라, 노동자들에게 기업의 결정과 활동을 감독하고 때로는 지도까지도 할 수 있는 권한을 주는 공동결정제도 같은 혁신적 정책을 다수 발전시키기도 했다. 이 제도는 매우 성공적인 것으로 판명되었고, 수십 년 동안 노동자들과 경영자들이 서로를 적이 아닌 '사회적 동반자'로 바라볼 수 있게 해

주었다. 요컨대 (나치의 경험 때문에 국가주의에 대한 반발이 심했던) 독일에서
조차 전후 정치경제의 특징은 매우 활동적이고 개입주의적인 국가, 자본
주의의 가장 파괴적인 영향들로부터 사회를 보호하겠다는 확고한 의지,
그리고 사회적 단합을 촉진할 필요성에 대한 믿음으로 이루어져 있었던
것이다.

그리 놀라운 일도 아니지만, 전후에 국가-시장-사회 간의 관계에서
가장 극적인 변화가 일어났던 곳은 스웨덴이었다. 한 논평자의 지적대로
스웨덴에서는 다음과 같은 인식이 널리 퍼져 있었다.

> ······ 정치권력은 경제 권력으로부터 분리되었다. ······ [따라서] 이제 공적 권
> 력은 ······ 자본의 권력을 잠식하기 [위해 사용될 수 있다]. 경제정책을 통해
> 경기 순환은 안정될 것이다. 노동계급의 복지에서 결정적으로 중요한 고용수
> 준은 정치적 수단을 통해 높게 유지될 것이고, 따라서 자본의 통제로부터 부
> 분적으로 벗어날 것이다. 경제의 효율성을 높이기 위해 경제의 구조적 변화를
> 유도하고자 국가의 개입이 이루어질 것이다. 무엇보다도 공적 권력은 생산의
> 결과물들에 대한 분배에 영향을 주기 위해 사용될 것이다. 재정 정책과 사회
> 정책을 통해 소득이 좀 더 평등하게 분배될 수 있을 것이다. 조직에 대한 통제
> 에 기반을 둔 정치권력은 이제 경제 권력을 향해 돌진할 것이다.[36]

전후 스웨덴의 국가는 본질적으로 두 가지 과제, 즉 성장의 촉진과 사
회의 보호라는 두 과제를 떠맡았다.[37] 스웨덴에서 이 목표들은 서로 모
순되지 않고 보완적인 것으로 여겨졌다. 전후 스웨덴 체제에 대한 저명한
이론가 군나르 아들러-카를손Gunnar Adler-Karlsson은 이렇게 지적했다.

> 경제 과정에 참여하는 모든 행위자는 자신들의 가장 중요한 경제적 과제가 국
> 가의 케이크를 더욱더 크게 만들어 내야 하는 것임을 깨달았다. 그래야만 모

두가 공동의 케이크에서 더욱 큰 조각을 얻어 내 굶주린 배를 채울 수 있기 때문이다. 반면 그 사회에 계급들 간의 격렬한 싸움이 벌어진다면, 케이크가 그 싸움 속에서 부서지거나 파괴될 것이며, 결국 모두가 손해를 볼 것이다.[38]

이 목표를 달성하기 위해 스웨덴 국가는 경제계획, 투자 기금과 재정 정책의 조정, 노동시장 참여자들 간의 협력 장려 등을 포함하는 광범위한 수단을 동원했다(흥미롭게도 스웨덴 국가가 별로 사용하지 않았던 방법 중 하나는 국유화인데, 그들은 그것을 경제적으로는 불필요하며 정치적으로는 어리석은 행위라고 보았다). 하지만 아마도 전후 스웨덴 정치경제에서 가장 눈에 띄는 두 가지 특징은 렌-메이드네르Rehn-Meidner 모델과 복지국가일 것이다. 그 두 가지는 모두 탈상품화와 사회적 연대를 촉진한다는 점에서 두드러졌다.

렌-메이드네르 모델의 특징은 중앙 집중화된 임금 협상 시스템으로서, 이를 통해 '공정한' 것으로 여겨지는 수준(현실에서 이것은 '동일 노동에 대한 동일 임금'의 보장, 지속적인 임금 인상, 불평등을 줄이기 위한 저소득층 지원 등을 의미하는 것으로 보인다)에서 임금을 책정하게 된다. 동일한 노동을 하는 노동자들에게 소속 회사에 상관없이 똑같이 적용되는 임금은 (비효율적이고 무능한) 어떤 회사들에게는 '너무 높은' 수준일 것이고, (고도로 생산적이고 경쟁력 있는) 또 다른 회사들에게는 '너무 낮은' 수준일 것이다. 전자에 속하는 회사들은 운영 방식을 개선하거나 문을 닫아야 하겠지만, 후자에 속하는 회사들은 이윤이 증가할 것이다. 국가는 일자리를 상실한 노동자들에게 그 보상으로서 새로운 일자리를 얻을 수 있도록 재교육과 재배치를 책임졌다. 렌-메이드네르 모델은 겉보기에는 모순적으로 보이는 여러 목표를 동시에 겨냥한 것이었다. 즉 기업의 효율성과 생산성 증가를 촉진하는 한편, 좀 더 평등한 임금 구조를 만들어 내면서 사회적 연대를 강화시키고자 했던 것이다. 뿐만 아니라 이것은 탈상품화를 촉진했는데,

왜냐하면 그것이 '개별 기업의 한계 생산성과 임금률 사이의 관계'를 약화 시켰기 때문이다. 그것은 또한 '채찍으로서의 실업(노동예비군)'을 제거하는 데에 일조했다(실업자들이 새로운 직업을 갖게 하기 위해 필요하다면 국가가 무엇이든지 하고자 했기 때문이다). 그리고 마지막으로 그것은 노동자들에게 노동시장에 참여하도록 적극적으로 장려함으로써 "실업보험과 같은 사회 정책 프로그램들에 대한 재정적 과부하"를 막는 데 도움을 주었으며, "그럼으로써 탈상품화 원칙에 기반을 둔 사회보험 제도가 자본의 축적과 양립될 수 있도록 보장해 주었다."[39]

유럽의 다른 나라들과 비교해 볼 때 스웨덴 복지국가는 좀 더 크고 관대했을 뿐만 아니라 탈상품화와 사회적 연대를 모두 적극적으로 촉진했다는 점에서 주목할 만했다. 그것에 대한 가장 통찰력 있는 논평자들 중한 명이 지적했듯이 스웨덴 복지국가는 "보편적 연대를 확립하는 동시에, 분배의 주된 도구이자 사람들의 삶의 기회를 결정하는 주요 인자로 작용해 온 시장을 주변화시켰다."[40] 그것이 가능했던 이유는 스웨덴 복지국가가 다른 대부분의 복지국가들과는 비교도 안 될 만큼 광범위한 복지 프로그램과 혜택을 제공하고, 다른 많은 나라들에서는 적어도 부분적으로라도 시장·가족·시민사회단체들에게 맡겨져 있던 다양한 서비스와 자원(보건·교육·육아 등)을 사회화(즉 공공 부문으로 흡수)해 냈기 때문이다.[41] 스웨덴 복지국가는 다른 대부분의 복지국가들보다 보편주의적이었으며 사회경제적 평등을 촉진하는 데도 훨씬 뛰어났다.[42] 이는 다양한 집단의 사람들에게 호소할 수 있는 정책들을 만들어 내고자 했던 적극적인 노력과 더불어, 사회적 연대와 전례 없는 계급 초월적 지지를 이끌어 내는 데일조했다.[43]

여러 가지 이유로 스웨덴은 오랫동안 사회민주주의의 모델로서 여겨져 왔다. 하지만 다른 나라들이 스웨덴과 똑같은 길을 따라 똑같은 수준으로 나아가지는 못했다고 하더라도, 전후 체제를 자세히 살펴보면 그것은 고전적 자유주의보다는 사회민주주의에 훨씬 가깝다는 것을 알 수 있다. 예를 들어 프랑스의 지시적 계획에 대해 살펴보자. 많은 학자들은 그것이 소련 스타일의 명령적 계획과는 완전히 구분되며, 자본주의와 시장을 건드리지 않고 그대로 놓아두었다는 이유로 '신자유주의적'44)이라고 주장했다. 하지만 사실 그것은 자유주의와의 극적인 단절을 의미했다. 이론적으로나 현실적으로나 그것은 1930년대 계획경제주의planisme 추종자들(헨드리크 드 망을 따랐던 사회민주주의적 수정주의자들)의 후예였다. 또한 "전쟁 이전의 자유주의와 전시의 통제경제라는 양 극단 사이를 헤쳐 나가려 했던" 비시 정부의 노력을 물려받은 것이었다.45) 더군다나 경제계획은 전후 프랑스에서 사용된 좀 더 큰, 그리고 완전히 비자유주의적이었던 전략의 일부분일 뿐이었다. 그 전략의 목표는 "경제의 공적 관리 및 사적 이익들 간의 자기 조직화(즉 자발적 통제와 규제)를 강화"46)함으로써 자본주의를 길들이는 것이었다. 그리고 그것은 그 역할이 전쟁 이전과는 양적으로나 질적으로나 달라진 국가의 감독을 받았다. "1945년 이후 국가는 뿔뿔이 흩어지고 기진맥진해진 프랑스를 하나로 유지시켜 주는 접합제를 제공했다. 국가의 적극적인 활동은 제1차 세계대전 이후에 그랬던 것과는 달리 이제 단순히 일시적이며 역전 가능한 개입으로 여겨지지 않았다. 그것은 이제 장기적 전망의 일부가 되었다."47) 달리 말해, 전후 대부분의 유럽 지역에서와 마찬가지로 프랑스에서도 '집단적 선'과 사회적 단합을 수호하고 촉진하는 것이 국가의 중심 역할로 자리 잡게 된 것이다.48)

이탈리아에 대해서도 비슷한 얘기를 할 수 있다. 비록 이곳에서는 전후 체제 질서의 지적·현실적 뿌리가 파시즘 시기에 있다는 사실이 좀 더 분명하지만 말이다. 앞에서 논의했던 이탈리아의 거대한 국가 부문은 근본적으로 무솔리니의 국유화 조치가 낳은 산물이었다. 전후의 사회정책,

세금 정책, 관료제적 구조, 재계와의 관계 또한 모두 파시즘 시기에 결정적으로 형성된 것들이었다. 또한 시장은 통제될 필요가 있으며, 국가는 사회를 보호할 책임이 있다는, 전후 당연시되었던 생각은 (카를로 로셀리 같은 사회민주주의적 수정주의자들의 작품이기도 하지만) 사실 파시스트 선전 propaganda의 버팀목이기도 했다.

심지어 독일에서조차, 즉 전후 재건을 이끌었던 이들이 나치 시대의 과거와 단호히 선을 긋고 자유주의자임을 자처하며 시장, 경쟁, 자유 기업 체제에 헌신한 곳에서조차, 전후의 정치경제는 대다수 사람들이 생각하는 것보다 훨씬 많은 것을 민족사회주의적 테마들과 정책 '혁신'으로부터 빌려 왔다. 예를 들어 독일 국가의 '차별적 개입' 경향은 자유주의적 가르침에 대한 명백한 위반인 동시에 나치 경제로부터 물려받은 것이었다.[49] 국가가 '국민적 우선 과제'를 설정하기 시작하고, 민간 기업의 통제와 경제 발전의 방향을 지시하기 위한 도구들을 만들어 낸 것은 바로 히틀러의 재임 기간 동안이었다. 또한 폭스바겐과 같은 '국가적 우수 기업들'의 육성, 독일 기업의 위계적·조직적 특성, 그리고 산업연맹Verbände이 맡았던 특별한 역할은 모두 최소한 부분적으로는 나치 시대의 유산이었다.[50]

한편 정책과 제도를 넘어 전후 독일의 정치경제를 떠받치던 중심 원칙들 또한 고전적 자유주의와의 깊은 단절을 나타내는 것이었다. 사회적 시장경제의 설계자들은 사회적 보호에 헌신했을 뿐만 아니라, '더 높은 가치들'이 경제 발전을 지도해야 하며 규제되지 않는 시장과 자유방임 정책은 사회적으로 위험하고 정치적으로 무책임하다고 주장했다. 예를 들어 발터 오이켄Walter Eucken 같은 소위 '신자유주의자들'은 "자유방임의 모든 경험이 경제체제는 스스로 조직되도록 놓아두면 안 된다는 것을 증명했다"고 주장했으며, 루드비히 에어하르트Ludwig Erhard는 맨체스터 자유주의 학파를 "사실상 시대에 뒤떨어졌다"고 묘사하면서, 아무 주저 없이, 발전의 모든 단계에서 시장경제의 정통 법칙을 수용하는 것은 잘못이라고 생각했다. 이와 유사하게 빌헬름 뢰프케Wilhelm Röpke는 "순수한 민주주의와 마찬가지로, 희석되지 않은 순수한 자본주의는 견딜 수 없다"[51]고 주장했다. 이런 정서를 민족사회주의와 동일시하는 것은 매우 부당할 것이다. 하지만 "자본주의를 정치의 원리에 순응시켜야 한다"는 나치 국가의 주장과 "국가 공무원들이 공공 부문과 민간 부문의 기업들 모두에 미시적 수준에서 널리 개입하는 것은 정당하다"[52]라는 이들의 생각은 히틀러가 사망한 뒤에도 독일 경제에 계속해서 영향을 끼쳤다.

요컨대 전 유럽에 걸쳐 전후 질서는 상당히 범상치 않은 면모를 드러냈다. 크로스랜드는 그것이 "고전적 자본주의와는 우리가 생각할 수 있는 거의 모든 면에서 질적으로 다르다"[53]고 지적했다. 한편 앤드루 숀필드 Andrew Shonfield는 "우리가 지금 살고 있는 경제 질서와 그것에 수반된 사회 구조는 전과 너무 달라서 같은 '자본주의'라는 단어로 묘사하는 것이 잘못"[54]은 아닌지 질문을 던졌다. 자본주의는 살아남았다. 하지만 그것은 이전과는 매우 다른 종류의 자본주의였다. 즉 정치권력에 의해 길들여지고 제한되었으며 종종 사회의 욕구에 봉사하도록 만들어진 것이었다. 이는 정통 마르크스주의자들과 공산주의자들이 원했던 것(즉, 시장과 민간 기업의 제거), 그리고 자유주의자들이 오랫동안 옹호해 왔던 것(즉, 시장의 고삐를 가능한 한 풀어놓는 것) 모두로부터 상당히 동떨어진 것이었다. 그것을 실제 모습과 가장 잘 들어맞도록 설명하자면 다음과 같을 것이다. 즉 사회민주주의자들과 파시스트들, 민족사회주의자들이 옹호했던 경제정책을 한데 섞어 놓은 뒤, 거기에 사회민주주의자들이 보여 주었던, 하지만 파시스트들과 민족사회주의자들은 결코 보여 주지 않았던 민주주의에 대한 헌신을 덧붙인 것이라고 말이다.

전후의 사회민주주의

비록 전후 질서는 사회민주주의의 원칙과 정책의 명백한 승리를 보여주었지만 아이러니하게도 사회민주주의자 바로 그 자신들에 있어서 그것은 승리라고 할 수 없었다. 왜냐하면 많은 좌파들이 별로 희망 없는 이데올로기적 관점에 여전히 집착했을 뿐더러, 많은 비좌파들이 사회민주주의 강령의 주요 항목들을 재빨리 자신들의 것으로 가져갔기 때문이다.

전후 모든 민주적 사회주의 정당이 케인스주의나 복지국가 같은 정책의 대변자로 돌아섰지만, 실천적인 면에서의 이런 방향 전환이 그에 상응하는 이데올로기적 방향 전환을 언제나 동반한 것은 아니다. 즉 주류 사회주의자들은 수정주의자들의 노래 가사를 받아들였는지는 모르지만 그들의 음악에는 귀를 기울이지 않은 채 여전히 자본주의의 완전한 초월 같은 오래된, 전쟁 이전 시대의 이데올로기적 목표들을 주창했던 것이다. 시간이 흐르면서 모든 좌파 정당은 이것이 재앙과도 같은 정치 전략이라는 사실을 인식했고, 따라서 마침내 과거, 특히 정통 마르크스주의와 단호히 결별했다. 하지만 불행히도 그 무렵에는 다른 정치적 행위자들이 그들보다 이미 한발 앞서 나가고 있었으며, 그로 인해 새로운 체제의 진정한 혈통은 잊혀졌다.

민주적 수정주의와 전후 질서 간의 역동적이고 유기적인 연관을 잃어버린 것은 부분적으로는 좌파 내 세대교체에 따른 결과였다. 전쟁이 끝났을 무렵 사회주의 운동의 선구적 활동가들과 지식인들 중 다수는 죽거나 유럽을 떠나 다른 곳으로 이주한 상태였다. 한편 좌파 정당들은 정치적 지지와 권력을 획득한다는 목표를 향해 스스로 방향을 전환하면서 지식인이나 활동가보다는 (평범한 시기의 평범한 정치에 편안함을 느끼고 능숙했던) 기술 관료와 관리자들을 지도자로 자연스럽게 선택했다. 이 새로운 지도자들은 종종 전례 없는 권력과 정치적 성공을 주도했지만 전임자들이 지니고 있었던 열망과 창조적 번뜩임, 이론적 세련미는 부족했다. 그 결과 20세기 후반 무렵의 민주적 좌파는 사회민주주의의 근본 원리와 목표로부터 멀리 떨어져, 수십 년 전 그들의 선배들이 내세웠던 특정의 정책적 수단들에만 매달리게 되었다. 이런 정책들이 물론 그 당시 대단한 업적이기는 했지만 원래 그보다 큰 목적을 이루기 위한 하나의 수단에 불과했다는 사실을 알고 있는 이들은 이제 거의 없었다. 또한 사회민주주의 운동 고유의 불길을 꺼뜨리지 않고 활활 타오르게 해 당대의 과제들에 혁신적으로 대응해 나갈 수 있었던 이들은 더더욱 적었다. 그 결과 시급한 문제들에 대해 좀 더 나은 해결책을 제시하고 있는 것처럼 보였던 다른 정치 세력들의 공격에 취약해졌다.

이 드라마가 전형적인 방식으로, 또한 가장 중요한 결과들을 남기면서 전개되었던 곳은 독일이었다. 제3제국이 몰락한 뒤 사회주의자들이 독일을 이끌어 나가리라는 생각은 사민당 내외부에서 당연시되고 있었다. 사민당은 전후 독일과 유럽 전역에 걸쳐 퍼져 있었던 반자본주의적 정서의 물결이, 그리고 나치에 대한 그들의 오랜 저항과 당 지도자 쿠르트 슈마허Kurt Schumacher(나치의 강제수용소에서 10년이 넘게 살아남았던 인물)의 영웅적 이야기가 도움이 되기를 기대했다. 하지만 이런 이점들에도 불구하고 사민당은 곧 자신들이 사실상 전쟁 이전과 똑같은 소수파의 지위에 머물러 있다는 사실을 깨달았다. 또한 그 이유도 그때와 별반 다르지 않았다.

사민당은 전후의 근본적으로 변화된 환경에도 불구하고 독일 민중에게 사실상 자신들의 옛 강령과 주장을 재탕해 다시 내놓았다.55) 예를 들어 당 강령의 이론적·역사적 부분들은 반세기도 더 지난 에어푸르트 강령과 별로 다르지 않은 전통적 마르크스주의의 어조로 쓰여 있었다. 1952년 그가 사망할 때까지 당권을 쥐고 있었던 슈마허는 다음과 같이 주장했다.

> [사민당의 현 의제에서] 핵심은 자본주의적 착취를 철폐하는 것, 생산수단을 대기업의 통제로부터 사회적 소유로 이전하는 것, 그리고 경제 전체를 사적 이익이 아닌 경제적으로 필요한 계획의 원리에 따라 관리하는 것이다. 자본주의적 사적 경제의 혼란스러움은 용납될 수 없다. 계획과 통제는 사회주의가 아니며 오직 그것의 전제 조건일 뿐이다. 사회주의를 향한 결정적인 발걸음은 과감한 사회화 속에서 발견할 수 있을 것이다.56)

자본주의의 가능성에 대해 냉혹하고도 완고한 관점을 제공하면서 광범위한 국유화를 주창했을 뿐만 아니라, 사민당은 노동자들에 대한 전통적 강조와 다른 정당들에 대한 오랜 의심으로 사실상 되돌아갔다. 한 논평자가 지적했듯이 슈마허는 "당의 운명을 너무도 확신한 나머지, 전후 첫 선거 기간 동안, 독일을 통치할 사민당의 정당한 권리를 승인하는 정당들과만 협력할 수 있다고 주장했다."57) 그에 더해 슈마허는 "'자본주의적'·'반동적' 지배 엘리트들에 대한 증오를 억누를 수 없었고 로마 가톨릭 교회 위계제에 대한 뿌리 깊은 불신을 극복할 수 없었다." 그는 또한 계급투쟁이나 양극화가 자본주의의 필연적 귀결이라는 믿음을 결코 완전히 저버리지 않았다.58) 그런 관점은 독일 사회의 다양한 집단들에 호소할 수 있는 능력을 명백히 약화시켰다.

문제를 더욱 악화시킨 것은 외교정책에 대한 슈마허의 입장이었는데, 예를 들어 그는 서독이 유럽석탄철강공동체와 같은 서방 세계의 조직에 통합되는 것에 대해 (그것들이 자본주의적 팽창의 구실이자 독일의 궁극적 통일에 대한 장애물이라는 이유로) 반대했다. 당연한 일이지만 이런 자세는 번영과 안전, 그리고 일종의 정상상태를 갈망하고 있었던 독일 대중에게 인기가 없었다. 요컨대 슈마허 아래서 "당은 바이마르 시절의 야당적 자세로 너무도 쉽게 미끄러졌고, 자신들은 부르주아 정당들과의 협력에 퇴짜를 놓으면서도 역사의 논리에 따라 손쉽게 권력을 획득할 수 있다는 극도의 자신감에 차있었다."[59]

하지만 그런 입장을 슈마허와 그의 동료들은 편안히 받아들였는지 몰라도 당내의 다른 이들, 특히 젊은 층은 그러지 못했다. 1950년대에 사민당의 당원 수가 감소하면서 앞으로 변화가 없다면 그들은 영원히 소수파의 지위에 머물게 될 것이라는 점이 고통스럽지만 명확해졌다. 한편 점점 독재화되고 있는 동독 체제와 번성하는 서독의 경제가 대조되면서, 많은 이들은 완전히 사회화된 경제가 민주주의와 경제성장 모두에 해롭다는 사실을 깨달았다.[60] 따라서 1955년 슈마허의 후계자 에리히 올렌하워 Erich Ollenhauer는 당의 방향과 주장을 재평가하기 위한 위원회를 설치했다.

그 결과, 독일 정치에서 사민당 노선이 완전히 재검토되었던 그 유명한 바트 고데스베르크Bad Godesberg 강령이 태어났다. 본질적으로 그것은 사민당으로 하여금 현대적 사회민주주의 강령의 두 기둥, 즉 국민정당 전략과 자본주의의 개혁(파괴가 아니라)에 헌신하도록 만드는 것이었다. 특히 바트 고데스베르크 강령 속에는 당이 "국유화를 더는 사회주의 경제의 중심 원칙으로 여기지 않으며, 이제 그것은 경제적 집중과 권력을 통제하기 위한 여러 수단들 중의 하나(이자 최후의 수단)일 뿐"[61]이라는 선언이 담겨 있었다. 잘 알려진 강령의 문구에서 사민당은 이제 "가능한 한 많은 경쟁과 필요한 만큼의 계획"을 촉진하겠다는 의지를 표명했다.

바트 고데스베르크 강령은 또한 교회들과의 관계를 개선하고자 하는 의지를 표명하고, 국방과 군에 대한 지지를 분명히 함으로써 노동계급 너머로 나아가려고 시도했다. 한 논평자가 지적했듯이 그것은 "고립되고 소외되었으며 억압당하고 있는 노동계급을 당이 구원"해 낼 필요가 있다는 관점을 포기하고, "진보가 개혁과 의회 권력을 통해 가능하다는 입장을 공식적으로 받아들인 것이다."[62]

마지막으로 그 강령은 은연중에, 그러나 명확하게 마르크스주의와 단절함으로써 사회민주주의가 승리할 수 있음을 드러냈다. 강령은 다음과 같이 선언했다.

기독교적 윤리와 휴머니즘, 그리고 고전 철학에 그 뿌리를 두고 있는 민주적 사회주의는 궁극적 진리를 주장하지 않는다. 그 이유는 철학적 또는 종교적 진리에 대한 이해가 부족하거나 무관심해서가 아니라, 국가나 그 어떤 정치 세력도 개입해서는 안 될 이런 양심의 문제에서 개인의 선택을 존중하기 때문이다.

사민당은 사상의 자유가 인정되는 정당이다. 그것은 각기 다른 신념과 사상을 지닌 사람들로 구성된 하나의 공동체다. 그들의 합의는 그들이 공동으로 갖고 있는 도덕적 원칙과 정치적 목표를 기반으로 한다. 사민당은 이런 원칙에 부합하는 삶의 방식을 추구하기 위해 노력한다. 사회주의는 자유와 정의를 위해 싸워야 하는, 그리고 그것들을 보존하고 그것들에 따라 살아가야만 하는 지속적인 과제인 것이다.[63]

바트 고데스베르크 강령은 사민당의 공식적인 정체성과 목표의 분명한 전환을 의미했다. 하지만 만약 베른슈타인이 카우츠키에 대한 자신의 이런 궁극적 승리를 한편에서 기뻐하고 있었다면, 다른 한편에서는 약간 당혹스러움을 느꼈을지도 모른다. 왜냐하면 이런 방향 전환은 원칙에 기반을 두었다기보다는 현실적 필요에 의한 것이었고, 미래를 위한 대담한 노선을 제시했다기보다는 그들이 처해 있던 정치적 고립에서 벗어나기 위한 것이었기 때문이다. 민족사회주의의 기억이 아직 생생하게 남아 있고, 바로 옆(동독)에서는 '현실의, 실존하는' 사회주의가 한창 건설 중이었던 나라에서 이데올로기와 거대 프로젝트를 피하고자 했던 이런 바람은 이해할 만하다. 그리고 이것이 가능했던 이유는 당의 리더십이 올렌하워에게 넘어간 덕분이었다. 그는 "굳건하고 충실한 당의 관료로서 관료 조직의 바퀴가 부드럽게 잘 돌아갈 수 있도록 기름을 치는 일에 헌신했으며, 쿠르트 슈마허를 불타게 했던 뜨거운 정치적 열정과는 사민당 내 그 누구보다도 거리가 먼 사람"[64]이었던 것이다. 사민당의 이런 탈이데올로기화 덕분에 유권자들은 당을 좀 더 친숙하고 덜 위협적으로 느낄 수 있게 되었지만(실제로 결국 당의 지지 기반이 확대되었고 정부에 참여할 수 있었다), 결점도 있었다. 특히 그것은 "사민당이 유토피아적 열망을 창조하고 재생산해 내는 장소로서 기능하지 못하게 만들었으며,"[65] 당내에서 현 상황에 불만을 품고 그것을 좀 더 나은 것으로 변화시키길 원했던 이들을 소외시켰다.

따라서 1960년대 무렵 사민당의 방향 전환은 당내 좌파들에게 반발의 목소리를 낼 수 있는 정치적 공간을 열어 주었으며, 이런 경향은 내부 논쟁과 활동가들에 대해 당이 점점 더 편협한 태도를 보이면서 더욱 강화되었다. 이런 딜레마는 베트남전쟁과 재무장, 비상사태법the emergency laws, 그리고 1966년 기독교민주연합, 기독교-사회연합csu과의 대연정에 사민당이 참여할 것인가 등의 문제들을 둘러싸고 벌어진 논쟁으로 더욱 심화되었다. 사민당에게 대연정은 획기적 사건으로, 전후 처음으로 권력에 발을 들여 놓게 됨을 의미했다. 1964년 올렌하워로부터 지도자 지위를 승계한 빌리 브란트Willy Brandt는 대연정이 완벽함과는 거리가 있지만 사민당에게는 권력의 기회가 제공되었을 때 그것을 물리칠 만한 여유가 없다는 점을 분명히 했다. 만약 권력의 기회를 물리친다면 사민당은 독일인들에게 자신은 통치할 능력도 의지도 없다는 사실을 다시 한 번 확신시킬 것이었다. 실제로 사민당은 계속 지지를 얻어 나갔고, 1969년에는 자신의 선거 최고 기록인 42.7퍼센트의 득표율을 획득하면서 자유민주당의 도움을 받아 정부를 구성했다. 하지만 브란트와 사민당에 동반되었던 '개혁에 대한 희열'은 오래가지 않았다. 브란트가 스캔들로 인해 곧 사퇴할 수밖에 없었기 때문이다. 그의 자리는 좀 더 실용주의적이고 중도적이었던 헬무트 슈미트Helmut Schmidt가 물려받았다.

여러 가지 면에서 슈미트는 전후 사민당의 변화에서 그 절정을 의미했다. 유능하고 단호했지만 변화를 위한 목표와 이데올로기적 기질이 부족했던 그는 자신의 정부와 사민당이 독일 경제와 국제적 지위에 대한 가장 유능한 관리인이라는 사실을 증명하는 데 집중했다. 슈미트는 독일 시민들의 생활수준을 유지하고 향상하는 데 헌신했으며, 북대서양조약기구 NATO의 미사일이 유럽 땅에 들어오는 것을 수용하도록 만들었다. 하지만 이런 자세는 그 자체로는 성공적이었지만 좌파를 더욱 소외시켰고, 당의 운명을 독일의 경제와 그 어느 때보다 가깝게 밀착시켜 1970년대 경기 하강이 시작되자 사민당도 함께 취약해졌다. 한 논평자가 지적한 것처럼 슈미트가 추진한 계획의 결점은 "무제한적인 경제성장을 가정했다는 점에 있었다. 욤 키푸르Yom Kippur 전쟁의 결과 석유 가격이 대폭 상승하고, 1977년의 전 세계적 불황이 경제적 고통을 야기하면서 사회민주주의적 개혁 프로그램의 이론적 전제와 물질적 기반이 훼손되었다."[66]

요컨대 1970년대 무렵까지 사민당은 체제에 너무도 깊숙이 통합되었고, 비판자들에 대해서는 지나치게 경직된 태도로 대했으며, 이데올로기적으로는 고갈된 상태였기 때문에, 경제 침체로 지도력이 부분적으로 손상되자 오늘날까지도 회복되지 못한 큰 타격을 입고 말았다. 한 세대 동안 당은 당원들의 대량 탈당 사태를 겪었고 점점 더 현 상태로부터 혜택을 받는 이들과 장년층을 위한 곳으로 변해 갔다. 그들은 젊은 층과 급진파뿐만 아니라 가난한 자, 실업자, 소외된 자들의 지지 또한 상실했다. 전자에 속하는 많은 이들은 녹색당으로 떠나갔고, 후자 가운데 일부는 이후 좌우익 각각의 포퓰리즘으로 돌아섰다. 특별히 내놓을 만한 것 없이 속이 비어 버린 사민당은 이제 자신이 선거에서는 취약하고 내부적으로는 불화에 시달리고 있으며, 그 누구로부터도 열광이나 헌신을 이끌어 낼 수 없게 되었다는 사실을 깨달았다.

프랑스와 이탈리아에서도 좌파들이 그려낸 궤적은 크게 다르지 않았다. 하지만 두 나라에서 모두 사회주의자들이 현실과 화해하기까지는 (독일에서보다) 오히려 더 많은 시간이 걸렸다. 예를 들어 이탈리아의 사회주의자들은 1970년대가 되어서야 '마르크스주의적 유산을 포기'할 수 있었다.[67] 이탈리아 사회당은 전후 당을 재건하면서 독일사민당과 마찬가지로 1920년대 자신들을 무기력하게 만들었던 방식과 행동으로 신속히 복귀했다. 전후 첫 지도자였던 피에트로 넨니Pietro Nenni는 공산당과의 동맹, 아니 합당을 추구했으며 '사회주의 공화국'의 즉각적인 설립이 당의 최우선 목표가 되어야 한다고 생각했다. 그런 자세는 좀 더 온건하고 사회민주주의적이었던 당의 분파들을 소외시켰으며 내분을 초래해 사회당을 약화시켰다.

1947년 무렵 넨니의 반대자들은 당에서 이탈했고, 그는 이제 공산당과 함께 레닌주의 노선에 따라 자유롭게 당을 재조직할 수 있게 되었다. 그리하여 당을 "유럽의 모든 사회주의 운동 세력 중 마르크스주의적 의미에서 아마도 가장 급진적이고 근본주의적인"[68] 집단으로 바꾸어 놓았다. 이런 상황에 대해 통찰력 있는 한 논평자는 다음과 같이 지적했다. "넨니의 전략은 매우 어리석다. …… 그러나 이탈리아 사회당은 놀랍도록 어리석은 정당이다. 그들은 자신들만의 세상에 살면서 1920년대에 만들어진 언어를 사용하고 있으며, 머지않아 그들보다 훨씬 기민한 공산당에 잡아먹힐 운명에 처해 있다."69) 이후 사태는 정확히 이 예측대로 진행되었다. 이탈리아 공산당은 불운한 사회당을 곧 압도하면서 좌파의 주요 정당이 되었고 많은 노동운동 단체들의 통제권을 빼앗았다.70) 이는 이탈리아의 중도파들을 다른 정치 세력들의 손쉬운 먹잇감으로 만들어 버렸으며 이 상황을 적극 활용한 기민당은 이탈리아의 지배적 정당이 되었다.

오랫동안 정치적 무기력을 경험하고 난 이후 사회당은 마침내 베티노 크락시Bettino Craxi에 의해 전환점을 맞았는데, 그는 1970년대까지 당을 온건 개혁주의적 중도 좌파 정당으로 탈바꿈시켜 놓았다. 적어도 처음에는 이 전략이 효과를 거두어 크락시는 1983년 이탈리아 최초의 사회주의자 총리가 되었다. 하지만 사회당은 이 성공을 계속 이어 나가며 폭넓은 지지를 받는 명확하고 역동적인 운동을 만들어 낼 능력이 없는 것으로 드러났다. "공산당의 강력한 손아귀를 비틀어 대중을 떼어 내기에는 이미 너무 늦었음"71)이 밝혀졌다. 또한 어찌됐든 사회당은 헌신적 추종자들을 끌어들이고 진정한 열광을 불러일으킬 수 있는 명확한 이데올로기를 제시할 능력이 부족했다. 더군다나 크락시가 다른 이탈리아 정치인들과 똑같은 약점을 갖고 있다는 점이 드러나면서 문제는 더욱 악화되었다. 1990년대에 그는 뇌물과 정치 자금 수수로 유죄판결을 받게 된 것이다. 지도자가 신뢰를 잃고, 특별한 존재의 이유를 상실하면서, 이탈리아 사회주의의 혁신은 단명에 그쳤다.

마지막으로, 프랑스 사회주의는 같은 주제에 대한 또 다른 비참한 이야기를 들려준다. 전후 프랑스 지부는 자신들의 전통적 방침 가운데 많은 것을 포기했다. 가장 중요한 것은, 연립정부가 수립될 때 하위 파트너로서의 지위를 받아들일 것이냐의 문제를 둘러싼 오랜 내부 논쟁을 종식시켰다는 점이다. 하지만 그런 변화에도 불구하고 당은 과거와 깨끗이 갈라서거나 마르크스주의적 수사를 포기할 수 없는 것으로 드러났다. 가장 저명한 구성원이었던 레옹 블룸은 노선의 변화를 소리 높여 촉구했고 혁명적 변화보다는 개혁적 변화에 기반을 둔 사회주의, 즉 계급 전쟁과 노동계급에만 배타적으로 몰두하는 것이 아닌 '각계각층의 사람들'에게 호소할 수 있는 사회주의를 강력히 추구했다.72) 하지만 그의 요청은 거부당했고 1945년 8월에 개최된 전후 최초의 당대회에서 프랑스 지부는 다음과 같이 선언했다.

> 사회주의 정당은 그 본성상 하나의 혁명적 정당이다. 그것은 자본주의적 사유재산제도를, 천연자원과 생산수단이 공동으로 소유되고 계급이 철폐된 사회로 대체하고자 노력한다. 그런 혁명적 변화는 비록 모든 인류의 이익에 이바지하는 것이지만 오직 노동계급에 의해서만 성취될 수 있을 것이다. …… 사회주의 정당은 조직된 노동계급 위에 세워진 계급투쟁의 정당이다.73)

이후 당의 정통파들은 계속해서 힘을 얻어 갔다. 예를 들어 1946년 당대회에서 이들은 (곧 당의 서기장으로 취임할 인물인) 기 몰레Guy Mollet의 지도 아래 당의 원칙에 대한 블룸의 '물타기'를 공격했고, "모든 수정주의적 시도, 특히 그 진정한 의도는 근본적인 현실(즉, 계급투쟁)을 가리려는 거짓된 휴머니즘에 고무된 시도들"74)을 비난했다.

그 결과 당원 수는 1946년 35만4천 명에서 1960년 6만 명으로 줄어들었고, 선거에서 득표율은 1945년 23퍼센트에서 1962년 12.6퍼센트로 떨어졌다. 더욱이 그들의 지지 기반 세력은 노동계급, 청년, 또는 경제 부문의 좀 더 역동적인 계층이 아니라 중년의 공무원과 전문 직업인, 그리고 급격한 사회경제적 변화로 인해 쇠퇴하고 있던 집단들(직물 노동자, 소농 등)로 바뀌어 있었다. 한 논평자의 지적대로 전후 수십 년 동안 프랑스 지부는 '최후의 몰락'을 겪고 있는 '상상력 없고, 고령화된 관리들'의 정당이 되어 버렸다. "급진주의의 희미한 흔적조차 없는 중도 정당으로서의 일상적 행위와, 피를 얼어붙게 만드는 사회주의적 수사법 사이에 놓여 있는 간격은 엄청난 것이었다. 의원단과 제4공화국 시기의 잡다한 2류급 (당내) 유명 인사들은 자신들을 '혁명적 정당, 계급투쟁의 정당'으로 정의했던 것이다."75) 한편 독일이나 이탈리아에서와 마찬가지로 프랑스 지부의 수사적 급진주의는 좌파로부터 소외된 집단들을 사로잡아 반대 방향에서 진정한 계급 교차 연합을 형성할 수 있는 기회를 중도 우파(이곳에서는 드골주의)에게 열어 주었고, 그럼으로써 그들을 프랑스 정치 무대의 지배적 세력으로 만들어 주었다.

프랑스 지부는 1960년대 내내 판에 박힌 틀에서 벗어나지 못했다. 한 의원은 이렇게 말했다. "우리 당의 교리는 이제 성경책과 비슷하다. 우리는 그것을 바꾸고 싶어 하지 않지만, 그렇다고 그것을 믿지도 않는 것이다."76) 하지만 선거에서의 지속적인 패배, 그리고 1968년과 1969년의 결정적인 참패는 결국 변화를 이끌어 냈다. 몰레는 1969년에 물러났으며, 1971년에는 좀 더 실용주의적인 새 조직, 프랑스사회당Parti socialiste이 설립되었다. 사회당은 명확한 좌익적 태도를 고수해야 한다고 주장했다. 적어도 공산당과의 연합을 형성할 수 있을 정도로는 말이다. 두 세력은 결국 '공동 강령'이라는 통일된 강령에 합의했는데, 이 강령은 공산당에게는 민주주의와 다원주의를, 사회당에게는 대규모 국유화를 포함한 경제적 급진주의를 수용하도록 하는 것이었다. 이 연합 전선은 자신들이야말로 프랑스가 현재 처해 있는 문제들에 대해 가장 유망하고 혁신적인 해결책을 갖고 있다며 유권자들을 설득함으로써 경제 침체기였던 1981년 권력을 잡았다.

불행히도 사회주의자들의 경제 강령은 원했던 효과를 발휘하지 못했고, 오랜 기다림 끝에 성립된 사회주의 정부는 혼란에 빠진 경제를 자신들이 이끌어 가야 한다는 사실을 곧 깨달았다. (긴급한 상황에서) 행동해야 했지만 달리 의지할 만한 것이 거의 없었던 사회주의자들은 결국 극적인 방향 전환을 택하고 말았다. 1982년 무렵 프랑스사회당은 유럽 사회주의 정당들 중 가장 급진적인 편에 속했던 경제 강령에서 벗어나, 공적 지출에 대한 극적 삭감과 디플레이션 조치들을 실행하기에 이르렀다. 한 논평자의 표현대로 이런 전환은 "(프랑스사회당의) 야망의 종결, 열정의 최후, 판에 박힌 일상의 시작을 나타냈다. 사회당은 빛깔이 없어 그것을 찾아다니는 회색 정당이 되고 말았다."[77] 달리 말하자면 20세기 끝 무렵의 프랑스 사회주의자들은 독일이나 이탈리아 사회주의자들과 마찬가지로 자신들이 선거에서 승리할 수 있다는 것은 보여 줄 수 있었지만 그것이 무슨 의미가 있는지 자기 자신들에게나 다른 이들에게 이제는 설명할 수 없었던 것이다.

물론 모든 사회주의 정당들이 똑같은 운명을 겪지는 않았다. 예를 들어 스웨덴 사민당은 언제나처럼 매우 잘해 나가고 있었다. 왜냐하면 그들은 대부분의 다른 나라 사회주의자들과 달리 자신들이 무엇을 하고 있는지 이해하고 있었으며 신념도 갖고 있었기 때문이다. 사민당은 선거에서 좋은 성과를 거두는 것과, 자신들만의 독특성을 유지하는 일이 사실 상호 보완적이라는 것을 깨달음으로써 그 두 가지 과제를 동시에 다 잘해 낼 수 있었다. 개별 정책들의 추진을 좀 더 큰 사회민주주의의 전체 그림 속으로 통합해 낼 수 있었던 당의 능력 덕분에 그들은 대부분의 다른 유럽 사회주의 정당들보다 더욱 생기 있고 성공적으로 남아 있을 수 있었다.

확실히 스웨덴 사회민주주의자들은 전후 다른 나라 사회주의자들에 비해 더 나은 위치에서 출발할 수 있었다. 그들은 당으로서의 존재 그 자체를 재확립하기 위해 싸울 필요 없이 자신들이 통치해 온 기반에 의지할 수 있었으며, 스웨덴은 전쟁에서 다른 나라들에 비해 피해를 덜 입었던 것이다. 하지만 그들의 성공에서 행운이나 한발 앞선 출발점보다 훨씬 중요했던 요인은 그들이 사회민주주의 이데올로기의 핵심 요소들을 충분히 내면화했으며, 그것들을 현실화시키기 위한 창조적 정책들을 개발하는 데 헌신했다는 점이었다.

정치적으로 전후 스웨덴 사민당은 계급을 넘어서 폭넓은 스웨덴 유권자 집단들에 대한 영향력을 강화하기 위해 노력했다. 전간기 동안 그들이 수용했던 전략을 지속하면서 당은 자신들의 호소가 노동자들에게만이 아닌 스웨덴 '국민' 전체로 향할 수 있도록 방향을 설정했다. 이 과정에서 그들은 전시에 맡았던 지도적 역할의 이점을 활용하여 사회적 연대와 민족적 이익에 대한 자신들의 헌신을 큰 소리로 널리 알렸다. 그런 입장과 사회민주주의 사이에는 아무런 갈등도 없다고 그들은 주장했다. 왜냐하면 제대로 이해된 사회민주주의란 특수 집단이나 계급의 이익이 아닌 사회 전체의 이익을 향상시키려는 노력과 다르지 않기 때문이었다. 사민당의 호소는 '연대', '협력', '함께함'과 같은 단어들로 가득 차 있었다. 이는 복지국가의 확대를 위한 계획을 논의하는 과정에서 특히 잘 드러났는데, 이 계획은 '강력한 사회'를 창조하여 국민들을 근대 자본주의에 내재되어 있는 불확실성과 불안정으로부터 보호하고자 하는 사민당 전략의 일환으로서 제시된 것이었다. 1946년부터 1969년까지 총리직을 수행했던 타에 에를란데르가 표현했듯이 사민당의 사회정책은 "안전security이란 개인이 자신의 힘만으로 풀려고 하기에는 너무도 큰 문제이며, 근대사회의 문제들은 점점 더 협동·협력·연대에 바탕을 둔 조치들을 요구한다"[78]는 인식으로부터 생겨난 것이었다.

한편 사민당은 경제적으로도 전쟁 이전의 노선을 계속 따르면서, 경제를 관리하기 위해, 또 개인들이 시장에서 차지하고 있는 지위가 그들의 삶의 기회를 전적으로 결정하지 못하도록 하기 위해 국가의 개입을 이용했다. 이런 노력들이 그토록 독특한 것이 될 수 있었던 이유는 개입과 탈상품화의 규모가 꽤 컸다는 점뿐만 아니라, 그것이 변화를 위한 좀 더 큰 프로젝트의 일환으로서 제시되었다는 점 때문이었다. 예를 들어 렌-메이드네르 모델은 그저 임금 규제를 위한 실용적인 종합 대책으로서 제시된 것이 아니라, 전면적인 국유화 없이도 경제에 대한 '사회적 통제력'을 증대시키기 위한 당의 전략 속에서 하나의 케이스 스터디로서 제시된 것이었다.79) 그것은 당이 사회화에 대한 정의를 '생산수단의 공동소유'에서 '경제에 대한 민주적 영향력'80)의 증대로 바꾸고자 했던 시도를 보여 주는 사례인 동시에 그런 시도를 더욱 강화시키는 것이었다. 군나르 아들레르-카를손이 (한 세대 전 닐스 카를레뷔가 남겨 놓은 유산을 따라) 지적했던 대로 스웨덴 사회민주주의자들은 자본가들을, 자신들이

…… 스칸디나비아의 왕들을 바라보았던 것과 똑같은 방식으로 바라보기 시작했다. 1백 년 전 스칸디나비아의 왕은 엄청난 권력을 소유했다. 50년 전 그는 여전히 상당한 권력을 지니고 있었다. 현재의 왕은 우리의 헌법에 따르면 여전히 1백 년 전과 똑같은 형식적 권력을 지니고 있다. 하지만 현실에서 우리는 그의 권력으로부터 모든 기능을 떼어 내 버렸기 때문에 오늘날 그에게는 사실상 권력이 없다. 우리는 그런 일을 위험하고 파괴적인 내부적 싸움 없이 해냈다. 이와 똑같은 방식으로 그보다 더 위험한 싸움, 즉 만약 우리가 정식으로 국유화의 길에 들어선다면 피할 수 없을 싸움을 피하도록 하자. (국유화, 즉 소유권 그 자체의 몰수) 대신 우리의 현 자본가들에게서 한 명 한 명 차례대로 그들의 소유권이 지니고 있는 기능을 떼어 내고 박탈하도록 하자. 심지어 그들에게 새로운 옷을 주도록 하자. 안데르센의 이야기 속에 나오는 유명한 임금의 옷과 닮은 것(모두가 칭송하지만 사실 존재하지 않는 옷)을 말이다. 수십 년 후 그들은 아마도 형식적 왕으로서 계속 남아 있을 것이다. 하지만 현실에서 그들은 이미 사라지고 열등한 발전 단계에 있던 나라에 대한 벌거벗은

상징으로 남게 될 것이다.[81]

스웨덴 복지국가도 이와 비슷한 방식으로서 이해되었다. 그것의 포괄
성과 보편성은 "폭넓은 계급 연대와 사회민주주의적 합의를 생산"해 내는
데 일조했던 한편, 이와 동시에 "분배의 주된 도구이자, 사람들의 삶의 기
회를 결정하는 주요 인자로 작용해 온 시장"[82]을 주변화했다. 사민당은
유권자들에 대한 자신들의 영향력을 확대하고, 계급을 가로지르는 공동
의 유대감을 발전시키기 위해 의식적으로 사회정책을 사용했다. 한 평론
가의 지적대로 "스웨덴 사회민주주의 복지국가의 중점 임무는, 국가적 결
집의 기반을 창조해 시민들 간의 연대를 증대시키는 것"[83]이었다.

예를 들어 화이트칼라 노동자들의 중요성이 커지고 있음을 인식했던
사민당은 그들에게 호소할 수 있으며 또 그들의 이익을 다른 노동자들의
이익과 연관시킬 수 있는 사회정책을 의도적으로 기획했다. 이는 특히
1950년대 후반 공적부가연금제도Allmän tilläggspension, ATP를 둘러싼 싸움에서
사민당이 "그런 연금제도가 육체 노동자들과 화이트칼라 노동자들 모두
에게 이익이 된다는 점을 강조했을 때, 그리고 그것을 위한 투쟁이 모든
임금노동자의 이익에서 매우 중요한 것임을 강조했을 때"[84] 명백히 드러
났다. 더욱이 그들은 복지국가를 강화하는 문제의 중요성을 내세울 때도
경제적 관리를 확대하는 문제와 마찬가지로, 그 자체의 중요성뿐만 아니
라 그것이 지닌 좀 더 나은 미래를 향한 발걸음이라는 의미의 중요성 또
한 강조했던 것이다. 사민당은 복지국가 그 자체가 일종의 사회주의를 나
타낸다고 주장했다. 왜냐하면 복지국가에서 "국민의 총소득은 공동의 자
원으로 여겨지며, 그것의 일부분은 소득이 불충분한 사람들에게로 이전"
되기 때문이다. 에른스트 비그포르스는 이런 관점에 대한 잘 알려진 옹호
자였는데, 그는 스웨덴 복지국가가 "사회적 변화를 위한 작업"을 하고 있

으며 "좋은 사회를 창조하는 데 있어서 결정적인 수단"[85]이라고 주장했다.

이 모든 전략은 상당히 성공적인 것으로 드러났고 전후 사민당은 노동계급에 뿌리내린 자신들의 기반을 확고히 유지하면서도 노동계급 외부로부터의 지지 또한 강화할 수 있었다. 그들은 20세기 동안 스웨덴 정치체제 내에서 단연코 최대 정당의 지위를 유지했고, 그들의 지배력을 사용해 스웨덴 정치의 무게 중심을 좀 더 왼쪽으로 끌어당겼으며, 전 세계 민주주의 국가들의 정당들 가운데 가장 오랫동안 집권했던 기록을 세웠다.

물론 이런 놀라운 승리가 계속되었다고 해서 다른 나라들에서 사회주의 정당들을 좌절시킨 문제들로부터 사민당이 상처 하나 입지 않고 빠져나갈 수 있었던 것은 아니다. 예를 들어 나머지 유럽 지역들에서 그랬던 것처럼 스웨덴에서도 1970년대 초기 무렵 경제적 난제들이 쌓여 가고 있었다. 물론 스웨덴에서는 그것들이 스웨덴 모델의 특수성 덕분에 유별난 양상을 보였지만 말이다. 앞에서 이야기했듯이 렌-메이드네르 모델이 가져온 한 가지 결과는 그것이 효율적인 특정 산업에서 임금을 인위적으로 낮게 유지해 일부 기업들에게 '초과'이윤을 만들어 주었다는 것이다. 시간이 흐르면서 이는 그 산업에 종사하는 (자신들이 속고 있다고 느낀) 노동자들과 (임금을 시장의 힘에 종속되지 않도록 하기 위해 만든 전체 계획이 점점 고조되는 압력에 의해 결국 무너지지 않을까 우려하고 있던[86]) 노동조합들 모두로부터 좌절감을 불러일으켰다. 정부는 이 문제를 조사하기 위해 메이드네르를 수장으로 하는 위원회를 구성했다. 그리고 그들이 내놓은 해결책(소위 '임금노동자' 기금)은 사회민주주의에 대한 스웨덴 사민당식 접근 방식의 절정을 이루는 것인 동시에 그것을 어느 정도 부정하는 것이기도 했다.

본질적으로 메이드네르의 위원회는 초과이윤을 해당 산업 노동자들이 통제하는 기금에 점차적으로 이전함으로써 그것이 재투자될 수 있도록 만들 것을 권고했다. 그런 해법은 임금이 인위적으로 낮게 유지되고 있는 노동자들을 그 어떤 생산성의 하락 없이도 만족시킬 수 있을 것이라고 그들은 주장했다. 이는 성장과 연대 임금 정책을 유지하면서도 경제에 대한 '민주적' 통제력을 증가시키고자 했던 당의 전략과 부합했다. 다른 한편으로, 그것은 기금에 돈이 쌓여 가는 것에 비례해 스웨덴 경제 상당 부분에 걸쳐 점차적으로 사적 소유권을 제거할 것이었다. 이는 불필요할 뿐만 아니라 정치적으로 역효과를 가져온다는 이유로 사민당이 오랫동안 거부해 왔던 목표였다.

기금 관련 문제가 복잡하긴 하지만 그것이 지닌 마지막 특징(즉 사적 소유권과의 충돌)은 결정적인 파장을 일으켰다. 임금노동자 기금이 자본주의의 존재 그 자체를 위협하고, 마침내 사회민주주의자들이 사적 부문을 대상으로 오랫동안 유지했던 암묵적 거래(즉 국가에 의해 지시와 조정을 받는 대신 시장과 사유재산제도를 유지하는 것)도 끝장낼 것임을 인식한 재계와 그들의 정치적 동맹자들은 이를 저지하기 위해 전례 없는 노력을 기울이기 시작했다. 자본주의 자체를 절멸시키고 싶은 마음은 전혀 없었던 사민당은 자신들이 치열한 정치적 전투에서 패배할 수밖에 없는 위치에 서있음을 깨닫고는 그 문제에서 재빨리 발을 뺐다. 그리고 기금의 효력을 약화시키고 나아가 사실상 그것을 폐지하는 데 동의했다. 하지만 이 논쟁으로 말미암아 사민당은 그 대가를 치렀는데, 원자력 문제 등 다른 이슈들과 결합하여 사민당은 40년 만에 처음으로 권력을 상실했던 것이다.

1970년대 후퇴를 겪으면서 사민당은 다른 나라 사회주의 정당들과 마찬가지로 자신들의 전통적 전술, 심지어는 전략까지 재검토하지 않을 수 없었다. 사민당은 심지어 1970년대 후반 동안 지적·정치적으로 표류하는 듯 보이기도 했다.[87] 하지만 그들은 언제든 이용할 수 있는 강력한 정치적·이데올로기적·지적 자본을 소유하고 있었기 때문에, 그리고 또한 스웨덴 사회의 정치적·사회적 구조를 너무도 광범위하게 변화시켜 놓았기 때문에, 결국에는 다른 이들보다 폭풍의 시기를 잘 버텨 낼 수 있었다. 사민당은 1980년대 들어 정치적으로 회복해 권력을 되찾았으며, 이후에도 스웨덴 정치체제 속에서 (비록 예전만큼의 패권을 누리지는 못했지만) 지배적 정당으로서의 지위를 유지했다. 그들은 다양한 정치적 성향을 지닌 유권자들에게 호소할 수 있는 능력을 계속 유지했으며 (환경보호나 여성 권리 등) 새로운 '탈물질주의적' 이슈들 가운데 많은 것들을 자신들의 의제로 흡수해 낼 수 있었다. 또한 그들은 유권자들에게 전통적 사회민주주의 정책을 유지하면서도 당대의 문제들을 다룰 수 있도록 스스로를 개선시켜 가겠다고 약속함으로써, 임금노동자 기금 문제 때의 대실패로부터 경제적으로도 회복할 수 있었다. 그리고 그들은 그 약속을 비교적 잘 지켜 냈는데, 근래 들어 인상적인 경제성장을 이끌어 내면서도 여전히 높은 수준의 사회적 지출과 평등주의, 사회적 연대에 대한 헌신을 유지할 수 있었다.

하지만 아마도 사민당의 최대 성공은 사회민주주의적 특수성을 스웨덴 사람들의 정서에 각인했다는 점에 있을 것이다.[88] 즉 최근 수십 년 동안 국내외 경제에서 발생한 그 모든 변화에도 불구하고 절대 다수의 스웨덴인들은 사회적 연대와 평등주의, 경제에 대한 정치적 통제의 필요성이라는 사민당의 기본 사상을 인정하고 수용했다. 스웨덴에서의 정치적 논쟁은 그런 사회민주주의적 개념들이 과연 가치가 있는지의 여부에 관한 것이라기보다는, 사회주의 혹은 부르주아 정당들 중 누가 그런 개념들을 꾸준한 경제성장과 더불어 가장 잘 실현할 수 있는가에 관한 것이 되곤 했다.

결론

지금까지 이 책에서는, 사회민주주의가 단순히 복지국가, 평등, 연대 같은 특정 정책이나 가치의 수호자를 훨씬 넘어서는 것임을 보여 주었다. 또한 그것은 그저 순화된 마르크스주의나 확대된 자유주의에 불과한 것이 아니라, 적어도 그것들 못지않게 독창적으로 고안되고 고유의 색깔을 지닌 이데올로기이자 독자적인 정치 운동인 것이다.

사회민주주의는 19세기 후반에 그 기초가 놓였는데, 당시 베른슈타인을 비롯한 민주적 수정주의자들은 정통 마르크스주의의 이론적 대들보라고 할 수 있는 역사 유물론과 계급투쟁을 공격하면서, 정치의 우선성과 계급 교차적 협력이라는 새로운 원칙에 기반을 둔 대안을 주장했다. 처음에 민주적 수정주의자들은 자신들이 그저 마르크스주의를 '수정'하거나 '업데이트'하고 있을 뿐이라고 말했다. 하지만 그들에 대한 가장 사나운 비판자들(정통 마르크스주의의 옹호자들)은 수정주의자들 스스로가 인정하기 꺼려 했던 것을 좀 더 정확하게 볼 수 있었다. 즉 그들이 실제로는 마르크스주의를 원래와 완전히 다른 무언가로 대체하려 했다는 점을 말이다. 이는 한 세대 후면 곧 명백해질 사실이었다. 유럽 사회주의 운동 내부의 이 이단아들은 전간기 시절의 난제들에 대응하기 위해 베른슈타인 등이 설계했던 원리들을 기반으로 했으며, 시장에 대한 국가의 통제와 공동체주의, '국민정당' 전략을 바탕으로 좌파를 위한 완전히 새로운 실천적 강령을 발전시켰다. 다시 말해 19세기 민주적 수정주의자들에 의해 시작된 프로젝트가 1930년 무렵 완성된 것이다. 이렇게 해서 독자적인 원리와 정책을 담고 있는 새로운 정치 운동이 탄생했다. 사회민주주의는 사회주의와 마르크스주의 간의 최종적이고 완전한 결별을 의미했다.

　제2차 세계대전 이후 사회민주주의적 원리와 정책은 전 유럽에 걸쳐 폭넓게 받아들여졌으며 유럽이 자랑하는 전후 안정의 토대가 되었다. 특히 정치의 우선성과 공동체주의는 자본주의의 가혹한 영향으로부터 개인과 공동체를 보호하는 정책들로, 그리고 사회적 연대와 안정에 대한 새로운 강조로 이어졌다. 달리 말해 전후 질서는 20세기 초반에 걸쳐 국가-시장-사회 간에 존재해 왔던 관계를 크게 변화시켰던 것이다. 이는 정통 마르크스주의자들과 공산주의자들이 바라 왔던 것(자본주의 철폐)과는 물론, 자유주의자들이 오랫동안 옹호해 왔던 것(시장과 개인적 자유를 가능한 한 최소한으로 규제하는 것)과도 거리가 먼 것이었다. 따라서 이 체제를 '내장된 자유주의'(제2차 세계대전 이후의 '업데이트'되고 '좀 더 부드러워진' 형태의 자유주의 체제)라고 칭하는 것은 1945년 이후 일어난 변화의 특성과 의미를 오도하는 것이다. 대신 이 체제를 근본적으로 사회민주주의적인 것으로서 인식해야 한다. 또한 사회민주주의를 고유의 색깔을 지닌 이데올로기이자 독자적인 운동으로 봐야 할 뿐만 아니라, 20세기의 가장 성공적인 이데올로기이자 운동으로 봐야 한다. 그것의 원리와 정책은 유럽 역사상 가장 번영하고 조화로웠던 시기를 뒷받침했다. 이제껏 공존할 수 없다고 여겨져 온 것들, 즉 잘 작동하는 자본주의 체제와 민주주의, 그리고 사회적 안정을 조화시킴으로써 말이다.

사회민주주의의 뿌리와 근본적 논리를 이해하고 20세기 정치 발전에서 그것이 어떤 역할을 했는지를 새롭게 평가하기 위해서라도 사회민주주의 운동의 역사를 다시 한 번 숙고해 보는 것은 의미가 있을 것이다. 하지만 그렇게 해야 하는 또 다른 절실한 이유가 있다. 사회민주주의에 대한 검토는 20세기 역사를 공부하는 학생들에게, 이데올로기 시장이 어떻게 움직이는지에 관한 한 사례를 제공해 준다. 즉 구조적 요인들이 어떻게 새로운 지적 체계에 대한 수요를 만들어 내는지, 그리고 이어서 그것이 어떻게 정치적 행위자들에 의해 공급되고, 특정한 국가의 맥락에 따라 다시 그 모양이 빚어지는지에 대한 하나의 사례연구가 되는 것이다. 또한 이 연구를 통해 20세기의 거대 이데올로기들 간의 관계를 새롭게 이해할 수 있는데, 특히 사회민주주의와 파시즘, 그리고 민족사회주의가 갖고 있는 공통의 계보에 대해 평가해 볼 수 있을 것이다. 이미 살펴보았듯이 사회민주주의와 파시즘, 민족사회주의는 근대성과 자본주의가 낳은 문제들에 대해 놀랍도록 유사한 해결책을 내세웠는데, 결정적인 차이점은 오직 사회민주주의가 민주주의를 자신들의 프로젝트 전면에, 그리고 중심에 위치시켰다는 것뿐이었다. 마지막으로, 사회민주주의에 관한 이야기는 그저 단순한 역사적 흥밋거리가 아니다. 사회민주주의가 이미 그 효력이 다했다고 흔히들 얘기하지만 이는 사실과 거리가 멀다. 사회민주주의는 올바로 해석될 경우 선진 산업국에서나 개발도상국에서나 가릴 것 없이 정치인들에게 인상적인 21세기 로드맵을 제공해 준다. 왜냐하면 새로운 문제라고 주장되는 현재 세계화에 관한 논쟁의 핵심 이슈들(국가가 시장의 힘을 지배해야 하느냐 또는 그것에 복종해야 하느냐 하는 문제)은 사실 매우 오래된 것들이기 때문이다. 실제로 사회민주주의는 한 세기 전 국제 사회주의 운동 내부에서 벌어진 이와 유사한 논쟁들로부터 출현했던 것이다. 사회민주주의에 관한 현재의 논쟁이 그토록 피상적이고 지적으로 궁핍한 이유는 그런 토론들이 잊히거나 잘못 이해되고 있기 때문이다. 그리고 그것은 민주적 좌파들에게 자신들의 과거에 대한 집단적 기억을 환기시키는 일이 중요한 이유이기도 하다.

이데올로기 시장에 대한 이해 : 구조와 행위자

이데올로기는 매우 중요하지만 제대로 이해되지 못하고 있는 정치 현상들 중 하나다. 한 가지 문제점은 이데올로기를 연구하는 사람들이 행위자나 구조 가운데 하나에만 초점을 맞추곤 한다는 것이다. 예를 들어 지성사를 다루는 학자들은 핵심 인물들이 맡았던 역할이나 그들이 처했던 국지적 맥락에 초점을 맞추는 경향이 있는데, 그럼으로써 이데올로기가 주로 특정 사상가나, 작가, 활동가들 내부의 논쟁과 노력으로부터 출현하는 것이라는 잘못된 인상을 주고 있다. 한편 정치학자들 중 그나마 이데올로기를 연구하려고 하는 사람들은 광범위한 환경적·구조적 요인들이 끼치는 영향에 초점을 맞추는 경향이 있는데, 이는 이데올로기가 그저 새로운 외부적 환경에 대한 반응으로만 출현하는 것이라는, 마찬가지로 잘못된 인상을 주고 있다. 물론 실제 현실에서 구조와 행위자는 이데올로기의 발전 과정에서 함께 작용하며, 따라서 정치사의 흥망을 온전하게 이해하기 위해서는 두 가지를 모두 고려해야만 한다.

사회민주주의에 대한 연구는 적절한 사례다. 앞에서 살펴보았듯이 사회민주주의의 기원은, 19세기 동안 정통 마르크스주의의 주요 교의를 약화하고, 이데올로기적 도전자들에게 새로운 공간을 열어 준 여러 구조적·환경적 변화에서 찾을 수 있다. 자본주의는 무너지지 않았다. 소규모 기업과 농업도 사라지지 않았다. 사회는 두 개의 화해할 수 없는 적대적 집단으로 나누어지고 있지 않았다. 더군다나 여러 나라에서 힘을 얻어 가고 있던 사회주의 정당들은 변화를 이끌어 내기 위해 이 새로운 권력을 과연 사용할 것인지 여부를 놓고 딜레마에 빠져 있었다. 이 문제에 대해 정통 마르크스주의는 별 도움이 되지 않았다. 마지막으로, 자본주의가 초래한 엄청난 규모의 사회적 뿌리 뽑힘은 전 유럽에 걸쳐 공동체주의적·민족주의적 감정, 즉 차가운 정통 마르크스주의로서는 거의 만족시킬 수 없었던 소속감에 대한 갈망을 불러왔다. 그 결과, 우리가 이미 보았듯이, 세기말 전 유럽 국가들에서 정통 마르크스주의가 도전받게 되었다. 이런 도전들의 유사성, 그리고 그것들이 지닌 초민족적 특성은 우리가 기원과 발전 과정을 알기 위해서는 특정 국가들의 경계선 바깥에 있는 요인들을 살펴볼 필요가 있음을 말해 준다.

하지만 정통 마르크스주의에 대한 대안의 수요가 주로 환경적·구조적 변화에 의해 추동된 것이라면, 그것의 공급 측면은 그렇지 않았다. 왜 각 나라마다 (정통 마르크스주의에 대한) 특정한 형태의 도전이 나타나서 각기 다른 성과를 거두었는지를 이해하기 위해서는 개인들과 그들이 활동한 정확한 맥락에 초점을 맞추어야 한다.

예를 들어 프랑스에서는 민주적 정치체제가 상대적으로 빨리 도래했으며, 농민층의 존재가 지속적으로 중요시되어 왔기 때문에, 정통 마르크스주의에 도전할 만한 강력한 동기가 일찍부터 만들어졌다. 민주주의가 다른 대안들보다 별로 나을 것도 없다는 주장, 사회주의자들은 정치적 동맹과 계급 교차적 협력 문제에 대해 무관심해야 한다는 주장, 그리고 소농들은 무시해도 좋다거나 그들의 날이 얼마 남지 않았다는 사실을 깨닫도록 해야 한다는 정통 마르크스주의의 주장들은, 프랑스 상황에서 특히 우스꽝스러운 것이었다. 반면 독일은 정통 교리에 대한 가장 중요한 이론적 도전이 태어난 곳인데, 이를 이해하기 위해 우리는 개인과 국가 수준의 변수, 특히 베른슈타인 개인과 그가 처한 국가적 환경에 대한 연구로 관심을 돌려야 한다. 베른슈타인은 보통의 사회주의자가 아니었다. 엥겔스가 남긴 유언의 집행자였으며, 카우츠키의 절친한 친구였고, 국제 사회주의 운동과 독일사민당 모두에서 주요 인물이었다. 정통 교리에 대한 그의 도전이 그렇게 강력하고 통렬할 수 있었던 것은 그의 개인적 능력, 그의 이론적 비판의 힘과 포괄성, 그리고 마르크스주의 이데올로기의 기수로서 독일사민당이 지니는 결정적 중요성 때문이었다.

수정주의의 기원 및 초기 발전과 관련된 사실들은 사회민주주의로의 이행에서도 똑같이 적용할 수 있는 것들이다. 정통 교리에 대한 공격은 19세기 후반과 20세기 초반 동안 점점 더 강력해졌지만, 수정주의를 사회민주주의로 전환하는 데는 제1차 세계대전이 가져온 엄청난 규모의 구조적·환경적 변화가 필요했다. 전 유럽에 걸쳐 사회주의 정당들의 국제주의적·혁명적 명성은 자국의 전쟁 노력을 지지하기로 결정하면서 회복이 어려울 정도로 훼손되었는데, 심지어 일부 정당들의 경우 (전시 비상조치로 구성된) 거국 내각에 참여하기까지 했다. 그리고 그들 가운데 많은 이들이 전쟁이 불러일으킨 민족주의의 대폭발에 압도되었다. 계급투쟁은 불가피하며 심지어 바람직한 것이라는 많은 사회주의자들의 신념은 이런 타격으로부터 회복되지 못했다. 전쟁이 끝난 후에도 많은 사회주의자들을 정통 마르크스주의로부터 멀어지도록 만드는 경향은 지속됐다. 예를 들어 새로 수립된 민주적 정치체제들은 통치 권력을 공유할 수 있는 새로운 기회를 사회주의 정당들에게 제공했는데, 그 결과 많은 이들은 계급 갈등의 불가피성과 계급 교차적 협력의 무용성에 대한 정통파들의 주장이 정치적 무기력함을 초래했다는 사실을 인식했다. 대공황의 시작은 역사 유물론과 계급투쟁에 최후 일격을 가했다. 왜냐하면 경제적 힘들에 대해서는 간섭할 수도 간섭해서도 안 된다는, 그리고 프롤레타리아 외부 집단들의 욕구와 두려움에 대해서는 사회주의자들이 전혀 관심을 가질 필요가 없다는 정통파들의 주장은 정치적 자살과 다를 바 없음이 많은 이들의 눈에 분명해졌기 때문이다.

사회민주주의가 왜 전간기에 출현했는지를 이해하고자 한다면 일국적 맥락을 넘어서는 구조적·환경적 흐름들을 살펴봐야 할 것이다. 하지만 이런 새로운 운동들이 정확히 어떤 형태를 취했는지, 그것들이 거둔 다양한 수준의 성공의 원인을 이해하려면 개별 국가의 내부를 들여다보아야 한다. 독일 사회민주주의에 대한 이야기는 처참한 실패의 이야기였다. '국민정당' 전략으로 전환해야 한다는 목소리에 사민당이 귀를 닫고 대공황에 대한 적극적인 케인스주의적 대응을 거부했던 것은, 사회민주주의 노선으로의 전환이 과거와의 단절을 의미한다는 당대의 일반적 믿음뿐 아니라 당의 핵심 인물들(루돌프 힐퍼딩 등)이 개입한 결과였다. 반면 스웨덴에서는 정확히 그 반대의 결과가 나타났다. 사회민주주의의 승리, 그리고 '국민정당'에 대한 호소와 새로운 경제 전략의 채택은 스웨덴 상황의 특수성 때문이기도 했지만 당의 핵심 인물들의 개입 덕분이었다. 이 시기 사민당의 지도자였던 페르 알빈 한손은 영리하고 카리스마적인 인물이었다. 그는 우파들의 주장과 호소(특히 '국민의 가정'으로서의 스웨덴이라는 사상)를 선별하여 자신들의 것으로 만들기 위해, 그리고 사민당이 프롤레타리아만의 옹호자가 아닌 '힘없는 국민들' 일반과 '공동선', 심지어 민족 전체의 옹호자로서 자리매김할 수 있도록 하기 위해 다른 이들과 함께 노력했다. 또한 사민당이 '케인스 이전의 케인스주의'를 채택할 수 있었던 것 역시 닐스 카를레뷔와 에른스트 비그포르스 같은 핵심 인물들 덕분이었다. 그들은 전간기 동안, 국가를 이용해 경제 발전을 관리하는 방안을 당이 수용할 수 있게 만들고, 이를 위한 실천적 전략을 세우기 위해 노력했다. 스웨덴에서 사회민주주의로의 최종적인 전환이 상대적으로 쉽게 이루어 졌던 것은 사민당이 전쟁 이전에 수정주의를 받아들였기 때문이었다. 따라서 1930년대 무렵에 이미 노선 전환을 위한 이론적·실천적 기반이 모두 갖추어졌던 셈이다. 그리고 마지막으로, 스스로나 외부적으로나 정통 교리의 기수로 여겨졌던 독일의 사민당과는 달리, 유럽 주변부에 위치해 있던 스웨덴 사민당은 해외(사회주의자들)로부터의 비난에 대해 그다지 걱정할 필요 없이 마르크스주의를 점차 멀리할 수 있었다.

이데올로기 발전 과정에서 구조와 행위자가 어떤 역할을 했는지를 평가하는 동시에, 사회민주주의를 재검토하여 20세기에 정당이 이데올로기 '매개체'로서 맡아 왔던 결정적인 역할에 대해서도 상기할 수 있었다. 이데올로기는 스스로 사람들의 공감이나 정치적 권력을 얻어 낼 수는 없다. 그 대신 이데올로기는 정치적 프로젝트를 실행할 수 있고, 사람들의 생각과 행동을 변화시킬 수 있는 정치적 행위자들에 의해 '매개'되어야 한다. 이것이야말로 지금까지 정당이 해온 역할이었다. 이미 살펴보았듯이 20세기의 특출했던 이데올로기들(사회민주주의, 파시즘, 민족사회주의)은 당시 정당들(특히 사회주의 정당들) 내부에서 시작된 논쟁들에 그 뿌리를 두고 있었을 뿐만 아니라, 당 지도자들과 당 조직에 의해서 정치적 명성을 얻고, 몇몇 경우 실천될 수 있었던 것이다. 그에 더해 우리는 이데올로기가 그것을 매개했던 정당들을 어떻게 변화시키는지도 관찰할 수 있었다. 20세기의 정당들을 규정했던 조직, 정치 전략, 선거 연합 등은 모두 그들이 옹호했던 이데올로기에 의해 결정적인 영향을 받았다. 앞에서 보았듯이 사회민주주의자들, 파시스트들, 민족사회주의자들의 특징이었던 계급 교차 연합과 '국민정당' 전략, '원칙에 기초한 실천적 실용주의'는 그들 특유의 이데올로기를 언급하지 않고서는 이해할 수 없다.

20세기를 이해하기

자유주의, 마르크스주의와 결별하고 경제에 대한 정치의 우월성을 주장했던, 그리고 개인주의 혹은 계급 갈등에 맞서 공동체주의의 가치를 중시했던 이들은 사회민주주의자들뿐만이 아니었다. 파시스트들과 민족사회주의자들 또한 유사한 결론에 도달했다. 그렇게 된 부분적인 이유는, 지브 스턴헬Zeev Sternhell과 제임스 그레고르A. James Gregor 같은 학자들이 지적했듯이, 파시즘과 사회민주주의 모두 세기말의 수정주의 논쟁에 뿌리를 두고 있었기 때문이다. 그 논쟁 과정에서 베른슈타인과 민주적 수정주의자들이 한 종류의 대안적 사회주의의 비전을 위한 기초를 다지고 있었다면, 조르주 소렐과 혁명적 수정주의자들은 또 다른 종류의 대안적 비전을 위한 기초를 다지고 있었다. 이 두 부류의 수정주의자들 모두 정치의 우선성과 공동체주의에 대한 신념을 갖고 있었다. 그들의 의견이 갈라진 곳은 자유주의와 민주주의에 대한 평가 부분이었다. 민주적 수정주의자들은 사회주의를 자유주의의 정신적·현실적 후계자로 보았으며, 민주주의를 그들의 목표를 달성하기 위한 최고의 수단인 동시에 그 목표의 근본적인 구성 요소라고 생각했다. 하지만 그들의 라이벌인 혁명적 수정주의자들은 자유주의를 혐오했으며, 민주주의가 파괴적이고 퇴보적인 영향을 끼친다고 보았다. 그들은 현존 자유주의 체제에 대한 점진적이고 진화적인 변화를 바라는 대신, 변화란 오직 그것과의 폭력적이고 혁명적인 결별을 통해서만 가능하다고 생각했다.

이런 혁명적 수정주의자들은 19세기 후반과 20세기 초반 동안 이탈리아와 프랑스에서 중요한 세력으로 자라났다. 정치의 우선성과 공동체주의에 대한 강조는 좌파와 우파 모두로부터, 특히 점점 성장하고 있던 민족주의 운동으로부터 관심을 이끌어 냈으며, 한 세대 후 파시스트들이 의

지할 기반을 제공했다. 독일에서는 혁명적 수정주의가 그런 인기를 누리지 못했지만, 그럼에도 그곳에서 또한 그것과 그렇게 다르지만은 않은 운동이 전개되었는데, 민족주의자들이 자본주의에 대한 강력한 비판을 발전시키면서 마르크스주의에 대한 사회주의적 대안을 주창했던 것이다. 19세기 후반 무렵, 그들은 스스로를 민족사회주의자라고 부르기 시작했다.

전간기 동안 사회민주주의자와 파시스트, 민족사회주의자들 사이의 유사성은 더욱 커졌다. 유사한 원리는 유사한 정책과 주장을 발전시켰는데, 이들 모두 자유방임적 자유주의와 소련식 공산주의 사이에서 '제3의 길'을 옹호했으며, 계급 교차적인 지지를 얻기 위해 열심히 노력했던 것이다. 그들이 집권한 이후에도 그 유사성은 이어졌는데, 이탈리아의 파시스트들과 독일의 민족사회주의자들은, 자본주의를 통제하는 것이 국가의 권리이자 의무라고 주장하는 데 있어, 스웨덴 사회민주주의자들보다도 오히려 훨씬 큰 목소리를 냈다. 그리고 실제로 파시스트들과 민족사회주의자들은 투자에 대한 국가의 통제, 산업 국유화, 그리고 코포라티즘 등이를 실현하기 위한 다양한 정책의 선구자가 되었다. 앞서 지적했듯이 이런 원리와 정책 가운데 많은 것들이 전후 체제로 흡수되었기 때문에, 사회민주주의자들뿐만 아니라 파시스트들과 민족사회주의자들 또한 전후 체제의 계보에 포함되는 것이 공정하다고 할 수 있을 것이다.

하지만 파시즘과 민족사회주의가 전후 질서에 미친 경제적 영향을 인정한다고 해서, 어떤 정치적 유산이 전해져 내려오고 있다고 볼 수는 없을 것이다. 실제로 이 운동들은, 전후 체제의 가장 두드러진 정치적 특징이었던 안정된 민주주의와는 불구대천의 원수와도 같은 사이였던 것이다. 그러나 여기서조차 파시즘과 민족사회주의는 적어도 간접적인 역할은 했다고 볼 수 있다. 즉 그들은 이탈리아와 독일 같은 나라들에서 최초의 근대적 '국민정당'의 사례를 제공했을 뿐만 아니라, 이제껏 안정된 민주주의의 발전을 방해해 온 수많은 사회적 구조와 제도들을 무너뜨렸던 것이다.[1]

요컨대 파시스트들과 민족사회주의자들, 사회민주주의자들은 다른 학자들이 지금껏 인식하지 못했던 중요한 공통점, 즉 정치의 우선성과 공동체주의에 대한 신념을 같이했다. 하지만 그들은 전자가 어떤 방식으로 수행될 수 있는지에 대해서, 그리고 후자가 진정으로 의미하는 것이 무엇인가에 대해서 의견이 달랐다.[2] 사회민주주의자들에게 정치의 우선성이란, 자본주의의 가장 가혹한 영향들로부터 사회를 보호하고, 특히 그 사회의 가장 허약하고 취약한 구성원들의 행복과 안전을 증진하기 위해 민주적 국가를 이용하는 것을 뜻했다. 파시스트들과 민족사회주의자들에게 정치의 우선성이란, 겉보기에는 사회 전체의 이익을 위해, 하지만 실제로는 국가(또는 당)의 헤게모니를 보장하기 위해 독재적 국가를 이용해 시장을 통제하는 것을 뜻했다. 한편 사회민주주의자들은 공동체주의를 사회적 연대에 대한 강조로, 그리고 사회적 단합과 연대를 강화시키기 위해 설계된 정책들로 바꿔 냈다. 파시스트들은 그것을 민족에 대한 강조로, 그리고 민족적 이익을 강화시키기 위한 정책들로 옮겨 냈다. 독일의 민족사회주의자들은 그것을 민족적 정체성에 대한 생물학적·배타적 관점과 함께, 내외부의 적을 제거하는 것을 겨냥한 정책들로 만들었다. 이런 차이점들이 얼마나 결정적인가와 상관없이, 사회민주주의자들과 파시스트들, 민족사회주의자들이 공유했던 정치의 우선성과 공동체에 대한 헌신은, 이들을 당대의 자유주의자들과 정통 마르크스주의자들로부터 근본적으로 구분해 주었음을 인식하는 것이 중요하다.

사회민주주의자를 파시스트 및 민족사회주의자와 구분해 주는 가장 중요한 분계선은 전자가 민주주의와 자유주의에 헌신했던 반면 후자는 그것을 완전히 거부했다는 사실이다. 앞서 살펴보았듯이 민주적 수정주의자들과 사회민주주의자들은 민주주의를 수단인 동시에 목적으로 보았으며, 민주주의를 성취하고 유지하기 위해 다른 목표들을 기꺼이 그것에 종속시킬 수 있었다.[3] 그들은 또한 대부분의 경우 사회민주주의를 자유주의의 논리적인 '제2막' 또는 후계자로 생각했다. 베른슈타인의 표현을 빌리자면, 사회민주주의는 자유주의의 "연대기적으로뿐만 아니라 지적으로도 정통적인 상속자"[4]로서 이해되어야만 한다. 또한 한 세대 후 카를로 로셀리가 말했듯이, 사회민주주의자의 과제는 자유주의를 자유 시장에 대한 집착으로부터 '자유롭게' 하는 것이며, 그것의 '혁명적 잠재력'을 단지 부유한 자들에게만이 아닌 사회 전체로 퍼뜨리는 것이었다.[5]

그러나 사회민주주의자들이 민주주의와 자유주의에 헌신했다 할지라도, 정치의 우선성과 공동체주의에 대한 강조는 그들로 하여금 길을 잃어버리게 할 수도 있었다. 예를 들어 제5장과 제6장에서 살펴보았듯이 일부 저명한 지식인들이 정말로 민주주의와 자유주의에 대한 신념을 상실하기도 했으며, 이는 정치의 우선성과 공동체주의에 대한 그들의 헌신과 결합하여 전간기 동안 수정주의적 좌파에서 파시즘적 혹은 민족사회주의적 우파로의 전향을 가능하게 했다.[6] 하지만 민주주의와 자유주의에 대한 신념을 유지했던 이들조차도 정치의 우선성과 공동체주의에 대한 헌신으로 인해 길을 잃을 수 있었다. 예를 들어 사회의 이익보다 위에 서있는 강력한 국가에게 '공동선'을 보호하고 촉진할 권리, 아니 의무가 있다는 믿음에서, 전간기 사회민주주의자들은 자신들의 비전에 우생학을 결합시켰던 것이다. 파시스트들과 민족주의자들이 했던 바로 그대로 말이다. 따라서 (언제나 사회민주주의의 기수 역할을 했던) 스웨덴에서는 이미 널리 퍼져 있던 우생학적 단종 수술sterilization이 "사회적 관점에서 볼 때 정당하고 바람직한 것"[7]으로, 그리고 "국민들을 보호"[8]해야 할 국가의 책임에 대한 표명으로 등장했다. 알바 뮈르달Alva Myrdal과 군나르 뮈르달 같은 가장 잘 알려진 일부 사민당 인사들은 이런 정책들과 관계가 있었는데, 그들은 이 정책들을 스웨덴 국민의 건강과 복지를 향상시키고9) '좀 더 우수하고 건강한 아이들'10)을 생산해 내기 위한 당의 자연스러운 전략으로서 바라보았다.

뮈르달 부부와 그 밖의 다른 많은 스웨덴 사회민주주의자들이 그런 정책들에 공감했던 것은 "국민들을 변화시키고 새롭게 형성하고 향상시킬 수 있는 끝없는 가능성"11)에 대한 신념과, "사회는 인종을 개량하기 위해서가 아닌, 사회적 이유들과 공동의 이익을 위해 사람들의 삶에 개입할 수 있는 권리를 갖고 있다"12)는 확신 때문이었다. 따라서 비록 뮈르달 부부와 그 동료들이 스웨덴 우생학 프로그램을 독일에서 진행 중이던 유형의 것들과 차별화하느라 애를 썼다고는 하지만(예를 들어, 자신들의 것은 인종주의와는 거의 관련이 없으며 자발적으로 행해지는 것이라고 주장13)), 그런 정책은 사민당 역사의 오점으로 기록되어야 할 것이다. 또한 그것은 국가가 어떻게든 사회 위에 존재하거나 사회가 국가에 '포함되어' 있다고 생각되는 곳이라면, 그리고 집단적 이익이 개인적 권리와 자유보다 우위에 있는 곳이라면 어디에서든 발생할 수 있는 위험에 대한 경고였다.

과거와 미래의 이데올로기

이 책을 통해 나는 20세기의 위대한 이데올로기들 간의 관계를 이해하기 위한 새로운 방식을 제시했다. 그 주제에 관한 현재의 논쟁에서는 두 가지 담론이 지배적이다. 첫 번째 것은 민주주의와 그 대안들 간의 투쟁에 초점을 맞추면서 자유주의를 파시즘과 민족사회주의, 마르크스-레닌주의에 대립시킨다. 두 번째 것은 자본주의와 그 대안들 간의 경쟁에 초점을 맞추면서 자유주의자들을 사회주의자들과 공산주의자들에 대립시킨다.[14] 그 두 가지 모두 20세기 역사의 중요한 특징들을 조명하는 데 도움이 되긴 하지만 그것들은 또한 불완전하며 따라서 생각을 잘못 이끈다. 왜냐하면 둘 다 세 번째의 투쟁, 즉 경제의 우선성을 믿었던 이들과 정치의 우선성을 믿었던 이들 사이에 발생했던 투쟁을 무시하고 있기 때문이다. 이 관점에서 볼 때 고전적 자유주의와 정통 마르크스주의는 역사의 패배자들이 위치한 자리에 함께 서있는 반면, 파시즘과 민족사회주의, 사회민주주의는 그 반대편에 서있다. 그런데 독재적 체제들의 경우 초기에는 다들 성공적이었지만 너무 폭력적이고 파괴적이었던 탓에 결국은 모두 붕괴되고 소멸되었다. 따라서 전장에서 끝까지 살아남았던 것은 (모든 경쟁자 가운데 가장 덜 알려지고 덜 이해되었던) 사회민주주의였다.

20세기의 이데올로기적·정치적 역학에 대해 새로운 이해를 가능하게 한다는 점만으로도 사회민주주의의 뿌리와 근본 논리에 대해 우리의 이해를 환기해야 할 충분한 이유가 될 것이다. 하지만 그래야 할 만한 절박한 현대적 이유들 또한 존재하는 것으로 드러나고 있는데, 천박한 버전의 신자유주의가 주요 공적 토론들에 대해 거의 그람시적인 의미의 헤게모니를 행사하면서 이제껏 이데올로기적 전투 속에서 어렵게 얻어 낸 지혜 가운데 많은 것들이 최근 들어 잊혀져 버렸기 때문이다.

흔히 세계화 덕분에 세계가 새로운 시대를 맞고 있다고들 한다. 시장이 전 세계적으로 확산되고, 그것이 낳은 경제적 상호 의존이 심화되고 활발해지면서 지도자들과 대중은 근본적으로 새로운 상황을 맞게 되었으며, 이런 상황은 선택지를 제약하는 동시에 고민을 던져 주고 있다. 당신은 [세계화라는] 체제로부터 벗어남으로써 소외되는 길을 선택할 수도 있고, 토머스 프리드먼Thomas Friedman이 신자유주의의 '황금 구속복'Golden Straitjacket

이라고 부른 것[세계화에 편입된 정치·경제적 의복]을 입을 수도 있다. 그렇게 되면 "두 가지 일이 일어나는데, 즉 경제는 성장하고 정치는 축소되는 것이다."15)

물론 세계화의 전진은 그에 대한 반발 또한 초래했고, 반세계화 시위는 현대적 삶의 일부가 되어 버렸다. 그러나 오늘날 시장의 후원자들은 그런 야단법석이 도대체 무슨 의미인지 이해하지 못하고 있다. 그들은 자본주의가 가져다주는 진정한 경제적 효과와, 경제에 대한 비시장적 접근 방식이 거두어 온 형편없는 경제적 성과를 지적하고는, 머리를 흔들며 그런 항의자들을 무식한 바보들, 혹은 철딱서니 없는 사람들쯤으로 치부해 버린다. 그들은, 시위에 참여하는 이들이 수학을 좀 배우거나, 집단 이기주의에 빠지기보다는 사회 전체의 부를 증가시키는 데 관심을 기울인다면 모든 것이 좋아질 것이라면서 비웃는다.

신자유주의자들이 인식하지 못하고 있는 것은 그런 편협한 경제적 태도가 핵심을 놓치고 있다는 사실이다. 맞다. 자본주의는 경제성장에 관한 단연 최고의 체제다. 하지만 경제성장이 유일한 이슈가 되었던 적은 결코 없었으며, 지금도 그러하다. 지금까지 시장에 관한 진정한 논쟁의 초점이 되어 온 것은 시장의 경제적 잠재력만이 아닌 그것이 개인들의 삶과 사회에 끼쳐 온 광범위한 영향에 대한 것이었다. 비판자들은 고삐 풀린 시장이 경제성장을 가져올 것인지에 대해서가 아니라, 시장 그 자체가 도덕적·사회적으로 무책임한 행위를 촉발시켜 오랜 공동체와 전통, 문화를 파괴하지 않을지에 대해서 걱정해 왔으며, 지금도 걱정하고 있는 것이다.

한 세기 전 사회민주주의가 바로 그런 우려들에 대한 대응 속에서 처음으로 출현하기 시작했음을 이미 살펴보았다. 베른슈타인과 같은 민주적 수정주의자들은 자본주의가 무너지지 않고 있으며 적어도 한동안은 지속될 것이라고 생각했다. 따라서 그들은 그것을 파괴하기보다는 개혁하고 개조하기 위해 노력하기로 결정했다. 또한 민주적 수정주의자들은 민족주의의 엄청난 동원력에 대항하고 자본주의의 부정의와 혼란으로부터 고통을 받고 있는 절대 다수의 민중에게 무언가를 제공해야 할 필요성을 인식했다. 한 세대 후 그들의 후계자들은 이런 기반 위에서, 자본주의의 붕괴에 대한 주장은 이제 접어 두고 그 대신 시장을 관리하고 지시하는 데 초점을 맞추어야 할 시기가 도래했다고 주장했다. 1930년대 무렵이제 사회민주주의자들은 시장과 자본주의가 그저 무너지지 않고 있을 뿐만 아니라 경제성장과 부를 이끌어 내는 귀중한 도구이기도 하다는 사실을 인식했다. 동시에 그들은 시장이 하인으로서는 훌륭하지만 주인으로서는 끔찍하다는 주장을 흔들림 없이 지켜 나갔다. 자본주의는 지속적인 경제성장을 보장하기 위해 필요할지 모르지만, 그것의 부정적인 사회적·정치적 결과들이 억제될 수 있도록 국가를 통해 조심스럽게 규제되어야만 했다. 1930년대 동안 사회민주주의자들은 일종의 공동체적 정체성과 사회적 연대에 대한 열망이 그 어느 때보다 널리 퍼져 있고 강력하다는 것을 깨달았다. 그리고 만약 그들이 이런 열망에 수긍할 만한 대답을 내놓지 못한다면 좀 더 사악한 성격의 운동들이 그 역할을 대신하게 될 것임을 알았다.

달리 말해 오늘날 세계화를 둘러싼 전투들은 자본주의의 의미와 결과들에 관해, 그리고 그것이 민주주의, 사회적 안정과 과연 조화될 수 있는지, 그렇다면 어떻게 그럴 수 있는지에 관해 진행 중인 논쟁의 최근작이라고 간단히 요약할 수 있을 것이다. 참여자들이 그것을 인식하든 못하든 상관없이 말이다. 무비판적으로 시장을 받드는 자유주의자들은 물론, 시장의 그 어떤 좋은 점도 인정하지 않으려는 구식 좌파들에게는, 자본주의의 물질적 혜택을 공유하고자 하면서도 그것의 사회적·정치적 결과들을 두려워하는 대다수 민중에게 제공할 수 있는 것은 언제나처럼 오늘날에도 거의 없다. 그에 반해 사회민주주의자들은 이 험난한 여울을 무사히 건널 수 있도록 도와주는 원리들을 언제나처럼 지금도 준비해 놓고 있다.

이것이 일반적인 견해가 아님은 나 또한 알고 있다. 최근 수십 년 동안 유럽의 사회민주주의 운동은 예전에 비해 빈약해졌다. 지지자들과 비판자들 모두 20세기 중반의 상황에 맞게 설계된 일련의 국가주의적 복지 정책이라고 알고 있는 사회민주주의는, 상황이 변화하면서 비틀거리기 시작했고 그 정책들도 지지를 잃게 되었다. 자본의 점증하는 유동성과 국제화는 기업의 결정과 발전을 규제하려는 국가의 노력을 어렵게 만들었고, 일부 학자들이 주장하듯이 국제적 경쟁은 관대한 복지국가와 높은 세율을 더는 지속될 수 없는 사치로 만들어 버렸다.[16) 또한 이주 현상이 증가하고 유럽 각국의 사회 구성이 달라지면서, 폭넓은 보편주의적 정책들을 유지하는 데 필요한 희생을 기꺼이 받아들이려는 사람들의 태도와 공동의 목적의식을 약화시켰다는 주장도 있다. 그리고 소련의 몰락은, 그것이 사회민주주의 프로젝트와 무관하다 하더라도, 규제되지 않는 자본주의에 대한 유의미한 좌파적 대안이 존재할지도 모른다는 일부 사람들의 희망을 부숴 버렸다.

하지만 이런 것들은 사회민주주의자의 입장에서 절망할 만한 이유가 되지는 못했다. 왜냐하면 그것들 중 어떤 것도 그런 문제들에 대해 근대성의 가장 근본적인 문제(즉 자본주의, 민주주의, 사회적 안정 사이의 긴장)에 영향을 끼치지는 못했기 때문이다. 오로지 사회민주주의만이 지속적인 해결책을 제공해 왔고 여전히 제공하고 있다. 사실 주의 깊게 살펴보면 사회민주주의가 부활하는 데 가장 큰 장애물은 구조적 또는 환경적 요인들이나 대안적 이데올로기들의 활약이 아닌, 좌파 스스로의 지적 오류나 의지 상실에 있음을 알 수 있다.

아마도 현시대의 민주적 좌파를 재구성하기 위한 가장 유명한 시도는

영국의 전 총리 토니 블레어Tony Blair, 사회학자 앤서니 기든스Anthony Giddens
와 연관된 소위 '제3의 길'인 듯하다.17) 그 이름 자체가 전통적 사회민주
주의 정치와의 연속성을 나타내기 위해 만들어진 것임에도,18) 제3의 길
의 옹호자들은 사회민주주의의 핵심 원리 중 하나가 늘 정치의 우선성에
대한 신념과, 경제적 힘들을 통제하고 집단적 선에 기여하기 위해 민주적
으로 획득한 권력을 사용하는 것에 대한 헌신이었음을 이해하지 못하는
것으로 보인다.

'제3의 길' 지지자들은 효율성을 전면에 내세우고 싶어 한다. 그들은
사회민주주의의 공동체주의적 외관을 유지하기를 원하면서도, 좀 더 근
본적인 사회적 목표를 이루기 위해서는 시장적 힘들을 재조정하고 심지
어는 위압할 필요가 있다는 생각을 거부한다. 또한 자본주의를 그 어떤
근본적 방식으로도 변화시키거나 극복하기를 원치 않는 그들은, 빈곤층
과 사회적 취약 계층을 위한 '안전망'을 제공하는 정책들을 지지하면서도,
가능한 한 항상 시장의 원칙에 도전하는 것을 피하려 한다(이는 거의 모든
미국 민주당원에게도 해당되는 사실이다).

하지만 진정한 사회민주주의자들에게 효율성이란 정책 판단의 중요한
기준 가운데 하나일 수는 있어도 그것이 유일하거나 가장 중요한 기준은
아니다. 사회민주주의자들은 좋은 삶을 가능하게 하는 물질적 기반을 제
공할 수 있는 시장의 능력 때문에 그것을 전통적으로 수용해 왔지만, 사
회적 또는 정치적 삶에 대한 시장의 우선성을 수용하는 일은 항상 꺼려
했다. 따라서 '제3의 길'이 진정으로 부활시키고 업데이트하고자 하는 대
상은 사회민주주의가 아닌, 20세기 초반 무렵 영국에서 특히 인기가 많았
던 (사회주의적 수정주의와 대치되는) 자유주의적 수정주의인 것이다.19) 그
것 자체는 별 문제 없고 좋은 일일 수 있다. 하지만 그것이 오늘날 진보적
열망을 이끌어 가는 역할을 하고 있다고 말하기는 어렵다.

한편 '제3의 길' 옹호자들이 정치의 우선성으로부터 멀어졌다면, 신좌파 중 많은 이들은 사회민주주의의 또 다른 핵심 원리인 공동체주의와의 관계를 상실했다고 할 수 있다. 소집단들의 정체성은 근본적인 것이며 사회적 편견들은 너무도 뿌리가 깊어 제거할 수 없다고 확신한 이 다문화주의적 좌파들은 민족적 연대라는 생각 자체를 거부해 왔다. 이들은 그것을 다수자들이 소수자들에게서 특정 정체성을 빼앗으면서 자신들의 가치를 강요하려는 또 다른 시도라고 보았던 것이다.[20] 그 과정에서 다문화주의자들은 다양한 사회집단들에 대한 폭넓은 접근 능력, 그리고 공통의 욕구와 책임에 대한 강조를 포기해 버렸다. 사회민주주의를 그토록 강력하고 매력적인 힘으로 만드는 데 가장 큰 역할을 했던 것들을 말이다. 한 논평자는 이렇게 한탄했다.

> 좌파의 쇠퇴는 누구에게나 통용될 수 있는 인간적 가치의 이름으로 발언할 수 있는 능력의 약화를 통해 측정해 볼 수 있다. 좌파와 우파 사이에 기묘한 전도 (reversal) 현상이 있었던 것이다. 과거에 좌파들은 개인들의 평등함을 옹호했고, 우파들은 태생, 지위, 민족의 특수함과 특권을 지지했다. 그런데 21세기에 들어서면서 보편적 권리의 언어를 즐겨 사용하는 이들은 우파인 반면, 좌파는 차이의 우선성과 환원 불가능함을 고집하고 있다. 오늘날 좌파에 속한다는 것은 인간적 가치에 관해 말하는 것 자체를 의심함을 뜻한다.[21]

앞으로의 길

사회민주주의의 부활을 위한 전제 조건은 그 운동 자체의 근본 원리를 재발견하는 것이다. 다시 말해, 현대의 문제들을 해결해 나가고자 한다면 사회민주주의자들은 다음을 기억할 필요가 있다. 사민주의 운동의 오랜 특징이, 성장을 이끌어 내기 위해 시장을 이용하면서 그것이 초래하는 부수적 피해로부터 시민들을 보호하기 위해 국가를 이용하고자 하는 욕구, 그리고 개별 구성원들이나 특수 이익에 봉사하기보다는 전체 공동체를 대표해 진심으로 노력하고자 하는 의지였다는 사실 말이다.

1999년에 개최된 사회주의 인터내셔널 제21차 대회에서 전 프랑스사회당 당수였던 리오넬 조스팽Lionel Jospin은 대회에 참가한 대의원들에게 "시장은 효율적이고 중요한 도구이지만, 단지 하나의 도구일 뿐"22)이라는 사실을 상기시켰다. 영국 신노동당(또는 미국 민주당)의 상냥하고 온화한 신자유주의가 아니라 이것이 현대 사회민주주의 전략의 출발점이 되어야 한다. 하지만 그런 생각을 옹호했던 조스팽과 그 밖의 많은 이들은 사민주의 전략을 21세기적 상황에 적합하게 만들기 위해서는 현재 사회주의 운동의 정책 의제를 심각하게 검토할 필요가 있다는 사실을 인정하지 않았다.

이 책에서는 실행 가능한 새로운 정치적 프로그램의 세부 사항들을 작성해 내야 하는 이들을 위한 명확한 가이드라인을 제시하고자 한다. 21세기의 사회민주주의자들은 그들의 운동이 지녀 왔던 최고의 전통을 따르면서, 신자유주의의 세계화 예찬론globaphilia과 현재 많은 좌파들이 갖고 있는 세계화 혐오론globaphobia 모두를 거부해야만 한다. 그들은 그 대신 이른바 '진보적 세계화'23)를 촉진해, 팽창하고 있는 시장의 생산적 잠재력을 이용하는 동시에 그것이 모든 이들에게 혜택이 될 수 있도록 만들기 위해 그 과정을 관리해야 한다.

적당한 감독이 이루어지지 않을 경우 규제받지 않는 시장은 온갖 사회적·정치적 질병을 불러일으킬 수 있지만, 반대로 적당한 감독이 이루어진다면 그것은 기적을 만들어 낼 수도 있다. 무엇보다도 그런 주장은 반박할 수 없는 증거를 갖고 있다. 즉, 서유럽 역사상 가장 성공적이었던 시기에 그 핵심이 있는 것이다. 하지만 이 가운데 많은 것들이 지난 수십 년을 거치며 잊혀졌다. 실제로 1945년 이후 전후 체제의 제도화와 함께 일어났던 변화의 성격과 규모는 우리의 집단적 기억 속에서 사라져 버린 듯 보인다. 현재의 문제들에 대해 우리가 어떻게 생각해야 할지에 관한 결정적인 교훈과 함께 말이다.

오늘날 세계화 논쟁의 참여자들은, 유럽이 막대한 부를 만들어 낼 수 있는 자본주의의 능력과 민주주의, 사회적 안정을 결합시켜 낼 수 있었던 것은 오직 전후 체제에 와서였다는 사실을 상기할 필요가 있다. 20세기 전반기까지만 하더라도 이런 것들은 공존할 수 없었으며, 대부분의 사람들은 이 상황을 바꾸기 위해 할 수 있는 일이 거의 없다고 믿었다. 자유주의자들이 그렇게 생각했던 이유는 민주주의가 "필연적으로 빈곤층과 교육받지 못한 자들에 의한 폭정과 강탈로 이어지리라"[24]고 믿었기 때문이다. 또한 마르크스주의자들이 그렇게 생각했던 이유는 빈곤층과 노동자들에게 투표권을 부여하면 부르주아 사회의 종언으로 이어지리라고 믿었기 때문이다. 그리고 파시스트들과 민족사회주의자들이 그렇게 생각했던 이유는 민주주의가 민족적 응집과 사회적 연대에 정면으로 반하는 것이라고 믿었기 때문이다. 자본주의와 민주주의, 사회적 안정이 공존할 수 있다는 것을 가장 강력하게 옹호했으며, 실제로 놀라울 만큼 그것들이 공존할 수 있도록 실행 프로그램을 개발해 낸 것은 바로 사회민주주의였다. 따라서 20세기의 가장 큰 아이러니 중 하나는 이런 사회민주주의적 타협의 성공 그 자체가, 우리로 하여금 그것이 얼마나 대단한 역사적 성취였는지를 잊게 했다는 점이다.[25]

실제로 오늘날에는 상당수의 좌파들조차 이 성취를 의문시한다. 예를 들어 '인간의 얼굴을 한 자본주의'가 싸워서 얻어 낼 만한 가치가 있는지를 의심한 것이다. 그런 주장들은 전후 체제를 떠받치고 있던 근본적인 힘과 논리에 대한 심각한 오해, 그리고 그것이 앞서 존재했던 것과 얼마나 다른 것인지에 대한 인식의 부족을 드러낸다. 사회민주주의자들의 목표는 단지 '상냥하고 온화한 자본주의'를 만드는 것이 아니라, 시장의 영향력이 사회적·정치적 삶에 맞게 최대한 제한되는 세상을 만드는 것이었다.26) 이는 여러 면에서 혁명적인 목표였다. 그것은 자본주의 체제와 자유주의자들의 전통적 주장 속에 내재되어 있는 뿌리 깊은 경향(시장의 범위와 영역을 확대하고자 하는 것27))에 반하는 것이었다. 그리고 그것은 전후 시기에 매우 인상적인 수준으로 실현되었다.

하지만 사회민주주의가 만약 자신이 이뤄낸 성취를 뽐내며 자신의 원리를 계속 지키고 싶다면 그것은 또한 실천적이어야 한다. 자본주의가 변화하는 만큼, 그것을 관리하기 위한 사회민주주의의 접근 방식도 변화해야 한다. 특히 민족국가(사회민주주의자들이 자본주의를 관리하기 위해 전통적으로 의존해 왔던 도구)가 자율성과 통제력을 상실한 정도에 비례해, 사회민주주의자들은 이제 국제적 영역으로 관심을 돌려야 한다. 이는 말하기는 쉬워도 실행하기는 어려운 일인데, 현재 민족국가에 비할 만한 전 세계적인 정치적 권위체가 존재하지 않기 때문이다. 하지만 도움이 될 수 있는 국제적 기구들이 없는 것은 아니다. 만약 사회민주주의자들이 그렇게 하기 위해 지적·정치적 화력을 집중하기만 한다면 말이다.

논리적으로 그 출발점이 될 만한 곳은 유럽연합EU인데, 실제로 많은 지식인들은 유럽의 민족국가가 해왔던 일인 자본주의에 대한 감시와 통제를 할 수 있으며 또 그렇게 해야만 한다고 주장했다.28) 또 어떤 이들은 전 지구적 자본주의를 관리하는 데 잠재적으로 이용될 수 있는 제도로서 국제통화기금과 세계은행, 세계무역기구를 지목했다. 하지만 예전과 마찬가지로 지금 이런 제도들을 사회민주주의적 목표 달성을 위한 도구로 전환시키기 위한 전제 조건은 민주화다. 민주주의를 수단인 동시에 목적이라고 생각했던 사회민주주의자들은 역사적으로 그것을 국가적 수준에서 옹호해 왔다. 이런 주장의 현대적 형태는, 유럽연합이나 국제통화기금 같은 기구들을 자신들이 복무하고 있다고 주장하는 사람들에게 더욱 책임을 지도록 (즉 더욱 민주적으로) 만드는 데 있다. 왜냐하면 민주주의는 그 자체로 좋은 것일 뿐더러, 민주화가 진해되면 강한 소수 분파가 아니라 대다수 민중이 전 지구적 자본주의를 관리하는 데 영향력을 발휘하는 좋은 효과를 갖기 때문이다.

만약 21세기 사회민주주의자들이 정치의 우선성에 대한 자신들의 헌신을 되살리고 싶다면, 그들은 또한 공동체주의의 가치를 재발견해 내야만 할 것이다. 그들의 운동은 부분적으로는 개인주의에 대한 자유주의의 집착과 계급 갈등에 대한 마르크스주의의 집착에 대한 대응으로서 출현한 것이었다. 자본주의에 시달렸던 대중이 진정으로 원했던 것은, 사회민주주의 운동의 창시자들이 인식했듯이, 포용력 있는 정치 공동체에 소속감을 느끼는 것이었다. 오직 그런 호소만이 자본주의로의 이행과 함께 상실되어 버린 공동사회적 정서를 회복할 수 있을 것이었다. 사회민주주의자들은 공동체주의 또한 민주주의와 마찬가지로 수단인 동시에 목적으로 보았다. 그것은 자본주의가 만들어 낸 원자화와 분열, 불화에 대항하기 위한 수단만이 아니라, 다른 사회민주주의적 프로그램에 대한 촉매제로도 중요했다. 예를 들어 강력하고 개입주의적인 국가와 보편주의적 복지 정책은 모두 높은 수준의 동료적 감정과 공유된 목적의식을 지닌 시민들의 지지에 의존했다. 마이클 왈저는 다음과 같이 표현했다.

공동체 구성원으로서의 소속감은 중요한데, 왜냐하면 한 정치 공동체의 구성원들은 다른 그 누구보다 서로에게 가장 의존하기 때문이다. 그리고 그들이

제일 우선적으로 의존하는 것은 공동체에 의한 안전과 복지의 제공이다. 거꾸로 이렇게 주장할 수도 있다. 즉, 공동체에 의한 안전과 복지의 제공은 중요한데, 왜냐하면 그것이 구성원으로서 소속감의 중요성을 우리에게 가르쳐주기 때문이라고 말이다. 만약 우리가 서로를 부양하지 않을 경우, 또 만약 우리가 공동체 구성원들과 이방인들을 구분하지 않을 경우, 우리에게는 정치 공동체들을 만들고 유지할 이유가 없을 것이다.[29]

유럽이 상대적으로 동질적인 사회를 지닌 독립된 국가들로 구성되어 있었다는 사실은 공동체적·사회적 연대에 대한 강조가 1970년대 이전까지만 해도 별로 문제되지 않을 수 있도록 해주었다. 하지만 오늘날 이주와 (국가들 간의) 상호 의존은 그런 호소력이 더는 지속되기 어렵게 했다. 하지만 사회민주주의자들은 그렇게 할 수 있는 방법을 찾아내야 한다. 왜냐하면 개인주의와 다문화주의는 장기적인 정치적 성공의 기반을 제공할수 없기 때문이다.

구성원들이 점점 더 다양해지고 있는, 유럽에서 공통의 인종적 또는 종교적 배경을 바탕으로 사회적 연대를 주창하는 것은 이제 실행 가능하거나 매력적인 전략이 아니다. 따라서 사회민주주의적으로 재구성된 공동체주의적 호소는 좀 더 포괄적인 토대, 즉 가치와 책임의 공유 위에서 세워져야 한다. 즉, 21세기의 시민권은 일종의 혈연적 유대감 위에 세워질 수 없기 때문에, 특정한 규칙과 규범의 수용 위에 세워져야 한다는 점을 사회민주주의자들은 분명히 해야만 한다. 한 논평자의 표현대로 "종족성의 접착제(우리처럼 생겼고 우리처럼 이야기하는 사람들)는 가치의 접착제(우리처럼 생각하고 우리처럼 행동하는 사람들)로 대체되어야만 한다."[30] 사회민주주의자들은 양보할 수 없는 특정한 정치적·사회적·문화적 가치들의 본질적 특성을 고수하는 한편, 이민자들의 사회적 통합이 도덕적으로 선한 것이며 실제로 필요한 것임을 주장할 수 있어야 한다.

이것이 공동체에 대한 강제적 순응을 요구하는 듯이 보인다는 공격에 대해 사회민주주의자들은 이렇게 대답해야만 한다. 즉 공동체라는 주제가 다시 한 번 포퓰리즘적 우파들에게 독점된다면 (이미 프랑스 민족전선, 오스트리아 자유당 같은 집단들로 나타나기 시작했듯이) 상황은 더욱 악화될 것이라고 말이다. 사회민주주의 운동의 창시자들이 이해하고 있었듯이 사람들의 마음속 깊숙한 곳에는 좀 더 큰 공동체에 소속되어 있다고 느끼고 싶어 하는 지울 수 없는 심리적 욕구가 존재한다. 시장의 영역이 확대되면서 모든 견고한 것들이 녹아 사라질 때 더욱 강화되는 욕구 말이다.

비록 유럽 사회의 변화를 다루기 위한 매력적이고 현실적인 방안을 찾아내는 것이, 변화하는 세계경제를 다루는 방법을 찾아내는 것보다 쉽지는 않겠지만, 낙관할 만한 이유가 존재한다. 전 유럽에 걸쳐 일부 우파들의 외국인 혐오와 일부 좌파들의 상대주의와 다문화주의 사이에서 새로운 '제3의 길'을 호소하는 좌파들이 점점 늘어나고 있다. 당연하겠지만, 그런 호소가 최근 가장 강력하게 나타나고 있는 곳들은 동화되지 않은 이주민들, 그리고 심각한 사회 분열의 문제가 폭발해 폭력 사태로까지 번졌던 유럽의 일부 지역들이다. 핌 포르투완Pim Fortuyn과 테오 판 호흐Theo van Gogh의 죽음으로 인해 자신들의 사회에 대한 엄청난 자기 탐구가 촉발되었던 네덜란드가 그 예다. 네덜란드 노동당의 지도자인 바우터르 보스Wouter Bos는 얼마 전 민주주의와 복지국가를 지탱하고 있는 연대의 정신을 유지하기 위해서는, 유럽에서의 종족적·종교적 다양성 증가에 따르는 '공통의 문화적 가치의 부재' 문제를 해결할 필요가 있다고 주장했다. 이를 위해서는 모든 시민이 자신들의 소속 배경과는 상관없이 네덜란드 사회가 기반으로 삼고 있는 핵심 원리들을 완전히 받아들여야 한다고 보스는 주장했다. 또한 그는 앞으로 이주를 규제해야 하는데, 그 이유는 "그들을 통합시키고 자유롭게 부양해 줄 우리의 능력이 무한하지 않기 때문"이라면서 다음과 같이 지적했다.

> …… (다양성과 가치, 그리고 유럽의 미래에 대한) 이 논쟁을 보수주의자들에게 떠맡겨 버린다면 우리는 편안함을 느낄지 모른다. 그렇게 하면 우리는 그 누구도 기분 나쁘게 할 필요가 없을 테니 말이다. 하지만 우리 자신을 속이지 말자. 이는 우리에게 의지하고 있는 사람들에게 도움이 되지 않을 것이다. 또한 우리가 제공할 수 없는 미래에 살게 될, 우리 사회의 새로운 참여자들에게 도움이 되지 않을 것이다. 그리고 사회적 다양성이 아무런 문제도 초래하지 않는다고 스스로를 속이는 시민들, 그리고 우리 사회의 집단적 합의가 점점 부식됨으로써 고통 받을 시민들에게도 도움이 되지 않을 것이다. 진보적 정치 세력들은 이 논쟁을 무시해서는 안 된다. 그것은 우리의 논쟁이기도 한 것이다.31)

심지어 오랫동안 공동체주의적 테마들을 성공적으로 이용해 온 스웨덴 사민당조차 이 문제를 다루는 데 어려움을 겪고 있다. 70여 년 전 사민당이 처음 권력을 잡았을 때 스웨덴은 매우 동질적인 나라였다. 오늘날에는 전체 스웨덴 아이들 가운데 최소한 한 명의 부모가 외국 태생인 경우는 17퍼센트를 넘는다. 이런 변화는 광범위한 사회문제를 만들어 냈고 외국인 혐오에 관한 우려를 증가시켰다. 사민당은 이에 대한 대응으로서 그들의 오랜 공동체주의적 전통을 현대적으로 재구성해 내기 위한 조치들을 취하기 시작했다. 예를 들어 "이주와 다양성"이라는 제목으로 최근 간행된 한 정부 문서는 "다양성에 기초한 사회적 응집성"과 "사회의 근본이 되는 민주적 가치들의 경계 안에서의 상호 존중을 그 특징으로 하며, 모든 이들이 자신의 소속 배경과 상관없이 참여하면서 헌신의 감정을 공유할 사회적 발전"32)을 호소했다. 한편 스웨덴의 몇몇 유명 정치인들은 스웨덴 사회에서 이주민들은 환영받을 것이지만, 그들이 완전한 시민권의 혜택을 누리기 위해서는 이 나라의 지배적 규범에 적응해야만 한다는 점을 분명히 했다. 그런 정책적 입장 때문에 어떤 이들은 사민당을 민족주의적 정당이라고, 또는 심지어 반이주민적 정당이라고 비난했지만[33] 그런 비판은 핵심을 벗어난 것이다. 사민당의 이런 움직임은 정체성의 정치가 아닌 새로운 형태의 공동체주의를 향한 잠재적 모색이라고 볼 수 있으며, 따라서 퇴보가 아닌 진보의 징후인 것이다. 스웨덴 사민당과 다른 사회민주주의 정당들은 이 노선을 계속 따라가면 성공적인 결과를 얻을 것이다.

시간이 흘러가다 보면 다른 곳과 마찬가지로 이 분야에서도 결국에는 기술 관료들과 창의적 정치가들이 현재 사회민주주의적 좌파들을 괴롭히고 있는 정책적 문제들에 대해 괜찮은 해결책을 제시할 것이다. 하지만 그들이 그렇게 한다 하더라도, 만약 사회민주주의 활동가들이 낙관주의와 비전을 회복할 수만 있다면, 그것은 사회민주주의 운동의 진정한 부활로 이어질 것이다. 사실 아마도 오늘날 사회민주주의 정당들의 가장 큰 실패는 애초부터 운동의 기반이었던 이상주의를 상실했다는 데 있을 것이다.

세상을 바꾸겠다는 의지나 이데올로기에 대한 열망을 분명히 보이지 않고서도 선거에서 승리할 수는 있다. 하지만 그런 정당은 시간이 흐르면서 사형장에 끌려가는 죄수와도 같은 처지가 되어 동기와 열정, 어려움을 극복해 내는 능력을 잃어버리고 말 것이다. 이는 정확히 오늘날 유럽에서 벌어지고 있는 일이다. 사회민주주의 정당들은 선거에서 계속 좋은 결과를 얻으면서 정부에 참여하고 있지만, 당원 수는 격감했고 사민당이 그들의 적수보다 좀 더 관대한 정책을 제시하는 것 이상의 무언가를 할 수 있다고 기대하는 사람들은 이제 거의 없다.

사회민주주의 운동의 역사를 고려할 때 이런 상황은 그저 놀라울 뿐이다. 특정 상황에 맞게 현실에 맞는 주장과 프로그램들을 만들어 내는 데 있어 사회민주주의자들이 그동안 얼마나 실천적이고 유연했든지 간에, 그들은 언제나 좀 더 나은 세상이 가능하며 그것을 실현하는 일이 자신들의 과제라는 확신에 따라 움직여 왔다. 베른슈타인에서부터 헨드리크 드 망, 카를로 로셀리, 페르 알빈 한손에 이르기까지, 진정한 사회민주주의자들은 언제나 특정 정책을 대할 때 그것을 그저 그 자체 목적인 것이 아닌 좀 더 나은 미래를 향해 가는 발걸음이라고 생각했다. 다른 말로 하면, 그들은 현재 지향적 정책과 미래지향적 목표 사이에 아무런 모순이 없을 뿐만 아니라 사실 그 둘은 분리될 수 없는 (또는 분리되어서는 안 되는) 것이라고 믿었다. 사회민주주의는, 적어도 그 원래의 구상에 따른다면, 이론과 실천을 통합하는 것이 정치적 승리의 문을 여는 열쇠이며 현재 세계를 변화시키는 것이 궁극적인 목표라는 관점에 기초하고 있는 것이었다.

전후에 사회민주주의 운동이 자신의 이데올로기적 유산과의 관계를 상실하고, 체제를 변화시키기보다는 성공적으로 관리할 수 있는 능력을 전략적 기반으로 삼으면서 이 모든 것이 변하기 시작했다. 한 논평자는 이렇게 지적했다. "1980년대까지 좌파 정치는 급진적 이상이라는 주술에 매혹되어 있었다. 세상이 근본적으로 달라질 수 있다는 믿음 말이다. 하지만 냉정하고 혹독한 정치적 현실주의는 급진적 이상을 끝장내 버렸다. 정치가 주술에서 풀려난 것이다." 많은 이들이 이런 변화를 반겼다. 변화를 위한 프로젝트는 이제 구식일 뿐만 아니라 위험하다고 믿었기 때문이다. 하지만 더욱 중요한 사실은 변화에 대한 이런 믿음의 상실이 "단지 진보적 정치 운동에 대해서만이 아니라, 정치과정에 대한 공적 참여라는 좀 더 일반적인 정서에 대해서도 심각한 손상을 입혔다"[34]는 점이다.

19세기 후반과 20세기 초반의 위대한 사회민주주의자들이 인식하고 있었듯이, 정치가 제공할 수 있는 가장 소중한 것은 가능성에 대한 믿음이다. 따라서 그들은 마르크스주의자들의 결정론과 자유주의자들의 자유방임론에 대항해, 사람들이 함께 노력하면 어떤 장애물이라도 극복해 세상을 좀 더 나은 곳으로 만들 수 있으며, 또 그렇게 해야만 한다는 생각에 기반을 둔 정치적 이데올로기를 발전시키자고 호소했다. 그 결과 탄생한 것이 20세기 동안 가장 성공적이었던 정치 운동, 즉 사회민주주의였다. 21세기의 문제들 또한 그 형태는 다를지 모르나 그 성격은 다르지 않을 것이다. 사회민주주의가 거둔 성취가 다시 반복되지 못할 이유는 없는 것이다.

1

역자가 셰리 버먼 교수의 글을 처음 접했던 것은 그녀의 박사 학위 논문을 토대로 쓴 『사회민주주의적 모멘트』*The Social Democratic Moment*(Harvard University Press, 1998)라는 책을 통해서였다. 그 책에서 버먼이 보여준 명쾌한 주장과 신선한 관점, 역사적 이야기를 다루는 능력은 역자의 마음을 사로잡았고 언젠가 이 책을 한국에 소개해 알리고 싶다는 생각을 하게 만들었다. 하지만 막상 번역 작업을 시작하지는 못하고 차일피일 미루던 차에 버먼의 신간이 출간되었는데, 그 신간은 『사회민주주의적 모멘트』와 동일한 주제를 다루면서도 스케일은 한층 더 커지고 논리는 더욱 정교해졌다. 그것이 바로 역자가 이번에 소개하는 『정치가 우선한다』*The Primacy of Politics*이다.

　이 두 권의 책을 통해 버먼은 그동안 이론적으로나 실천적으로나 홀대받아 온 사회민주주의를 새롭게 조명한다. 좌우파 양쪽으로부터 기회주의라고 매도당해 온 사회민주주의는 버먼이 보기에 단순한 기계적 중립을 지향하는 중도파들의 허구적 이데올로기가 아닌, 자신만의 독특한 정체성과 철학을 지닌 새로운 정치사상이다. 버먼이 지적하는 사회민주주의의 주된 특징은 민주주의에 대한 헌신과 더불어 정치적 가능성에 대한 확고한 믿음에 있다. 『사회민주주의적 모멘트』에서 버먼은 그런 믿음의 중요성을 보여 주기 위해 명확히 대비되는 정치적 결과를 초래한 사례로서 독일의 사민당과 스웨덴의 사민당을 비교하고 있다.

19세기 후반에서 20세기 초반에 걸쳐 독일사민당은 독일의 지배적 정당으로 부상했다. 하지만 사민당의 엘리트들을 사로잡고 있던 이데올로기인 유물론적 마르크스주의는 그들을 정치의 영역에서 적극적으로 행동하지 못하는 불구의 정당으로 만들어 놓았다. 그들에게 국가와 정치란 근본적인 경제적 요인에 의해 좌우되는 부차적인 것이었기 때문이다. 따라서 그들은 자신들이 추구하는 이상을 실현시킬 수 있는 절호의 기회를 놓쳐 버린 채, 그러한 빈틈을 예리하게 파고든 나치즘에 무기력하게 길을 내어 주게 된다.

반면 독일사민당과 비슷한 시기 비슷한 기회를 잡은 스웨덴 사민당은 그런 어리석은 실수를 범하지 않았다. 그들은 이미 낡아 버린 이론에 매달리는 대신 새로운 현실에 맞게 자신들만의 새로운 방식을 실천해 나갔다. 그들은 마르크스와는 달리 국가와 정치를 초월해서가 아닌, 그것들을 통해서 더 나은 세상으로 가는 길을 개척할 수 있다고 믿었다. 그리고 그러한 믿음을 바탕으로 현실에 걸맞은 비전과 정책들을 만들어 냈고, 이는 스웨덴 사민당을 이후 수십 년 동안 유지된 강력한 패권 정당으로 만들어 주었다. 즉 버먼에게 사회민주주의란, 국가와 정치를 통해 사회를 변화시킬 수 있다는 신념 위에서 탄생한 적극적인 민주주의자들의 비전이다.

한국에는 사회민주주의의 이런 역사와 특징이 제대로 잘 알려져 있지 않은데, 그 이유는 한국 현대사 속에서 찾아볼 수 있다. 민주화 이전 한국에서 국가란 반체제 세력에 대한 철저한 탄압을 특징으로 하는 강력한 권위주의 정부의 동의어나 다름없었다. 따라서 민주화 운동을 이끌었던 이들, 그중에서도 특히 정통 마르크스주의를 받아들였던 좌파들은 국가를 지배계급의 도구라고 쉽게 규정할 수 있었고, 그 속에서 행해지는 정치를 사소하거나 무의미한 것으로 여겼다. 문제는 민주화 이후에도 이러한 경향이 지속되었다는 점이다. 구소련의 붕괴 이후 정통 마르크스주의자를 자처하는 '구'좌파들은 거의 사라졌음에도, 국가와 제도권 정치에 대한 거부감을 자신의 이념적 순수성이나 이론적 진보성의 상징처럼 내세우는 '신'좌파들 사이에서 사회민주주의에 관한 논의가 이루어질 만한 여지는 거의 없었다. 이렇듯 한국의 좌파들이 이론적·사상적으로 정체되어 있는 사이 현실은 급변했고, 진보파들이 의회에 진출하는 기회를 갖게 되었다. 그 결과 한국의 많은 좌파들은 국가와 그 속에서 행해지는 정치를 통한 근본적인 사회적 변화는 불가능하다는 신념을 유지하면서도 진보 정당을 통해 복지 정책의 확대 등 사회적 변화를 요구하는 모순적 태도를 보였다. 그럼에도 좌파들은 이러한 모순을 해소하거나 설명하려 하지 않고 있다.

　서유럽에서는 이미 1백여 년 전 국가와 정치의 역할에 관해 좌파 내부에서 치열한 논쟁이 벌어졌다. 우리에게는 흔히 '베른슈타인 논쟁' 혹은 '수정주의 논쟁'이라고 알려져 있다. 하지만 한국의 좌파들은 베른슈타인을 부르주아에게 매수된, 지적으로나 도덕적으로 보잘것없는 인물로 치부했고, 이 논쟁을 그리 중요하게 여기지 않았다. 그 결과 서구의 정치 지형을 새롭게 그리며 역사를 뒤바꿔 놓았던 논쟁이 우리에게는 사소하고 불필요했던 소모적 내부 분란쯤으로 알려졌다. 좌파의 정치사상사 속에서 우리가 놓치고 있는 이 빈틈을 메워 줄 수 있는 책이 바로 버먼의 역작 『정치가 우선한다』이다. 급진주의자들의 주장 속에서 그 중요성이 쉽게 망각되곤 하는 국가와 정치의 역할을 두고 책임감 있는 좌파들이 얼마나 치열한 논쟁을 벌여 왔는지, 그리고 그런 논쟁 속에서 탄생한 사회민주주의가 인류의 역사를 어떻게 바꿔 놓았는지 이 책은 잘 보여주고 있다. 역자는 이 책이 좀 더 나은 세상을 꿈꾸는 한국의 정치 세력들 사이에서 생산적 논쟁이 벌어질 수 있는 작은 계기를 제공해 줄 수 있기만을 기대하고 있다.

2

좌파와 사회민주주의의 역사에 관한 버먼의 새로운 시각을 둘러싼 짧지만 흥미로운 논쟁이 지난해 미국의 대표적 좌파 성향 계간지 『디센트』에서 벌어진 적이 있다.

논쟁의 발단이 되었던 것은 『디센트』 2009년 겨울호(미국의 계간지는 겨울·봄·여름·가을 호 순으로 발행)에 실린 버먼의 "알려지지 않은 전투"Unheralded Battle였다. 이 글에서 버먼은 현재의 경제·금융 위기가 오늘날 지리멸렬하며 정처 없이 표류하고 있는 좌파들을 향해 엄청난 재도약의 기회가 될 수 있음에도, 과거의 경험에서 교훈을 얻지 못하고 똑같은 잘못을 반복하고 있다고 비판했다. 과거의 경험이란 지난 세기 사회민주주의가 정통 마르크스주의를 상대로 거둔 승리를 말한다. 이에 대해서는 이 책 속에 자세히 나와 있으므로 생략한다. 무엇보다 이 논쟁의 핵심 쟁점은 버먼이 미국의 좌파들 가운데 자본주의에 대한 경직된 관점을 고수한 나머지 좌파들을 무기력하게 만드는 데 기여한 인물 중 하나로 마이클 해링턴Michael Harrington을 꼽았다는 점이다(이는 버먼의 선택이 아닌 『디센트』 편집진의 요청에서 비롯된 것이었다).

해링턴은 1960~80년대에 활약했던 미국의 대표적 좌파 지식인이자 활동가다. 미국의 빈곤층에 관한 연구로 일대 센세이션을 일으켰던 저서『또 다른 미국』The Other America(1962)을 통해 알 수 있듯이, 그는 대중의 사회적 고통에 그 누구보다도 예민했고, 개혁의 역할을 완전히 부정한 사람은 아니었다. 하지만 그는 그런 개혁 혹은 복지 제도가 사회적 고통과 부정의를 결코 제거할 수는 없다고 생각했다. 그것들은 자본주의에 근본적으로 내재되어 있는 특징이기 때문이라는 것이었다. 예를 들어 그는 "자본주의사회의 계급 구조는 사회정의를 향한 거의 모든 노력을 타락시키거나 전복해 버린다"고 주장했다. 따라서 그는 좌파들에게 자본주의를 개혁하고 인간화하기보다는 그것의 소멸을 위해 노력하라고 설득하는 데 자신의 지적·정치적 에너지를 쏟았다. 버먼이 보기에 해링턴의 이런 주장은 잘못되었을 뿐만 아니라 비생산적인 것이었다. 좌파들에게 진정한 정의는 자본주의가 존재하는 한 성취될 수 없다는 관점을 퍼뜨려 개혁의 가치를 경시하도록 만들었고, 그 결과 좌파들의 능력과 의지를 제한했다는 것이다.

해링턴과 함께 1980년대 미국의 사회주의 운동을 이끌었던 조안 바르칸Joanne Barkan은『디센트』2009년 봄 호에 실린 "사회주의자들을 비난하지 말라"Don't Blame the Socialists: A Response to Sheri Berman라는 글을 통해 이런 버먼의 관점에 이의를 제기했다. 바르칸은 해링턴에 대한 버먼의 묘사가 부당하다고 주장했다. 바르칸의 눈으로 본 해링턴은 개혁을 거부하기는커녕 노동운동, 소수자 운동, 여성운동, 환경운동 등 각 분야에서 개혁을 강력히 옹호해 왔다. 그리고 비록 해링턴이 버먼의 지적처럼 자본주의 이후의 사회에 대해 가끔 모호하고 추상적인 비전을 제시한 것은 사실이지만, 그것은 그가 모든 민주적 좌파들을 끌어들이기 위해 수사적으로 사용한 것으로서 "그다지 중요한 영향을 끼치지 않았다"고 주장했다. 또한 좌파들이 이미 수십 년 전부터 수많은 개혁 조치들을 옹호해 온 미국에서 요즘 어떤 좌파가 "나는 공적 의료보험이 자본주의의 붕괴를 지연시키기 때문에 그것을 지지하지 않는다"는 식의 주장을 하고 있느냐고 버먼에게 따져 물었다. 따라서 바르칸은 미국에서 사회민주주의적 개혁이 제대로 이루어지지 않은 이유는 버먼의 주장과는 달리 좌파들이 그런 적극적 프로그램을 제시하지 못했기 때문이 아니라, 1980년 레이건 정부의 등장 이후 자유 시장 이데올로기가 미국을 지배했기 때문이라고 주장했다.

버먼은 바르칸의 반론에 답하며 자신이 비판한 사회주의자들의 문제점을 좀 더 정확히 설명하고자 했다. 버먼의 주장에 따르면 이들의 문제점은 개혁 그 자체를 거부한다는 점이 아니라, 그런 개혁조치들을 자신들의 좀 더 큰 비전과 연계시키지 못한다는 점이었다. 바르칸은 해링턴의 모호하고 추상적인 비전이 별로 중요한 문제가 아니며 실제적인 개혁 작업에도 별다른 영향을 주지 않았다고 주장했지만, 바로 그런 이론과 실천의 분리야말로 진정한 문제라는 것이다. 카우츠키가 그 대표적인 예인데, 그 또한 해링턴과 마찬가지로 노동자들과 억압받는 자들의 상황을 깊이 우려했으며 그들의 고통을 경감시켜 줄 수 있는 실제적 개혁 조치들을 지지했다. 하지만 카우츠키와 그의 추종자들은 그런 개혁 조치들을 사회주의의 궁극적 목표와 연계시키지 못하고 일종의 임시방편적인 처방으로 취급했다. 그로 인해 독일사민당은 그들이 권력을 쥐었을 때 국가를 통해 독일을 변화시킬 수 있는 전략을 만들어 내지 못했고, 마침내 1920~30년대의 위기 상황 속에서 우유부단하게 대처하다 몰락하고 말았다.

반면 베른슈타인과 같은 사회민주주의자들은 개혁을 단순히 자본주의의 최종적인 붕괴가 이루어지기 전까지 고통을 조금 누그러뜨리는 개량적 조치로 보기보다는 그것 자체를 사회주의적 비전의 일부분으로, 즉 현재의 세계를 변혁시키는 수단으로 생각했다. 이런 사회민주주의 진영의 기수로 떠오른 스웨덴 사민당은 자본주의를 초월해서가 아니라 자본주의를 통해서 사회주의적 미래에 도달할 수 있으며, 좌파의 임무는 어떻게 하면 시장의 혜택을 최대화하는 동시에 부작용을 억제할 수 있는가를 규명하는 것이라고 주장했다. 그래서 이들은 대공황의 위기가 닥쳤을 때 이미 이에 대처할 수 있는 강력한 이데올로기와 정책들을 갖추고 있었고 이후 선거를 통해서도 오랫동안 성공 가도를 달릴 수 있었다.

이런 역사적 교훈을 망각한 좌파들은 20세기 후반 들어 장기적 변화와 전략에 대해 생각하기를 멈추었다. 그리고 그 빈틈을 파고 든 것이 바로 우파의 자유 시장 이데올로기라고 버먼은 주장했다. 1980년대 들어 우파는 좌파가 자잘하고 일관성 없는 정책들 속에서 헤매고 있을 때 정치·경제·사회적 변화에 관한 좀 더 큰 비전과 전략을 제시하는 데 주력했다. 그리고 이는 세계의 정치 경제를 시장 근본주의적 방향으로 이끌었고 20세기 후반에 좌파를 수세에 몰아넣었다. 따라서 바르칸의 주장과는 달리 현실적이고 일관성 있으며 자신만의 분명한 색깔을 보여 주는 이런 큰 전략은 사소한 것이 아니다. 하나의 운동을 희망적이고 역동적으로 만들어 주는 반면, 다른 운동은 수세적이고 쇠약해지도록 만드는 것이 바로 이런 비전이기 때문이다.

하지만 버먼은 좌파에게 평생에 한 번 있을까 말까 한 기회가 다시 돌아오고 있다고 주장한다. 미국에서 시작된 엄청난 규모의 금융 위기로 인해 사람들은 몇 년 전만 하더라도 상상하기 어려울 정도로 자유 시장 이데올로기에 대한 신뢰를 거두었고 정부에게 적극적인 역할을 요구하고 있다. 지금이야말로 지난 수십 년간 좌파들이 기다려 온 결정적 순간인 것이다. 하지만 불행히도 현재 좌파들의 손에는 잡다한 정책 목록만 들려 있을 뿐, 사람들에게 방향을 제시할 수 있는 큰 비전이 없다. 이렇게 된 이유 중 하나는 좌파들이 사회민주주의의 역사적 역할을 망각하고 있기 때문이다. 또한 해링턴과 같은 민주적 사회주의자들이 그들의 인상적인 장점들에도 불구하고 잘못된 기여를 했다는 것 역시 부정할 수는 없다. 이런 버먼의 주장에 대해 바르칸은 반론을 제기하지 않았고 논쟁은 여기서 마무리되었다. 오늘날 벌어지고 있는 일들을 이해하는 데 있어서 버먼의 관점이 갖는 특징과 그 가치를 잘 보여 주는 일화가 아닐 수 없다.

3

끝으로 책의 출간을 흔쾌히 허락해 주신 후마니타스의 박상훈 선생님과 정민용 주간님, 편집·교정 과정에 도움을 주신 박종석, 정진아 씨에게 감사드린다. 최초의 번역 원고를 함께 읽고 토론해 준 강독 모임 참가자 여러분들께도 감사를 전한다.

2010년 11월
김유진

| 미주 |

제1장

1) Claus Offe, "Competitive Party Democracy and the Keynesian Welfare State: Factors of Stability and Disorganization," *Policy Science* 15, 1983, pp. 225-6.

2) Karl Polanyi, *The Great Transformation* (New York: Beacon Press, 1957), p. 68.

3) Ibid., p. 52. Also, idem, "The Economy Embedded in Society," idem, *The Livelihood of Man* (New York: Academic Press, 1977), Harry Pearson ed., and Allen Morris Sievers, *Has Market Capitalism Collapsed? A Critique of Karl Polanyi's Economics* (New York: Columbia University Press, 1949), p. 19.

4) Polanyi, *The Great Transformation*; Santhi Hejeebu and Deidre McCloskey, "The Reproving of Karl Polanyi," *Critical Review* 13, pp. 3-4, 1999; J. R. Stanfield, *The Economic Thought of Karl Polanyi* (New York: St. Martin's Press, 1986).

5) 마르크스와 엥겔스는 『공산당선언』(*The Communist Manifesto*)에서 이런 전환을 날카롭게 비판했다. "부르주아들은 그들이 주도권을 쥔 곳이라면 어디서든 봉건적·가부장적·목가적 관계들을 끝장냈다. 그들은 인간을 '타고난 윗사람들'에 속박시키는 잡다한 봉건적 유대 관계들을 무자비하게 찢어 버렸고, 인간과 인간 사이에 적나라한 자기 이익 외에는 그 어떤 관계도 남겨 놓지 않았다." "The Communist Manifesto," reprinted in Robert Tucker ed., *The Marx- Engels Reader* (New York: W. W. Norton, 1978), p. 475.

6) George Dalton, *Essays in Economic Anthropology Dedicated to the Memory of Karl Polanyi* (Seattle: University of Washington Press, 1965), pp. 2-3. 또한 Sheri Berman, "Capitalism and Poverty," *World Policy Journal* 22, p. 5, Spring 2006.

7) Jerry Muller, *The Mind and the Market* (New York: Alfred Knopf, 2002), pp. 4-5.

8) Gertrude Himmelfarb, *The Idea of Poverty : England in the Industrial Age* (New York: Alfred Knopf, 1984), pp. 23-4.

9) Ferdinand Tönnies, *Gemeinschaft und Gesellshaft* (Leipzig: Fues, 1887). 물론 모두가 그런 견해에 동의한 것은 아니었다. 그중 가장 중요한 것은 애덤 스미스가 *The Theory of Moral Sentiment* (New Rochelle, NY: Arlington House, 1969)와 *The Wealth of Nations* (New York: R. R. Smith, 1948)에서 '자기 이익의 올바른 이해'에 대해 논의한 것을 보라.

10) 우리는 퇴니스와 그 밖의 다른 이들이 그랬던 것처럼 전자본주의적 삶을 낭만화해서는 안

된다. '공적' 또는 '공동체적' 이익은 사람들의 투표로 정해지는 것이 아니었다. 그것은 전통에 따라 결정되었으며, 대부분은 가장 강력한 권력을 소유한 이들의 필요에 적합하도록 만들어진 것이었다. 그럼에도 불구하고 여기서 중요한 것은 공동체가 개인보다 우위에 있었으며, 비록 불평등하기는 했지만 공동체의 모든 구성원이 서로에게 일정한 책임을 지니고 있었다는 점이다.

11) Pierre Rosanvallon, *The New Social Question: Rethinking the Welfare State* (Princeton, NJ: Princeton University Press, 2000), II.

12) Muller, *The Mind and the Market*, p. 230에서 인용.

13) Samuel Huntington, *Political Order in Changing Societies* (New Haven, CT: Yale University Press, 1968), p. 73.

14) Muller, *The Mind and the Market*, p. 33.

15) Polanyi, *The Great Transformation*, p. 132.

16) *Ibid.* 또한 Fred Block and Margaret Somers, "Beyond the Economistic Fallacy: The Holistic Science of Karl Polanyi," Theda Skocpol ed., *Vision and Method in Historical Sociology* (New York: Cambridge University Press, 1984), p. 61; John Lewis, Karl Polanyi, and Donald Kitchen eds., *Christianity and the Social Revolution* (London: Victor Gallancz, 1935).

17) 유럽과 그 밖의 지역의 민주주의 발전에 관한 연구 문헌은 그 규모가 방대하다. 이 책에서 나는, 특히 근대성에 도달하는 데는 근본적으로 다른 여러 경로가 존재한다고 주장했던 배링턴 무어(Barrington Moore)와 그레고리 루버트(Gregory Luebbert) 같은 학자들의 작업에 기댈 것이다. Barrington Moore, *The Social Origins of Dictatorship and Democracy* (Boston: Beacon Press, 1993); Gregory Luebbert, *Liberalism, Fascism or Social Democracy* (New York: Oxford University Press, 1991).
이 책은 또한 어떤 사회경제적 집단과 정치적 행위자들을 민주적 열망의 근본적 소유자들로 볼 수 있는가라는 그간 많이 논의된 질문도 다룰 것이다. 특히 노동자들과 좌파 정당들에 대비시켜 중간계급과 자유주의 정당들의 역할을 과장하는 이들의 주장을 반박할 것이다. 그러나 또한 노동자들과 좌파 정당들의 열망을 하나의 통일된 전체로 보는 이들에게도 이의를 제기할 것이다. 나중에 살펴보겠지만, 19세기 후반과 20세기 초반 동안 민주주의적 프로젝트를 진정으로 지지한 집단은 전체 사회주의자들 중 특정 분파(수정주의자들과 사민주의자들로 이루어진 분파)에 매우 한정되어 있었다. 민주주의를 위한 투쟁에 있어서 노동자들과 좌파 정당들이 담당한 역할에 대해서는 다음 책들을 볼 것. Geoff Eley, *Forging Democracy : The History of the Left in Europe* (New York: Oxford University Press, 2002); Dietrich Rueschmeyer, Evelyn Huber Stephens, and John Stephens, *Capitalist Development and Democracy* (Chicago: University of Chicago Press, 1992).

18) 유럽 복지국가의 발전에 관한 문헌들의 규모 또한 방대하다. 따라서 여기서는 그 일부분만

을 직접적으로 다루게 될 것이다. 예를 들어, 복지국가의 기원이나 정확한 특성의 규명에 관한 논쟁에 대해서는 관련된 부분만 잠시 살펴볼 것이다. Peter Baldwin, *The Politics of Social Solidarity* (New York: Cambridge University Press, 1990); Gøsta Esping-Andersen, *Three Worlds of Welfare Capitalism* (Princeton, NJ: Princeton University Press, 1990); Peter Flora and Arnold Heidenheimer eds., *The Development of Welfare States in Europe and America* (New Brunswick, NJ: Transaction, 1981); Evelyn Huber and John Stephens, *Development and Crisis of the Welfare State* (Chicago: University of Chicago Press, 2001); Isabela Mares, *The Politics of Social Risk* (New York: Cambridge University Press, 2003).

그 대신 이 책은 전후의 정치경제에서 복지국가가 행했던 역할이나 기능을 어떻게 가장 잘 이해할 수 있는가라는 좀 더 큰 질문에 초점을 맞추면서, 복지국가의 총체적인 정치적·사회적 함의에 관해 논의한 '권력 자원'(power resources) 학파나 그 밖의 다른 학자들의 작업에 의존할 것이다. Gøsta Esping-Andersen, *Politics against Markets* (Princeton, NJ: Princeton University Press, 1985); Walter Korpi, *The Democratic Class Struggle* (London: Routledge and Kegan Paul, 1983); idem, *The Working Class in Welfare Capitalism* (London: Routledge and Kegan Paul, 1978); Rosanvallon, *The New Social Question; John Stephens, The Transition from Capitalism to Socialism* (Chicago: University of Illinois Press, 1986).

19) Carlos Boix, *Political Parties, Growth and Inequality* (New York: Cambridge University Press, 1998); John Goldthrope ed., *Order and Conflict in Contemporary Capitalism* (New York: Oxford University Press, 1984); Peter Gourevitch, *Politics in Hard Times* (Ithaca, NY: Cornell University Press, 1986); D. A. Hibbs, *The Political Economy of Industrial Democracies* (Cambridge, MA: Harvard University Press, 1987); Alexander Hicks, *Social Democracy and Welfare Capitalism* (Ithaca, NY: Cornell University Press, 1999).

20) 그러나 다음 책들을 보라. Mark Blyth, *Great Transformations: Economic Ideas and Institutional Change in the Twenties Century* (New York: Cambridge University Press, 2002); Charles Maier, "The Two Postwar Eras," *American Historical Review* 86, 2, April 1981; T. H. Marshall, *Class, Citizenship and Social Development* (New York: Anchor Books, 1965); Offe, "Competitive Party Democracy and the Keynesian Welfare State."

21) Huntington, *Political Order in Changing Societies* 73.

22) 따라서 블라디미르 레닌은 에두아르트 베른슈타인과 그 밖의 다른 사민주의 선구자들이 사회주의를 '부르주아적 자유주의'로 더럽히려 한다고 공격했던 것이다. 진정한 혁명적 사회주의자들은 '자유주의와 사회주의 사이의 원칙적 모순'을 인식해야 한다고 그는 주장했다. Lenin, "What Is to Be Done?" Robert Tucker ed., *The Lenin Anthology* (New York: W. W. Norton, 1975). 사민주의가 다른 이념들과 다른 점은 '의회정치를 통해 사회

주의에 도달할 수 있다는 믿음이라는 견해로는 다음을 볼 것. Adam Przeworski, *Capitalism and Social Democracy* (New York: Cambridge University Press, 1988); Adam Przeworski and John Sprague, *Paper Stones : A History of Electoral Socialism* (Chicago: University of Chicago Press, 1986).

23) 최근 들어 정치학자들이 이런 상황을 개선하기 시작했지만, 사상에 관한 새롭고 유망한 연구들 내에서도 이데올로기의 부침(浮沈)과 같은 주제들에 대한 관심은 여전히 적다. Sheri Berman, "Ideas, Norms, and Culture in Political Science," *Comparative Politics* 33, 3, 2001; Mark Blyth, "Any More Bright Ideas?," *Comparative Politics* 29, 2, 1997; Stephen Hanson, "From Culture to Ideology in Comparative Politics," *Comparative Politics* 35, 3, April 2003.

24) Berman, "Ideas, Norms, and Culture in Political Analysis"; Blyth, "Any More Bright Ideas?"; Harry Eckstein, "A Culturalist Theory of Political Change," *American Political Science Review* 2, 3, September 1988, p. 790; Jonas Pontusson, "From Comparative Public Policy to Political Economy," *Comparative Political Studies* 28, I, April 1995; William H. Sewell, Jr., "A Theory of Structure: Duality, Agency and Transformation," *American Journal of Sociology* 98, I, July 1992. 하지만 최근 이와 관련해 실질적인 진전이 어느 정도 이루어졌다. Rawi Abdelal, *National Purpose in the World Economy* (Ithaca, NY: Cornell University Press, 2001); Blyth, *Great Transformations; Craig Parsons, A Certain Idea of Europe* (Ithaca, NY: Cornell University Press, 2003); Paul Pierson, *Politics in Time* (Princeton, NJ: Princeton University Press, 2004).

25) Peter Gourevitch, *Politics in Hard Times* (Ithaca, NY: Cornell University Press, 1984); Ernst B. Haas, *When Knowledge is Power* (Berkeley, CA: University of California Press, 1990); Stephen Krasner, "Approaches to the State: Alternative Conceptions and Historical Dynamics," *Comparative Politics* 16, January 1984; Bo Rothstein, "Political Institutions," Robert E. Goodin and Hans-Dieter Klingermann, des., *A New Handbook of Political Science* (New York: Oxford University Press, 1996).

26) 실제로 정치 발전에 있어 정당의 역할에 대한 고전적 연구들은 적어도 한 세대 전에 이루어진 것들이다. Maurice Duverger, *Political Parties* (New York: John Wiley, 1954); Otto Kirchheimer, "The Transformation of the Western European Party System," Joseph LaPolombara and Myron Weiner eds., *Political Parties and Political Development* (Princeton, NJ: Princeton University Press, 1966); Seymour Martin Lipset and Stein Rokkan eds., *Party Systems and Voter Alignments* (New York: Free Press, 1967).

27) Berman, "Ideas, Norms and Culture in Political Analysis"; Blyth, "Any More Bright Ideas?"; James Kloppenberg, "Institutionalism, Rational Choice and Historical

Analysis," *Polity* 29, I, Fall 1995, 특히 p. 126; Judith Goldstein, "The Impact of Ideas on Trade Policy," *International Organization* 43, I, 1989; John Ikenberry, "Creating Yesterday's New World Order : Keynesianism 'New Thinking' and the Anglo-American Postwar Settlement," Judith Goldstein and Robert Keohane eds., *Ideas and Foreign Policy* (Ithaca, NY: Cornell University Press, 1993); William Sewell, Jr, *Work and Revolution in France* (New York: Cambridge University Press, 1980).

28) 근래 들어 정당의 조직과 전략 변화에 관한 좋은 연구들이 이루어지고 있다. Mark Blyth and Richard S. Katz, "From Catch-all Politics to Cartelisation: The Political Economy of the Cartel Party," *West European Politics* 28, I, January 2005; Herbert Kitschelt, *The Transformation of European Social Democracy* (New York: Cambridge University Press, 1994); Kay Lawson ed., *How Political Parties Work: Perspectives from Within* (Westport, CT: Praeger, 1994).

29) L. T. Hobhouse, *Liberalism* (New York: Oxford University Press, 1964), p. 110.

30) 자유주의 진영 내부에서도, 규제되지 않는 시장이 사회에 끼치는 영향에 대한 불만이 존재했고, 그 결과 자유주의적 '수정주의자들'은 새로운 체제를 만들겠다는 희망으로 독립적인 노선을 걸었다. James Kloppenberg, *Uncertain Victory: Social Democracy and Progressivism in European and American Thought, 1870~1920* (New York: Oxford University Press, 1986).

31) Friedrich Engels, *Anti-Dühring: Herr Eugen Dühring's Revolution in Science* (Moscow, 1962), pp. 365-6.

32) 그 용어는 G. A. Cohen, *If You're an Egalitarian, How Come You're So Rich?* (Cambridge, MA: Harvard University Press, 1999)에서 사용된 것이다.

33) Karl Kautsky, *The Class Struggle* (Chicago: Charles Kerr, 1910), p. 90.

34) Ibid., 119. 이런 관점은 카우츠키의 거의 모든 대중적 저술에서 쉽게 찾아볼 수 있다. Kautsky, *The Capitalist Class* (New York: National Executive Committee of the Socialist Labor Party, 1918); Kautsky, *The Economic Doctrines of Karl Marx* (New York: Macmillan, 1936); Kautsky, *The Working Class* (New York: New York Labor News Co., 1918).

35) Zeev Sternhell, *Neither Right nor Left* (Princeton, NJ : Princeton University Press, 1986); Zeev Sternhell, Mario Sznajder and Maia Asheri, *The Birth of Fascist Ideology* (Princeton, NJ: Princeton University Press, 1994).

36) Georges Sorel, *Reflections on Violence* (London: Collier Macmillan, 1950), p. 50.

37) Eduard Bernstein, "The Struggle of Social Democracy and the Social Revolution," Neue Zeit, Jan. 19, 1898.

38) (프랑스와 이탈리아 같은) 몇몇 나라들에서는 이들 간에 명백한 공조가 이루어지면서, 지브 스테른헬(Zeev Sternhell)이 말한 바대로, '우파도 좌파도 아닌' 새로운 형태의 정치적 운동이 만들어졌다. 스웨덴과 독일 등지에서는 좌파와 우파가 다소 다른 방식으로 결합했다. 스웨덴에서는 좌파가 본질적으로 우파의 의제들을 차용하면서 사회민주주의적 헤게모니를 생산해 낸 반면, 독일의 경우 나치의 '반동적 근대주의'와 '정치적인 것의 우선성'에 대한 강조는 좀 더 큰 유럽 차원의 유형을 독일 특유의 버전으로 나타낸 것이었다. '반동적 근대주의'라는 용어는 제프리 허프(Jeffrey Herf)가 사용한 것이다. 그의 책 *Reactionary Modernism* (New York: Cambridge University Press, 1984)을 보라. 게다가 독일의 '민족적 볼셰비키' 그룹은 자유주의적 자본주의와 민주주의에 대해 '보수 혁명' 그룹이 가했던 것과 매우 유사한 비판을 전개하면서, 바이마르공화국 시기 사회주의의 '독일적' 버전을 중심으로 융합을 이끌었다. 이는 제4장과 6장에서 논의할 것이다.

39) 물론 공산주의 세력은 서유럽 나라들에서 여전히 강력했다. 하지만 나중에, 특히 제5장에서 살펴보게 될 것처럼, 이 무렵 공산주의는 서유럽 좌파들에게 실천적으로나 이론적으로 제시할 만한 것들을 거의 갖고 있지 못했다.

40) Robert Bates et al., *Analytic Narratives* (Princeton, NJ: Princeton University Press, 1998)와 비교해 보라.

제2장

1) L. T. Hobhouse, *Liberalism* (New York: Oxford University Press, 1964), p. 110.

2) 영국과 일부 남부 유럽 지역에서는 그렇지 않았다. 여기서 정통 마르크스주의는, 다른 서유럽 지역들과는 달리, 결코 노동운동에 대한 지배력을 발전시키지 못했다. 제1장에서 말했던 것처럼, 이것이 이 책의 분석에서 이 나라들을 배제시킨 이유 중 하나다.

3) Marx, "preface to the First German Edition of Das Kapital, Vol. I," reprinted in Robert Tucker ed., *The Marx-Engels Reader* (New York: W. W. Norton, 1978), p. 297.

4) 당연하게도, 마르크스는 찰스 다윈에게 동질감을 느꼈으며 그의 연구 속에서 "자신의 견해에 대한 자연사적 기반"을 찾아냈다고 주장했다. Alvin W. Gouldner, *The Two Marxisms: Contradictions and Anomalies in the Development of Theory* (New York: Seabury Press, 1980), p. 72에 인용된 마르크스가 엥겔스에게 보낸 1860년 12월 19일자 편지, 그리고 페르디난드 라살에게 보낸 1861년 1월 16일자 편지를 보라. 또한 Lawrence Krader, "Theory of Evolution, Revolution and the State : The Critical Relation of Marx to His Contemporaries Darwin, Carlyle, Morgan, Maine, and Kovalevsky," Eric Hobsbawm ed., *The History of Marxism* Vol. I (Bloomington, IN: Indiana University

Press, 1982)을 볼 것.

5) Marx, "Preface to the First German Edition of Das Kapital, Vol. I," Tucker ed., The Marx-Engels Reader, p. 296.

6) Robert A. Nisbet, The Quest for Community : A Study in the Ethics of Order and Freedom (New York: Oxford University Press, 1953), p. 5.

7) 마르크스 자신은 사회주의와 공산주의를 (전자는 후자로 가는 길에 놓여 있는 중간 단계라고) 구분했지만, 특히 소련이 공산주의라는 용어를 전유한 이후 사회주의는 거의 대부분의 경우 국제 사회주의 운동이 수용한, 최종 목적지의 의미로 사용되어 왔다. 따라서 나는 여기서 이를 따를 것이다.

8) 물론 여기에는 명백한 모순이 존재한다. 필요한 것이 오직 약간의 '산파술'(midwifery)뿐이라면, 무엇보다도 왜 거대하고 강력한 사회주의 정당을 건설해야 하는가? 이는 그 이후 마르크스주의 학자들이 끊임없이 씨름해 온 딜레마다. 이 모순은 그의 책 전반에 걸쳐 다루어지고 있다. 다음 책들 또한 참고할 것. Perry Anderson, In the Tracks of Historical Materialism (Chicago: University of Chicago Press, 1983); Gouldner, The Two Marxisms; James Gregor, A Survey of Marxism: Problems in Philosophy and the Theory of History (New York: Random House, 1965); F. R. Hansen, The Breakdown of Capitalism (London: Routledge and Kegan Paul, 1985).

9) Thomas Nagel, "Review of G. A. Cohen's, If You're an Egalitarian, How Come You're So Rich? (Cambridge: Harvard University Press, 1999)," The Times Literary Supplement, June 23, 2000, p. 6.

10) 국가를 '부르주아들의 집행 위원회'라고 보는 관점뿐만 아니라, 마르크스의 일부 저술 속에는 국가가 때로는 지배계급으로부터 상대적 자율성을 갖고 있다고 보는 관점도 들어 있다 (상대적이라는 것은 국가가 여전히 자본주의의 궁극적 생존을 유지하기 위해 노력해야 한다는 의미다). Norberto Bobbio, Which Socialism? Marxism, Socialism and Democracy (Oxford, UK: Polity Press, 1987), p. 61; Martin Carnoy, The State and Political Theory (Princeton, NJ: Princeton University Press, 1984), p. 47; Robert C. Tucker, The Marxian Revolutionary Idea (Princeton University Press, 1970), 특히 p. 85ff.

11) Michael Walzer, "Politics in the Welfare State," Irving Howe ed., Essential Works of Marxism (New York: Holt, Rinehart and Winston, 1970), p. 389. Joseph Schwartz, The Permanence of the Political: A Democratic Critique of the Radical Impulse to Transcend Politics (Princeton, NJ: Princeton University Press, 1995), 특히 pp. 15, 199.

12) Karl Marx, "The German Ideology," Tucker ed., The Marx-Engels Reader, p. 162.

13) 물론 마르크스가 자신의 자본주의 비판이 갖는 과학적 특성과 역사 철학의 유물론적 특성

을 강조했다고 하더라도, 마르크스의 저술을 읽으면서 그의 도덕적 비판에 충격을 받지 않기란 불가능하다. 우리는 그의 저술 전반에 걸쳐 자본주의가 어떻게 인간의 자유를 침해하고, 노동자들을 비인간화시켰으며, 인간적 잠재력의 성취를 억눌렀는지에 대한 강력한 묘사와 비난을 발견할 수 있다.

14) Steven Lukes, *Marxism and Morality* (Oxford, UK: Clarendon Press, 1985), pp. 6-7 에서 인용.

15) Ibid., p. 5. 또한 Marshall Cohen, Thamas Nagel, and Thomas Scanlon eds., *Marx, Justice, and History* (Princeton, NJ: Princeton University Press, 1980), 특히 Ziyad Husami and Alan Wood의 글 참조.

16) Marx, "The German Ideology," Tucker ed., *The Marx-Engels Reader,* pp. 154-5.

17) Ibid., p. 155; Marx and Engels, "The Communist Manifesto," Tucker ed., *The Marx-Engels Reader,* p. 489.

18) 예를 들어 블로흐(J. Bloch)에게 보낸 (자주 인용되는) 편지에서 엥겔스는 그와 마르크스가 "경제적인 것만이 유일한 결정적 요인"이라고 주장한 적은 결코 없었다고 반박했다. 그는 이런 주장을 "의미 없고 추상적이며 어리석은 문구"라고 묘사했다. Lucio Colletti, *From Rousseau to Lenin* (New York: New Left Books, 1972), 특히 p. 64; Lucio Colletti, *Bernstein und der Marxismus der Zweiten Internationale* (Frankfurt: Europa Verlag, 1971), p. 28. 그럼에도 불구하고, 여기서 제시한 몇 안 되는 인용문만으로도 분명히 드러나고 있듯이, 엥겔스(그리고 마르크스)가 경제적 힘의 우선성을 지속적으로 고집했고, 특히 그의 대중적 저술 속에서 결정론적이고 유물론적인 역사 발전론을 제시했으며, 의식적인 인간의 행위가 갖는 역할에 대해서는 거의 관심을 기울이지 않았다는 사실은 분명하다.

19) George Lichtheim, *Marxism* (London: Routledge and Kegan Paul, 1961), pp. 245-6.

20) Engels, "Speech at the Graveside of Karl Marx," reprinted in Tucker ed. *The Marx-Engels Reader.*

21) Engels, "Socialism, Utopian and Scientific" (selections from Anti-Dürhing), reprinted in Carl Cohen ed., *Communism, Fascism and Democracy* (New York: Random House, 1968), p. 125.

22) Ibid., p. 139.

23) Georges Haupt, *Aspects of International Socialism, 1871~1914* (Cambridge, UK: Cambridge University Press, 1986), p. 13.

24) 카우츠키와 그의 마르크스주의 해석에 대한 연구 문헌의 양은 방대하다. Ingrid Gilcher-Hotley, *Das Mandat des Intellektuellen: Karl Kautsky und die Sozialdemokratie* (Berlin: Siedler, 1986); Walter Holzheuer, *Karl Kautsky Werk als Weltanschaung*

(München: C. H. Beck, 1972); Hans Kelsen, *Sozialismus und Staat: Eine Untersuchung der Politischen Theorie des Marxismus* (Leipzig: C. L. Herschfeld, 1923); Leszek Kolakowski, "German Orthodoxy: Karl Kautsky," Kolakowski, *Main Currents of Marxism Vol. 2 : The Golden Age* (New York: Oxford University Press, 1978); Erich Matthias, "Kautsky und der Kautskyanismus : Die Funktion der ideologie in der deutschen Sozialdemokratie vor dem ersten Weltkrieg," *Marxismusstudien*, 2, 1957; David Morgon, "The Orthodox Marxists: The First Generation of a Tradition," R. J. Bullen, H. Pogge von Strandmann, and A. B. Polonsky eds., *Ideas into Politics* (London: Croom Helm, 1984); Massimo Salvadori, *Karl Kautsky and the Socialist Revolution, 1880~1938* (London: NLB, 1979); Gary Steenson, Karl Kautsky: Marxism in the Classical Years (Pittsburgh, PA: University of Pittsburgh Press, 1978).

25) Kolakowski, "German Orthodoxy," pp. 31-2.

26) 마르크스의 부고 기사. *Die Neue Zeit*, I, 1883, Haupt, *Aspects of International Socialism* II에서 인용.

27) Rogers H. Kendell, *Before the Revisionist Controversy: Kautsky, Bernstein and the Meaning of Marxism* (New York: Garland, 1992), p. 22에서 인용.

28) Kautsky, *The Class Struggle* (Chicago: Charles Kerr, 1910), 119. 이러한 견해는 카우츠키의 거의 모든 대중적 저작들 속에서 찾아볼 수 있다. 예를 들어 다음을 보라. Kautsky, *The Capitalist Class* (New York: National Executive Committee of the Socialist Labor Party, 1918); Kautsky, *The Economic Doctrines of Karl Marx* (New York: Macmillan, 1936); Kautsky, *The Working Class* (New York: New York Labor News co., 1918).

29) Kautsky, *Der Weg zur Macht* (Berlin, 1920), p. 57.

30) 엥겔스 자신이 언젠가 지적했듯이, 그와 마르크스는 아마도 다음과 같은 이유로 역사적 발전에 있어 경제적 결정 요인들에 과도하게 초점을 맞추었던 것 같다. 즉 그들은 "(자신들의) 주요 원칙을, 그것을 부정하는 적대자들과 맞서 강조해야만 했으며, 역사적 상호 과정에 포함된 다른 요인들에 정당한 몫을 챙겨 줄 시간, 장소, 또는 기회가 항상 있었던 것은 아니"라고 느꼈던 것이다. Letter from Engels to J. Bloch, in Colletti, "Bernstein and the Marxism of the Second International," *From Rousseau to Lenin*, p. 64.

31) Werner Sombart, *Socialism and the Socialist Movement* (London: J.M Dent, 1909). p. 90.

32) 이 시대의 또 다른 흥미로운 부산물은 사회학, 즉 사회에 대한 학문적 연구의 탄생이었다. 당시의 사회적 문제들을 이해하고 이에 대처하는 데 관심을 갖고 있던 많은 저명한 지식인들과 학자들은 근대사회에 대한 선구적 연구에 뛰어들었다. Nisbet, *The Quest for Community*; Nisbet, *The Sociological Tradition* (New York: Basic Books, 1966);

Steven Siedman, *Liberalism and the Origins of European Social Theory* (Berkeley, CA: University of California Press, 1983).

33) 흥미롭게도, 게드와 라파르그는 프랑스에서 가장 잘 알려진 마르크스주의 옹호자였음에도 불구하고, 모두 마르크스의 저작이나 세련된 경제적 혹은 철학적 훈련 방식에 대한 광범위한 직접적 지식을 갖고 있지 않았다(라파르그는 마르크스의 사위였음에도 불구하고 말이다). 프랑스노동자당을 세운 이들 가운데 세 번째 인물에 대해서는 Joy Hudson Hall, "Gabriel Deville and the Development of French Socialism"(Ph. D. Dissertation, Auburn University, 1983)을 볼 것.

34) 로버트 월(Robert Wohl)은 게드에 대해 "카우츠키적 마르크스주의 정통 교리의 왜곡된 프랑스적 반영"을 대표하는 인물이라고 평가했다. 또한 레셰크 코와코프스키(Leszek Kołakowski)는 라파르그를 "독일 정통 교리에 가장 근접한 프랑스 마르크스주의자"라고 평했다. Wohl, *French Communism in the Making, 1914~1924* (Palo Alto, CA: Stanford University Press, 1966), p. 435; Kolakowski, *Main Currents of Marxism Vol. 2: The Golden Age,* p. 141.

35) George Lichtheim, *Marxism in Modern France* (New York: Columbia University Press, 1966); Thomas Moodie, "The Parti Ouvrier Français, 1871~1893"(Ph. D. Dissertation, Columbia University, 1966); Aaron Noland, *The Founding of the French Socialist Party* (Cambridge, MA: Havard University Press, 1956); Robert Stuart, *Marxism at Work: Ideology, Class, and French Socialism During the Third Republic* (New York: Cambridge University Press, 1992), p. 332.

36) Paul Lafargue, *Economic Evolution* (Chicago: Charles Kerr, 189?), pp. 3-4.

37) Stuart, *Marxism at Work,* pp. 60, 330.

38) Guesde (1886), Louis Levine, *Syndicalism in France* (New York: Columbia University Press, 1912), p. 56에서 인용.

39) Ibid.

40) 불랑제 사태와 제3공화국에 가한 위협에 대해서는 다음 책들을 볼 것. J. P. T. Bury, *France 1814~1940* (London: Methuen, 1949); Alfred Cobban, *A History of Modern France* Vol. 3 (Middlesex, UK: Penguin, 1986); Theodore Zeldin, *France : 1848~1945* (Oxford, UK: Calrendon Press, 1973).

41) Harold Weinstein, *Jean Jaures* (New York: Columbia University Press, 1936), p. 18 에서 인용.

42) Lafargue(1900), Stuart, *Marxism at Work,* p. 230에서 인용.

43) Ibid., p. 35.

44) 사실 가능주의의 성공 그 자체가 그것의 쇠퇴에 기여했다고 할 수 있다. 특히 1887년 파리

지방의회 선거에서 몇몇 가능주의자들이 당선되었는데, 이는 당내 불화로 이어졌다. 일부 인사들은 당이 선거와 개혁 작업에만 지나치게 초점을 맞추고 있으며, 그 결과 사회주의적 조직화와 변혁이라는 좀 더 큰 목표들을 무시하고 있다고 믿기 시작했다. 이 반대자들은 알만(J. Allemane)을 중심으로 모여들었고, 이후 '알만주의자들'(Allemanists)로 알려지게 되었다. 1890년 그들은 당을 떠나 그들만의 새로운 당(혁명적사회주의노동자당, Parti ouvrier socialiste révolutionnaire)을 결성했다. 이 분당은 노동운동 내부의 혼란을 증가시켰다. 1890년대 초반 무렵 프랑스에는 4개의 사회주의 정당이 존재했다. 즉, 프랑스노동자당, 가능주의자들, 알만주의자들, 폭동적인 블랑키주의자들, 그 밖에도 다수의 독립적인 사회주의 의원들이 있었다.

45) 당의 지방자치(municipal) 사회주의와 당의 발전에 대한 그것의 함의에 대해서는 R. Baker, "A Regional Study of Working Class Organization in France: Socialism in the Nord, 1870~1924"(Ph. D. Dissertation, Stanford University, 1967)을 볼 것.

46) Raymond Anthony Jonas, "From Radical Republic to the Social Republic: On the Origins and Nature of Socialism in Rural France, 1871~1914"(Ph. D. Dissertation, University of California, Berkeley, 1985); Carl Landauer, "The Guesdists and the Small Farmer: Early Erosion of French Marxism," *International Review of Social History* 6, 1961; Hans Georg Lehmann, *Die Agrarfrage in Der Theorie und Praxis der Deutschen und Internationalen Sozialdemokratie* (Tübingen: J. C. B〉 Mohr, 1970).

47) Barbara Mitchell, *The Practical Revolutionaries: A New Interpretation of French Anarchosyndicalism* (New York: Greenwood Press, 1987), p. 162에서 인용.

48) Ibid., 163, and Moodie, "The Parti Ouvrier Français," p. 222ff.

49) Friedrich Engels, "Die Bauernfrage in Frankreich und Deutschland," *Die Neue Zeit, 10, 13, 1894~5, reprinted in Karl Marx and Friedrich Engels, Werke* (Berlin: Dietz, Verlag, 1972) Vol. 22, 3, 501; Landauer, "The Guesdists," p. 215.

50) Landauer, "The Guesdists," 주석 2), p. 217에서 인용.

51) 드레퓌스 사건에 대한 문헌은 방대하다. 최근 자료로는 다음과 같은 것들이 있다. Michael Burns, *France and the Dreyfus Affair* (Boston: St. Martin's Press, 1999); Eric Cahm, *The Dreyfus Affair in French Society and Politics* (New York: Longman, 1996); Leslie Derfler, *The Dreyfus Affair* (Westport, CT: Greenwood Press, 2002); Alain Pages ed., *Émile Zola, The Dreyfus Affair: J'accuse and Other Writings* (New Haven, CT: Yale University Press, 1996).

52) J. P. Mayer, *Political Thought in France: From the Revolution to the Fourth Republic* (London: Routledge and Kegan Paul, 1943), p. 99에서 인용.

53) David Thomson, *Democracy in France: The Third Republic* (New York: Oxford

University Press, 1946), pp. 49-50에서 인용.

54) Joel Colton, *Leon Blum: Humanist in Politics* (New York: Alfred Knopf, 1966), p. 19에서 인용.

55) Jean Jaures, "From the Right of Man to Socialism," Irving Howe ed., *Essential Works of Socialism* (New York: Holt, Rinehart and Winston, 1970), p. 103.

56) Kolakowski, *Main Currents of Marxism* Vol. 2: The Golden Age, p. 127.

57) Harvey Goldberg, *The Life of Jean Jaures* (Madison, WI: University of Wisconsin Press, 1962), p. 289에서 인용.

58) 조레스는 마르크스를 읽고 이 용어를 도출해 냈다.

59) Jaures, "Revolutionary Majorities," Jean Jaures, *Studies in Socialism,* Mildred Minturn ed. and trans. (New York: G. P. Putnam's Sons, 1906), p. 51.

60) Kolakowski, *Main Currents of Marxism,* p. 116.

61) Jaures, "The Necessity for a Majority," Minturn ed. and trans., *Studies in Socialism,* p. 102.

62) Weinstein, *Jean Jaures,* p. 54.

63) Goldberg, *The Life of Jean Jaures,* pp. 81, 113, 284-5 ; Jean Jaures, "Idealism in History," Albert Fried and Ronald Sanders eds., *Socialist Thought : A Documentary History* (Edinburgh, UK: Edinburgh University Press, 1964), p. 410.

64) Millerand, "French Reformist Socialism," reprinted in R. C. K. Ensor, *Modern Socialism* (New York: Harper and Brothers, 1904), p. 64에서 인용.

65) 사실 프랑스에서는 이미 1848년에 전례가 있었다. 하지만 그것은 혁명의 결과로 형성된 정부에 루이 블랑이 참여했던 예외적 상황에서 벌어진 일이었다. 또한 밀랑은 정부에서의 이런 직위를 그의 당이나 사회주의 운동 세력과의 직접적인 상의나 도움 없이 개인 자격으로 받아들였다는 점을 지적하는 것이 중요하다.

66) Noland, *The Founding of the French Socialist Party,* p. 106에서 인용.

67) Goldberg, *The Life of Jean Jaures,* pp. 261-2; Noland, *The Founding of the French Socialist Party,* pp. 103-5.

68) Goldberg, *The Life of Jean Jaures,* pp. 261-2.

69) Helga Grebing, *The History of the German Labour Movement* (Dover, NH : Berg, 1969), pp. 75-80; Harry Marks, "The Sources of Reformation in the Social Democratic Party of Germany, 1890~1914," *Journal of Modern History* II, September 1939; Hans-Josef Steinberg, *Sozialismus und deutsche Sozialdemokratie: Zur Ideologie*

der Partei vor dem I. Weltkrieg (Berlin: J. H. W. Dietz, 1979), pp. 40-70. 강령의 영 역본은 다음을 보라. Bertrand Russell, *German Social Democracy* (New York: Simon and Schuster, 1965), pp. 137-41.

70) 사실 그것은 마르크스 『자본』의 제4장 7절을 거의 그대로 반복한 것이었다.

71) Paul Kampffmeyer, "Schrittweise Sozialisierung Oder Gewaltsame Sprengung der Kapitalistischen Wirtschaftsordnung," *Sozialistische Monatshefte* 10, 1899, p. 466.

72) *Gilcher-Hotley : Das Mandat des Intellektuellen*, p. 109에서 인용.

73) Gustav Seeber, "Wahlkämpfe, Parlamentsarbeit und Revolutionäre Politik," Horst Bartel ed., *Marxismus und Deutsche Arbeiterbewegung* (Berlin: Dietz, 1970), p. 282에서 인용.

74) David Rosen, "German Social Democracy Between Bismarck and Bernstein: Georg von Vollmar and the Reformist Controversy, 1890~1895" (Ph. D. Dissertation, University of Wisconsin, 1975), p. 95.

75) Vernon Lidtke, *The Outlawed Party : Social Democracy in Germany, 1878~1890* (Princeton, NJ: Princeton University Press, 1966).

76) 예를 들어 그의 팸플릿 "Bauernfrage und Sozialdemokratie in Bayern" (Nuremberg, 1896), reprinted in Athar Hussain and Keith Tribe eds., *Paths of Development in Capitalist Agriculture : Reading from German Social Democracy, 1891~1899* (London: Macmillan, 1984)를 보라.

77) Athar Hussain and Keith Tribe, *Marxism and the Agrarian Question* (London: Macmillan, 1983), pp. 94-5. 농업 문제를 둘러싼 논쟁에서의 또 다른 중요한 주역은 에두 아르트 다비트(Eduard David) 였다. 1890년대 중반 간행된 일련의 논문들과 그 이후 그의 유명한 책 『사회주의와 농업』(*Sozialismus and Landwirtschaft*)을 통해 다비트는 에어푸 르트 강령이 농업 집단을 세분해 살펴보지 않음으로써 사민당의 성장을 방해했다고 주장 했다. 그는 소농들은 사라지고 있지 않으며, 재산을 소유한 노동자로서, 그들은 필연적으 로 사회민주주의의 교의를 반박하고 있다고 주장했다. 논문들 중 일부는 다음 책에 수록되 어 있다. Hussain and Tribe eds., *Paths of Development in Capitlaist Agriculture*. 또 한 다음을 보라. Eduard David, *Sozialismus und Landwirtschaft* (Berlin: Sozialistiche Monatshefte, 1902).

78) Salvadori, *Karl Kautsky and the Socialist Revolution, 1880~1938*, pp. 51-5; Gary Steenson, "Not One Man! Not One Penny!" *German Social Democracy, 1863~1914* (Pittsburgh, PA: University of Pittsburgh Press, 1981), p. 201.

79) Lehmann, *Die Agrarfrage*, pp. 165-6.

80) Kautsky, "Our Latest Program,"(1895) reprinted in Hussain and Tribe eds., *Paths of*

Development in Capitalist Agriculture, Ⅲ; Karl Kautsky, *Die Agrarfrage* (Stuttgart: J. H. W. Dietz, 1899), 그리고 농업에 관한 카우츠키의 관점에 대한 전반적 논의는 다음을 보라. Hussain and Tribe eds., *Marxism and the Agrarian Question*, pp. 104-36.

81) Friedrich Engels, "The Peasant Question in Germany and France," reprinted in Hussain and Tribe eds., *Marxism and the Agrarian Question*, pp. 17-8.

82) 베른슈타인과 정통파에 대한 다른 일부 초기 비판자들을 구분하는 한 가지 방법은 전자에게는 '수정주의자', 후자에게는 '개혁주의자'라는 용어를 사용하는 것이다. 일반적으로 규정하자면 수정주의는 베른슈타인과 그 밖의 다른 이들이 정통 마르크스주의에 대한 재평가 속에 그 토대를 세우고 좀 더 적합한 사회주의 이론을 개발함으로써 사회주의 정당들의 실천을 변화시키려는 시도를 말한다. 반면 개혁주의자들은 사회주의 정당들의 실천을 변화시키는 데 관심은 있지만, 수정주의자들과는 달리 이론에는 상대적으로 관심을 갖고 있지 않다.

사민당에 대한 개혁주의적 도전에 관한 논의는 다음을 보라. Stanley Pierson, *Maxist Intellectuals and the Working-Class Mentality in Germany, 1887~1912* (Harvard University Press, 1993); Rosen, "German Social Democracy Between Bismarck and Bernstein"; Steenson, "Not One man! Not One Penny!"; Hans-Josef Steinberg : Sozialismus und Deutche Sozialdemokratie. Zur Ideologi der Partei vor Dem I. Weltkrieg (Bonn: J. H. W. Dietz Nachf. GmbH, 1979).

83) Joshua Muravchik, *Heaven on Earth. The Rise and Fall of Socialism* (San Francisco: Encounter Books, 2002), p. 95.

84) Eudard Bernstein, *The Preconditions of Socialism*, Henry Tudor ed. (New York: Cambridge University Press, 1993), p. 12.

85) Bernstein in a letter to August Bebel, October 20, 1898, in F. Adler ed., Victor Adler, *Briefwechsel mit Aufust Bebel und Karl Kautsky* (Vienna: Wiener Volksbuchhandlung, 1954), pp. 260-3.

86) Bernstein, "Lecture to the Student Association for Social Studies in Amsterdam," and "From Someone Pronounced Dead," reprinted in Manfred Steger ed., *Selected Writings of Eduard Bernstein* (New Jersey: Humanities Press, 1996), pp. 62, 77.

87) Bernstein, *The Preconditions of Socialism*, pp. 200-1.

88) Bernstein, "The Struggle of Social Democracy and the Social Revolution," Neue Zeit, January 19, 1898, Reprinted in H. Tudor and J. M. Tudor eds., *Marxism and Social Democracy: The Revisionist Debate 1896~1898* (New York: Cambridge University Press, 1988), pp. 164-5.

89) Bernstein, "Letter to the Stuttgart Party Congress," *Protokoll über die Verhandlungen des Parteitages der Sozialdemokratische Partei Deutschlands,* Stuttgart, October

3~8, 1898 (Bonn: J. H. W. Dietz Verlag, c. 1898), pp. 122-6.

) Bernstein, *The Preconditions of Socialism*, p. 200.

) Bernstein, "How Is Scientific Socialism Possible?" Lecture, May 1901, reprinted in Steger ed., *Selected Writings of Eduard Bernstein*, p. 95; Robert S, Wistrich, "Back to Bernstein," *Encounter* 50, 6, 1978, p. 79.

) Bernstein, *The Preconditons of Socialism*, p. 13.

) Ibid., p. 240.

) Ibid., p. 61; Bernstein, "General Observations on Utopianism and Eclecticism," Neue Zeit, October 28, 1896. Reprinted in Tudor and Tudor eds., *Marxism and Social Democracy* 74; Bernstein, *The Preconditions of Socialism*, p. 61.

) Bernstein, "Critical Interlude," *Neue Zeit*, March 1, 1898, reprinted in Tudor and Tudor eds., *Marxism and Social Democracy*, p. 222에서 인용.

) Idem, "The Struggle of Social Democracy and the Social Revolution: 2," Neue Zeit, January 19, 1898, in Tudor and Tudor eds., *Marxism and Social Democracy*, p. 168.

) Manfred Steger, *The Quest for Evolutionary Socialism* (New York: Cambridge University Press, 1997), p. 175.

) Bernstein, "Critical Interlude," *Neue Zeit*, March 1, 1898, reprinted in Tudor and Tudor eds., *Marxism and Social Democracy*, p. 222에서 인용.

) Bernstein, *The Preconditions of Socialism*, p. 190.

) Bernstein, "The Struggle of Social Democracy and the Social Revolution: 2," Tudor and Tudor eds., *Marxism and Social Democracy*, p. 169.

) Bernstein, *The Preconditions of Socialism*, p. 142.

) Bernstein, "Political Mass Strike and Romanticizing Revolution," *Sozialistische Monatshefte,* 12, 1, 1906, in Steger ed., *Selected Writings of Eduard Bernstein*, p. 139.

) Bernstein, "Letter to the Stuttgart Party Congress"; Bernstein, *The Preconditions of Socialism*, p. 62.

) Bernstein, "Political Mass Strike and Romanticizing Revolution," reprinted in Steger ed., *Selected Writings of Eduard Bernstein*, p. 152.

) Henry Tudor, introduction to Bernstein, *The Preconditions of Socialism*, p. xxi.

) Bernstein, "Lecture Presented to the Student Association for Social Studies in Amsterdam," Steger ed., *Selected Writing of Eduard Bernstein*, p. 79.

107) Kautsky to Bernstein, October 23, 1898, reprinted in Friedrich Adler ed., *Victor Adler Briefwechsel mit August Bebel und Karl Kautsky* (Vienna: Wiener Volksbuchhandlung, 1954), p. 273.

108) Kautsky to Victor Adler(오스트리아 사회민주노동자당의 지도자), March 7, 1899, in ibid., p. 293.

109) Kautsky to Bernstein, October 23, 1898, reprinted in ibid., p. 273.

110) Bebel to Bernstein, October 16, 1898, in ibid., p. 258.

111) Bernstein to Bebel, October 20, 1898, in ibid., pp. 258-63.

112) 베른슈타인 자신도 룩셈부르크가 자신에 대한 가장 강력하면서 효과적인 비판자라는 사실을 알고 있었으며, 그녀의 저술을 "전체적으로 나에 반대해 쓰인 것들 중 최고"라고 보았다. Bernstein, *The Preconditions of Socialism*, p. 200. 룩셈부르크의 공격은 잡지 *Leipziger Volkszeitung*, 1898년 9월호에 실린 것과, 1899년 4월에 출간된 베른슈타인의 저서 *Voraussetzungen*에 대한 대응으로 쓰인 것이 있다. 이 논문들은 하나로 묶여 1900년에 *Rosa Luxemburg, Reform or Revolution* (New York: Pathfinder, 1996)으로 출간되었다.

113) Ibid., pp. 11-12, 35.

114) Ibid., p. 30.

115) Ibid., pp. 12-13.

116) Sozialdemokratischen Partei Deutschlands, *Protokoll über die Verhandlungen des Parteitages der Sozialdemokratischen Partei Deutschlands*, Hanover, October 9~14, 1899, p. 96. 심지어 베른슈타인과 유사한 실용적 입장을 지지한 이들조차도 당의 정체성과 단합에서 마르크스주의 이론이 갖는 중요성을 알고 있었기 때문에, 그를 변호하기를 망설였다. 따라서 게오르그 폰 볼마르나 이그나츠 아우어(Ignaz Auer) 같은 지도적 개혁주의자들은 당이 베른슈타인에게서 원하는 것을 취한 후 당의 이데올로기는 카우츠키, 룩셈부르크, 그리고 그 밖의 다른 이들이 논의하도록 내버려두라고 촉구했다(아우어는 그의 친구 베른슈타인에게 보낸 개인적 서신에서 이렇게 쓰고 있다. "자네는 정말로 지난 50년 동안 쌓여 온 문헌과 40년 동안 유지되어 온 조직 위에 서있는 당이 그들의 이론을 손가락 꺾듯이 단번에 뒤엎을 수 있다고 생각하나? 친애하는 에두아르트, 자네가 요구하고 있는 것은 공개적으로 인정되기도 어렵고, 정식으로 투표를 통해 해결될 만한 것들이 아니야. 단지 그냥 행해야 하는 것들이지." 아우어는 이 마지막 문장을 당 대회에서 다시 반복했다. Ibid., 208을 참조).

117) Ibid., pp. 243-4.

제3장

1) V. Lenin, "What Is to be Done?" Robert C. Tucker ed., *The Lenin Anthology* (New York: W. W. Norton, 1975), pp. 13-14.

2) *Internationaler Sozialisten Kongress zu Paris*, September 23~27, 1900 (Berlin: Vorw ärts, 1900), p. 16.

3) Ibid., p. 17.

4) Ibid; Julius Braunthal, *History of the International 1864~1914* (New York: Praeger, 1967), p. 273.

5) J. Hampden Jackson, *Jean Jaures* (London: George Allen and Unwin, 1943), p. 85.

6) Ibid., pp. 167-77.

7) Millerand, "Preface to French Reformist Socialism"(1903년 당대회 직전 출간), reprinted in R. C. K. Ensor, *Modern Socialism* (New York: Harper and Brothers, 1904), p. 64.

8) 이에 대응해 프랑스사회주의자당은 다음과 같은 내용을 담고 있는 성명을 발표했다. 프랑스 인사회당의 당대회 결과는 "우리가 그동안 계속 말해 왔던 것을 확인시켜 주었을 뿐이다. 즉 사회주의자들이 일단 부르주아 정부 참여하는 것과 모든 타협을 인정하게 되면, 사회주의적 관점을 통째로 내버리는 일은 가능해질 뿐만 아니라 그렇게 될 수밖에 없게 된다는 점 말이다. 여기서 지적해야 할 것은 계급 전쟁과 부르주아국가에 대한 비타협적 반대라는, 프랑스 사회주의자당의 투쟁의 기반으로부터 벗어나서는 그 어떤 사회주의도 존재할 수 없다는 점 이다." "Resolution of the Executive of the Socialist Party of France Regarding the Verdict of the French Socialist Party Congress at Bordeaux," reprinted in ibid., pp. 185-6.

9) Edmund Jacobitti, "Labriola, Croce, and Italian Marxism," *Journal of the History of Ideas* 36, 2, April/June, 1975, pp. 300-1.

10) Leszek Kolakowski, " Antonio Labriola: An Attempt at Open Orthodoxy," *Main Currents of Marxism*, Vol. 2 : *Golden Age* (New York: Oxford University Press, 1978); Richard Bellamy, *Modern Italian Social Theory* (Cambridge, MA: Polity Press, 1987), 61ff; Antonio Labriola, *Socialism and Philosophy* (St. Louis, MO: Telos Press, 1980); Paul Piccone, *Italian Marxism* (Berkeley, CA: University of California Press, 1983).

11) Croce, 다음 책에서 인용. Bo Gustafsson, *Marxism och Revisionism: Eduard Bernsteins Kritik av Marxismen och dess Idehistoriska Förutsättningar* (Stockholm: Svensk Bokförlaget, 1969), p. 260.

12) Ibid., 특히 pp. 272-5.

13) David Roberts, *The Syndicalist Tradition and Italian Fascism* (Chapel Hill, NC: University of North Carolina Press, 1979), p. 312.
크로체와 메를리노 같은 비판자들의 출현을 두고 연구자들은 세기말을 이탈리아 마르크스주의가 위기에 처한 시기라고 묘사해 왔다. 하지만 사실 이탈리아에서 진행되고 있던 일들은 전체 유럽 차원에서 벌어지고 있던 좀 더 큰 사태의 일부분일 뿐이었다. 그리고 크로체, 메를리노, 그 밖의 다른 이탈리아 비판자들은 이를 잘 알고 있었다. 예를 들어 크로체는 프랑스의 수정주의자 조르주 소렐을 찬양하고 그와 다방면으로 접촉했으며, 자신의 사상이 "소렐의 저술을 통해 프랑스에서 이탈리아와 거의 동시적으로 발전되고 있는 것과 똑같은 흐름"을 전달하고 있다고 썼다. Edmund Jacobitti, "Labriola, Croce, and Italian Marxism (1895~1910)," p. 313 ; Bellamy, *Modern Italian Social Theory*, p. 69. 그리고 소렐은 크로체에게, 베른슈타인이 마르크스주의를 '도덕화'하고 역사 속에 이상주의의 역할을 집어넣고자 하는 이탈리아인들의 시도에 영감을 받았다고 말했다. Gustaffson, *Marxism och Revisionism*, chapter 5. 한편 메를리노는 이탈리아에서 소렐의 사상이 전파되는 데 중요한 역할을 했으며, 그 자신의 저술은 독일어로 번역되어 『노이에차이트』 (*Die Neue Zeit*)에서 베른슈타인에 의해 논의되었다.

14) 이 시기 이탈리아의 상황에 대해서는 다음을 보라. Robert Absalom, *Italy Since 1800: A Nation in the Balance?* (New York: Longman, 1995); Martin Clark, *Modern Italy* (New York: Longman, 1984); Serge Hughes, *The Rise and Fall of Modern Italy* (New York: Minerva Press, 1967); Christopher Seton-Watson, *Italy from Liberalism to Fascism* (London: Methuen, 1967); Denis Mack Smith, *Italy: A Modern History* (Ann Arbor, MI: University of Michigan Press, 1959).

15) Alexander De Grand, *The Italian Left in the Twentieth Century* (Indianapolis, IN: Indiana University Press, 1989), chapter 1; Spencer Di Scala, *Dilemmas of Italian Socialism : The Politics of Filippo Turati* (Amherst, MA: University of Massachusetts Press, 1980), chapter 3; Michael Hembree, "The Politics of Intransigence: Constantino Lazzari and the Italian Socialist Left, 1882~1919"(Ph. D. Dissertation, Florida State University, 1981), p. 130ff.

16) Di Scala, *Dilemmas of Italian Socialism*, p. 34.

17) H. L. Gaultieri, *The Labor Movement in Italy* (New York: S. F. Vannii, 1946), p. 269; Donald Horowitz, *The Italian Labor Movement* (Cambridge, MA: Harvard University Press, 1963), p. 51; W. Hilton Young, *The Italian Left* (London: Longmans, Green, 1949), p. 56.

18) Salvatore Saladino, *Italy from Unification to 1919: The Growth and Decay of a Liberal Regime* (New York: Thomas Cromwell, 1970), p. 98에서 인용. 지올리티(그리고 그를 둘러싼 논쟁)에 대해서는 다음을 보라. Frank Coppa, *Planning, Protectionism,*

and Politics in Liberal Italy: Economics and Politics in the Giolittian Age (Washington, DC: Catholic University of America Press, 1971); G. Giolitti, Memoirs of My Life (London: Sydney, Chapman and Dodd, 1923); W. A. Salomone, Italian Democracy in the Making: The Political Scene in the Giolittian Era (Philadelphia: University of Pennsylvania Press, 1945).

19) Coppa, Planning, Protectionism, and Politics in Liberal Italy, p. 164.

20) Di Scala, Dilemmas of Italian Socialism, p. 77에서 인용.

21) Thomas Ronald Sykes, "The Practice of Revolutionary Syndicalism"(Ph. D. Dissertation, Columbia University, 1974), pp. 78-9.

22) Di Scala, Dilemmas of Italian Socialism, p. 66.

23) August Bebel, Protokoll des SPD-Parteitages Dresden, 1903 (Berlin : Vorwärts, 1903), p. 300.

24) Ibid., pp. 309-10, 320.

25) Ibid., p. 320.

26) Kautsky, in ibid., p. 399.

27) Eduard Bernstein in ibid., p. 399.

28) Ibid., pp. 395-6.

29) Ibid., p. 400.

30) Ibid., p. 419.

31) Internationaler Sozialisten Kongress zu Amsterdam, 1904 (Berlin : Vorwärts, 1904), pp. 35-40.

32) Ibid., p. 40.

33) Daniel De Leon ed., Flashlights of the Amsterdam Congress (New York: Labor News Company, 1904), pp. 102-3.

34) 1906년 당대회에서 페리와 오디노 모르가리(Oddino Morgari). Seton-watson, Italy from Liberalism to Fascism, p. 267에서 인용. 또한 다음을 참조. Salomone, Italian Democracy in the Making, pp. 66-8.

35) James Edward Miller, From Elite to Mass Politics (Kent, OH: Kent State University Press, 1990), p. 131.

36) Mack Smith, Italy: A Modern History, p. 257에서 인용.

37) Ibid., p. 141.

38) De Grand, *The Italian Left in the Twentieth Century*, p. 24.

39) Carl Schorske, *German Social Democracy 1905~1917: The Development of the Great Schism* (Cambridge, MA: Harvard University Press, 1983), p. 166 ; Sheri Berman, "Modernization in Historical Perspective : The Case of Imperial Germany," *World Politics*, 53, 3, April, pp. 450-1.

40) 이런 주장의 한 가지 문제점은, 예전에 사민당의 대변인들이 직접세를 통해 함대의 비용을 충당할 것을 주장하면서 당시의 해군법안이 그렇게 하지 못하고 있음을 공격했었다는 점이다. 당시에 당은 지배계급이 갖고 있는 애국심의 한계를 보여 주기 위해 순전히 선전 선동 차원에서 이런 주장을 했던 것이다. 하지만 이런 주장은 재정 개혁에 관한 현재의 논쟁에서 그들에게 부메랑처럼 돌아오게 되었다.

41) Schorske, *German Social Democracy*, pp. 187-8에서 인용. 또한 다음을 참조할 것. Hannelore Schlemmer, "Die Rolle der Sozialdemokratie in den Landtagen Badens und Württembergs und ihr Einfluss auf die Entwicklung der Gesamtpartei Zwischen 1890 und 1914"(Ph. D. Dissertation, Albert Ludwigs Universität zu Freiburg, 1953).

42) Manfred Steger, *The Quest for Evolutionary Socialism* (New york: Cambridge University Press, 1997), p. 196에서 인용.

43) *Handbuch der Sozialdemokratischen Parteitage von 1910~1913* (Munich: Verlag von G. Birk und Co., 1972), pp. 50-78.

44) Berman, "Modernization in Historical Perspective."

45) Horace Davis, *Nationalism and Socialism* (New York: Monthly Review Press, 1967); Michael Forman, *Nationalism and the International Labor Movement* (University Park, PA: Penn State Press, 1998); Hermann Heidegger, *Die Deutsche Sozialdemokratie und der Nationale Staat* (Göttingen: Vandenhoeck and Ruprecht, 1979).

46) Eduard Bernstein, *The Precondition of Socialism* (New York: Cambridge University Press, 1993), pp. 163-4; Roger Fletcher, *Revisionism and Empire: Socialist Imperialism in Germany, 1897~1914* (London: George Allen and Unwin, 1984), p. 143.

47) Bernstein, *The Preconditions of Socialism*, p. 188.

48) Harvey Goldberg, *The Life of Jean Jaures* (Madison, WI: University of Wisconsin Press, 1962), pp. 351-2.

49) Jean Jaures, *Parti Socialiste Quatrieme Congres National, Nancy, August 1907* (Paris: Siege du Conseil National), p. 264.

50) Jean Jaures, "The Socialist Aim," Jaures, *Studies in Socialism* (New York: G. P. Putnam's Sons, 1906), p. 8.

51) Kolakowski, *Main Currents of Marxism*, 2, p. 132.

52) Harold Weinstein, *Jean Jaures* (New York: Columbia University Press, 1936), p. 45.

53) Jackson J. Hampden, *Jean Jaures* (New York: George Allen and Unwin, 1943), p. 131.

54) Weinstein, *Jean Jaures*, p. 124.

55) Steger, *The Quest for Evolutionary Socialism*, p. 197.

56) Ibid., p. 199.

57) 베른슈타인은 이 주제에 대한 논문들을 썼다. 그 논문들에 관한 논의는 ibid., p. 197ff를 볼 것.

58) Susanne Miller, "Bernstein's Political Position, 1914~1920," Roger Fletcher ed., *Bernstein to Brandt* (London: Edward Arnold, 1987), p. 96.

59) Kolakowski, *Main Currents of Marxism*, p. 132. 또한 다음을 보라. Karl Vorländer, *Kant und Marx* (Tübingen: J. C. B. Mohr, Paul Siebeck, 1926), 105ff.

60) Weinstein, *Jean Jaures*, p. 134.

61) Ibid., p. 62.

62) 물론 당시 레닌과 룩셈부르크 또한 민족주의의 문제와 다방면에 걸쳐 씨름했다. 하지만, 특히 전자의 경우, 여기서 다룰 내용의 범위 바깥에 놓여 있다.

63) Tom Bottomore and Patrick Goode, *Austro-Marxism* (Oxford, UK : Clarendon Press, 1978); Ernst Glaser, *Im Umfeld des Austromarxismus* (Vienna : Europaverlag, 1981); Peter Kuleman, *Am Beipiel des AustroMarxismus* (Hamburg : Julius Verlag, 1979); Norbert Leser, *Sozialismus Zwischen Relativismus und Dogmatismus* (Freiburg : Verlag Rombach, 1974); Leser, "Austro-Marxism : A Reappraisal," *Journal of Contemporary History*, II, 1976; Leser, *Zwischen Reformismus und Bolshevismus* (Vienna: Europäische Verlag, 1970).

64) James Joll, *The Second International 1889~1914* (Boston: Routledge and Kegan Paul, 1974), p. 120에서 인용.

65) Jacob Talmon, *Myth of the Nation and Vision of Revolution* (New Brunswick, NJ: Transaction, 1991), p. 133.

66) Ibid., p. 164.

67) Otto Bauer, "The Concept of the Nation," Bottomore and Goode eds., *Austro-*

Marxism, p. 107.

68) Arthur Kogan, "The Social Democrats and the Conflict of the Nationalities in the Habsburg Monarchy," *Journal of Modern History* 21, 3, September 1949; Mommsen, *Arbeiterbewegung ; Hans Mommsen, Die Sozialdemokratie und die Nationalität tenfrage in Habsburgischen Vielvölkerstaat* (Vienna, Europa Verlag, 1963).

69) Bauer, "Socialism and the Principle of Nationality," Bottomore and Goode eds., *Austro-Marxism*, Ⅲ, p. 110.

70) Forman, *Nationalism and the International Labor Movement*, p. 96.

71) Leser, "Austro-Marxism," p. 135에서 인용.

72) Talmon, *Myth of the Nation and Vision of Revolution*, p. 138; Kegan, "The Social Democrats and the Conflict of Nationalities," p. 206.

73) Ibid., p. 206, and Mommsen, *Arbeiterbewegung*, p. 95.

74) Clifton Gene Follis, "The Austrian Social Democratic Party, June 1914~November 1918"(Ph. D. Dissertation, Stanford University, 1961), p. 39.

제4장

1) 예를 들어 『무엇을 할 것인가?』(*What Is to Be Done?*)에서 레닌은 이렇게 주장했다. "모든 나라의 역사는 노동계급이 자신들 스스로의 노력만으로는 오직 노동조합적 의식 정도만을 발전시킬 수 있다는 것을 보여 준다. 하지만 사회주의 이론은 재산을 소유하고 있는 계급의 교육받은 대표자들에 의해, 그리고 지식인들에 의해 다듬어진 철학적·역사적·경제적 이론들로부터 성장해 온 것이다." 따라서 혁명은 '자발적 요소들'을 지도하는 데 필요한 '의식적 요소들'을 제공할 수 있는 '혁명가들의 강력하고 중앙 집중화된 조직'을 필요로 하게 될 것이다. Lenin, *What Is to Be Done?* Reprinted in Robert Tucker ed., *The Lenin Anthology* (New York: W. W. Norton, 1975), p. 24.

2) Perry Anderson, *In the Tracks of Historical Materialism* (Chicago: University of Chicago Press, 1983); Alfred G. Meyer, *Leninism* (New York: Prager, 1972); Joseph M. Schwartz, *The Permanence of the Political : A Democratic Critique of the Radical Impulse to Transcend Politics* (Princeton, NJ: Princeton University Press, 1995), Ellen Wood, *Democracy Against Capitalism* (New York: Cambridge University Press, 1995), p. 6ff.

3) 마르크스와 엥겔스에 대한 레닌의 충성도가 높았다고 해서 그가 수정주의자라는 사실은 바뀌지 않는다. 이 책의 기준에 따르면 그의 이론과 실천 모두를 통해 그를 수정주의자로 볼 수 있다. 각주 4번과 5번을 보라. 또한 다음을 볼 것. Eric Hobsbawm, "Preface," Georges Haupt, *Aspect of International Socialism, 1871~1914* (Cambridge, UK: Cambridge University Press, 1986), p. xvi; Chantal Mouffe, *Gramsci and Marxist Theory* (London: Routledge and Kegan Paul, 1979), p. 176. 레닌이 어떻게 마르크스주의적 이론화의 좀 더 넓은 기획 속에 (그리고 간접적으로는 이 책에서 제시된 항목 속에) 들어맞는지에 대한 또 다른 흥미로운 관점을 보려면 다음을 참고할 것. Stephen Hanson, *Time and Revolution: Marxism and the Design of Soviet Institutions* (Chapel Hill, NC: University of North Carolina Press, 1997).

4) A. James Gregor, *Contemporary Radical Ideologies* (New York: Random House, 1968), pp. 99-100.

5) Carl Boggs, *The Socialist Tradition: From Crisis to Decline*(New York: Routledge, 1995), p. 45에서 인용.

6) 또한 유명한 다음 글을 보라. Antonio Gramsci, "The Revolution Against Das Kapital," Gramsci, *Selections from the Prison Notebooks* (New York: International Publishers, 1987), pp. xxxi-xxxii. 좀 더 최근에 나온 자료로는 다음을 볼 것. François Furet, *The Passing of an Illusion* (Chicago: University of Chicago Press, 1999), pp. 31-2.

7) B. R. Maitchell, *European Historical Statistics 1750~1970* (New York: Columbia University Press, 1978).

8) 예를 들어 20세기의 첫 10년 동안 약 550만 명의 이탈리아인들이 고국을 떠났으며, 스웨덴에서는 1860년에서 1910년 사이 이주자가 전체 인구의 20퍼센트에 달할 만큼 규모가 컸다. Maurice Neufeld, *Italy : School for Awakening Countries* (Ithaca, NY: Cayuga Press, 1961), p. 521; Franklin Scott, *Sweden: The Nation's History* (Minneapolis, MN: University of Minnesota Press, 1977), pp. 369-70.

9) J. H. Carlton Hayes, *A Generation of Materialism, 1871~1900* (New York: Harper and Brothers, 1941), p. 254.

10) 이런 운동이 '새로운' 것으로 여겨졌던 이유는 19세기 후반의 민족주의가, 자유주의·민주주의·휴머니즘과 연관되었던 초창기 민족주의와는 매우 달랐기 때문이다. 이번 장에서 이루어지는 논의를 참조할 것.

11) Georges Sorel, *Reflections on Violence* (London : Collier Macmillan, 1950), p. 50.

12) Zeev Sternhell, *Neither Right Nor Left* (Princeton, NJ: Princeton University, 1986); Zeev Sternhell, Mario Sznajder and Maia Asheri, *The Birth of Fascist Ideology* (Princeton, NJ: Princeton University Press, 1994).

13) Hans Barth, *Masse und Mythos* (Hamburg: Rowolt Taschenbuch Verlag, 1959), p. 10.

14) J. L. Talmon, "The Legacy of Georges Sorel," *Encounter* 34, February 1970.

15) J. R. Jennings ed., *Georges Sorel: The Character and Development of His Thought* (New York: St. Martin's Press, 1985), p. 38.

16) Sorel, "The Decomposition of Marxism," Irving Louis Horowitz ed., *Radicalism and the Revolt Against Reason* (London: Routledge and Kegan Paul, 1901), p. 215.

17) Sorel, "Is there a Utopia in Marxism?" John L. Stanley ed., *From Georges Sorel* (New Brunswick, NJ: Transaction, 1987), p. 135.

18) Jack J. Roth, *The Cult of Violence: Sorel and the Sorelians* (Berkeley, CA: University of California Press, 1980), p. 58.

19) Sternhell, *The Birth of Fascist Ideology*, p. 90.

20) Roger Henry Soltau, *French Political Thought in the Nineteenth Century* (New York: Russell and Russell, 1959), pp. 447-8에서 인용.

21) Georges Sorel, "Necessity and Fatalism in Marxism," reprinted in Stanley ed., *From Georges Sorel*, III, p. 124.

22) Ibid., p. 57; Soltau, *French Political Thought*, p. 461.

23) Sorel, *Reflection on Violence*, p. 63 ; Sorel, "The Decomposition of Marxism."

24) Sorel, "Polemics on the Interpretation of Marxism : Bernstein and Kautsky," Stanley ed., *From Georges Sorel*, p. 150.

25) Sorel, *Reflections on Violence*, p. 64.

26) Sorel, "Polemics on the Interpretation of Marxism : Bernstein and Kautsky," Stanley ed., *From Georges Sorel*, p. 150 ; Sorel, "The Decomposition of Marxism."

27) Sorel, "Polemics on the Interpretation of Marxism," pp. 174-5.

28) Isaiah Berlin, "Georges Sorel," *Times Literary Supplement*, p. 3644, December 31, 1971, p. 1617.

29) John Stanley, introduction to Georges Sorel, *The Illusions of Progress* (Berkeley, CA: University of California Press, 1969), p. xxxv.

30) Sorel, *Reflections on Violence*, p. 139.

31) Sorel, "Polemics on the Interpretation of Marxism," pp. 157-8.

32) Eduard Bernstein, *The Preconditions of Socialism*, Henry Tudor ed. (New York: Cambridge University Press, 1993), p. 147. 베른슈타인과 자유주의의 관계에 대해서는 다음을 보라. Roger Fletcher, *Revisionism and Empire* (London: George Allen and Unwin, 1984); Peter Gay, *The Dilemma of Democratic Socialism* (New York:

Columbia University Press, 1952); Manfred Steger, *The Quest for Evolutionary Socialism* (New York: Cambridge University press, 1997).

33) Sorel, *Reflections on Violence*, pp. 141, 214.

34) Horowitz, *Radicalism and the Revolt Against Reason*; Jennings, *Georges Sorel*; Roth, *The Cult of Violence*; Sternhell, *The Birth of Fascist Ideology*; Sternhell, *Neither Right nor Left*.

35) Jacob L. Talmon, *Myth of the Nation and Vision of Revolution* (New Brunswick, NJ: Transaction, 1981), 특히 p. 456ff.

36) Ibid., p. 55.

37) Jeremy Jennings, *Syndicalism in France* (New York: St. Martin's Press, 1990), p. 57 에서 인용. 또한 다음을 참조. Talmon, "The Legacy of Georges Sorel."

38) 소렐이 여기서 정확히 무엇을 주장하는가에 관해서는 다소 혼란스럽다. 그의 저작 속에서 '폭력'이라는 용어는 반드시 유혈적 결과를 가져오는 행위를 가리키는 것은 아니며, 그보다 는 오히려 직접적이고 격렬한 노력을 가리키는 것으로 보인다.

39) Sorel, "Letter to Daniel Halevy," *Reflections on Violence*, p. 50.

40) Sternhell, *The Birth of Fascist Ideology*, p. 59; Michael Tager, "Myths and Politics in the Works of Sorel and Barthes," *Journal of the History of Ideas*, 47, 4, October-December 1986.

41) Talmon, *Myth of the Nation and Vision of Revolution*, pp. 458, 462.

42) Sorel, *Reflections on Violence*, p. 92.

43) Jennings, Georges Sorel, p. 86; Larry Portis, *Georges Sorel* (London: Pluto Press, 1980), p. 55ff; John Stanley, *The Sociology of Virtue: The Political and Social Theories of Georges Sorel* (Berkeley, CA: University of California Press, 1981), 특히 p. 114ff.

44) Talmon, *Myth of the Nation and Vision of Revolution*, p. 475.

45) Thomas R. Sykes, "The Practice of Revolutionary Syndicalism in Italy" (Ph. D. Dissertation, Columbia University Press, 1974), p. 132.

46) Maurice Neufeld, *Italy: School for Awakening Countries. The Italian Labor Movement in Its Political, Social, and Economic Setting from 1800 to 1960* (Ithaca, NY: Cayuga Press, 1961), p. 240.

47) Ibid.

48) Alexander De Grand, *The Italian Left in the Twentieth Century* (Indianapolis, IN :

Indiana University Press, 1989), p. 24 ; James Edward Miller, *From Elite to Mass Politics* (Kent, OH: Kent State University Press, 1990), p. 151; Charles Yarrow, "The Ideological Origins of Italian Fascism" (Ph. D. Thesis: Yale University, 1938), p. 117.

49) Miller, *From Elite to Mass Politics*, p. 160.

50) 신당은 몇몇 의원들을 끌어들였으며, 노동총연맹은 (사회당으로부터) 자신들이 자율적이라고 선언했다. 하지만 전쟁 기간 동안 신당은 붕괴되고 말았다.

51) Mirella Mingardo, *Mussolini Turati e Fortchiary. La Formazione della Sinistra Socialista a Milano 1912~1918* (Genova: Graphos, 1992), p. 44.

52) A. James Gregor, *Phoenix: Fascism in Our Time* (New Brunswick, NJ : Transaction, 1999), p. 42.

53) Charles Lloyd Betrand, "Revolutionary Syndicalism in Italy, 1912~22"(Ph. D. Dissertation, University of Wisconsin, 1969), p. 53; Sternhell, *The Birth of Fascist Ideology*, p. 166.

54) 1926년의 한 인터뷰에서. 다음을 보라. Roth, *The Cult of Violence*, p. 224; Eugen Weber, *Varieties of Fascism: Doctrines of Revolution in the Twentieth Century* (Malabar, FL: Krieger, 1964), p. 32.

55) A. James Gregor, *Young Mussolini and the Intellectual Origins of Fascism* (Berkeley, CA: University of California Press, 1979), p. 51에서 인용.

56) Renzo De Felice, *Mussolini il Rivuluzionario* (Turin: Einaudi, 1965), p. 40; Gregor, *Yourng Mussolini*, p. 29. 그러나 무솔리니는 이후 소렐이 군주제 지지로 돌아섰을 때 환멸을 느끼게 된다. 다음을 보라. Roth, *The Cult of Violence*, p. 136ff.

57) Sternhell, *The Birth of Fascist Ideology*, p. 209에서 인용.

58) Ibid., pp. 207-8.

59) Ronaldo Cunsolo, *Italian Nationalism* (Malabar, FL : Krieger, 1990); Alexander De Grand, *The Italian Nationalist Association and the Rise of Fascism in Italy* (Lincoln, NE: University of Nebraska Press, 1978); Armand Patrucco, *The Critics of the Italian Parliamentary System, 1860~1915* (Dusseldorf : Bertelsmann Universit ä tsverlag, 1973); John A. Thayer, *Italy and the Great War: Politics and Culture, 1870~1915* (Madison, WI : University of Wisconsin Press, 1964).

60) Roth, *The Cult of Violence*, p. 92.

61) Cunsolo, *Italian Nationalism*, pp. 212-13에 수록되어 있다.

62) Roth, *The Cult of Violence*, p. 92.

63) Corradini, "Nazionalismo e socialismo"(1914), Norberto Bobbio, *An Ideological Profile of Twentieth Century Italy* (Princeton University Press, 1995), p. 53에서 인용.

64) Betrand, "Revolutionary Syndicalism," p. 117; Sternhell, *The Birth of Fascist Ideology*, p. 164.

65) Cunsolo, *Italian Nationalism*, p. 104.

66) Roth, *The Cult of Violence*, p. 92.

67) Ibid., p. 92.

68) David Roberts, *The Syndicalist Tradition and Italian Fascism* (Chapel Hill, NC: University of North Carolina Press, 1979), p. 118.

69) Ibid., 73, p. 133.

70) Enrico Corradini, "The Principles of Narionalism"(1910년 12월 3일 피렌체에서 열린 첫 전국 대회에 제출된 보고서). Reprinted in Adrian Lyttelton ed., *Italian Fascisms* (New York: Harper and Row, 1973), pp. 146-8; Eugen Weber, "Introduction," Hans Rogger and Eugen Weber eds., *The European Right: A Historical Profile* (Berkeley, CA: University of California Press, 1965), p. 7.

71) De Grand, *The Italian Nationalist Association*, p. 50.

72) Alfedo Rocco, "The Critical Objection to Nationalism," reprinted in Lyttelton, *Italian Fascisms*, p. 245에서 인용.

73) Yarro, "The Ideological Origins of Italian Fascism," p. 55.

74) Cunsolo, *Italian Nationalism*, p. 113.

75) Roth, *The Cult of Violence*, p. 128 ; Roberts, *The Syndicalist Tradition and Italian Fascism*, 특히 chapter 5; Yarrow, "The Ideological Origins of Italian Fascism."

76) Roth, *The Cult of Violence*, p. 34. 사실 프랑스 사회주의자들에게 있어 민족주의는 다른 나라의 사회주의자들에게 그랬던 것에 비해 덜 문제가 되었다. 프랑스혁명과 연계되었던 민주주의와 해방은 공화주의적 애국심을 불러일으켰고, 그로 인해 프랑스에서의 민족주의는 좌파들과 오랫동안 연계되어 왔다. 따라서 일반적으로 프랑스 사회주의자들은, 다른 많은 사회주의자들과는 달리, 국제주의와 나라에 대한 사랑이 심각하게 모순된다고 보지 않았다.

77) Jennings, Syndicalism in France, p. 71. 라가르델과 베르트에 대해서는 다음을 볼 것. Jules Levey, "The Sorelian Syndicalists: Edouard Berth, Georges Valois, and Hubert Lagardelle"(Ph. D. Dissertation, Columbia University, 1967); Roth, *The Cult of Violence* ; Sternhell, *Neither Right nor Left*.

78) 피에르 앙드뢰(Pierre Andreu)의 말. Jennings, *Syndicalism in France*, p. 72를 볼 것.

79) Ibid., pp. 77, 80.

80) Ibid., p. 77.

81) Ibid., p. 73.

82) Ibid., pp. 74, 195.

83) Ibid., p. 94.

84) Michael Curtis, *Three Against the Third Republic : Sorel, Barres and Maurras* (Princeton, NJ: Princeton University Press, 1959), 특히 chapter 2 ; Patrick H. Hutton, "Popular Boulangism and the Advent of Mass Politics in France, 1866~90," *Journal of Contemporary History*, II, 1976 ; Rene Remond, *The Right Wing in France : From 1815 to de Gaulle* (Philadelphia: University of Pennsylvania Press, 1969), 특히 chapter 6.

85) C. Stewart Doty, *From Cultural Rebellion to Counterrevolution* (Athens, OH: Ohio University Press, 1976); George Mosse, "The French Right and the Working Classes," *The Journal of Contemporary History*, 7, 3~4, July~October, 1972.

86) Curtis, *Three Against the Third Republic*, p. 33.

87) Zeev Sternhell, "Paul Deroulede and the Origins of Modern French Nationalism," *Journal of Contemporary History*, 6, 4, 1971, p. 68.

88) Curtis, *Three Against the Third Republic ;* George F. Putnam, "The Making of Barresisme," *Western Political Quaterly*, June 1954.

89) Curtis, *Three Against the Third Republic*, pp. 49-50.

90) Doty, *From Cultural Rebellion to Counterrevolution*, pp. 76-7.

91) '사회주의적 민족주의'라는 용어는 바레스가 1898년 낭시(Nancy)에서 민족주의자 후보로 출마했을 때 처음 사용한 것이다. R. D. Anderson, *France 1870~1914 : Politics and Society* (Boston: Routledge and Kegan Paul, 1977), p. 107; Zeev Sternhell, "Fascist Ideology," Walter Laqueur, *Fascism : A Reader's Guide* (Berkeley, CA: University of California Press, 1976), p. 326 ; "Nationalism, Socialism, and National Socialism," *French Historical Studies*, 2, 3, Spring 1982, 276; idem, *Varieties of Fascism*, p. 12.

92) Remond, *The Right Wing in France*, p. 60.

93) Ibid., p. 73.

94) Roland Stromberg, *European Intellectual History Since 1789* (Englewood, NJ: Prentice Hall, 1966), p. 236.

95) Sternhell, "Fascist Ideology," p. 326 ; Weber, *Varieties of Fascism*, p. 131.

96) Eugen Weber, *Action Français: Royalism and Reaction in Twentieth Century France* (Palo Alto, CA: Stanford University Press, 1962), p. 52 ; Stephen Wilson, "History and Traditionalism: Maurras and the Action Français," *Journal of the History of Ideas*, 29, 3, July~September 1968.

97) Roth, *The Cult of Violence*, pp. 90-1.

98) Ibid., p. 123.

99) Ernst Nolte, *The Three Faces of Fascism: Action Français, Italian Fascism, National Socialism* (New York: Holt, Rinehart, and Winston, 1966), p. 71; Sternhell, "Fascist Ideology," p. 333.

100) 조르주 발루아는 사실 그레센트(A. G. Gressent)가 좌파에서 전향했을 때부터 사용하기 시작한 필명이다.

101) Levey, "The Sorelian Syndicalists," p. 98ff.

102) Ibid., p. 210에서 인용.

103) Mazgaj, "The Social Rebolution or the King," p. 438에서 인용.

104) 이는 로저 플레처(Roger Fletcher)가 자유주의에 대한 블로흐의 견해를 묘사한 것이다. 다음을 보라. Fletcher, *Revisionism and Empire*, pp. 55, 93.

105) Fletcher, *Revisionism and Empire*, p. 52, chapter 2.

106) Ibid., p. 61. 블로흐는 헌신적인 영국 혐오자(Anglophobe)였다. 이는 그가 영국을 좋아했던 베른슈타인과 다른 점이다.

107) Fletcher, *Revisionism and Empire*, pp. 48, 52.

108) Ibid., p. 58.

109) Ibid., p. 58에서 인용.

110) Ibid., p. 83.

111) Ibid., p. 84.

112) Ibid., p. 86.

113) 그에 더해 이 사회주의자들은 독일의 국제적 열망, 그리고 특히 그 군사적 노력을 적극적으로 지지함으로써, 당이 당을 지지하는 사람들에게 이익이 될 수 있게 하기를 바랐다. 볼프강 하이네(Wolfgang Heine)는 이렇게 표현했다. "우리는 정부에게 군사적 신임장을 주고, 정부는 우리에게 새로운 자유를 수여한다. …… 가톨릭 중앙당은 '보상'의 정치를 통해 효과를 보았다. 우리라고 왜 안 되겠는가?" John Snell, *The Democratic Movement in Germany 1789~1914* (Chapel Hill, NC: University of North Carolina Press, 1976), p. 297.

114) Steger, *The Quest for Evolutionary Socialism*, p. 194 ; Stanley Pierson, *Marxist Intellectuals and the Working-Class Mentality in Germany, 1887~1912* (Cambridge, MA: Harvard University Press, 1993), p. 234.

115) Friz Stern, *The Politics of Cultural Despair: A Study in the Rise of the Germanic Ideology* (Berkeley, CA: University of California Press, 1961), pp. xi, xxiii.

116) 하지만 이에 관해서는 논란이 있다. 반유대주의는 분명 프랑스에서도 널리 퍼져 있었으며 민족주의와 강력히 결합되어 있었다. 하지만 프랑스에서는 지배 질서를 지키고자 하는 세력이 독일보다 강력했으며 민족주의 운동은 더 약했고, 따라서 프랑스에서는 반유대주의의 정치적 힘이 감소했다. 반유대주의에 관한 비교 연구는 다음을 보라. Jacob Katz, *From Prejudice to Destruction* (Cambridge, MA: Harvard University PRess, 1982); Peter Pulzer, *The Rise of Political Anti-Semitism in Germany and Austria* (London: Peter Halban, 1988); Meyer Weinberg, *Because They Were Jews* (New York: Greenwood Press, 1986); Robert Wistrich, *Anti-Semitism: The Longest Hatred* (New York: New York University Press, 1990).

117) George L. Mosse, *The Crisis of German Ideology. Intellectual Origins of the Third Reich* (New York: Grosset and Dunlap, 1964), p. 31.

118) Stern, *The Politics of Cultural Despair*, p. 16.

119) Ibid., p. 3.

120) 그 책은 첫해에만 6만 권 이상이 인쇄되었고, 출판 후 2년 동안 40쇄 이상을 찍어 내야만 했다. 제2차 세계대전 종전 무렵까지는, 적어도 15만 권 이상이 팔렸다. 랑벤이 사망한 뒤에도 새로운 판본이 계속해서 발행되었다. Ibid., p. 155.

121) Ibid., pp. 139-40. 랑벤은 동화된 유대인들이 특히 문제라고 보았다. 그는 정통 유대인들, 즉 그들만의 독자적 정체성과 종교를 보유하고 있는 유대인들은 덜 위협적이라고 생각했다.

122) Stern, *The Politics of Cultural Despair*, p. 146.

123) Jerry Z. Muller, *The Mind and the Market: Capitalism in Modern European Thought* (New York: Alfred Knopf, 2002), p. 253.

124) Ibid., p. 229.

125) Ibid., pp. 253-4.

126) Muller, *The Mind and the Market, 254; Jeffrey Herf, Reationary Modernism* (New York: Cambridge University Press, 1984), chapter 6.

127) 그런 조직들의 확산과 독일 정치발전에 대해 그것들이 갖는 함의에 대해서는 다음을 볼 것. Sheri Berman, "Civil Society and the Collapse of the Weimar Republic," *World Politics* 49, 3, April 1997.

128) Peter Stachura, *The German Youth Movement 1900~1945 : An Interpretive and Documentary History* (New York: St. Martin's Press, 1981), p. 17.

129) Stern, *The Politics of Cultural Depair,* p. 169. 민족주의적 결사체들 전반에 관해서는 다음을 보라. Geoff Eley, *Reshaping the German Right: Radical Nationalism and Political Change After Bismarck* (Ann Arbor, MI: University of Michigan Press, 1991).

130) Pulzer, *The Rise of Political Anti-Semitism*, pp. 44-5.

131) Ibid., pp. 42-3.

132) Pulzer, *The Rise of Political Anti-Semitism in Germany and Austria*, p. 185.

133) Ibid., p. 145.

134) Ernst Nolte, "Austria," Rogger and Weber eds., *The European Right*, p. 321.

135) 그리스도교 사회주의에 대한 이 책의 분석은 거의 대부분 다음과 같은 존 보이어(John Boyer)의 고전적 연구에 의존하고 있다. *Political Radicalism in Late Imperial Vienna : Origins of the Christian Social Movement 1848~1897* (Chicago: University of Chicago Press, 1981); *Culture and Political Crisis in Vienna : Christian Socialism in Power, 1897~1918* (Chicago: University of Chicago Press, 1995).

136) Boyer, *Political Radicalism in Late Imperial Vienna*, pp. 402-3.

137) Ibid., p. 415.

138) Boyer, *Culture and Political Crisis in Vienna*, p. 7ff.

139) Ibid., p. 8.

140) Ibid., pp. 237-8.

141) Ibid., p. 26.

제5장

1) 하지만 이는, 적어도 부분적으로는, 차르가 이끄는 러시아가 독일을 공격할지도 모른다는 잘못된 인상 아래 결정된 것이라는 점을 지적할 필요가 있다.

2) Julius Braunthal, *History of the International 1914~1943* (London: Thomas Nelson and Sons, 1967), 7.

3) 전쟁 기간 동안 당은 정상적으로 모임을 개최할 수 없었고, 따라서 이 모임은 1914년 이후

당의 활동에 대한 논의와 분석에서 하나의 분출구가 되었다.

4) *Protokoll über die Verhandlungen des Parteitages der Sozialdemokratischen Partei Deutschlands* (Berlin: J. H. W. Dietz, 1973), pp. 362, 376-7.

5) Ibid., p. 377.

6) 1918년 11월 9일 황제는 마침내 퇴위했고, 사민당의 프리드리히 에버트(Friedrich Ebert) 가 총리직을 맡게 되었다. 그리고 그의 동료 필리프 샤이데만(Philipp Scheidemann)은 제 국의회의 발코니에 서서 독일 공화국의 건립을 선포했다. Susanne Miller, *Die Bürde der Macht. Die deutsche Sozialdemokratie 1918~1920* (Düsseldorf: Droste Verlag, 1978), p. 35.

7) Heinrich August Winkler, *Von der Revolution zur Stabilisierung: Arbeiter und Arbeiterbewegung in der Weimarer Republik, 1918~1924* (Berlin: J. H. W. Dietz, 1984), Ⅱ.

8) Heinrich August Winkler, "Eduard Bernstein as Critic of Weimar Social Democracy," Roger Fletcher ed., *Bernstein to Brandt* (London: Edward Arnold, 1987).

9) Ibid. 이런 후퇴의 부분적인 이유는 1922년에 독립사회민주당(USPD, 사민당의 전쟁 지지 에 항의하기 위해 전쟁 기간 동안 당에서 떨어져 나간 독립적 사회주의 정당)의 민주파 구 성원들이 사민당에 다시 들어왔고, 그들 가운데 오랜 급진주의자들이 당의 전통적인 입장을 약화시키려는 어떠한 노력에 대해서도 강력하게 반대했기 때문이다.

10) Wolfgang Luthardt, *Sozialdemokratische Verfassungstheorie in der Weimarer Republik* (Opladen: Westdeutsher Verlag, 1986), p. 3; Richard Saage, *Rückkehr zum starken staat?* (Frankfurt: Suhrkamp Verlag, 1983), 108; Saage, "Parlamentarische Demokratie, Staatsfunktionen und Das Gleichgewicht der Klassenkräfte," *Solidargemeinschaft und Klassenkampf* (Frankfurt: Suhrkamp Verlag, 1986).

11) 이는 바우어가 사용한 표현이다. Norbert Leser, *Zwischen Reformismus und Bolshevismus. Der Austromarxismus als Theorie und Praxis* (Vienna: Europa Verlag, 1968).

12) Otto Bauer, *Austrian Revolution* (London: Leonard Parsons, 1925); Leser, *Zwischen Reformismus und Bolshevismus*, p. 119; Anson Rabinach, *The Crisis of Austrian Socialism* (Chicago: University of Chicago Press, 1983), p. 40ff.

13) 예를 들어 사민당의 중요한 린츠(Linz) 강령을 보라. Rabinbach, *The Crisis of Austrian Socialism*, p. 119.

14) Norbert Leser, "Austro-Marxism: A Reappraisal," *Journal of Contemporary History,* Ⅱ, 1976, 146; Leser, *Zwischen Reformismus und Bolshevismus*, pp. 136, 429; Rabinbach, *The Crisis of Austrian Socialism*, p. 123ff; Leser, "Ernst Fischer and the Left Opposition in Austrian Social Democracy"(Ph. D. Dissertation, University of

Wisconsin, 1973), p. 67.

15) Leser, *Zwischen Reformismus und Bolshevismus*, p. 350.

16) Robert Mead, "The Struggle for Power: Reformism in the French Socialist Party, 1919~1939"(Ph. D. Dissertation, Columbia University, 1952), p. 61ff.

17) Joel Colton, *Leon Blum: Humanist in Politics* (New York: Alfred Knopf, 1966), p. 66.

18) 프랑스 지부가 부르주아 정당 및 제도와 모호한 관계를 그토록 오랫동안 유지할 수 있었던 한 가지 이유는 바로 프랑스 민주주의의 튼튼함과, 사회주의자들이 공화국에 대한 책임을 거부한다 하더라도 중도 및 중도 좌익 정당들이 그것을 지켜 주리라는 암묵적인 믿음 때문이었다. 따라서 적어도 1930년대까지 사회주의자들은 자신들이 참여를 거부한다고 해서 공화국이 몰락하리라고는 전혀 생각할 필요가 없었다. 이는 독일 사회주의자들에게는, 그리고 약간 다른 측면에서는 이탈리아 사회주의자들에게도 해당되지 않는 일종의 사치였다.

19) Julian Jackson, *The Politics of Depression in France 1932~1936* (New York: Cambridge University Press, 1985), p. 36.

20) Alexander De Grand, *In Stalin's Shadow* (Dekalb, IL: Northern Illinois University Press, 1986); Albert Lindemann, *The 'Red Years': European Socialism Versus Bolshevism* (Berkeley, CA: University of California Press, 1974), pp. 59-60.

21) Daniel L. Horowitz, *The Italian Labor Movement* (Cambridge, MA: Harvard University Press, 1963), pp. 134-5.

22) Norbert Bobbio, *Ideological Profile of Twentieth Century Italy* (Princeton, NJ: Princeton University Press, 1995), p. 110.

23) Ibid.; Christopher Seton-Watson, *Italy from Liberalism to Fascism* (London: Butler and Tanner, 1967), p. 548; Denis Mack Smith, *Italy: A Modern History* (Ann Arbor, MI: University of Michigan Press, 1959), p. 328.

24) Horowitz, *The Italian Labor Movement*, pp. 139-42.

25) A. Rossi, *The Rise of Italian Fascism 1918~1922* (London: Methuen, 1938), p. 53.

26) Anthony Cardoza, *Agrarian Elites and Italian Fascism: The Province of Bologna, 1901~1926* (Princeton, NJ: Princeton University Press, 1982), chapter 6; Martin Clark, *Modern Italy 1871~1982* (New York: Longman, 1984), p. 206ff; Alexander De Grand, *Italian Fascism* (Lincoln, NE: University of Nebraska Press, 1982), p. 24.

27) Richard Bellamy and Darrow Schecter, *Gramsci and the Italian State* (Manchester, UK: Manchester University Press, 1993); John M. Cammett, *Antonio Gramsci and the Origins of Italian Communism* (Stanford, CA: Stanford University Press, 1967);

Gwyn A. Williams, *Proletarian Order : Antonio Gramsci, Factory Councils and the Origins of Italian Communism, 1911~1921* (London: Pluto Press, 1975).

28) Maurice Neufeld, *Italy: School for Awakening Countries* (Ithaca, NY: Cayuga Press, 1961), p. 379.

29) Horowitz, *The Italian Labor Movement*, p. 149.

30) Ibid., p. 151.

31) Ibid., pp. 151-2; Rossi, *The Rise of Italian Fascism*, p. 70.

32) Giovanni Giolitti, *Memoirs of My Life* (London: Chapman and Dodd, 1923), pp. 437-8.

33) Cammett, *Antonio Gramsci and the Origins of Italian Communism*, p. 133ff; Alastair Davidson, *The Theory and Practice of Italian Communism*, Vol.1 (London: Merlin Press, 1982), p. 97ff; Spencer Di Scala, *Italy from Revolution to Republic* (Boulder, CO: Westview Press, 1998), p. 218 ; Horowitz, *The Italian Labor Movement*, pp. 157-9.

34) Angelo Tasca, *The Rise of Italian Fascism* (Methuen: London, 1938), p. 244.

35) Horowitz, *The Italian Labor Movement*, p. 167.

36) Alexander De Grand, *The Italian Left in the Twentieth Century* (Indianapolis, IN: Indiana University Press, 1989), p. 51; Horowitz, *The Italian Labor Movement*.

37) Bellamy and Schecter, *Gramsci and the Italian State*, p. 90.

38) Carlo Rosselli, *Socialismo Liberale*, 영어로는 *Liberal Socialism* (Princeton, NJ: Princeton University Press, 1994)로 번역 출판되었다.

39) Ibid., p. 68.

40) Ibid., p. 28.

41) Ibid., p. 23.

42) Ibid., p. 86.

43) Ibid., p. 87.

44) Ibid., pp. 86-7.

45) Ibid., p. 57; Stanislao G. Pugliese, *Carlo Rosselli. Socialist Heretic and Antifascist Exile* (Cambridge, MA: Harvard University Press, 1999), p. 106.

46) Rosselli, *Liberal Socialism*, pp. 122-3.

47) Ibid., p. 125.

48) Eberhard Kolb, "Die Sozialdemokratische Strategie in der Ära des Präsidialkabinetts Brüning: Strategie ohne Alternative?," *Ursula Büttner* Vol. 1 (Hamburg: Christians, 1986); Heinrich August Winkler, *Der Weg in die Katastrophe: Arbeiter und Arbeiterbewegung in der Weimarer Republik, 1930~1933* (Berlin : J. H. W. Dietz, 1987), chapter 2, section 3.

49) Heinrich Brüning, *Memorien 1918-1934* (Stuttgart: Deutsche, 1970), pp. 105, 115-16, 118, 133, 315, 501-2; Gottfried Reinhold Treviranus, *Das Ende von Weimar* (Düsseldorf: Droste, 1968), pp. 156-61.

50) *Protokoll über die Verhandlungen des Sozialdemokratischer Parteitages*, 31 Mai bis 5 Juni in Leipzig 1931 (Berlin: J. H. W. Dietz, 1974), p. 60.

51) Ibid., pp. 45-6.

52) Thomas Hahn, "Arbeiterbewegung und Gewerkschaften: eine Untersuchung der Strategiebildung der Freien Gewerkschaften auf dem Arbeitsmarkt"(Ph. D. Dissertation, Free University of Berlin, 1977); Peter Jahn with Detlev Brunner, *Die Gewerkschaften in der Endphase der Republik* (Köln : Bund, 1988); Michael Schneider, "Konjunkturpolitische Vorstellungen der Gewerkschaften in den Letzten Jahren der Weimarer Republik," Hans Mommsen, Dietmar Petzina, and Bernd Weisbrod, des., *Industrielles System und Politische Entwicklung in der Weimarer Republik* (Düsseldorf: Athenäum, 1977); Gerhard Schulze, Ilse Mauer, and Udo Wengst eds., *Politik und Wirtschaft in der Krise, 1930~1932* (Düsseldorf: Droste, 1980).

53) 일자리 창출을 둘러싸고 벌어졌던 노조 내부의 토론에 관한 가장 뛰어난 논의는 다음을 볼 것. Michael Schneider, *Die Arbeitsbeschaffungprogramme des ADGB* (Bonn: Neue Gesellschaft, 1975).

54) 보이틴스키의 삶은 매혹적이었다. 나치가 정권을 잡게 되자 보이틴스키는 독일을 떠나 미국으로 향했는데, 그곳에서 그는 뉴딜 정책에 기여했다. 그의 자서전 『위대한 여로』(*Stormy Passage*, New York: Vanguard Press, 1961; 황동규 옮김, 중앙문화사, 1964)에서 우리는 20세기의 가장 중대한 사건들 중 일부에 관한 매력적인 이야기들을 살펴볼 수 있다. 또한 다음 책을 보라. Emma Woytinsky ed., *So Much Alive: The Life and Work of W. S. Woytinsky* (New York: Vanguard Press, 1962).

55) 이전에 그는 위기를 막기 위한 국제적 조치를 희망했다.

56) 예를 들어 타르노프는 1928년에 *Warum Arm Sein?*(Berlin: Verlagsanstalt des ADGB, 1928)라는 책을 출판했다. 또한 다음을 볼 것. R. Wagenführ and W. Voss, "Trade Unions and the World Economic Crisis," Hermann van der Wee ed., *The Great Depression Revisited* (The Hague: Martinus Nijhoff, 1972).

57) Wladimir Woytinsky, "Arbeitsbeschaffung und Keine Inflationsgefahr," *Die Arbeit*, 3, March 1932; "Der WTB Plan der Arberitsbeschaffung," reprinted in G. Bombach, H. J. Rmaser, M. Timmermann, and W. Wittmann eds., *Der Keynesianismus: Die Besch ä ftigungspolitische Diskussion vor Keynes in Deutschland* (Berlin: Springer, 1976), pp. 172-5.

58) Woytinsky, "Sozialistische Wirtschaftspolitik Hei β t Heute Arbeitsbeschaffung," *Leipziger Volkszeitung*, 68, march 21, 1932.

59) "Thesen zum Kampf Gegen die Wirtschaftskrise," Michael Schneider, *Das Arbeitsbescaffungsprogramm dess ADGB* (Bonn: Neue Gesellschaft, 1975), p. 230.

60) Gerard Braunthal, *Socialist Labor and Politics in Weimar Germany: The General Federation of German Trade Unions* (Hamden, CT: Archon, 1978), pp. 62-5; Ursula Hüllbüsch, "Die Deutschen Gewerkschften in der Weltwirtschaftskrise," Walter Conze ed., *Die Staats-und Wirtschaftskrise des Deutschen Reichs, 1929~33* (Stuttgart: Ernst Klett, 1967); Wolfgang Zollitsch, "Einzelgewerkschaften und Arbeitsbeschaffung : Zum Handlungsspielraum der Arbeiterbewegung in der Spä tphase der Weimarer Republik," *Geschichte und Gesellschaft* 8, 1982.

61) "Raus aus dem Engpa β ," *Deutsche Metallarbeiter Zeitung*, 9, February 27, 1932.

62) 하지만 그는 변화에 대한 요구를 누그러뜨리기 위해 전직 노동부 장관 하인리히 브라운 (Heinrich Braun)이 이끄는 위원회를 임명해, 실업 문제를 다룰 수단을 연구하도록 했다. 위원회는 일자리 창출을 권유했지만, 브뤼닝 내각은 재정 마련 방식을 두고 의견이 엇갈린 채로 남아 있었다. 다음을 보라. Robert Gates, "The Economic Policies of the German Free Trade Unions and the German Social Democratic Party, 1930~33"(Ph. D. Dissertation, University of Oregon, 1970), pp. 186-7; Rainer Schaefer, *Die SPD in der Ära Brüning: Tolierung oder Mobilisierung* (Frankfurt: Campus Forschung, 1990); Winkler, *Der Weg in die Katastrophe*, p. 436ff. 브뤼닝의 재임 기간 동안 정부 내부에서 벌어진, 경제정책에 관한 논의를 따라가 보려면 다음을 볼 것. Gerhard Schulz et al. eds., *Politik und Wirtschaft in der Krise and Akten der Reichskanzlei*. Das Kabinett Brüning I : 30 März bis Oktober 1931 bis I Juni 1932 (Boppard am Rhein: Harald Boldt, 1988).

63) Donna Harsch, *German Social Democracy and the Rise of Fascism* (Chapel Hell, NC: University of North Carolina Press, 1993); Thomas Meyer, "Elemente einer Gesamttheorie des demokratischen Sozialsmus und Hindernisse ihrer Durchsetzung in der Weimarer Republik," Horst Heiman and Thomas Meyer eds., *Reformsozialismus und Sozialdemokratie* (Berlin: Verlag J. H. W. Dietz, 1982); Schaefer, *SPD in der Ära Brüning*, pp. 380-92; Winkler, *Der Weg in die Katastrophe*, pp. 431-511.

64) 그로 인해 힐퍼딩은 보이틴스키의 회고록에서 독일 사회민주주의의 사악한 악당이자 WTB 계획 실패의 주요 원인 제공자로서 등장한다. Wotrinsky, *Stormy Passage*, pp. 468-71.

65) Robert Gates, "German Socialism and the Crisis of 1929~1933," *Central European History*, 7, 1974, p. 351; Woytinsky, *Stormy Passage*.

66) 예를 들어 제4차 AfA(Allgemeinen freien Angestelltenbundes) 회의에서의 담화를 보라. 그리고 다음을 볼 것. Cora Stephan, "Wirtschaftsdemokratie und Umbau der Wirtschaft," Luthardt ed., *Sozialdemokratische Arbeiterbewegung* Vol. 1, pp. 283-7.

67) William Smaldone, "Rudolf Hilferding: The Tragedy of a German Social Democrat"(Ph. D. Dissertation, University of Binghamton, 1989), p. 436.

68) Gates, "The Economic Policies," pp. 221-2; Michael Held, *Sozialdemokratie und Keynesianismus: Von der Weltwirtschaftskrise bis zum Godesberger Prgramm* (Frankfurt: Campus Verlag, 1982); Franz Ritter, *Theorie und Praxis des Demokratischen Sozialismus in der Weimarer Republik* (Frankfurt: Campus, 1981).

69) "Das Gespenst der Arbeitslosigkeit und die Vorschlä der SPD zu Ihrer Überwindung,"(SPD Pamphlet, January 15, 1931); "Umbau der Wirtschaft- Sicherstellung der Existenz der Notleidenden," *Sozialdemokratische Partei- Korrespondenz*, 27, August-September 1932 ; Georg Decker, "Zwischen Kapitalismus und Sozialismus. Eine Betrachtung zum Wirtschaftsprogramm des AfA-Bundes," *Die Gesellschaft*, 9, May 1932; "Der Umbau der Wirtschaft," *Gewerkschafts-Zeitung*, 2, July 1932; Eberhard Heupel, *Reformismus und Krise : Zur Theorie und Praxis von SPD, ADGB, und AfA-Bund in der Weltwirtschaftskrise 1929~1932/3* (Frankfurt: Campus, 1981).

70) Winkler, *Der Weg in die Katastrophe*, p. 638; Winkler, "Choosing the Lesser Evil : The German Social Democrats and the Fall of the Weimar Republic," *Journal of Contemporary History* 25, 1990, 특히 pp. 220-1.

71) 제6장 참조.

72) 이 회동의 정확한 날짜를 알기는 어렵다. 보이틴스키는 회고록에서 그것을 8월의 어느 날쯤으로 기억하고 있는 듯하며, 돈나 하르쉬(Donna Harsch)도 이 견해를 수용하고 있다. 하지만 로버트 게이츠(Robert Gates)는 그보다 훨씬 이른 2월에 개최되었을 것이라고 보고 있다. 나는 여기서 보이틴스키의 회고록을 따를 것인데, 왜냐하면 그가 기록한 날짜에 약간의 혼동이 있다 하더라도 그는 회동의 가장 완벽한 기록을 전하고 있기 때문이다. 회동이 언제 열렸는지와는 상관없이 그것은 사민당 결정권자들을 움직인 요인들이 무엇이었는지를 보여 준다.

73) Woytinsky, *Stormy Passage*, p. 471.

74) Ibid., pp. 471-2.

75) 드 망은 평생 독일·네덜란드·벨기에·프랑스·미국에서 살고 활동했다. 그는 이 나라들의 언어를 모두 구사했으며 그들의 노동운동과 직접적으로 접촉했다. 드 망의 저술에 대한 서지 목록은 다음을 볼 것. Peter Dodge, *Beyond Marxism : The Faith and Works of Hendrik de Man* (The Hague: Martinus Nijhoff, 1966).

76) 또한 그는 사회민주주의와 파시즘·민족사회주의 사이의 결정적 연결 고리를 제공했다. 1930년대 후반 그는 실제로 독일에 동조했다. 제6장을 보라.

77) Hendrik de Man, *The Remaking of a Mind* (New York: Charles Scribnet and Sons, 1919), p. 78.

78) Hendrik de Man, *Gegen den Strom* (Stuttgart : Deutsche Verlagsanstalt, 1953), p. 189; De Man, *Die Sozialistische Idee* (Jena: Eugen Diederichs Verlag, 1933), p. 308ff.

79) Dodge, *Beyond Marxism*, p. 178; 특히, Hendrik de Man, *Die Intellektuellen und der Sozialismus* (Jena: Eugen Diedrichs Verlag, 1926).

80) Henry de Man, *The Psychology of Socialism* (New York: Arno Press, 1974), p. 325; Hendrik de Man, *Gegen den Strom*, p. 189.

81) Ibid., p. 286.

82) Dodge, *Beyond Marxism*, p. 80.

83) De Man, *The Remaking of a Mind*, pp. 282-4.

84) De Man, *The Psychology of Socialism*, p. 473.

85) James Burnett, "The Development of the Political Theory of 'Neo-Socialism'" (Master's Thesis, New York University, 1963), p. 25ff; De Man, *Die Intellektuellen und der Sozialismus*.

86) Ibid., pp. 497-8.

87) De Man, *The Plan Du Travail* (London: Victor Gollancz, 1935).

88) 『노동의 계획』의 대강의 윤곽, 특히 그것이 기반으로 삼고 있는 사상들은 좀 더 일찍 나타났다.

89) Ibid., p. 33.

90) Erik Hansen, "Hendrik de Man and the Crisis in European Socialism, 1926~36"(Ph. D. Dissertation, Cornell University, 1968), p. 194ff; Hansen, "Hendrik de Man and the Theoretical Foundations of Economic Planning," *European Studies Review* 8, 1978, p. 248ff.

91) De Man, *Gegen den Strom*, p. 211.

92) De Man, *The Plan du Travail*, p. 7; De Man, Die Sozialistische Idee, p. 326ff.

93) Hansen, "Hendrik de Man and the Theoretical Foundations of Econmic Planning," pp. 249-50.

94) Dodge, *Beyond Marxism*, p. 139; De Man, *Gegen den Strom*, p. 211.

95) De Man, *Gegen den Strom*, p. 211; De Man, *The Plan du Travail*, p. 25.

96) De Man, *Gegen den Strom*, p. 211; Peter Dodge, "Voluntaristic Socialism," *International Review of Social History* 3, 1958.

97) Dodge, "Voluntaristic Socialism," p. 409에서 인용.

98) Ibid, Ⅱ; Hendrik de Man, *Sozialismus und National Fascismus* (Potsdam: Alfred Prottet, 1931).

99) 달라디에의 예산안이 공무원의 봉급과 연금을 삭감하게 될 것이었기 때문에, 이는 특히나 까다로운 표결이었다. 하지만 의원들은 바로 얼마 전 독일이 군축 회담과 국제연맹에서 탈퇴하고 의회의 불안정에 대한 전반적 좌절감이 증가하면서, 정부의 붕괴를 막는 것이 차악의 선택이 될 수밖에 없는 상황을 우려하고 있었다.

100) Jackson, *The Politics of Depression*, p. 142; Mathew Elbow, *French Corporation Theory, 1789~1948* (New York: Columbia University Press, 1953), pp. 36-7, 134-7.

101) Karl Harr, Jr., *The Genesis and Effects of the Popular Front in France* (Latham, MD: University Press of America, 1987), p. 58.

102) Ibid., p. 182.

103) Zeev Sternhell, *Neither Right nor Left* (Princeton, NJ: Princeton University Press, 1986), p. 179.

104) Deat, ibid., pp. 181-2에서 인용.

105) Emily Hartshorne Goodman, "The Socialism of Marcel Deat"(Ph. D. Dissertation, Stanford University, 1973), pp. 127~8.

106) Joel Colton, "Leon Blum and the French Socialist as a Government Party," *Journal of Politics*, 15, 4, November 1953, p. 86; Jackson, *The Politics of Depression*, p. 142.

107) Colton, "Leon Blum and the French Socialists as a Government Party," p. 86.

108) Ibid., p. 87; Goodman, "The Socialism of Marcel Deat," p. 125.

109) Ibid., pp. 110, 199.

110) Jackson, *The Politics of Depression*, p. 150.

111) Henry Ehrmann, *French Labor: From Popular Front to Liberation* (New York: Oxford University Press, 1947), p. 62ff, and Richard Kuisel, *Capitalism and the State in Modern France* (New York: Cambridge University Press, 1981), p. 109.

112) Pierre Rosanvallon, "The Development of Keynesianism in France," Peter Hall ed., *The Political Power of Economic Ideas* (Princeton, NJ: Princeton University Press, 1989), pp. 180-1.

113) Goodman, "The Socialism of Marcel Deat," pp. 243, 245; Rosanvallon, "The Development of Keynesianism in France."

114) Jackson, *The Politics of Depression*, p. 147ff.

115) Kuisel, *Capitalism and the State in Modern France*, p. 114.

116) Ibid., p. 150.

117) Rosanvallon, "The Development of Keynesianism in France," p. 182.

118) George Codding, Jr., and William Safran, *Ideology and Politics : The Socialist Party of France* (Boulder, CO: Westview Press, 1979), p. 20 ; Jackson, *The Politics of Depression*, p. 115ff; John Marcus, *French Socialism in the Crisis Years: 1933~1936* (New York: Praeger, 1958).

119) Ibid., p. 176.

120) B. D. Graham, *The French Socialists and Tripartisme 1944~1947* (Toronto: University of Toronto Press, 1965), p. 14.

121) Jackson, *The Popular Front*, p. 169.

제6장

1) 드 망과 나치의 관계에 대해서는 다음을 볼 것. James T. Burnett, "The Development of the Political Theory of 'Neo-Socialism'"(Master's Thesis, New York University, 1963); Erik Hansen, "Hendrik de Man and the Theoretical Foundations of Economic Planning: The Belgian Experience, 1933~40," *European Studies Review* 8, 1978; Dick Pels, *The Intellectual as Stranger* (London: Routledge, 2000).

2) Donald Sasson, *One Hundred Years of Socialism* (New York: New Press, 1996), chapter 3; Dan S. White, *Lost Comrades : Socialists of the Front Generation,*

1918~1945 (Cambridge, MA: Harvard University Press, 1992).

3) A. James Gregor, *Contemporary Radical Ideologies* (Berkeley, CA: University of California Press, 1968), p. 131.

4) Gregor, *Young Mussolini and the Intellectual Origins of Fascism* (Berkeley, CA: University of California Press, 1979), pp. 191-2.

5) Gregor, *The Fascist Persuasion in Radical Politics* (Princeton, NJ: Princeton University Press, 1974), pp. 176-8.

6) Clarence Yarrow, "The Forging of Fascist Doctrines," *Journal of the History of Ideas*, 3, 2, April 1942, p. 170.

7) "Platform of the Fasci di Combattimento," Jeffrey Schnapp ed., *Italian Fascism* (Lincoln, NE: University of Nebraska Press), pp. 3-5; Ivanoe Bonomi, *From Socialism to Fascism* (London: Martin Hopkinson, 1924), p. 102 ; F. L. Carsten, *The Rise of Fascism* (Berkeley: University of California Press, 1982), p. 50; Edward Tannenbaum, "The Goals of Italian Fascism," *America Historical Review* 74, 4, April 1969, p. 1185.

8) Michael A. Leeden, *The First Duce: D'Annunzio at Fiume* (Baltimore, MD: Johns Hopkins University Press, 1977).

9) Frank Snowden, "On the Social Origins of Agrarian Fascism in Italy," *European Journal of Sociology* 13, 1972, p. 270.

10) Edward Tannenbaum, *The Fascist Experience: Italan Society and Culture, 1922~45* (New York: Basic Books, 1972), 35; Anthony L. Cardoza, *Agrarian Elites and Italian Fascism: The Province of Bologna, 1901~1926* (Princeton, NJ: Princeton University Press, 1982); Frank Snowden, *The Fascist Revolution in Tuscany 1919~1922* (New York: Cambridge University Press, 1989).

11) Cardoza, *Agrarian Elites and Italian Fascism* ; Paul Corner, *Fascism in Ferrara* (New York: Oxford University Press, 1975).

12) Snowden, "On the Social Origins of Agrarian Fascism in Italy," p. 279; Corner, *Fascism in Ferrara*, p. 146f f; Adrian Lyttelton, *The Seizure of Power: Fascism in Italy 1919~1929* (London: Weidenfeld and Nicolson, 1973); Snowden, *The Fascist Revolution*, p. 81ff.

13) Ibid., p. 82.

14) Paolo Farneti, "Social Conflict, Parliamentary Fragmentation, Institutional Shift, and the Rise of Fascism: Italy," Juan Linz and Alfred Stepan eds., *The Breakdown of Democratic Regimes: Europe* (Baltimore, MD: Johns Hopkins University Press,

1978), p. 23; Denis Mack Smith, *Italy : A Modern History* (Ann Arbor, MI: University of Michigan Press, 1959), pp. 342, 345.

15) "Program of the National Fascist Party, 1921," Schnapp, *A Primer of Italian Fascism,* pp. 10-18.

16) Ibid., p. 15.

17) Carl T. Schmidt, *The Corporate State in Action* (New York: Oxford University Press, 1939), p. 40.

18) Stanley Payne, *A History of Fascism, 1914~1945* (Madison, WI: University of Wisconsin Press, 1995), p. 104. 최근의 분석으로는 다음을 볼 것. E. Spencer Wellhofer, "Democracy and Fascism: Class, Civil Society and Rational Choice in Italy," *American Political Science Review* 97, 1, 2003.

19) Anthony James Joes, *Fascism in the Contemporary World* (Boulder, CO: Westview Press, 1978), p. 40; Margot Hentze, *Pre-Fascist Italy* (New York: W. W. Norton, 1939); A. Rossi, *The Rise of Italian Fascism* (London: Metheum, 1938).

20) 따라서 널리 퍼진 믿음(그리고 파시스트들의 전설)과는 반대로, 로마 진군은 중요한 모든 정치적 결정이 내려진 이후에 일어났던 것이다. 그것은 권력 장악을 위한 것이라기보다 일종의 승리의 퍼레이드 같은 것이었다.

21) Carsten, *The Rise of Fascism* ; F. Allen Cassells, *Fascist Italy* (London: Routledge and Kegan Paul, 1986); Federico Chabod, *A History of Italian Fascism* (London: Weidenfield and Nicolson, 1963); Lyttelton, *The Seizure of Power.*

22) Adrian Lyttelton, "Fascism in Italy: The Second Wave," *Journal of Contemporary History,* 1, 1, May 1966, p. 76.

23) Carsten, *The Rise of Fascism,* p. 73.

24) Martin Clark, *Modern Italy* (New York: Longman, 1984), p. 238.

25) Alberto Aquarone, "The Rise of the Fascist State"; Renzo de Felice, "From the Liberal Regime to the Fascist Regime," Roland Sarti ed., *The Ax Within* (New York: New Viewpoints, 1974); Lyttelton, "Fascism in Italy."

26) 이것은 파시스트 이론가들과 활동가들이 지속적으로 사용한 용어다. Roger Griffin ed., *Fascism* (New York: Oxford University Press, 1995).

27) Mussolini, "The Achievements of the Fascist Revolution," Griffin ed., *Fascism,* p. 64.

28) Ibid, p. 65, and idem, "The Doctrine of Fascism," Carl Cohen ed., *Communism, Fascism and Democracy* (New York: Random House, 1968), p. 352.

29) Herman Finer, *Mussolini's Italy* (New York: Grosset and Dunlap, 1965), p. 204.

30) Ibid., pp. 207, 209.

31) Mario Palmieri, *The Philosophy of Fascism*, excerpts reprinted in Cohen ed., *Communism, Fascism and Democracy*, p. 381; Dick Pels, "Fascism and the Primacy of the Political," *Telos* 10, Winter 1998; Zeev Sternhell, *The Birth of Fascist Ideology* (Princeton, NJ: Princeton University Press, 1994).

32) Lyttelton, "Fascism in Italy: The Second Wave"; Payne, *A History of Fascism*, p. 121; Roland Sarti, *Fascism and the Industrial Leadership in Italy, 1919-1940* (Berkeley, CA; University of California Press, 1971), p. 58.

33) Sarti, *Fascism and the Indusrial Leadership in Italy*, p. 72.

34) Gaetano Salvemini, *Under the Axe of Fascism* (New York: Viking Press, 1936), p. 90.

35) "The Labour Charter," Benito Mussolini, *The Corporate State* (Florence: Vallecchi, 1938), pp. 122-6.

36) Alexander De Grand, *Italian Fascism* (Lincoln, NE: University of Nebraska Press, 1982), p. 107.

37) Ibid., p. 105.

38) Cesare Vannutelli, "The Living Standard of Italian Workers 1929~1939," Sarti ed., *The Axe Within.*

39) Schmidt, *The Corporate State in Action*, p. 86.

40) Roger Eatwell, *Fascism* (New York: Penguin, 1995), p. 79; Schmidt, *The Corporate State in Action*, p. 128.

41) Martin Clark, *Modern Italy* (New York: Longman, 1984), p. 271; Sarti, *Fascism and the Industrial Leadership in Italy*, p. 124 ; John Whittan, *Fascist Italy* (Manchester, UK: Manchester University Press, 1995), p. 65.

42) Elizabeth Wiskemann, *Fascism in Italy* (London: St. Martin's Press, 1969), p. 24.

43) Eatwell, *Fascism*, p. 79.

44) Rossoni, "Political and Moral Aspects of the New Economy"(1936년 4월 29일 베를린에서 열린 강연, reprinted by Societa Editrice Di Novissima, Rome), pp. 3-5.

45) David Roberts, *The Syndicalist Tradition and Italian Fascism* (Chapel Hill, NC: University of North Carolina Press, 1979), p. 316.

46) Mussolini, "The Achievement of the Fascist Revolution," Griffin ed., *Fascism*, pp. 63-5.

47) Eatwell, *Fascism*, p. 79.

48) 이런 분석은 민족사회주의의 발생이 단순히 독일 특유의 경향이나 문제의 결과라고 보는 관점과 대비된다. 그런 관점에서 분석한 것으로 가장 잘 알려진 예는 '존더벡(Sonderweg, 특수한 길)' 학파와 관련되어 있는데, 이에 관한 논의는 다음을 볼 것. Goeff Eley, *From Unification to Nazism* (Boston: George Allen and Unwin, 1986); Geoff Eley and David Blackburn, *The Peculiarities of German History* (New York: Oxford University Press, 1984); Richard J. Evans, *Rethinking German History* (London: Unwin Hyman, 1987); Roger Fletcher, "Recent Developments in German Historiography," *German Studies Review* 7(1984); Gordon Martel ed., *Modern Germany Reconsidered* (New York : Routledge, 1992); Robert G. Moeller, "The Kaiserreich Recast?" *Journal of Social History* 17 (1984); Thomas Nipperdey, "1933 und die Kontinutät der Deutschen Geshichte," Nipperdey, *Nachdenken über die Deutche Geschichte* (Munich: C. H. Beck, 1986).

49) 사실 독일 공산당 또한 나치당과 마찬가지로 자신들만의 '준군사조직'(paramilitary)을 만들어 활발히 이용했고, 특히 바이마르공화국 말기에 접어들수록 더욱 그러했다. 다음을 보라. Ben Fowkes, *Cummunism in Germany* (London: Palgrave Macmillan, 1984); Eric Weitz, *Creating German Communism* (Princeton, NJ: Princeton University Press, 1996).

50) 오늘날 이 그룹에 대한 문헌은 방대해졌다. 다음을 보라. Stefan Breuer, *Anatomie der Konservativen Revolution* (Darmstadt : Wissenschaftliche Buchgesellschaft, 1993); Jeffrey Herf, *Reactionary Modernism* (New York: Cambridge University Press, 1984); Armin Mohler, *Die Konservative Revolution in Deutschland* (Darmstadt: Wissenschaftlich Buchgesellschaft, 1972); Herbert Rauschning, *The Conservative Revolution* (New York: G. P. Putnam's Sons, 1941); Otto-Ernst Schuddekopf, *Linke Leute von Rechts* (Stuttgart: W. Kohlhammer, 1960); Christoph Werth, *Sozialismus und Nation* (Opladen: Westdeutscher Verlag, 1996); Roger Woods, *The Conservative Revolution in the Weimar Republic* (London: Macmillan, 1996).

51) Herf, *Reactionary Modernism*, p. 37.

52) Schueddekopf, *Linke Leute von Rechts*, p. 103ff.

53) Herf, *Reactionary Modernism*, p. 37.

54) Fritz Stern, *The Politics of Cultural Despair* (Berkeley, CA: University of California Press, 1961), p. 243; Woods, *The Conservative Revolution in the Weimar Republic*, p. 64.

55) 이런 욕구를 반영하여 묄러는 원래 자신의 책 제목을 '제3의 제국'이 아닌 '제3의 힘'(Die Dritte Kraft)으로 정할 생각이었다. George Mosse, *Germans and Jews* (New York: Howard Fertig, 1970), p. 119.

56) Herf, *Reactionary Modernism*, pp. 49-50.

57) Werth, *Sozialismus und Nation*, p. 43에서 인용.

58) Herf, *Reactionary Modernism*, pp. 52, 59.

59) Ibid., p. 57.

60) Oswald Spengler, *Prussianism und Sozialismus* (Munich: Beck, 1920).

61) Werth, *Sozialismus und Nation*, p. 49.

62) Ibid., pp. 199-200.

63) Ibid., p. 217ff.

64) 강령은 다음 책에 수록되어 있다. J. Noakes and G. Pridham eds., *Nazism 1919~1945* Vol. I : *The Rise to Power* (Exeter, UK: University of Exeter Press, 1994), pp. 14-16.

65) Peter Stachura, *Gregor Strasser and the Rise of Nazism* (London: George Allen and Unwin, 1983), pp. 42~3; Max Kele, *Nazis and Workers: National Socialist Appeals to German Labor* (Chapel Hill, NC: University of North Carolina Press, 1972).

66) Dietrich Orlow, *The History of the Nazi Party* (Pittsburgh, PA: University of Pittsburgh Press, 1969), p. 88ff.

67) Gerald Feldman, *The Great Disorder : Politics, Economics and Society in the German Inflation, 1919~1924* (New York: Oxford University Press, 1993); Jürgen von Krüdener, "Die Entstehung des Inflationstraumas: Zur Sozialpsychologie der Deutschen Hyperinflation, 1922~23," Feldman et al. eds., *Consequences of Inflation* (Berlin: Colloquium Verlag 1989).

68) Werner Angress, "The Political Role of the Peasantry," *Review of Politics* 21, July 1959; J. E. Farquharson, *The Plough and the Swastika* (London: Sage, 1976); Horst Gies, "The NSDAP and Agrarian Organization in the Final Phase of the Weimar Republic," Henry Turner ed., *Nazism and the Third Reich* (New York: New Viewpoints, 1972); Charles Loomis and J. Allan Beegle, "The Spread of Nazism in Rural Areas," *American Sociological Review*, II, December 1946.

69) Sheri Berman, "Civil Society and the Collapse of the Weimar Republic," *World Politics* 49, 3, 1997.

70) Stachura, *Gregor Strasser and the Rise of Nazism*, p. 71; Orlow, *The History of the Nazi Party*.

71) Avraham Barkai, *Nazi Economics* (New Haven, CT: Yale University Press, 1990), p. 23.

72) 연설문은 다음 책에 수록되어 있다. E. J. Noakes and G. Pridham, *Nazism 1919~1945* Vol. 2 : *State, Economy, and Society* (Exeter, UK: Exeter University Press, 1983), pp. 347-58.

73) G. Bombach, H. J. Ramser, M. Timmermann, and W. Wittmann eds., *Der Keynesianismus : Die Beschäftigungspolitische Diskussion vor Keynes in Deutschland* (Berlin: Springer, 1976), Vol. 3, pp. 382-83. 아마도 나치 측의 일부 인사가 이런 타르노프의 '칭찬'에 답하여 WTB 계획에 공감을 표한 것으로 보인다. Barkai, *Nazi Economics*, p. 53.

74) Ibid., p. 40, and Heinrich August Winkler, *Der Weg in die Katastrophe : Arbeiter und Arbeiterbewegung in der Weimarer Republik, 1930~1933* (Berlin: J. H. W. Dietz, 1987), p. 638.

75) Jürgen Falter, "The First German Volkspartei," Karl Rohe ed., *Elections, Parties and Political Traditions: Social Foundations of German Parties and Party Systems* (Providence, RI: Berg, 1990), pp. 79, 81.

76) Timothy Mason, "The Primacy of Politics," S. J. Woolf ed., *The Nature of Fascism* (New York: Random House, 1958); Mason, *Social Policy in the Third Reich* (Oxford, UK: Berg, 1993); Barkai, *Nazi Economics*, pp. 168-9; R. J. Ovey, *War and Economy in the Third Reich* (Oxford, UK: Clarendon Press, 1994), p. 38.

77) C. W. Guillebaud, *The Social Policy of Nazi Germany* (New York: Harward Fertig, 1971), pp. 15-16, chapter 3; Ovey, *War and Economy in the Third Reich*; Dan Silverman, *Hitler's Economy: Nazi Work Creation Programs, 1933~1936* (Cambridge, MA: Havard University Press, 1998).

78) Ovey, *War and Economy in the Third Reich*, p. 55. 바이마르공화국 막바지에 이르러 일자리 창출 프로그램이 처음 제시되었을 때 재계에서는 이를 강력하게 반대했다. 시장에 대한 정부의 지출과 개입을 위험하다고 보았기 때문이다. 하지만 나치가 정권을 잡은 뒤, 그런 비판은 사실상 사라졌다. 한 논평자는 이렇게 말한다.
"1933년 8월 무렵, 2년 전만 하더라도 일자리 창출에 저항했던 기업인들이 이제는 일자리를 위한 히틀러 정부의 전투를 지지하는 데 열심이었다. 이런 태도 변화는 경제적 전망이 호전되었을 뿐만 아니라, 발전해 나가는 나치 독재 아래에서 '불쾌한 형태의 정부 간섭에 대한 보험료가 크게 올랐다'는 사실을 반영한다. 히틀러는 노조를 파괴함으로써 브뤼닝에 의해 시작된 일을 마무리 지었다. 그 대가로 정부는 산업계가 실업자들에게 일자리를 제공하는 데 있어서 협조할 것을 기대했다. 만약 그런 협조가 이루어지지 않았다면, 독일 산업계 인사들은 불쾌한 결과들에 직면해야 했을지도 모른다"(Silverman, *Hitler's Econmy*, p. 8).

79) Ibid., chapter 2.

80) Barkai, *Nazi Economics*, p. 166. 좀 더 깊게 살펴보고자 한다면 다음을 볼 것. Overy,

War and Economy in the Third Reich, p. 56.

81) Gustav Stolper, *The German Economy* (London: Weidenfeld and Nicolson, 1967), p. 143.

82) R. J. Overy, *The Nazi Economic Recovery* (London: Macmillan, 1982); Overy, *War and Economy in the Third Reich*, p. 38; Silverman, *Hitler's Economy*, p. 245.

83) Overy, *War and Economy in the Third Reich*, p. 80.

84) Barkai, *Nazi Economics*, pp. 26-7.

85) Hendrik de Man, *Gegen den Strom* (Stuttgart: Deutsche Verlagsanstalt, 1953), p. 211; Peter Dodge, *Beyond Marxism: The Faith and Works of Hendrik de Man* (The Hague: Martinus Nijhoff, 1966), p. 139.

86) Barkai, *Nazi Economics*, p. 3.

87) 여러 논평자들이 지적했듯이,
"나치의 지배 아래 산업계 측이 다른 계층에 비해 훨씬 유리하고 보호받는 지위를 누렸으며, 테러에 덜 노출되었다는 사실에는 의심의 여지가 없다. 또한 그들이 처방받은 목표를 이루기 위해 명확하고 엄밀하며 근면하게 계속 분투하는 한, 산업계가 상당 수준의 자율적 경영권을 나치로부터 수여받았다는 것도 사실이다. 하지만 이런 상황을 '동등한 파트너들의 제휴'라고 묘사하는 것은 엄청난 과장이다"(Barkai, *Nazi Economics*, pp. 16-17).

88) Stolper, *The German Economy*, p. 137.

89) David Schoenbaum, *Hitler's Social Revolution* (New York: W. W. Norton, 1966), p. 174.

90) 비교해 보자면, 영국과 미국의 해당 수치는 각각 23퍼센트, 10퍼센트였다. 다음을 보라. Walter Laqueur, *Fascism: Past, Present, Future* (New York: Oxford University Press, 1996), p. 67; Overy, *The Nazi Economic Recovery*, p. 35.

91) Ibid., p. 42.

92) Barkai, *Nazi Economics*, p. 3.

93) Götz Aly, "Die Wohlfühl-Diktator," *Der Spiegel*, October, 2005, p. 56.

94) Schoenbaum, *Hitler's Social Revolution*, p. 238.

95) Ibid., p. 273.

96) Laqueur, *Fascism*, pp. 68-9; Mason, *Social Policy in the Third Reich*.

97) Aly, "Die Wohlfühl-Diktator," p. 57.

98) Alf Lüdtke, "What Happened to the 'Fiery Red Glow'? Workers' Experiences and German Fascism," *The History of Everday Life* (Princeton, NJ: Princeton University

Press, 1995); Detlef Muehlberger, "Conclusion to Hitler's Followers," Christian Leitz ed., *The Third Reich* (Boston: Blackwell, 1999).

99) Peter Stachura, "Introduction," *The Nazi Machtergreifung* (London: George Allen and Unwin, 1983), p. 6.

100) Barkai, *The Nazi Economy*, pp. 10, 18; Stolper, *The German Economy*, p. 129.

101) Aly, "Die Wohlfü hl-Diktator," p. 62.

102) Robert Soucy, *French Fascism: The First Wave, 1924~1933* (New Haven, CT: Yale University Press, 1986), pp. 28, 161ff.

103) Ibid., p. 30.

104) Ibid., p. 69.

105) Ibid., p. 89.

106) 그들의 지도자 자크 도리오(Jacques Doriot)는 과거에 프랑스공산당 당원이었다. Ibid., pp. 236, 247.

107) 연구자들 사이에는 불의십자가가 파시즘 단체인지의 여부에 관한 심각한 논쟁이 존재한다. 여기서 나는 명확히 '그렇다'는 입장을 취하고 있다. 이 문제에 관해서는 다음을 보라. William Irvine, "Fascism in France and the Strange Case of the Croix de Feu," *Journal of Modern History* 63, June 1991; Robert Soucy, *French Fascism: The Second Wave, 1933~1939* (New Haven, CT: Yale University Press, 1995).

108) Payne, *A History of Fascism*, p. 295; Irvine, "Fascism in France."

109) Soucy, *French Fascism: The Second Wave*, p. 178.

110) Soucy, *French Fascism: The First Wave*, p. 69.

111) Ibid., p. 92.

112) Ibid., pp. 166-7; Klaus-Juergen Mueller, "French Fascism and Modernization," *Journal of Contemporary History*, II, 1976.

113) Ibid., p. 167.

114) Soucy, *French Fascism: The Second Wave*, p. 184; Kevin Passmore, *From Liberalism to Fascism* (New York: Cambridge University Press, 1997), chapter 8.

115) Soucy, *French Fascism: The Second Wave*, p. 36; Soucy, *French Fascism: The First Wave*, p. xii.

제7장

1) 스웨덴 사민당의 초창기 발달 과정에 대해서는 다음을 보라. Seppo Hentilä, *Den Svenska Arbetarklassen och Reformismens Genombrott Inom SAP före 1914* (Helsingfors: Suomen Historiallinen Seura, 1979); John Lindgren, *Det Socialdemokratiska Arbetarpartiets Uppkomst i Sverge, 1881~1889* (Stockholm: Tiden, 1927); G. Hilding Nordström, *Sveriges socialdemokratiska arbetarparti under genombrottsåren, 1889~1894* (Stockholm: KF, 1938); Birger Simonson, *Socialdemokratiet och Makt ö vertagandet* (Göteborg: Bokskogen, 1985).

2) Gustav Möller, "Hjalmar Branting," *Hjalmar Branting : Festschrift* (Stockholm: Tiden, 1920), p. 9.

3) Mats Dahlkvists, Staten, *Socialdemokratien och Socialism* (Stockholm: Prisma, 1975); Gunnar Gunnarsson, *Socialdemokratisk Idearv* (Stockholm: Tiden, 1979); Simonson, *Socialdemokratin och Makt ö vertagendet.*

4) Hjalmar Branting, "Förord och Noter till 'Socialisms Utveckling' av Engels," *Tal och Skrifter I: Socialistisk Samh ä llsyn* (Stockholm: Tiden, 1926), p. 271ff.

5) Branting, "Partinamn och Partigr ä nser," reprinted in *Tal och Skrifter : Stridsfrågor inom arbetarr ö relsen* (Stockholm, Tiden, 1929), p. 114.

6) Branting, "Vaför Arbetarrörelsen Måste bli Socialistisk," *Tal och Skrifter I*, p. 107.

7) Axel Danielsson in Arbetet, July 4, 1890; Herbert Tingsten, *Den Svenska Socialdemokratiens Ideutveckling* Vol. 2 (Stockholm: Tiden, 1941), p. 29.

8) Per Albin Hansson, "De Kristna och Partiet," reprinted in Anna Lisa Berkling ed., *Från Fram till Folkhemmet: Per Albin Hansson som Tidningsman och Talare* (Stockholm: Metodica, 1982), p. 223.

9) 그러나 관용이 무제한적인 것은 아니었다. 예를 들어 1908년에 당은 멋대로 날뛰던 아나키스트 지도자들을 당에서 추방했다.

10) 스웨덴의 민주주의를 위한 투쟁에 대해서는 다음을 보라. Nils Andren, *Från Kungavälde till Folkstyre* (Stockholm: Ehlins Folkbildningsförlaget, 1955); Sheri Berman, *The Social Democratic Moment: Ideas and Politics in the Making of Interwar Europe* (Cambridge, MA: Harvard University Press, 1998), cahpters 3 and 5; Rudolf Kjellen, *Rösträttsfrågan, 1869~1909* (Stockholm: Hugo Gebers, 1915); Leif Lewin, Bo Jansson, and Dag Sörblom, *The Swedish Electorate, 1887~1968* (Stockholm: Almqvist and Wicksell, 1972); Dankwart Rustow, *The Politics of Compromise* (Princeton, NJ: Princeton University Press, 1985); Torbjörn Vallinder, *I Kamp för Demokratin:*

Rösträtssrörelsen i Sverige, 1886~1900 (Stockholm: Natur och Kultur, 1962); Douglas Verny, *Parliamentary Reform in Sweden, 1866~1921* (Oxford, UK: Clarendon Press, 1957).

11) Vallinder, *I Kamp för demokratin*, p. 16.

12) Hjalmar Branting, "Rösträtt och Arbetarrörelse"(1896), reprinted in *Tal och Skrifter: Kampen för Demokratin I* (Stockholm: Tiden, 1927), pp. 145-56; Matts Danielsson, "Anarki eller Socialism," *Arbetet*, May 27, 1891.

13) Hjalmar Branting in *Folkviljan*, November 11, 1884, Nils-Olof Franzen, *Hjalmar Branting och Hans Tid* (Stockholm: Bonniers, 1985), p. 103에서 인용.

14) 1902년 이후의 선거 공약문은 다음 책에 수록되어 있다. Sven-Olof Håkansson ed., *Svenska Valprogram: 1902~1952* Vol. I (Göteborg: Göteborgs Unversitet, Statsvetenskapliga Institution, 1959).

15) 감옥에 있던 악셀 다니엘손에게 보낸 편지 중(1889). 다음 책에 수록되어 있다. *Från Palm to Palme: Den Svenska Socialdemokratins Pregram* (Stockholm: Raben and Sjögren), pp. 189-90.

16) Zeth Höglund, *Hjalmar Branting och Hans Livsgärning*, Part I (Stockholm: Tiden, 1928), 194에서 인용.

17) Hjalmar Branting, "Den Revolutionära Generalstrejken," p. 125.

18) Simonson, *Socialdemokratin och Makövertagendet*, p. 54에서 인용.

19) 1913년 5월 21일 국회에서의 브란팅의 연설, *Tal och Skrifter : Ekonomisk och Social Arbetarepolitik* (Stockholm: Tiden, 1928), p. 280.

20) Per Albin Hansson, "Folk och Klass," *Tiden*, 1929, p. 330; Lars Christian Trägårdh, "The Concept of the People and the Construction of Popular Culture in Germany and Sweden, 1848~1933"(Ph. D. Dissertation, University of California, Berkeley, 1993), pp. 123-4.

21) *Från Palm till Palme*, pp. 38-9; Axel Danielsson, *Om Revolution i Sverige* (Stockholm: Arbetarkultur, 1972), 특히 pp. 28-9.

22) Hjalmar Branting, "Socialsim i Arbetarrörelsen," reprinted in Alvar Alsterdal and Ove Sandel eds., *Hjalmar Branting: Socialism och Demokrati* (Stockholm: Prisma, 1970), p. 72.

23) Branting, "De Närmaste Framtidsutsikterna,"(1886), reprinted in *Tal och Skrifter: Kampen för Demokratin* I, p. 33.

24) Håkansson, *Svenska Valprogram, and Hansson*, "Folk och Klass," p. 330.

25) *Danielsson, Arbetet*, November 27, 1894.

26) Hjalmar Branting, "Industriarbetarparti eller Folkparti?"(1895), reprinted in *Tal och Skrifter: Stridsfrågar inom Arbetarrörelsen* (Stockholm: Tiden, 1929), pp. 50-1.

27) 이 책 제2장의 각주 77번 참조.

28) Simonson, *Socialdemokratien och Maktövertagendet*, pp. 192-3에서 인용.

29) Lars Björlin, "Jordfrågan i Svensk Arbetarrörelse, 1890~1920," *Arbetarrörelsens Årsbok*, 1974, pp. 105-9.

30) Per Thullberg, "SAP och Jordbruksnäringen 1920~1940: Från Klasskamp till Folkhem," *Arbetarrörelsens Årsbok*, 1974, p. 129.

31) 이 시기에 관한 영어로 된 최고의 개설서는 다음을 볼 것. Carl-Göran Andrae, "The Swedish Labor Movement and the 1917~1919 Revolution," Steven Koblik ed., *Sweden's Development from Poverty to Affluence, 1750~1970* (Minneapolis, MN: University of Minnesota Press, 1975).

32) 선거 공약문은 다음 책에 수록. Håkansson, *Svenska Valprogram*, Vol. 1.

33) Branting, *Tal och Skrifter: Kampen för Demokratin* Vol. 2, pp. 181-4 ; Agne Gustafsson, "Branting och Partivänstern," *Tiden*, 9, 1960, p. 581.

34) Branting, *Tal och Skrifter: Kampen för Demokratin* Vol. 2, p. 200.

35) 그들의 주요 기반은 회글룬드가 이끌었던 옛 사회민주주의 청년동맹이었다. 하지만 주류 사회민주주의에 대한 그들의 반대는 중요한 내부 분열을 가려 주었다. 사회주의 좌파들 중에는 볼셰비키 지지자들뿐만 아니라 민주주의의 달성에 헌신하는 집단 또한 있었던 것이다. 이 신당의 배경과 구성에 대해서는 다음을 볼 것. Leif Bureborgh, "Sverige och WWI," *Från Palm till Palme*, pp. 85-6; Sigurd Klockare, *Svenska Revolutionen, 1917~18* (Luleå: Föreningen Seskaröspelen, 1967), pp. 22-35; Jan Lindhagen, *Socialdemokratiens Program : I Rörelsens Tid, 1890~1930* (Stockholm: Tiden, 1974); Tingsten, *Den Svenska Socialdemokratiens Ideutveckling* Vol. 1, pp. 229-41.

36) 사민당의 발목을 잡았던 한 가지 중요한 문제는, 새 정부에서 브란팅이 맡게 될 역할에 관한 것이었다. 브란팅은 그동안 몸이 좋지 않았고, 따라서 내각에서 어떤 특정 직책도 그다지 맡고 싶어 하지 않았으며, 그 대신 일종의 총괄적인 조언자 역할을 하고 싶어 했다. 하지만 닐스 에덴(Nils Edén, 자유당 지도자)은 그를 정부에 참여시켜야 한다는 입장이 확고했고, 결국 브란팅은 재정부 장관직을 맡기로 합의했다. 이는 각별히 불행한 선택이 되고 말았으며, 브란팅은 정부의 임기가 채 끝나기도 전에 직위에서 물러났다.

37) Sten Carlsson, "Borgare och Arbetare," Sten Carlsson and Jerker Rosen eds., *Den Svenska Historien : Vår Egen tid från 1920 till 1960-Talet* (Stockholm: Bonniers, 1968), pp. 16-20 ; Gunnar Gerdner, *Det Svenska Regerinsproblemet, 1917~1920*

(Stockholm: Almqvist and Wicksell, 1946), pp. 34, 86, 122-39; Olle Nyman, *Parlamentarism i Sverige* (Stockholm: Bokförlaget Medborgarskolan, 1963), pp. 24, 37.

38) 1920년대 사민당은 소수파 정부를 구성한 적이 있었지만, 이는 단명에 그쳤으며 1920년 대 후반에는 권력에서 벗어나 있었다.

39) Svante Beckman with Hans Chr. Johansen, Francis Sejersted, and Henri Vartiainen, "Ekonomisk Politik och Teori i Norden under Mellankrigstiden," Sven Nilsson, Karl-Gustag Hildebrand, and Bo Öhngren eds., *Kriser och Krispolitik i Norden under Mellankrigstiden* (Uppsala: Almqvist and Wiksell, 1974), p. 28.

40) Svante Beckman et al., "Economisk Politik och Teori i Norden under Mellankrigstiden," pp. 31-2; Erik Lundberg, *Ekonomiska Kriser för och nu* (Stockholm: Studieförbundet Näringsliv och Samhälle, 1983), p. 42.

41) Beckman et al., "Economisk Politik," p. 32 ; E. H. Phelps Brown with Margaret Browne, *A Century of Pay* (New York: St. Martin's Press, 1968), pp. 209-19; Erik Lindahl et al., *National Income of Sweden* (Stockholm: P. A. Nostedt och Söner, 1937), pp. 232-52.

42) Per Holmberg, *Atbete och Löner i Sverige* (Stockholm: Raben och Sjögren, 1963), pp. 62, 223.

43) Knut Bäckström, *Arbetarrörelsen i Sverige* Vol. 2 (Stockholm: Arbetarkultur, 1963), p. 126에서 인용.

44) 한손의 배경에 대해서는 다음을 보라. Anna Lisa Berkling ed., *Från Fram till Folkhemmet : Per Albin Hansson som Tidningsman och Talare* (Stockholm : Metodica, 1982); Timothy Tilton, *The Political Theory of Swedish Social Democracy* (Oxford, UK: Oxford Unversity Press, 1990), pp. 125-6.

45) Berkling, *Från Fram till Folkhemmet*, pp. 227-30; Tilton, *The Political Theory of Swedish Social Democracy*, pp. 126-7.

46) Fredrika Lagergren, *På Andra Sidan Välfärdsstaten* (Stockholm: Stehag, 1999), pp. 55-6. 국민(Folk)이라는 용어 사용에 관한 배경에 대해서는 다음을 보라. Idem and Lars Trägårdh, "Varieties of Volkish Ideologies. Sweden and Germany, 1848~1933," Bo Stråth ed., Language and the Construction of Class Identities (Göteborg: Göteborg University Press, 1990); Trägårdh, "The Concept of the People."

47) Lagergren, *På Andra Sidan Välfärdsstaten* ; Eric Wärenstam, *Fascism och Nazismen i Sverige* (Stockholm: Almqvist and Wicksell, 1970), pp. 14-15.

48) Erik Åsard, Makten, *Medierna, och Myterna* (Stockholm: Carlssons, 1996), p. 156.

49) Ibid., p. 157; Mikkael Hallberg and Tomas Jonsson, *"Allmänanda och Självtukt":* *Per Albin Hanssons Ideologiska Förändring och Folkhemretorikens Framväxt* (Uppsala: Avdelningen för Retorik, 1993).

50) Ibid.

51) Åsard, Makten, *Medierna, och Myterna*, p. 162; Lagergren, *På Andra Sidan*, p. 56.

52) Mikkael Hallberg and Tomas Jonsson, "Vägen till Folkhemmet," *Göteborgs Posten*, May 5, 1994.

53) Alf W. Johansson, *Per Albin och Kriget* (Stockholm: Tiden, 1988), p. 27.

54) *Leif Lewin, Planhushållningsdebatten* (Stockholm: Almqvist and Wicksell, 1967), pp. 16-17; John Lindgren, *Från Per Götrek till Per Albin: Några Drag ur den Svenska Socialdemokratiens Historia* (Stockholm: Bonniers, 1936), pp. 248-50; Åke Thulstrup, *Reformer och Försvar:konturerna av Sveriges historia, 1920~1938* (Stockholm: Bonniers, 1938), pp. 101-2.

55) *Protokoll Från Sverges Socialdemokratiska Arbetarpartis Trettonde Kongress i Stockholm*, June 3~9, 1928, pp. 7-8.

56) Hansson, "Folk och Klass," p. 80.

57) Lars Trägård, "Crisis and the Politics of National Community," Nina Witoszek and Lars Trägård eds., *Culture and Crisis: The Case of Germany and Sweden* (New York: Berghahn, 2003).

58) Ibid., pp. 129-30.

59) "SAP Partistyrelsens Möte," September 25 (?), 1928, *Arbetarrörelsens arkiv och bibliotek(AAB)*; Torsten Svensson, *Socialdemokratins Domins* (Uppsala: Skrifter Utgivna av Statsvetenskapliga Föreningen, 1994), p. 81ff.

60) 그런 농촌 집단의 한 예는 농업 노동자들이다. 다음을 보라. Gustav Möller, *Landsbygdens Fattiga Folk och Den Svenska Arbetarrörelsen* (Stockholm: Tiden, 1930); Möller, *Lantarbetare Vart Går Du?*(Stockholm: Tiden, 1932).

61) Trägård, "Crisis and the Politics of National Community."

62) *Protokoll Från Sverges Socialdemokratiska Arbetarpartis Elfte Kongress i Stockholm*, February 8~20, 1920 (Stockholm: A-B Arbetarnas Tryckeri, 1920), p. 3.

63) Gustav Möller, "Den Sociala Revolution," *Tiden*, 1918, p. 243; Möller, *Revolution och Socialism* (Stockholm: Tiden, 1975).

64) Möller, *Partistyrelsens Möte*, May 16, 1919, AAB.

65) Nils Karleby, *Socialism inför Verkligheten* (Stockholm: Tiden, 1976[1926]). 카를레뷔의 저술과 영향에 대한 영어로 된 간략한 설명은 다음을 참조. Chapter 4 in Tilton, *The Political Theory of Swedish Social Democracy.*

66) Karleby, *Socialism Inför Verkligheten*, VII.

67) Tilton, *The Political Theory of Swedish Socialism*, p. 81; Rickard Lindström, "Bor Socialdemokratiska Partietsprogramm Revideras," *Tiden*, 1928, pp. 154-5.

68) Karleby, *Socialism Inför Verkligheten*, pp. 83, 85.

69) Tilton, *The Political Theory of Swedish Socialism*, p. 82.

70) Karleby, *Socialism Inför Verkligheten*에 대한 에를란데르의 서문.

71) 이 점에 대해서는 다음을 보라. Lewin, *Planhushållningsdebatten.*

72) Tage Erlander, "Introduction," *Ide och Handling: Till Ernst Wigforss på 80-års Dagen* (Stockholm: Tiden, 1960); Winton Higgins, "Ernst Wigforss : The Renewal of Social Democratic Theory and Practice," *Political Power and Social Theory*, 5, 1985; Ernst Jungen, "Socialpolitik och Socialism," *Tiden*, 1931; Paul Lindblom, *Ernst Wigforss: Socialistisk Idepolitiker* (Stockholm: Tiden, 1977); Timothy Tilton, "A Swedish Road to Socialism: Ernst Wigforss and the Ideological Foundations of Swedish Social Democracy," *American Political Science Review* 73, 1979; Ernst Wigforss, "Personlig Frihet och Ekonomisk Organisation," *Vision och Verklighet* (Stockholm: Prisma, 1967); Wigforss, "Socialism in Social-demokrati," *Tiden*, 4, 1949.

73) 리카르드 린드스트룀과 구스타브 묄레르는 이미 언급했으며, 군나르 뮈르달(Gunnar Myrdal) 또한 그런 정책에 헌신한 주목해야 할 인물이다.

74) Ernst Wigforss, *Minnen II 1914~1932* (Stockholm: Tiden, 1951), p. 350(원래는 1932년 당대회에서 했던 발언임); "Partistyrelsens Möte," May 12, 1929, AAB.

75) Ernst Wigforss, "Sparen, Slösaren och den Arbetslöse," *Tiden*, 1928, pp. 501, 504.

76) Wigforss, 다음에서 인용함. *Andra Kammars Protokoll* 47, 1930, p. 24; Karl-Gustav Landgren, *Den "nya" Ekonomien I Sverige* (Stockholm: Almqvist and Wickell, 1960), p. 66. 이것을 앞 장에서 논의했던 그레고르 슈트라서의 독일 의회에서의 연설과 비교해 보라. 그 유사성은 매우 인상적이다.

77) *Protokoll Från Sveriges Socialdemokratiska Arbetarpartis Fjortonde Kongress i Stockholm*, March 18~23, 1932 (Stockholm: Tiden, 1932), pp. 6-9.

78) Ibid., p. 452.

79) Ibid.

80) Ibid., p. 448ff.

81) Ibid., p. 475.

82) Ibid., pp. 515-16; Per Albin Hansson, "Socialdemokraten Inför Valet"(사민당의 선거 용 소책자, 1932).

83) Sven-Anders Söderpalm, "The Crisis Agreement and the Social Democratic Road to Power," Koblik ed., *Sweden's Development from Poverty to Affluence*.

84) 사민당의 선거운동과 선전 활동에 대해서는 다음을 보라. *Socialdemokratiska Partistyrelsens Berättlelse för år 1932*(Stockholm: Arbetarnas Tryckeri, 1932).

85) Ernst Wigforss, *Skrifter i Urval, VIII: Minnen, 1914~1932*(Stockholm: Tiden, 1980), p. 54; Higgins, "Ernst Wigforss," p. 223. 슈타이거(Steiger)는 비그포르스가 자신의 프 로그램의 경제적 측면뿐만 아니라 정치적 측면에 대해서 또한 얼마나 많은 관심을 기울였 는지를 언급하고 있다. *Studien zur Entstehung der neuen Wirtschaftslehre in Schweden* (Berlin: Duncker und Humboldt, 1971), p. 84.

86) Hansson, "Socialdemokraten Inför Valet."

87) Reprinted in Håkansson ed., *Svenska Valprogram* Vol. 2.

88) "Partistyrelsens Möte," September 21~3, 1932 (AAB); Gustav Möller, *Kampen Mot Arbetslösheten: Hur den Förts och Hur den Lyckats* (Stockholm: Tiden, 1936), 5; Clas-Erik Odhner, "Arbetare och Bönder Formar den Svenska Modellen," Klaus Misgeld et al., *Socialdemokratins Samhlle*, pp. 97-8; Göran Therborn, "Den Svenska Socialdemokratin Träder Fram," *Arkiv für Studier I Arbetarrörelsens Historia*, pp. 27~8, 1984, 8; Thulstrup, *Reformer och Försvar*, pp. 137-8.

89) Thullberg, "SAP och Jordbruksnäringen," p. 164.

90) 협상안에 대한 당 집행부의 표결은 1933년 5월 27일에 열린 당 지도부 회의(Partistyrelsens möte)에서 이루어졌다.

91) Edgar H. Clark, "Swedish Unemployment Policy"(Ph. D. Dissertation, Harvard University, 1939), pp. 222-3; Lars Jonung, "The Depression in Sweden and the United States," Karl Brunner ed., *The Great Depression Revisited*(Boston: Martins Nijfoff, 1981); Richard Lester, *Monetary Experiments*(Princeton, NJ: Princeton University Press, 1936), pp. 225-82; Arthur Montgomery, *How Sweden Overcame the Depression* (Stockholm: Bonniers, 1938).

92) Gunnar Myrdal, "Tiden och Partiet," *Tiden* 1, 1945.

93) Per Albin Hansson, "Den Stora Krisuppgörelsen," *Tiden*, 1934, 11~12.

94) Hansson, "Democratisk Samverkan Eller Nationell Splittring?"(Stockholm: Tiden,

1934), p. 3.

95) "1934 Förstamajmanifest," reprinted in *Socialdemokratiska Partistyrelsens Berättelse för år 1934* (Stockholm: Tiden, 1935), p. 7.

96) 다음 책에 실린 1936년 선거 공약문을 참조. Håkansson ed., *Svenska Valprogram* Vol. 2; Valter Åmen, "Vad lär oss Tyskland," *Tiden* 25, 1933.

97) "Partistyrelsens Manifest to 1936 Andrakammarvalen," *Socialdemokratiska Partistyrelsens Berättelse för år* 1936, II.

98) Tingsten, *Den Svenska Socialdemokratiens Ideutveckling* Vol. 1, p. 377.

99) Karl Molin, *Försvaret, Folkhemmet och Demokratin: Socialdemocratisk Riksdagspolitik, 1939~1945* (Stockholm: Allmänna Förlaget, 1974), p. 32.

100) Per Albin Hansson, *Socialdemokratiska Ideer och Framtidsutsikter* (Frihets, 1944?), pp. 10, 12, 23.

제8장

1) 그에 더해 이 무렵 스탈린의 농업 집단화, 대량 숙청, '적성 민족들의 강제 추방'으로 수백만 명이 사망했다.

2) Shepard B. Clough, Thomas Moodie, and Carol Moodie eds., *Economic History of Europe: Twentieth Century* (New York: Harper and Row, 1968), p. 328.

3) Donald Sassoon, *One Hundred Years of Socialism* (New York: Free Press, 1996), p. 84.

4) Frank Tipton and Robert Aldrich, *An Economic and Social History of Europe from 1939 to the Present* (Baltimore, MD: Johns Hopkins University Press, 1987), pp. 6, 48.

5) Sassoon, *One Hundred Years of Socialism*, p. 140.

6) Philip Armstron, Andrew Glyn, and John Harrison, *Capitalism Since 1945* (New York: Basil Blackwell, 1991); Geoffrey Denton, Murray Forsyth, and Malcom Maclennan, *Economic Planning and Polices in Britain, France and Germany* (London: George Allen and Unwin, 1968); Stephen Marglin and Juliet Schor eds., *The Golden Age of Capitalism* (New York: Clarendon Press, 1991).

7) 제1장의 각주 18~20번 참조.

8) Charles Maier, "The Two Postwar Eras," *American Historical Review* 86, 2, April 1981; Clas Offe, "Comparative Party Democracy and the Welfare State," *Policy Science* 15, 1983.

9) Samuel Huntington, *Political Order in Changing Societies* (New Haven, CT: Yale University Press, 1968), p. 73.

10) John Gerard Ruggie, "International Regimes, Transactions, and Change: Embedded Liberalism in the Postwar Economic Order," *International Organization* 36, 2, Spring 1982, p. 386.

11) G. John Ikenberry, "A World Economy Restored," *International Organization* 46, 1, Winter 1992; Ikenberry, "Workers and the World Economy," *Foreign Affairs*, May/June 1996.

12) Massimoi De Angelis, *Keynesianism, Social Conflict and Political Economy* (New York: St. Martin's Press, 2000), p. 72.

13) Robert Skidelsky, "Introduction," idem ed., *The End of the Keynesian Era* (London: Macmillan, 1977), p. vii.

14) Pierre Rosanvallon, "The Development of Keynesianism in France," Peter Hall ed., *The Political Power of Economic Ideas* (Princeton, NJ: Princeton University Press, 1989), p. 188.

15) Ibid.

16) Skidelsky, "The Political Meaning of Keynesianism," ibid., pp. 35-6.

17) Stuart Holland, "Keynes and the Socialists," Skidelsky ed., *The End of the Keynesian Era*, p. 68.

18) Skidelsky, "The Political Meaning of Keyesianism," pp. 35-6.

19) Adam Przeworski, *Capitalism and Social Democracy* (Cambridge, MA: Cambridge University Press, 1985), p. 207.

20) C. A. R. Crosland, *The Future of Socialism* (London: Fletcher and Son, 1967), p. 98.

21) Karl Polanyi, *The Great Transformation* (Boston: Beacon Press, 1944); T. H. Marshall, "Citizenship and Social Class," *Class, Citizenship and Social Development* (New York: Anchor Books, 1965), p. 86ff.

22) Walter Korpi, "Power, Politics, and State Autonomy in the Development of Social Citizenship," *American Sociological Review* 43, June 1989, p. 313.

23) 물론 이 탈상품화의 정도는 다양했지만 말이다. Gøsta Esping-Andersen, *Three Worlds of Welfare Capitalism* (Princeton, NJ: Princeton University Press, 1990); John Huber

and Evelyn Stephens, *Development and Crisis of the Welfare State* (Chicago: University of Chicago Press, 2001).

24) Michal Kalecki, "Political Aspects of Full Employment," *The Last Phase in the Development of Capitalism* (New York: Monthly Review, 1972).

25) Richard Kuisel, *Capitalism and the State in Modern France* (New York: Cambridge University Press, 1981), p. 188.

26) Andrew Shennan, *Rethinking France: Plans for Renewal 1940~1946* (Oxford, UK: Clarendon Press, 1989), p. 251.

27) Denton et al., *Economic Planning and Policies in Britain, France and Germany*, p. 164; Andrew Shonfield, *Modern Capitalist Planning: The French Model* (Berkeley, CA: University of California Press, 1977).

28) Shonfield, *Modern Capitalism*, p. 177.

29) Walter Laqueur, *Europe Since Hitler* (Baltimore, MD: Penguin, 1973), p. 223; Sima Lieberman, *The Growth of European Mixed Economies, 1945~70* (New York: John Wiley and Sons, 1977), p. 262; Shonfield, *Modern Capitalism*, p. 184.

30) Spencer M. Di Scala, *Italy: From Revolution to Republic* (Boulder, CO: Westview Press, 1998), p. 283; Harold James, *Europe Reborn* (New York: Longman, 2003), p. 257.

31) Laqueur, *Europe Since Hitler*, p. 217.

32) Shonfield, *Modern Capitalism*, p. 282.

33) Denton et al., *Economic Planning and Policies*, p. 223; Gustav Stolper, *The German Economy 1870 to the Present* (London: Weidenfeld and Nicolson, 1967), p. 277.

34) Shonfield, *Modern Capitalism*, p. 245.

35) Stolper, *The German Economy*, p. 277.

36) Walter Korpi, *The Working Class in Welfare Capitalism* (London: Routledge and Kegan Paul, 1978), p. 82.

37) Lars Trädgårdh, "Statist Individualism: On the Culturality of the Nordic Welfare State," Bo Stråth ed., *The Cultural Construction of Norden* (Gothenburg, Sweden: Gothenburg University, 1990), 261; Korpi, *The Working Class in Welfare Capitalism*, 특히 pp. 48-9.

38) Gunnar Adler-Karlsson, *Functional Socialism* (Stockholm: Prisma, 1967), p. 18.

39) Magnus Ryner, *Capital Restructuring, Globalisation and the Third Way* (London: Routledge, 2002), p. 85.

40) Gøsta Esping-Andersen, *Politics Against Markets* (Princeton, NJ: Princeton University Press, 1985), p. 245.

41) Trädgårdh, "Statist Individualism," p. 263.

42) 예를 들어, 후버(Huber)와 스티븐스(Stephens)는 스웨덴이 세금이 부과되어 소득 이전이 이루어진 뒤에 측정한 지니계수(불평등의 가장 일반적인 측정 기준)는 가장 낮으며, 세금 과 이전(transfer)으로 인해 초래된 재분배의 수준은 가장 높다는 것을 발견했다. 다음을 참조. *Development and Crisis of the Welfare State*, p. 103.

43) Esping-Andersen, *Politics Against Markets*; Esping-Andersen, *The Three Worlds of Welfare Capitalism*.

44) Kuisel, *Capitalism and the State*.

45) Ibid., p. 155. 한 논평가가 지적했듯이, "전후 혁신의 구조물은 비시 정부의 법안 위에 스 스로를 세우거나 그것과 같은 목적을 가진 법안을 만들어 내는 것을 결코 피할 수 없다. 좋 든 나쁘든, 비시 정권은 프랑스적 삶에 지울 수 없는 흔적을 남겨 놓았다." Robert O. Paxton, *Vichy France: Old Guard and New Order, 1940~1944* (New York: Columbia Press, 1972), p. 331.

46) Ibid., pp. 248-9.

47) Rosanvallon, "The Development of Keynesianism in France," pp. 186-7.

48) Shonfield, *Modern Capitalism*, p. 133ff.

49) Simon Reich, *The Fruits of Fascism* (Ithaca, NY: Cornell University Press, 1990), p. 62.

50) Ibid., and Shonfield, *Modern Capitalism*.

51) Alan Peacock and Hans Willegrodt eds., *German Neo-Liberals and the Social Market Economy* (London: Macmillan, 1989), pp. 109-10.

52) Reich, *The Fruits of Fascism*, p. 44. 그리고 이 책의 제6장을 참조.

53) Crosland, *The Future of Socialism*, p. 34.

54) Shonfield, *Modern Capitalism*, p. 3.

55) 이는 사민당의 전후 첫 지도자들의 상당수가 전전의 당원 출신들이었다는 사실을 인식한 다면 아마도 좀 더 이해하기 쉬울 것이다. William Carr, "German Social Democracy Since 1945," Roger Fletcher ed., *From Bernstein to Brandt* (London: Edward Arnold, 1987); Susan Miller and Heinrich Potthoff, *A History of German Social*

Democracy (New York: St. Martin's Press, 1986), 특히 p. 152.

56) Schumacher, "What Do the Social Democrats Want?" 1945년 10월 27일 킬(Kiel) 시에서 행해진 연설. Ibid., p. 274에 수록.

57) Diane Parness, *The SPD and the Challenge of Mass Politics* (Boulder, CO: Westview Press, 1991), p. 53.

58) Ibid., pp. 51-2.

59) Carr, "German Social Democracy Since 1945," p. 194.

60) Ibid., p. 196.

61) Gerard Braunthal, *The German Social Democrats Since 1969* (Boulder, CO: Westview Press, 1994), p. 18.

62) Parness, *The SPD and the Challenge of Mass Politics*, p. 70.

63) 바트 고데스베르크 강령. 다음 책에 수록. Miller and Potthoff, *A History of German Social Democracy*, p. 275.

64) Parness, *The SPD and the Challenge of Mass Politics*, p. 60.

65) Philip Gorski and Andrei Markovits, *The German Left: Red, Green and Beyond* (New York: Oxford University Press, 1993), p. 44.

66) Gorski and Markovits, *The German Left*, p. 80. 이런 문제들은 슈미트의 리더십 스타일로 인해 더욱 풀기 어려워졌는데, 그것은 당의 기반을 한층 더 깎아 내렸으며 당의 활동가들을 소외시켰다. Miller and Potthoff, *A History of German Social Democracy*, p. 203.

67) Alexander De Grand, *The Italian Left in the Twentieth Century* (Indianapolis, IN: Indiana University Press, 1989), pp. 161-2.

68) Laqueur, *Europe Since Hitler*, p. 155.

69) Sassoon, *One Hundred Years of Socialism*, p. 89에서 인용.

70) Di Scala, *Italy: From Revolution to Republic*, p. 280.

71) Simona Colarizi, "Socialist Constraints Following the War," Spencer Di Scala ed., *Italian Socialism* (Amherst, MA: University of Massachusetts Press, 1996), p. 151.

72) Bruce Graham, *Choice and Democratic Order: The French Socialist Party* (New York: Cambridge University Press, 1994), pp. 271-6; S. William Halperin, "Leon Blum and Contemporary French Socialism," *Journal of Modern History* 18, 3, September 1946.

73) Julius Braunthal, *History of the International 1864~1914* (New York: Praeger,

1967), p. 24.

74) Joel Colton, *Leon Blum* (New York: Alfred Knopf, 1966), p. 459.

75) Albert Lindemann, *A History of European Socialism* (New Haven, CT: Yale University Press, 1983), p. 342; Sassoon, *One Hundred Years of Socialism*, p. 297.

76) Frank Wilson, *The French Democratic Left 1963~1969* (Stanford, CA: Stanford University Press, 1971), p. 66.

77) Sassoon, *One Hundred Years of Socialism*, p. 559.

78) Tage Erlander, 1956 SAP congress protokoll, in *Från Palm to Palme: Den Svenska Socialdemokratins Program* (Stockholm: Raben and Sjögren), pp. 258-9.

79) Rudolf Meidner, "Why Did the Swedish Model Fail?" *Socialist Register,* 1993, p. 211; Sven Steinmo, "Social Democracy vs. Socialism," *Politics and Society,* 16, December 1988.

80) Diane Sainsbury, *Swedish Social Democratic Ideology* (Stockholm: Almqvist and Wiksell, 1980), p. 166.

81) Gunnar Adler-Karlsson, *Functional Socialism* (Stockholm: Prisma, 1967), pp. 101-2.

82) Esping-Andersen, *Politics Against Markets*, p. 245.

83) Fredrika Lagergren, *På Andra Sidan Välfardsstaaten* (Stockholm: Brutus Östlings, 1999), p. 167.

84) Torsten Svensson, "Socialdemokratins Dominans"(Ph. D. Dissertation, University of Uppsala, 1994), p. 272.

85) Sainsbury, *Swedish Social Domocratic Ideology,* p. 66.

86) Sassoon, *One Hundred Years of Socialism*, p. 706ff.

87) Mark Blyth, *Great Transformations* (New York: Cambridge University Press, 2002).

88) Francis Castles, *The Social Democratic Image of Society* (London : Routledge and Kegan Paul, 1978).

제9장

1) 이런 주장을 특히 강력하게 펼치고 있는 책들은 다음과 같다. Ralf Dahrendorf, *Society and Democracy in Germany* (New York: W. W. Norton, 1967); David Schoenbaum,

Hitler's Social Revolution (New York: W. W. Norton, 1966).

2) 이러한 분석을 바탕으로 할 때, 파시즘과 민족사회주의는 이데올로기적 중심이 없고, 확고한 원칙이 부족하며, 권력을 증대에 도움이 된다고 생각되면 그 어떤 입장이나 정책도 기꺼이 채택하려 했다는 주장은 문제가 있는 것으로 보인다. 분명 이런 운동들은 실용적이었고, 반응에 민감했으며, 권력을 얻기 위해 필사적이었다. 하지만 그 둘의 핵심에는, 그 시작부터 권력을 쟁취하는 순간까지, 정치의 우선성과 공동체주의에 대한 헌신이 자리 잡고 있었다 (20세기 내내 자유주의자들과 마르크스주의자들은 광범위한 정책과 입장을 지지했음에도 불구하고 그 누구도 자유주의와 마르크스주의가 가진 이데올로기로서의 지위를 문제 삼지 않았다는 점을 지적할 필요가 있겠다). 이 책이 도전장을 던지고 있는 또 다른 주장은, 파시즘과 민족사회주의가 근본적으로 다른 현상들을 가리킨다는 관점이다. 예를 들어 지브 스테른헬(Zeev Sternhell)은 "파시즘은 나치즘과 결코 동일시될 수 없다"고 주장하고 있으며, 렌초 데 펠리체(Renzo De Felice)는 그 둘 사이에 "공통점이 별로 없다"고 말한다. Renzo De Felice, *Interpretation of Fascism* (Cambridge, MA: Harvard University Press, 1977); Zeev Sternhell, *The Birth of Fascist Ideology* (Princeton, NJ: Princeton University Press, 1994), p. 4. 하지만 다시 이 책의 관점에서 볼 때, 그런 주장들은 정확하지 못하다. 파시즘과 민족사회주의는 모두 그들의 영감과 호소의 대부분을, 공동체주의적 민족주의와 일종의 비마르크스주의적 '사회주의'를 결합하고자 하는 욕구로부터 끌어냈다. 즉 경제의 우선성에 대한 자본주의의 강조와 공동사회에 대한 그것의 파괴의 문제를 해결하고자 했던 것이다. 그리고 도시 노동자들을 타깃으로 삼으려는 시도가 실패로 돌아간 이후, 그 둘은 모두 '국민'(people), 민족, '공동선'에 대한 호소로 돌아섰다. 또한 계급 교차 연합의 실현을 추구했으며, 진정한 '국민정당'으로서의 지위를 획득했다. 물론 이 운동들이 근본적 유사성을 갖고 있었다고 말하는 것이 그것들이 모든 면에서 동일했다고 말하는 것은 아니다. 특히, 많은 연구자들이 지적했듯이, 인종주의와 폭력은 파시즘보다는 민족사회주의에서 훨씬 더 중심적인 것이었다. 하지만 이런 차이점도 이론에서는 실천에서보다 덜 분명하게 나타난다. 예를 들어 민족사회주의의 핵심에 자리하고 있는 인종주의를, 파시즘뿐만 아니라 심지어 사민주의의 특징이라고도 할 수 있는 일종의 공동체주의가 가장 급진적이고 극단적으로 나아간 형태라고 보는 것은 전혀 과장이 아닌 것이다.

3) 제1장(각주 17번)에서 말했듯이, 민주주의의 가장 중요한 후원자인 행위자와 집단이 누구인가에 대해서는 사회과학자들 사이에서 활발한 논쟁이 이루어지고 있다. 이 책에서 분명히 나타났듯이, 좌파 혹은 사회주의 정당들이 일반적으로 민주주의를 강력하게 옹호했다고 주장하는 것은 우리를 다소 오도할 수 있다. 정통 마르크스주의(레닌주의/공산주의는 물론 말할 것도 없이)의 마력 아래 있던 수많은 좌파들은 민주주의를 위해 많은 것을 희생하고 싶어 하지 않았다. 반면에 민주적 수정주의자들과 사민주의자들은 민주주의의 강력하고 일관된 옹호자였다.

4) Eduard Bernstein, *The Preconditions of Socialism*, Henry Tuder ed. (New York: Cambridge University Press, 1993), 147. 자유주의와 베른슈타인의 관계에 대해서는 다음을 보라. Roeger Fletcher, *Revisionism and Empire* (London: George Allen and

Unwin, 1984); Peter Gay, *The Dilemma of Democratic Sicialism* (New York: Columbia University Press, 1952); Manfred Steger, *The Quest for Evolutionary Socialism* (New York: Cambridge University Press, 1997).

5) Carlo Rosselli, *Liberal Socialism* (Princeton, NJ: Princeton University Press, 1994), pp. 86-7.

6) 많은 이들이 이러한 전향을 당혹스럽게 생각해 왔다. 하지만 이 연구의 관점에서 볼 때, 그 것은 완벽히 이치에 들어맞는 행위인 것이다. Donald Sassoon, *One Hundred Years of Socialism* (New York: New Press, 1996), chapter 3; Dan S. White, *Lost Comrades: Socialists of the Front Generation, 1918~1945* (Cambridge, MA: Harvard University Press, 1992).

7) Nils Roll-Hansen, "Geneticists and the Eugenics Movement in Scandinavia," *Journal for the History of Science* 22, 1989, p. 342에서 인용.

8) Gunnar Myrdal, 다음 책에서 인용. Yvone Hirdman, *Att Lägga Livet till Rätta* (Stockholm: Carlssons, 1989), p. 100.

9) Gunnar Broberg and Mattias Tyden, "Eugenics in Sweden," idem eds., *Eugenics and the Welfare State: Sterilization Policy in Denmark, Sweden, Norway and Finland* (East Lansing, MI: Michigan University Press, 1996); Gunnar Broberg and Mattias Tyden, *Oönskade i Folkhemmet* (Stockholm: Gidlunds, 1991).

10) Hirdman, *Att Lägga Livet till Rätta*, pp. 84, 86.

11) Ibid., p. 86.

12) Borberg and Roll-Hansen, *Eugenics and the Welfare State*, p. 105.

13) 이는 아마도 실천적 관점에서보다는 이론적 관점에서 사실에 가까울 것이다. 왜냐하면 그 러한 프로그램의 대상이 되었던 이들 중 많은 이들이 자신들이 동의한 것을 진정으로 이해 하고 있었는지는 명확하지 않기 때문이다.

14) 전체주의에 관한 좀 더 학문적인 관점에서는 이 두 가지 관점의 요소들이 모두 포괄되어 있다. Hannah Arendt, *Origins of Totalitarianism* (New York: Harcourt and Brace, 1966); Albert Chandler, *Totalitarianism* (New York: Appleton, 1940); Carl Friedrich, *Totalitarianism* (New York: Grosset and Dunlap, 1964); Carl Friedrich and Zbigniew Brzezinski, *Totalitarian Dictatorship and Autocracy* (Cambridge, MA: Harvard University Press, 1956); A. James Gregor, *Contemporary Radical Ideologies: Totalitarian Thought in the Twentieth Century* (New York: Random House, 1968); Wolfgang Wippermann, *Totalitarianismusttheorien* (Darmstadt: Primus, 1997).

15) Thomas Friedman, *The Lexus and the Olive Tree: Understanding Globalization* (New York: Farrar, Straus, and Giroux, 1999), p. 87. 이는 이런 관점이 옳다고 말하려

는 것이 아니다. 실제로 오늘날 많은 학문적 연구 문헌들은 세계화가 세계를 뒤바꾸어 놓고 있다는 주장이 매우 과장되었음을 보여 준다. 그럼에도 불구하고 이런 관점은 매우 널리 퍼져 있고, 대중적 담론과 토론에서 지배적이며, 신자유주의자들이 자신들의 정책적 입장을 정당화하기 위해 자주 이용하고 있다. 다음을 보라. Mark Blyth, *Great Transformations* (New York: Cambridge University Press, 2002); John Ravenhill ed., *Global Political Economy* (New York: Oxford University Press, 2004).

16) Geoffrey Garrett and Peter Lange, "Political Responses to Interdependence: What's Left for the Left?" *International Organization* 45, 4, Autumn, 1991; Jonathon Moses, "Abdication from National Policy Autonomy," *Politics and Society* 22, June 1994; Fritz Scharpf, *Crisis and Choice in European Social Democracy* (Ithaca, NY: Cornell University Press, 1991); Wolfgang Streeck, *Internationale Wirtschaft, Nationale Demokratie* (Frankfurt: Campus Verlag 1998).

17) Anthony Giddens, *Beyond Left and Right: The Future of Radical Politics* (Stanford, CA: Stanford University Press, 1994); Giddens, *The Third Way: The Renewal of Social Democracy* (London: Polity Press, 1998).

18) 기든스 책(『제3의 길』)의 부제가 '사민주의의 부활'(The Renewal of Social Democracy) 임을 주목하라.

19) Richard Bellamy, *Liberalism and Modern Society* (University Park, PA: Penn State Press, 1992); James T. Kloppenberg, *Uncertain Victory* (New York: Oxford University Press, 1986).

20) 예를 들어 다음을 보라. Bikhu Parekh, *Rethinking Multiculturalism* (Cambridge, MA: Harvard University Press, 2002); Bikhu Parekh et al., *Commission on the Future of a Multiethnic Britain* (London: Profile, 2000). 하지만 이와는 다른 관점의 다음과 같은 책도 있다. Brian Barry, *Culture and Equality* (Cambridge, MA: Harvard University Press, 2002).

21) Todd Gitlin, "The Left's Lost Universalism," Arthur Melzer, Jerry Weinberger, and M. Richard Zimmerman eds., *Politics at the Turn of the Century* (New York: Rowan and Littfield, 2001), p. 3.

22) *Die Zeit* 46, November II, 1999, p. 2에서 인용.

23) Michael Jacobs, Adam Lent, and Kevin Watkins, *Progressive Globalisation: Towards International Social Democracy* (London: Fabian Society, 2003).

24) Clas Offe, "Competitive Party Democracy and the Keynesian Welfare State: Factors of Stability and Disorganization," *Policy Science* 15, 1983, pp. 225-6.

25) 타협에 관한 사회민주주의의 '재능'에 대해서는 다음을 보라. A. Bergounioux and B. Manin, *Le Regime Social-Democratie* (Paris: Presses Universitaires de France,

1989); B. Manin and A. Bergounioux, *La Social-Democratie ou le Compromis* (Paris: Presses Universitaires de France, 1979).

26) 또는 달리 말해, 사회민주주의자들은 가능한 최대한의 탈상품화를 달성하기 위해 노력했다고 할 수 있다. 즉, 개인들의 정치적·사회적 삶이 시장에서의 지위에 가능한 최소한으로 의존하는 세상을 만들기 위해서 말이다.

27) 이 역학에 관한 최고의 논의는 여전히 칼 폴라니(Karl Polanyi)의 *The Great Transformation* (Boston: Beacon Press, 1947)으로 남아 있다.

28) 예를 들어 다음을 참조. Jürgen Habermas, "Why Europe Needs a Constitution," *New Left Review* II, September-October 2001.

29) Michael Walzer, *Spheres of Justice* (New York: Basic Books, 1983), p. 64.

30) Ibid., p. 32.

31) Wouter Bos, "After Van Gogh," *Prospect*, January 2005.

32) Swedish government, "Integration and Diversity," 인터넷상으로는 http://www.sweden.gov.se/sb/d/2188/a/19443에서 볼 수 있음.

33) Mauricio Rojas and Merit Wagner, "Sären Invandrarfientlight Parti," *Dagens Nyheter*, July 9, 2002.

34) Michael Jacobs, "Reason to Believe," *Prospect*, October 2002.

ㄱ

가능주의(자) 52, 59, 60

『개혁이냐 혁명이냐』(Reform or
　Revolution?) 74

건설적 혁명 184

게드, 쥘(Jules Guesde) 50~52, 54, 55, 59,
　60, 79~81, 90, 109, 126, 129, 148, 155

게바라, 체(Che Guevara) 106

경제 중심주의 18, 49

경제결정론 45, 70, 106, 112, 120, 152

『경제적 위기』(Den ekonomiska
　krisen) 252

계급 교차적 동맹(연합, 협력) 25, 29, 30,
　32, 41, 59, 72, 78, 82, 85, 91, 94, 96,
　104, 115, 127, 136, 147, 149, 176, 211,
　212, 231, 238, 239, 297, 301, 302

『공동사회와 이익사회』(Gemeinschaft und
　Gesellschaft) 16

공동체주의 18, 21, 28, 31, 36, 49, 149,
　167, 183, 187, 189, 190, 195, 222, 223,
　227, 247, 249, 269, 298, 301, 305, 307,

308, 314, 315, 319, 320, 322, 323

『공산당 선언』(The Communist
　Manifesto) 98

공적부가연금제도 293

『교육자로서의 렘브란트』(Rembrandt als
　Erzieher) 139

국민연합 154

국민의 가정 242~245, 247, 248, 303

『국민의 신문』(Folkbladet) 234

『국민의 의지』(Folkviljan) 234

국민의 집 234

국민정당 25, 33, 149, 152, 187, 190, 196,
　214, 222, 226, 234, 236, 247, 248, 256,
　259, 282, 298, 303, 304, 307

군단 223

그람시, 안토니오(Antonio Gramsci) 119

그리스도교사회당 142, 144, 145

급진당 154, 155, 182

기든스, 앤서니(Anthony Giddens) 314

ㄴ

나그네 141
낭트 대회(1894년) 53
내장된 자유주의 265, 298
넨니, 피에트로(Pietro Nenni) 286
『노동의 계획』(*Plan du Travail*) 175,
  179~181, 184, 185
노동자 인터내셔널 프랑스 지부 92,
  154~156, 182~186, 189, 287~289, 366

ㄷ

다니엘손, 악셀(Axel Danielsson) 230, 231,
  234, 236
다비트, 에두아르트(Eduard David) 236
달라디에, 에두아르(Édouard
  Daladier) 155, 156, 182
데아, 마르셀(Marcel Déat) 182, 189
도데, 레옹(Léon Daudet) 130
도폴라보로(Dopolavoro) 203
독일국가인민당 210
독일노동자당 208
독일민주당 210
독일사민당 47, 61, 88~91, 99, 133, 136,
  147, 175, 236, 250, 286, 302, 327, 331
독일인민당 210
드 망, 헨드리크(Hendrik de
  Man) 175~181, 184, 188~190, 222,
  276, 324
드레스덴 당대회(1903년) 89~92, 94, 96
드레퓌스 사건 54~56, 129, 130
드레퓌스, 알프레드(Alfred Dreyfus) 54,
  55, 129

ㄹ

『라 보체』(*La Voce*) 123
라가르델, 위베르(Hubert Lagardelle) 126,
  127
라가르드, 파울 드(Paul de
  Lagarde) 138~140, 206
라파르그, 폴(Paul Lafargue) 50~55, 58,
  59, 109
랑벤, 율리우스(Julius Langbehn) 138~140,
  206
러기, 존(John Ruggie) 265
레너, 칼(Karl Renner) 101~103
레닌, 블라디미르(V. I. Lenin) 29,
  105~107, 154, 163
렌-메이드네르 모델 274, 292, 294
로셀리, 카를로(Carlo Rosselli) 163~167,
  178, 277, 308, 324
로소니, 에드몬도(Edmondo Rossoni) 123,
  204
로이트너, 칼(Karl Leuthner) 135~137
로코, 알프레도(Alfredo Rocco) 124, 125
로코법 201
루에거, 칼(Karl Lueger) 144~146
루카치, 죄르지(György Lukács) 106
『루파』(*Lupa*) 123
룩셈부르크, 로자(Rosa Luxemburg) 74, 75
리프크네히트, 칼(Karl Liebknecht) 64, 137
린드스트룀, 리카르드(Rickard
  Lindstrm) 247
린츠 강령 143

□

마르, 빌헬름(Wilhelm Marr) 142

마르세유 대회(1892년) 53

마르크스, 칼(Karl Marx) 11, 27, 28, 31,
41~48, 53, 65, 66, 71, 83, 93, 97, 98,
109, 110, 115, 117, 153, 177, 178, 228,
229, 327

말롱, 브누아(Benoît Malon) 51, 52, 59

맥주홀 폭동(1923년) 209

메를리노, 프란체스코(Francesco
Merlino) 84

모겐소, 헨리(Henry Morgenthau) 266

모네, 장(Jean Monnet) 270

모라스, 샤를(Charles Maurras) 129~131

몰레, 기(Guy Mollet) 288, 289

뮐레르, 구스타브(Gustav Mller) 248, 249,
255, 387

무솔리니, 베니토(Benito
Mussolini) 118~121, 123, 159, 163,
191~194, 197~201, 204, 205, 209, 225,
276, 359

뮈르달, 군나르(Gunnar Myrdal) 259, 309,
387

뮈르달, 알바(Alva Myrdal) 309

민족당 129

민족사회주의 17~19, 25, 32, 33, 35, 37,
38, 124, 129, 175, 181, 184, 189, 190,
205, 207, 212, 217, 219, 221~223, 225,
226, 241, 243, 244, 247, 248, 277, 278,
283, 299, 304~310, 317, 371

민족사회주의독일노동자당 34, 142, 174,
208

민족주의자연합 197

민족파시스트당 195

민주적 수정주의 29, 31, 32, 37, 38, 50,
61, 77, 97, 100, 103~107, 110, 112,
115~117, 119, 126, 134, 147, 163, 164,
227, 228, 234, 237, 279, 297, 298, 305,
308, 311, 312, 395

밀, 존 스튜어트(J. S. Mill) 12

ㅂ

바데, 프리츠(Fritz Baade) 170

바레스, 모리스(Maurice Barrès) 128~130,
361

바우어, 오토(Otto Bauer) 101~103, 152,
153

바이마르공화국 151, 152, 206, 208, 210,
212, 214, 219, 339, 379

바트 고데스베르크 강령 282, 283, 393

반유대주의 55, 138, 140, 142~144, 208,
363

발루아, 조르주(Georges Valois) 132, 133,
223~225, 362

베르트, 에두아르(Édouard Berth) 126,
127, 131

베른슈타인, 에두아르트(Eduard
Bernstein) 20, 29, 30, 32, 41, 61, 62,
65~78, 84, 88~90, 97, 99, 100, 105,
107~109, 111~114, 134, 152, 164, 166,
175, 178, 183, 187, 283, 297, 298, 302,
305, 308, 311, 324, 328, 331, 336, 347,
349, 351, 354, 357, 362, 395

베벨, 아우구스트(August Bebel) 63, 64,
74, 76, 89, 91, 92, 99, 142, 236

보노미, 이바노에(Ivanoe
    Bonomi) 117~119, 162
보르디가, 아마데오(Amadeo Bordiga) 157,
    161
보스, 바우터르(Wouter Bos) 321
보이틴스키, 블라디미르(Vladimir
    Savelyevich Woytinsky) 170, 171, 174,
    370
복지국가 18, 20, 53, 220, 265, 267~269,
    272, 274, 275, 279, 291, 293, 297, 313,
    321, 336
불랑제 사태 52
불랑제, 조르주(Georges Boulanger) 52
불랑제주의 127~130
불의십자가 223~225
브란트, 빌리(Willy Brandt) 284, 285
브란팅, 얄마르(Hjalmar
    Branting) 228~233, 235, 236, 239, 240,
    244, 249, 383, 384
브레슬라우 당대회(1895년) 63, 64
브루스, 폴(Paul Brousse) 51, 52
브루크, 아르투어 묄러 판 덴(Arthur
    Moeller van den Bruck) 206
브뤼닝, 하인리히(Heinrich Brüning) 168,
    169, 171, 213, 369, 379
브르노 강령(1899년) 102
블레어, 토니(Tony Blair) 314
블로흐, 요제프(Joseph Bloch) 134~137,
    341, 362
블룸, 레옹(Leon Blum) 153~155,
    184~187, 288
비그포르스, 에른스트(Ernst
    Wigforss) 252~255, 257, 261, 293, 303,
388
비상사태법 284
비솔라티, 레오니다(Leonida Bissolati) 93,
    118

ㅅ
'사적 이익 위에 존재하는 민족적
    이익' 217
사회적 연대 16, 17, 125, 191, 242, 265,
    274, 275, 291, 296, 298, 307, 312, 317,
    320
『사회주의 운동』(Le Mouvement
    Socialiste) 126
『사회주의에 대한 옹호와 논박』(Pro e
    contro il socialismo) 84
『사회주의와 농업』(Sozialismus und
    Landwirtschaft) 236, 346
『사회주의의 심리학』(Zur Psychologie des
    Sozialismus) 175
생디칼리슴 116, 117, 120, 122~126, 133,
    192
샤흐트, 얄마르(Hjalmar Schacht) 216
『서클 프루동 보고서』(Cahiers du Cercle
    Proudhon) 131
서클 프루동 131, 133
세라티, 자친토 메노티(Giacinto Menotti
    Serrati) 157, 162
셸렌, 루돌프(Rudolf Kjellén) 243~245
소렐, 조르주(Georges Sorel) 29, 50,
    108~116, 119, 120, 122, 123, 125~127,
    131~134, 164, 175, 178, 305, 351, 359
쇠네러, 게오르크 리터 폰(Georg Ritter von

Schönerer) 143, 144

슈미트, 헬무트(Helmut Schmidt) 285, 393

슈투트가르트 당대회(1898년) 73, 74

슈트라서, 그레고어(Gregor Strasser) 209,
211, 213~215, 217, 387

슈펭글러, 오스발트(Oswald
Spengler) 206~208

스웨덴 사민당 33, 34, 38, 227~229, 237,
242, 249, 250, 252, 290, 291, 294, 304,
322, 323, 327, 332, 382

스탈린, 이오시프(Iosif Stalin) 186, 389

스트룀, 프레드리크(Fredrik Strm) 233,
247, 255, 387

신노동당 316

신사회주의자 182~184, 189

신좌파 315

ㅇ

아들러-카를손, 군나르(Gunnar
Adler-Karlsson) 273

아들러, 빅토르(Victor Adler) 101

『아르베테트』(Arbetet) 235

『아반티!』(Avanti!) 120

아우어, 이그나츠(Ignaz Auer) 349

악셀로트, 파벨(Pavel Axelrod) 148

악시옹 프랑세즈 129~132

알레마네(J. Allemane) 344

암소 타협 258

암스테르담 결의안 92

암스테르담 대회(1904년) 88, 90, 92, 239

애국자청년들 223, 224

에를란데르, 타예(Tage Erlander) 251, 291,
387

에리오, 에두아르(Édouard Herriot) 155

에어푸르트 당대회(1891년) 61, 62, 64,
97, 280, 346

엥겔스, 프리드리히(Friedrich Engels) 26,
28, 42, 45~47, 54, 64, 65, 71, 83, 97,
98, 109, 228, 229, 302, 334, 339, 342,
356

오라노, 파올로(Paolo Orano) 123

오스트리아 마르크스주의 100

오스트리아 사회민주노동자당 102, 152

올리베티, 안젤로(Angelo O. Olivetti) 123

『월간 사회주의』(Sozialistische
Monatshefte) 134, 136

유럽연합 318, 319

『유토피아에서 과학으로의 사회주의의
발전』(Die Entwicklung des Sozialismus
von der Utopie zur Wissenschaft) 228

이중 운동 17

이탈리아 민족주의협회 123, 124

이탈리아 사회당 80, 84, 92, 117, 156,
167, 191, 286

이탈리아개혁사회당 119

이탈리아산업총연합 201

이탈리아인민당 158, 196, 197

인민공화운동 264

인민당 95

인민전선 186, 187

『일 레뇨』(Il Regno) 121, 123

ㅈ

『자본』(Das Kapital) 44, 83, 109, 346

자유의지론 112, 157
『자유주의적 사회주의』(Socialismo
    Liberale) 163
장검의 밤 215
전투자동맹 192, 193, 195
『점진적 사회주의』(Evolutionary
    Socialism) 74
정부 참여적 사회주의 239
정부 참여주의 59, 80~82, 88, 93, 96,
    104, 118, 154, 155
정치의 우선성 18, 21, 29, 31~33, 36, 72,
    105, 106, 113, 147, 149, 177, 190, 204,
    217, 221, 222, 297, 298, 305, 307, 308,
    310, 314, 315, 319
정통 마르크스주의 18, 27~29, 31, 32, 37,
    41, 42, 46, 48, 49~51, 54, 56, 59, 61,
    62, 64, 65, 68, 70~72, 74, 76~78, 96,
    101, 103~106, 109, 110, 116, 117, 125,
    133, 134, 147~149, 156, 163, 164, 168,
    175, 177, 178, 227, 237, 249, 261, 262,
    279, 297, 300~302, 310, 328, 329, 347,
    395
제2인터내셔널 37, 41, 46, 54, 96, 229,
    237, 238
제3의 길 32, 33, 190, 204, 206, 222, 223,
    249, 261, 306, 314, 315, 321
『제3의 제국』(Das Dritte Reich) 206
조레스, 장(Jean Jaurés) 56~60, 80~82, 90,
    91, 97~100, 126, 164, 166, 178, 184
조스팽, 리오넬(Lionel Jospin) 316
졸라, 에밀(Émile Zola) 55
좌파대표단 81
지방자치 사회주의 145, 344

지시적 계획 276
지올리티, 조반니(Giovanni Giolitti) 86, 87,
    93, 94, 117, 118, 121, 161, 162, 193,
    194, 351

ㅊ
최대 강령주의자 157, 158, 161~163

ㅋ
카를레뷔, 닐스(Nils Karleby) 250, 251,
    292, 303
카브리니, 안졸로(Angiolo Cabrini) 118
카우츠키, 칼(Karl Kautsky) 20, 26, 27, 42,
    46, 47, 54, 62~65, 73, 74, 79, 80,
    89~91, 95, 338, 347, 349
캄프마이어, 파울(Paul Kampffmeyer) 62
케인스 이전의 케인스주의 252, 303
케인스, 존 메이너드(John Maynard
    Keynes) 267, 268
케인스주의 19, 265, 267~269, 279
코라디니, 엔리코(Enrico
    Corradini) 121~123, 197
코포라티즘 201, 202, 204, 223, 306
크리스피, 프란체스코(Francesco Crispi) 84

ㅌ
타르노프, 프리츠(Fritz Tarnow) 169, 170,
    214, 368, 379
토크빌, 알렉시스 드(Alexis de
    Tocqueville) 12

통합주의 93
퇴니스, 페르디난트(Ferdinand Tönnies) 16
투라티, 필리포(Filippo Turati) 84~87, 93,
  157, 161, 162

ㅍ
파눈치오, 세르지오(Sergio Panunzio) 204
파리 대회(1900년) 79
『파지네 리베레』(*Pagine Libere*) 123
팔라초 비도니 협약 201
페데르초니, 루이지(Luigi Federzoni) 123
페리, 엔리코(Enrico Ferri) 80, 83, 85, 87,
  352
페테르손, 알프레드(Per Alfred
  Petersson) 243
포르투완, 핌(Pim Fortuyn) 321
『폭력에 대한 성찰』(*Reflections on
  Violence*) 116, 122, 126
폴라니, 칼(Karl Polanyi) 10, 16, 398
폴마르, 게오르크 폰(Georg von
  Vollmar) 63
푸앵카레, 레이몽(Raymond Poincaré) 155
프랑스 민족전선 321
프랑스 사회주의 노동자연맹 51
프랑스노동자당 50~54, 60, 343
프랑스사회당 81, 289, 290, 316
프랑스사회주의당 81, 182, 184
프랑스사회주의자당 81, 350
프랑스연대 223
프랑스인민당 223
프랑스인사회당 81, 82, 350
프레촐리니, 주제페(Giuseppe
  Prezzolini) 123
『프로이센주의와 사회주의』(*Preussentum
  und Sozialismus*) 207
프롤레타리아 민족 123, 124, 191
프루동, 피에르 조제프(Pierre-Joseph
  Proudhon) 44
프리드먼, 토머스(Thomas Friedman) 310
피우메 시 점령 사건(1919년) 192

ㅎ
하이에크, 프리드리히 폰(Friedrich von
  Hayek) 12
한손, 페르 알빈(Per Albin Hansson) 230,
  234, 242, 243, 245~247, 254, 257~259,
  262, 303, 324
혁명적 수정주의 29, 31, 38, 50, 108, 123,
  126, 306
『현대자본주의』(*Der moderne
  Kapitalismus*) 140
『현실에 직면한 사회주의』(*Socialism inför
  Verkligheten*) 250
호흐, 테오 판(Theo van Gogh) 321
흡하우스, L. T.(L.T. Hobhouse) 40
황금 구속복 310
히틀러, 아돌프(Adolf Hitler) 143, 146,
  174, 175, 205, 208, 209, 211, 215~217,
  219, 220, 221, 272, 277, 278, 379
힌덴부르크, 파울 폰(Paul von
  Hindenburg) 174, 215
힐퍼딩, 루돌프(Rudolf Hilferding) 168,
  172~174, 303, 370

기타

C.G.T 노동자연구연합센터 184

WTB 계획 170~173, 212, 214